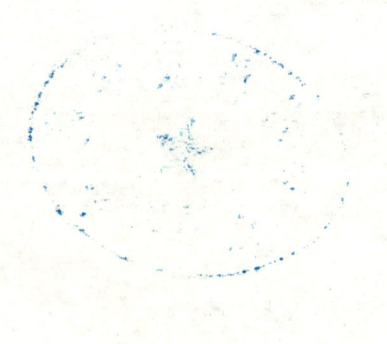

国学经典

周礼

吕友仁　李正辉　注译

中州古籍出版社

周礼

前 言

一、有关《周礼》的名称、作者及其成书时代

《周礼》最初的名字叫做《周官》,《汉书·艺文志》著录有《周官经》六篇、《周官传》四篇,是其证。《周官》这个名称本来是名副其实的,因为它就是讲设官分职的书嘛,好端端的为什么要改称《周礼》呢?是谁改的呢?荀悦《汉纪·成帝篇》说:"刘歆以《周官经》六篇为《周礼》,王莽时,歆奏以为礼经,置博士。"这就是说,是刘歆改的。后来的学者也都认可此说。为什么要改呢?据孙诒让《周礼正义》说,这是因为,《尚书》中也有一篇《周官》,也是讲官制的,刘歆担心此《周官》与彼《周官》混淆,所以将此《周官》改名《周礼》。从此以后,尽管《周官》、《周礼》这两个名字并行不悖,但学者以称《周礼》为常。

《周礼》的作者,有的人说是周公。首倡此说者是西汉刘歆。刘歆的理由是什么,他自己没说。倒是贾公彦《序〈周礼〉废兴》引马融《周官传序》说,古文《周官》被发现以后,在今文博士的一片排斥反对声中,只有刘歆独具只眼,看出来"周公致太平之迹"全在此书。我们知道,西汉末年,王莽托古改制,《周礼》是其改制

的一个主要理论根据，而刘歆则是王莽改制的谋士，被封为国师。从这些事实来看，说刘歆把《周礼》看做是"周公致太平之迹"之书，并非无根之谈。到了东汉末年郑玄为《周礼》作注时，就把刘歆的这个观点给坐实了。郑玄在注释《周礼》的第一句话"惟王建国"时明确地说："周公居摄而作六典之礼，谓之《周礼》。七年，致政成王，以此礼授之，使居洛邑治天下。"郑玄是礼学权威，一言九鼎，从此以后，周公作《周礼》的说法，差不多就成为定论，至少也是一种代表主流的意见。时至今日，坚持这种说法的已经不多了。

　　《周礼》的作者，有的人说是刘歆。首倡此说的是南宋的胡安国、胡宏父子，他们认为《周礼》是"王莽令刘歆撰"的①。此端一开，后继者不绝如缕。而真正坐实此说的是清末的康有为，康氏为此专门写了一部《新学伪经考》，其中有云："《周官经》六篇，盖刘歆所伪撰也。歆欲附成莽业而为此书，其伪群经，乃以证《周官》者。故歆之伪学，此书为首。"②意思是说，刘歆伪造了许多经书，《周礼》是这些伪经中的最要害的一部，其目的是为了帮助王莽篡汉。《四库全书·周礼注疏提要》反驳"刘歆伪造"说时有下列一段话："使其作伪，何不全伪六官，而必阙其一，至以千金购之不得哉？且作伪者必剽取旧文，借真者以实赝，《古文尚书》是也；刘歆宗《左传》，而《左传》所云礼经，皆不见于《周礼》；《仪礼》十七篇，皆在《七略》所载古《经》十七篇中；《礼记》四十九篇，亦在刘向所录二百十四篇中。而《仪礼·聘礼》宾行饔饩之物，禾米刍薪之数，笾豆簠簋之实，铏壶鼎瓮之列，与《掌客》之文不同。又《大射礼》天子、诸侯侯数侯制，与《司射》之文不同。《礼记·杂记》载子男执圭，与《典瑞》之文不同。《礼器》天子诸侯席数，与《司几筵》之文不同。如斯之类，与二礼多相矛盾，歆果赝托周公为此书，又何难牵就其文，使与经传相合，以相证验，而必留此异同，以启后人之攻击。然《周礼》一书，不尽原文，而非出依托，可概睹矣。"《提要》的这段反驳，应该说是有相当说服力的。但是且慢，康氏并没有被此反诘难倒，他还有话可说："其缀辑诸书，皆与原文少异，或增或漏，故示阙略。凡此，皆作伪者之伎俩，欲使人疑信参半，则其术售矣。"③呜呼，康氏可谓善辩矣！

  时至今日，多数学者认为，《周礼》一书，既非周公本人所作，亦非刘歆冒名伪造，其作者很难指实。在这方面继续纠缠已经没有多大意义，于是，学者们转而把注意力投向了对《周礼》产生时代的研究。而研究这个问题的方法，基本上都是从分析《周礼》的内容入手。分析其思想，分析其制度，分析其语言文字，从中找出其时代特征。但是，仁者见仁，智者见智，众说纷纭，迄无定论。钱穆《〈周官〉著作时代考》④一文，论证《周礼》成书于战国晚世；郭沫若《〈周官〉质疑》一文，论证"作《周官》者乃周末人也"，且说："余谓《周官》一书，盖赵人荀卿子之弟子所为，袭其师'爵名从周'之意，纂集遗闻佚志，参以己见而成一家言。"⑤杨尚奎《〈周礼〉的内容分析及其制作时代》⑥一文，论证《周礼》出自齐国有儒家气息的法家之手；顾颉刚《"周公制礼"的传说和〈周官〉一书的出现》一文，认为《周礼》"是一部战国时的法家著作"，甚至"敢断定是齐国人所作"⑦；朱谦之《〈周礼〉的主要思想》⑧一文，论定《周礼》为西周宣王中兴时代之书；洪诚《读〈周礼正义〉》一文，在朱谦之说的基础上，论定："此书实起于周初，历二三百年之损益积累而成，成书最晚不在东周惠王后。"⑨陈连庆《周礼成书年代的新探索》一文，认为："《周礼》成书年代的最大可能，是在秦始皇帝之世。当时的政治、经济情况，都与《周礼》所反映的情况相符合，许多不易解释的矛盾，放在这个历史时期，基本都可以解决。尤其是秦始皇焚书以前，国典朝章灿然齐备，也是完成这一巨著的有利条件之一。"⑩彭林《〈周礼〉成书于汉初说》一文，论定"《周礼》的成书年代当在汉初"，很重要的一条理由是："《周礼》的主体思想是由阴阳五行、儒、法三家融铸而成的，这就是它的时代特征。"[①]笔者认为，顾颉刚的看法近是，盖以《周礼》的主体思想颇与《管子》接近也。

二、《周礼》的基本内容及其影响

《周礼》的基本内容是讲设官分职的。规模宏大，组织严密，俨然一派天朝大国的气象。在这个大国中，至高无上的是王，即天子。为了治理好这个庞大的国家，就把国家的职能分解为六大块，即所谓"邦治"、"邦教"、"邦礼"、"邦政"、"邦刑"、"邦事"。掌管邦治的首长叫大宰，掌管邦教的首长叫大司徒，掌管邦礼的首长叫大宗伯，掌管邦政的首长叫大司马，掌管邦刑的首长叫大司寇，掌管邦事的首长叫大司空。这叫做六官。又把六官与天地四时相配，大宰是天官，大司徒是地官，大宗伯是春官，大司马是夏官，大司寇是秋官，大司空是冬官。后人模仿《周礼》，把吏部比做天官，把户部比做地官，把礼部比做春官，把兵部比做夏官，把刑部比做秋官，把工部比做冬官。这种类比，也只是类比而已，不可视为完全相同。在六官之下，又各自分别设置了六十个左右的机构，每个机构都有其固定的编制与明确的职守。机构之间，既有纵向的领导与被领导关系，又有横向的分工协作关系，从理论上，可以说是严密之至，滴水不漏。有了这样一套严密的官僚机构，天子如果要贯彻自己的意志，可以说是就像身之运臂，臂之运指，莫不随心如意。但是，如此严密的官僚机构，不要说有周一代做不到，就是空前统一的秦帝国也没有做到，所以，《周礼》中的这一套完整的官制，理想的成分较大，现实的成分较小。

《周礼》六篇，一曰天官大宰，二曰地官司徒，三曰春官宗伯，四曰夏官司马，五曰秋官司寇，六曰冬官司空。据马融《周官传序》、郑玄《三礼目录》和陆德明《释文·序录》，汉时已缺少《冬官司空》一篇，悬赏千金也没有找到，只好以性质相近的《考工记》

代替。从此以后，便有了《冬官考工记》的提法。《考工记》的作者，经江永、郭沫若、陈直等人考证，基本上可以确定是齐国人。[12]至于成书的年代，则和《周礼》一样，也是众说纷纭，迄无定论。闻人军《〈考工记〉成书年代新考》认为："《考工记》成书于战国初期，大致可以肯定。"[13]笔者同意此说。《考工记》是我国最早的关于手工艺的专著，在中国乃至世界科技发展史上都占有重要地位。

《周礼》的第一次公开露脸是在西汉末年。作为王莽改制的理论武器，《周礼》确实是风光了一阵，而且被立了博士，有了合法地位。但好景不长，随着王莽政权的垮台，其合法地位又被取消。东汉时期，《周礼》主要是在民间流行。到了三国魏时，今文经学日趋凋零，古文经学则日兴月盛，在这种大气候下，《周礼》又被立于学官，又取得了合法地位。从此以后，在封建社会中，《周礼》作为儒家经典的地位就再也不曾动摇过。说来也怪，《周礼》虽然好不容易取得了合法地位，但在广大的士子阶层中并没有激起多大的热情。"三礼"之中，《周礼》虽然排行老大，但士子们在猎取功名的道路上，却往往选择《礼记》而舍弃《周礼》、《仪礼》。《南史·儒林传》记载吏部郎陆倕的话说："凡圣贤所讲之书，必以《周官》立义，则《周官》一书，实为群经源本。此学不传，多历年世。"《北史·儒林传》记载："诸生尽通《小戴礼》（按：即《礼记》），于《周礼》、《仪礼》兼通者，十二三焉。"到了唐代，情况仍然不妙。《通典》卷十五记载开元八年（720年）国子司业李元瓘上言："三《礼》、三《传》等并圣贤微旨，生人教业。今明经所习，务在出身，咸以《礼记》文少，人皆竞读；《周礼》，经邦之规则；《仪礼》，庄敬之楷模；《公羊》、《穀梁》，历代崇习。今两监及州县，以独学无友，四经殆绝。"由此可见一斑。《周礼》虽然在读书人面前遭到了冷落，但在统治者的心目中，在某些政治家的心目中，它却具有高度诱惑力。北周的宇文泰模仿《周官》改革官制，宋代的王安石效法

《周礼》变法敛财，都是一时间轰轰烈烈，而到头来却不了了之。其中原因，值得深思。今天，我们既不需要把《周礼》作为猎取功名的敲门砖，也不会贸然地把它当做富国强兵之书，但其史料价值却是无与伦比的。《周礼》好比百科全书，上古社会的方方面面，政治的、思想的、经济的、军事的、刑罚的、外交的、文化教育的、工艺制造的，衣食住行，应有尽有。当然，我们在使用这些史料时，必须审慎。

三、《周礼》的主要注本

《周礼》的注本，在东汉时已有多家：郑兴、贾逵、郑众、卫宏等人都分别著有《周官解诂》，张衡著有《周官训诂》，马融著有《周官礼注》，郑玄著有《周官礼注》。东汉的《周礼》学者，在学术渊源上，都是和刘歆一脉相承的。刘歆的一传弟子是杜子春，而郑兴、贾逵以下，又多是杜子春的一传、再传、三传弟子。郑玄的《周礼注》是集大成之作，前辈学者的研究成果都被他吸收了进去，郑玄的注等于说是给《周礼》学作了第一次总结。孙诒让赞誉说："郑注博综众家，孤行百代，周典汉诂，斯其渊薮。"⑬当然，郑注不是没有缺点，甚至有严重的缺陷，但就其总体而言，郑注达到了时代的最高水平，泽惠后人良多。郑玄的《周礼注》流行以后，其他人的注本即渐渐佚失。郑注之后，注释《周礼》者，据《释文·序录》，有王肃注十二卷，干宝注十三卷；据《隋书·经籍志》，又有伊说注十二卷，崔灵恩集注二十卷。其中，王肃注比较重要，其余都是昙花一现，先后亡逸。唐代贾公彦作《周礼疏》五十卷。所谓"疏"者，即不但要诠释经文，而且要疏通注文。在唐人所作经疏中，贾疏可列上乘。难怪朱熹在《朱子语类》卷八十六说："《五经》中，《周礼疏》最好。"从某种意义上来说，贾疏是对六朝人的义疏作了一次总结。清末孙诒让写成《周礼正义》八十六卷，是对两千年来《周礼》

学的一次系统总结,其成就远在郑注、贾疏之上。章太炎《孙诒让传》说:"古今言'周礼'者,莫能先也。"[15]洪诚《读〈周礼正义〉》说:"孙先生以郑注简奥,贾疏疏略,难以尽通,乃竭数十年之力,重为新疏,姬汉以下之文,淹贯网罗,恢张密织,既精既博,蔑以加矣。余初学此书,未能窥其涯涘。寻其大端,厥有数善。"[16]洪氏所说的"数善",一曰"无宗派之见",二曰"博稽约取,义例精纯",三曰"析义精微平实",四曰"以实物证经",五曰"依据详明,不攘人之善",六曰"全书组织严密"。笔者近年来研习《周礼》,案头所置的最重要的参考书,就是孙诒让的《周礼正义》,对孙氏《正义》的上述优点深有体会,拜读之余,深表折服。其书纵有小疵,难掩大德。《周礼》中涉及典章、制度、名物的内容极多,而清代朴学昌盛,有关典章、制度、名物考证的著作既多且精,其绝大部分已收入《清经解》和《清经解续编》中,此为众所周知之事,毋庸笔者烦言也。

四、有关注译的几点说明

笔者注译《周礼》,是以孙诒让《周礼正义》中的经文作为底本。之所以采用孙氏《正义》的经文为底本,而不采用通行的阮元校勘的《周礼注疏》的经文作底本,是因为经过比较,觉得孙氏《正义》更佳。这样做带来的直接好处就是文通字顺,可以少出一些校勘记。例如,《地官·乡大夫》"各宪之于其所治"句,阮本作"各宪之于其所治之",衍一"之"字。如果采用阮本,那就必须出一条校勘记;采用孙书,就不必了。诸如此类者甚多。

《周礼》经文中有不少古字,郑玄在作注时,是采取经文古字仍其旧,注文则改作当时通行文字的做法。这次注译,为了减少不必要的麻烦,就把经文中的古字都改成了今天的通用字。改动的情况如下所示(每一对字中,在前者为古字,在后者为今天的通用字):瀍法、颁班、攷考、示祇、眡视、衺邪、烖灾、鱻鲜、辠罪、貍埋、劀刮、疿暴、覈核、嬏美、媾姻、匰椟、囏艰、敏叩、彊强、箈筊、飘风、鬻煮、嚊呼、靁雷、歙吹、遼原、綢杀、卝矿、胆脆。

《周礼》博大精深，涉及的名物、典章、制度尤多。而笔者浅学，译注之事，谈何容易。以注文之简明准确求之，以译文之信达雅求之，自愧弗能。大雅君子，苟有赐教，则笔者必拜而领之，是非独笔者之福，尤为此书之幸也。

本书的注译者为吕友仁（河南师范大学文学院）、李正辉（郑州市图书馆）。吕友仁负责《天官冢宰》《地官司徒》《春官宗伯》的注译工作。李正辉负责《夏官司马》《秋官司寇》《冬官考工记》的注译工作。

注译者
2009年7月暑热之中

注：

① 黎靖德编《朱子语类》卷八十六，中华书局，1986年版，2204页。

② 康有为《新学伪经考·汉书艺文志辨伪上》，中华书局，1956年版，76页。

③ 康有为《新学伪经考·史记经说足证伪经考》，中华书局，1956年版，32页。

④ 《燕京学报》第11期。

⑤ 郭沫若《〈周官〉质疑》，载《沫若文集》14集，人民文学出版社，1962年版，61页。

⑥ 杨尚奎《绎史斋学术文集》，上海人民出版社，1980年。

⑦ 中华书局编辑部《文史》第6辑，36页。

⑧ 《光明日报》，1961-11-12（2）。

⑨ 《孙诒让研究》，杭州大学古籍所1963年编印，26页。

⑩ 中国历史文献研究会1984年年会论文,30页。

⑪《史学史研究》,1989年第3期,18页。

⑫ 江永《周礼疑义举要》、郭沫若《〈考工记〉的年代与国别》(《沫若文集》16集)、陈直《古籍述闻》(《文史》第三辑)。

⑬ 中华书局编辑部《文史》第23辑,37页。

⑭ 孙诒让《周礼正义》,中华书局,1987年版,8页。

⑮ 章太炎《章氏丛书·太炎文录卷二》,浙江图书馆,民国8年,75页。

⑯《孙诒让研究》,21页。

目 录

天官冢宰第一	21
大宰	31
小宰	39
宰夫	45
官正	48
官伯	49
膳夫	50
庖人	52
内饔	53
外饔	54
亨人	55
甸师	56
兽人	57
渔人	57
鳖人	58
腊人	58
医师	59
食医	60
疾医	61
疡医	62
兽医	63
酒正	63
酒人	66
浆人	66
凌人	67
笾人	68
醢人	69
醯人	70
盐人	71
幂人	71
宫人	72
掌舍	72
幕人	73
掌次	74
大府	75
玉府	76

内府	77	夏采	95
外府	78	地官司徒第二	96
司会	79	大司徒	102
司书	80	小司徒	112
职内	81	乡师	116
职岁	81	乡大夫	118
职币	82	州长	121
司裘	82	党正	122
掌皮	83	族师	123
内宰	83	闾胥	124
内小臣	86	比长	125
阍人	86	封人	125
寺人	87	鼓人	126
内竖	88	舞师	127
九嫔	88	牧人	128
世妇	89	牛人	129
女御	89	充人	130
女祝	90	载师	130
女史	90	闾师	131
典妇	91	县师	132
典丝	91	遗人	133
典枲	92	均人	134
内司服	93	师氏	135
缝人	93	保氏	136
染人	94	司谏	137
追师	94	司救	137
屦人	95	调人	138

媒氏	139		稻人	160
司市	140		土训	161
质人	143		诵训	161
廛人	144		山虞	162
胥师	144		林衡	163
贾师	145		川衡	163
司暴	145		泽虞	163
司稽	146		迹人	164
胥	146		矿人	164
肆长	147		角人	165
泉府	147		羽人	165
司门	148		掌葛	166
司关	149		掌染草	166
掌节	149		掌炭	166
遂人	150		掌荼	167
遂师	153		掌蜃	167
遂大夫	154		囿人	167
县正	155		场人	168
鄙师	155		廪人	168
酇长	156		舍人	169
里宰	156		仓人	170
邻长	157		司禄（阙）	170
旅师	157		司稼	171
稍人	158		舂人	171
委人	158		饎人	172
土均	159		槁人	172
草人	160			

目录 15

春官宗伯第三 ……………… 173
  大宗伯 …………………… 179
  小宗伯 …………………… 185
  肆师 ……………………… 188
  郁人 ……………………… 190
  鬯人 ……………………… 191
  鸡人 ……………………… 192
  司尊彝 …………………… 192
  司几筵 …………………… 194
  天府 ……………………… 195
  典瑞 ……………………… 196
  典命 ……………………… 198
  司服 ……………………… 199
  典祀 ……………………… 201
  守祧 ……………………… 201
  世妇 ……………………… 202
  内宗 ……………………… 203
  外宗 ……………………… 203
  冢人 ……………………… 204
  墓大夫 …………………… 205
  职丧 ……………………… 205
  大司乐 …………………… 206
  乐师 ……………………… 210
  大胥 ……………………… 212
  小胥 ……………………… 212
  大师 ……………………… 213
  小师 ……………………… 214
  瞽矇 ……………………… 215
  视瞭 ……………………… 215
  典同 ……………………… 216
  磬师 ……………………… 217
  钟师 ……………………… 217
  笙师 ……………………… 218
  镈师 ……………………… 218
  韎师 ……………………… 219
  旄人 ……………………… 219
  籥师 ……………………… 220
  籥章 ……………………… 220
  鞮鞻氏 …………………… 221
  典庸器 …………………… 221
  司干 ……………………… 221
  大卜 ……………………… 222
  卜师 ……………………… 223
  龟人 ……………………… 224
  菙氏 ……………………… 225
  占人 ……………………… 225
  筮人 ……………………… 226
  占梦 ……………………… 227
  视祲 ……………………… 228
  大祝 ……………………… 228
  小祝 ……………………… 231
  丧祝 ……………………… 232
  甸祝 ……………………… 233
  诅祝 ……………………… 233

司巫 …………………… 234	羊人 …………………… 266
男巫 …………………… 234	司爟 …………………… 266
女巫 …………………… 234	掌固 …………………… 267
大史 …………………… 235	司险 …………………… 268
小史 …………………… 237	掌疆（阙）…………… 268
冯相氏 ………………… 237	候人 …………………… 268
保章氏 ………………… 238	环人 …………………… 269
内史 …………………… 238	挈壶氏 ………………… 269
外史 …………………… 239	射人 …………………… 270
御史 …………………… 240	服不氏 ………………… 272
巾车 …………………… 240	射鸟氏 ………………… 272
典路 …………………… 243	罗氏 …………………… 273
车仆 …………………… 244	掌畜 …………………… 273
司常 …………………… 245	司士 …………………… 274
都宗人 ………………… 246	诸子 …………………… 276
家宗人 ………………… 246	司右 …………………… 277
神仕 …………………… 247	虎贲氏 ………………… 277
夏官司马第四 ………… 248	旅贲氏 ………………… 278
大司马 ………………… 254	节服氏 ………………… 278
小司马 ………………… 262	方相氏 ………………… 279
军司马（阙）………… 262	大仆 …………………… 279
舆司马（阙）………… 262	小臣 …………………… 281
行司马（阙）………… 262	祭仆 …………………… 282
司勋 …………………… 263	御仆 …………………… 282
马质 …………………… 263	隶仆 …………………… 283
量人 …………………… 264	弁师 …………………… 283
小子 …………………… 265	司甲（阙）…………… 284

司兵	284
司戈盾	285
司弓矢	285
缮人	287
稾人	287
戎右	288
齐右	289
道右	289
大驭	289
戎仆	290
齐仆	291
道仆	291
田仆	291
驭夫	292
校人	292
趣马	294
巫马	294
牧师	295
廋人	295
圉师	296
圉人	296
职方氏	297
土方氏	301
怀方氏	301
合方氏	301
训方氏	302
形方氏	302
山师	302
川师	303
原师	303
匡人	303
撢人	304
都司马	304
家司马	304
秋官司寇第五	305
大司寇	310
小司寇	313
士师	316
乡士	318
遂士	319
县士	320
方士	321
讶士	322
朝士	322
司民	324
司刑	324
司刺	325
司约	326
司盟	327
职金	327
司厉	328
犬人	329
司圂	329
掌囚	330

掌戮	330
司隶	331
罪隶	332
蛮隶	332
闽隶	332
夷隶	333
貉隶	333
布宪	333
禁杀戮	334
禁暴氏	334
野庐氏	335
蜡氏	336
雍氏	336
萍氏	337
司寤氏	337
司烜氏	338
条狼氏	338
修闾氏	339
冥氏	340
庶氏	340
穴氏	340
翨氏	341
柞氏	341
薙氏	342
硩蔟氏	342
翦氏	343
赤犮氏	343
蝈氏	343
壶涿氏	344
庭氏	344
衔枚氏	344
伊耆氏	345
大行人	345
小行人	350
司仪	352
行夫	358
环人	359
象胥	359
掌客	360
掌讶	365
掌交	366
掌察（阙）	367
掌货贿（阙）	367
朝大夫	367
都则（阙）	368
都士（阙）	368
家士（阙）	368
冬官考工记第六	369
轮人	373
舆人	379
辀人	381
筑氏	385
冶氏	386
桃氏	387

凫氏	388	柳人（阙）	402
栗氏	390	雕人（阙）	402
段氏（阙）	392	磬氏	402
函人	392	矢人	403
鲍人	393	陶人	404
韗人	394	瓬人	405
韦氏（阙）	395	梓人	406
裘氏（阙）	395	庐人	410
画缋	396	匠人	412
钟氏	397	车人	418
筐人（阙）	397	弓人	420
㡛氏	397	主要参考书目	430
玉人	398		

天官冢宰第一

惟王建国①,辨方正位②,体国经野③,设官分职④,以为民极⑤。乃立天官冢宰⑥,使帅其属而掌邦治⑦,以佐王均邦国⑧。

治官之属⑨:

大宰⑩,卿一人⑪;小宰⑫,中大夫二人;宰夫⑬,下大夫四人;上士八人,中士十有六人,旅下士三十有二人⑭;府六人⑮,史十有二人⑯,胥十有二人⑰,徒百有二十人⑱。

宫正⑲,上士二人,中士四人,下士八人;府二人,史四人,胥四人,徒四十人。

宫伯⑳,中士二人,下士四人;府一人,史二人,胥二人,徒二十人。

膳夫㉑,上士二人,中士四人,下士八人;府二人,史四人,胥十有二人,徒百有二十人。

庖人㉒,中士四人,下士八人;府二人,史四人,贾八人㉓,胥四人,徒四十人。

内饔㉔,中士四人,下士八人;府二人,史四人,胥十人,徒百人。

外饔㉕,中士四人,下士八人;府二人,史四人,胥十人,徒百人。

亨人[26]，下士四人；府一人，史二人，胥五人，徒五十人。

甸师[27]，下士二人；府一人，史二人，胥三十人，徒三百人。

兽人[28]，中士四人，下士八人；府二人，史四人，胥四人，徒四十人。

渔人[29]，中士二人，下士四人；府二人，史四人，胥三十人，徒三百人。

鳖人[30]，下士四人；府二人，史二人，徒十有六人。

腊人[31]，下士四人；府二人，史二人，徒二十人。

医师[32]，上士二人，下士四人；府二人，史二人，徒二十人。

食医[33]，中士二人。

疾医[34]，中士八人。

疡医[35]，下士八人。

兽医[36]，下士四人。

酒正[37]，中士四人，下士八人；府二人，史八人，胥八人，徒八十人。

酒人[38]，奄十人[39]，女酒三十人[40]，奚三百人[41]。

浆人[42]，奄五人，女浆十有五人[43]，奚百有五十人。

凌人[44]，下士二人；府二人，史二人，胥八人，徒八十人。

笾人[45]，奄一人，女笾十人[46]，奚二十人。

醢人[47]，奄一人，女醢二十人[48]，奚四十人。

醯人[49]，奄二人，女醯二十人[50]，奚四十人。

盐人[51]，奄二人，女盐二十人[52]，奚四十人。

幂人[53]，奄一人，女幂十人[54]，奚二十人。

宫人㊺，中士四人，下士八人；府二人，史四人，胥八人，徒八十人。

掌舍㊻，下士四人；府二人，史四人，徒四十人。

幕人㊼，下士一人；府二人，史二人，徒四十人。

掌次㊽，下士四人；府四人，史二人，徒八十人。

大府㊾，下大夫二人，上士四人，下士八人；府四人，史八人，贾十有六人，胥八人，徒八十人。

玉府㊿，上士二人，中士四人；府二人，史二人，工八人㉛，贾八人，胥四人，徒四十有八人。

内府㉒，中士二人；府一人，史二人，徒十人。

外府㉓，中士二人；府一人，史二人，徒十人。

司会㉔，中大夫二人，下大夫四人，上士八人，中士十有六人；府四人，史八人，胥五人，徒五十人。

司书㉕，上士二人，中士四人；府二人，史四人，徒八人。

职内㉖，上士二人，中士四人；府四人，史四人，徒二十人。

职岁㉗，上士四人，中士八人；府四人，史八人，徒二十人。

职币㉘，上士二人，中士四人；府二人，史四人，贾四人，胥二人，徒二十人。

司裘㉙，中士二人，下士四人；府二人，史四人，徒四十人。

掌皮㉚，下士四人；府二人，史四人，徒四十人。

内宰㉛，下大夫二人，上士四人，中士八人；府四人，史八人，胥八人，徒八十人。

内小臣㉜，奄上士四人㉝；史二人，徒八人。

阍人[74]，王宫每门四人[75]，囿游亦如之[76]。

寺人[77]，王之正内五人[78]。

内竖[79]，倍寺人之数。

九嫔[80]。

世妇[81]。

女御[82]。

女祝四人[83]，奚八人。

女史八人[84]，奚十有六人。

典妇功[85]，中士二人，下士四人；府二人，史四人，工四人[86]，贾四人，徒二十人。

典丝[87]，下士二人；府二人，史二人，贾四人，徒十有二人。

典枲[88]，下士二人；府二人，史二人，徒二十人。

内司服[89]，奄一人，女御二人，[90]奚八人。

缝人[91]，奄二人，女御八人，女工八十人[92]，奚三十人。

染人[93]，下士二人；府二人，史二人，徒二十人。

追师[94]，下士二人；府一人，史二人，工二人，徒四人。

屦人[95]，下士二人；府一人，史一人，工八人，徒四人。

夏采[96]，下士四人；史一人，徒四人。

[注释]

①惟：语首助词。②辨方：辨别四方。正位：确定宫庙所在的位置。③体国：主次有别地进行国都建设。经野的主要内容，一是施行井田制，二是进行农田水利建设。野，指国都城外半径为五百里的地域。④设官：即设置冢宰、司徒、宗伯、司马、司寇、司空，是谓六卿。⑤极：中正。⑥天官冢宰：天官是《周礼》六官之一，其最高首长叫冢宰，又叫太宰。⑦帅：率领。⑧均：此谓治理。⑨治官：即天官。因为天官专掌天下的治理，故称治官。⑩大（tài）宰：官名。即冢宰。治官的最高首长。⑪卿一人：按本书六官

《叙官》通例，皆先言官名，次陈爵等，次记员数。又，本书天子之官之爵凡七等：最高的爵位是公，其次是卿，其次是中大夫，其次是下大夫，其次是上士，其次是中士，最后是下士。没有上大夫，而卿即上大夫。⑫小宰：官名。大宰的副职，协助大宰处理治官事务。⑬宰夫：官名。大宰、小宰的助手。天官中的第三把手。⑭旅：众也。因为下士人数众多，故称"旅下士"。⑮府：负责保管文书、财物的办事员。此处的府、史，就是由宰夫聘请的小吏。⑯史：负责撰写文书的办事员。⑰胥：被征调到官府来服徭役的平民。⑱徒：从平民中征调来供役使的勤杂人员。⑲宫正：官名。负责王宫政令、宿卫的官员。正，长也。宫正乃宫中官之长。⑳宫伯：官名。负责统率在王宫中值勤的卿大夫的子弟。㉑膳夫：官名。食官之长，主管天子的膳食。下文的庖人、内饔、外饔、亨人，都是膳夫的属官。㉒庖人：官名。负责供给王、王后、世子等人的食用牲畜禽兽。㉓贾：通"价"，此指熟悉市场物价、负责采购的人。㉔内饔：官名。主要负责王、王后、世子膳馐的烹调。㉕外饔：官名。主要负责外祭祀之割烹、招待宾客和宴请耆老孤子的割烹。㉖亨（pēng）人：官名。负责为内饔、外饔煮肉。亨，通"烹"。㉗甸师：官名。负责藉田和供给田野之物的官员之长。下文的兽人、渔人、鳖人、腊人，都是甸师的属官。㉘兽人：官名。负责供给野兽并执掌猎取野兽政令之官。㉙渔人：官名。负责供给鱼类并执掌捕鱼政令之官。㉚鳖人：官名。负责供给鱼鳖龟蜃一类甲虫。㉛腊（xī）人：官名。负责制作干肉。㉜医师：官名。众医之长。负责医治疾病的政令。下文的食医、疾医、疡医、兽医，都是医师的属官。㉝食医：官名。负责为天子调配食饮膳馐，以达到祛病健身的目的。㉞疾医：官名。其职责如同今之内科医生。㉟疡医：官名。其职责如同今之外科医生。疡，谓生疮化脓。㊱兽医：官名。为牛马治病的医生。㊲酒正：官名。酒官之长。负责造酒的有关政令。下文的酒人、浆人，都是酒正的属官。㊳酒人：官名。负责酿酒，以备祭祀和宾客之需。㊴奄：通"阉"，阉割过的男奴。即宦官。㊵女酒：通晓酿酒的女奴。女奴是奚的小头目。一女奴率领十奚。㊶奚：女奴。㊷浆人：官名。负责制作饮料。㊸女浆：通晓制作饮料的女奴。㊹凌人：官名。负责采冰、藏冰、颁冰之事。㊺笾人：官名。笾是一种竹编的容器。祭祀、宴飨时用以盛放果实脯。笾人即负责供给笾中食物之官。㊻女笾：通晓供给笾中食物的女奴。㊼醢（hǎi）人：官名。醢是肉酱，盛于豆中。祭祀、宴飨时所需要的醢，便由此官供给。㊽女醢：通晓供给肉酱的女奴。㊾醯（xī）人：官名。负责供给醋的官员。㊿女醯：通晓造醋的女奴。(51)盐人：官名。掌管有关盐的政令，负责各种盐的供应。(52)女盐：通晓盐事的女奴。(53)幂（mì）人：官名。负责供给覆盖食物的布巾。(54)女幂：通晓以布巾覆盖食物的女奴。(55)宫人：官名。负责天子寝宫的清洁、执烛、供炭等项工作。下文的掌舍、幕人、掌次，都是宫人的属官。(56)掌舍：官名。负责天子与诸侯会同时所居行宫的门禁与警卫工作。(57)幕人：官名。凡朝觐、会同、军旅、田役、祭祀和大丧，所需帷幕，统由此官供给。(58)掌次：官名。负责帷幕的张设。次，用布帷或竹帘隔开的临时休息处所。(59)大府：官名。天子所有府库的总保管。下文的玉府、内府、外府，都是大府的属官。(60)玉府：官名。负责保管天子的金玉、玩好、兵器。(61)工：善于治玉的匠人。(62)内府：官名。负责保管贡赋中的珍贵之物者。(63)外府：官名。负责货币的回收和发放。(64)司会（kuài）：官名。负责统计和考核邦国、都鄙、官府的财政收支，是计官之长。下文的司书、职内、职岁、职币，都是司会的属官。(65)司书：官名。掌管各种账簿。(66)职内：官名。负责赋税的征收。(67)职岁：官名。负责赋税的支出。(68)职币：官名。掌管各部门结余的经费，以备天子办理小事或赐予。币，通“敝”，剩余。(69)司裘：官名。负责供给天子所需要的各种皮裘。(70)掌皮：官名。负责征集和发放皮革，制成天子所需要的各种成品。(71)内宰：官名。天子宫中官之长，总理王宫寝内之事。下文的内小臣、阍人、寺人、内竖，都是内宰的属官。(72)内小臣：官名。王后的侍从，负责传达王后的旨意。(73)奄上士：有上士爵位的宦官。(74)阍人：负责守门的人。阍，宫门。(75)王宫每门四人：王宫有五道门，自外而内是：皋门、库门、雉门、应门、路门。每门四人，则五门需要二十人。(76)囿（yòu）游：天子的动物园和行宫。(77)寺人：王后宫寝的近侍之人。由宦官担任。(78)正内：正寝。即路寝。(79)内竖：也是王后宫寝的近侍，由十五岁以上、十九岁以下的未成年童子担任，便于沟通内外。(80)九嫔：九嫔与下文的世妇、女御都是天子的妃妾，不在百官之数，由于大宰兼管宫政，故连类及之。(81)世妇：天子的妃妾，位在九嫔之下。(82)女御：又叫御妻。天子的妃妾，位在世妇之下。(83)女祝：官名。负责后宫的祈祷。(84)女史：官名。王后的女秘书。(85)典妇功：

官名。后宫女工活儿的总管，负责教导和督促后宫妇人从事纺织，并检验其成品质量。下文的典丝、典枲，都是典妇功的属官。⑧⑥工：孙诒让说："此不言女工，则男工也。"⑧⑦典丝：官名。负责收进和保管蚕丝，并把蚕丝分发给内外女工，使加工为成品。⑧⑧典枲（xǐ）：官名。负责收进和保管麻葛等纺织原料，并把这些原料分发给女工，使织成布。枲，雄麻。⑧⑨内司服：官名。负责王后和其他内命妇的服装。⑨⑩奄一人，女御二人：此官虽然奄在前，女御在后，但其实际首长是女御。下文缝人官同此。⑨①缝人：官名。负责王及王后衣服的裁缝。⑨②女工：通晓裁缝的女奴。⑨③染人：官名。负责为丝帛染色。⑨④追（duī）师：官名。负责王后及内外命妇的头饰。⑨⑤屦人：官名。负责制作王及王后所需的各种鞋子。⑨⑥夏采：官名。天子死时，负责招魂。

[译文]

天子建立国都，首先要辨明国都所在地的正东正西、正南正北的方向，确定宫庙所在的位置，然后主次有别地进行国都建设和擘画郊野的经营，然后设立百官，各有职守，作为天下百姓有所取法的准则。为此，设立天官冢宰一职，让其统率部属掌管天下的治理，以辅佐天子。

天官的机构、人员编制是：

大宰，由卿一人担任；小宰，由中大夫二人担任；宰夫，由下大夫四人担任；另有上士八人、中士十六人、众下士三十二人递相辅佐；下辖府六人，史十二人，胥十二人，徒一百二十人。

官正，由上士二人为官长，中士四人为辅佐，下士八人理众事；下辖府二人，史四人，胥四人，徒四十人。

官伯，由中士二人为官长，下士四人为辅佐；下辖府一人，史二人，胥二人，徒二十人。

膳夫，由上士二人为官长，中士四人为辅佐，下士八人理众事；下辖府二人，史四人，胥十二人，徒一百二十人。

庖人，由中士四人为官长，下士八人为辅佐；下辖府二人，史四人，贾八人，胥四人，徒四十人。

内饔，由中士四人为官长，下士八人为辅佐；下辖府二人，史四人，胥十人，徒一百人。

外饔，由中士四人为官长，下士八人为辅佐；下辖府二人，史四人，胥十人，徒一百人。

亨人，由下士四人为官长；下辖府一人，史二人，胥五人，徒五十人。

甸师，由下士二人为官长；下辖府一人，史二人，胥三十人，徒三百人。

兽人，由中士四人为官长，下士八人为辅佐；下辖府二人，史四人，胥四人，徒四十人。

渔人，由中士二人为官长，下士四人为辅佐；下辖府二人，史四人，胥三十人，徒三百人。

鳖人，由下士四人为官长；下辖府二人，史二人，徒十六人。

腊人，由下士四人为官长；下辖府二人，史二人，徒二十人。

医师，由上士二人为官长，下士四人为辅佐；下辖府二人，史二人，徒二十人。

食医，由中士二人负责。

疾医，由中士八人负责。

疡医，由下士八人负责。

兽医，由下士四人负责。

酒正，由中士四人为官长，下士八人为辅佐；下辖府二人，史八人，胥八人，徒八十人。

酒人，由宦官十人负责，下辖女酒三十人，奚三百人。

浆人，由宦官五人负责，下辖女浆十五人，奚一百五十人。

凌人，由下士二人为官长；下辖府二人，史二人，胥八人，徒八十人。

笾人，由宦官一人负责；下辖女笾十人，奚二十人。

醯人，由宦官一人负责；下辖女醯二十人，奚四十人。

醢人，由宦官二人负责；下辖女醢二十人，奚四十人。

盐人，由宦官二人负责；下辖女盐二十人，奚四十人。

幂人，由宦官一人负责；下辖女幂十人，奚二十人。

宫人，由中士四人为官长，下士八人为辅佐；下辖府二人，史四人，胥八人，徒八十人。

掌舍，由下士四人为官长；下辖府二人，史四人，徒四十人。

幕人，由下士一人为官长；下辖府二人，史二人，徒四十人。

掌次，由下士四人为官长；下辖府四人，史二人，徒八十人。

大府，由下大夫二人为官长，上士四人为辅佐，下士八人理众事；下辖府四人，史八人，贾十六人，胥八人，徒八十人。

玉府，由上士二人为官长，中士四人为辅佐；下辖府二人，史二人，工八人，贾八人，胥四人，徒四十八人。

内府，由中士二人为官长；下辖府一人，史二人，徒十人。

外府，由中士二人为官长；下辖府一人，史二人，徒十人。

司会，由中大夫二人为官长，下大夫四人为辅佐，上士八人和中士十六人协理众事；下辖府四人，史八人，胥五人，徒五十人。

司书，由上士二人为官长，中士四人为辅佐；下辖府二人，史四人，徒八人。

职内，由上士二人为官长，中士四人为辅佐；下辖府四人，史四人，徒二十人。

职岁，由上士四人为官长，中士八人为辅佐；下辖府四人，史八人，徒二十人。

职币，由上士二人为官长，中士四人为辅佐；下辖府二人，史四人，贾四人，胥二人，徒二十人。

司裘，由中士二人为官长，下士四人为辅佐；下辖府二人，史四人，徒四十人。

掌皮,有下士四人为官长;下辖府二人,史四人,徒四十人。

内宰,由下大夫二人为官长,上士四人为辅佐,中士八人理众事;下辖府四人,史八人,胥八人,徒八十人。

内小臣,由爵为上士的宦官四人领其事,下辖史二人,徒八人。

阍人,王宫每门设四人。王的动物园和行宫也是如此。

寺人,王后的正寝设五人。

内竖,人数是寺人的一倍。

九嫔。

世妇。

女御。

女祝四人,下辖奚八人。

女史八人,下辖奚十六人。

典妇功,由中士二人为官长,下士四人为辅佐;下辖府二人,史四人,工四人,贾四人,徒二十人。

典丝,由下士二人为官长;下辖府二人,史二人,贾四人,徒十二人。

典枲,由下士二人为官长;下辖府二人,史二人,徒二十人。

内司服,由女御二人兼领其事,下辖宦官一人,奚八人。

缝人,由女御八人兼领其事,下辖宦官二人,女工八十人,奚三十人。

染人,由下士二人为官长;下辖府二人,史二人,徒二十人。

追师,由下士二人为官长;下辖府一人,史二人,工二人,徒四人。

屦人,由下士二人为官长;下辖府一人,史一人,工八人,徒四人。

夏采,由下士四人为官长;下辖史一人,徒四人。

大宰之职，掌建邦之六典①，以佐王治邦国②：一曰治典③，以经邦国，以治官府，以纪万民；二曰教典④，以安邦国，以教官府，以扰万民⑤；三曰礼典⑥，以和邦国，以统百官，以谐万民；四曰政典⑦，以平邦国，以正百官，以均万民；五曰刑典⑧，以诘邦国⑨，以刑百官，以纠万民；六曰事典⑩，以富邦国，以任百官，以生万民。

以八法治官府⑪：一曰官属⑫，以举邦治；二曰官职⑬，以辨邦治；三曰官联⑭，以会官治⑮；四曰官常⑯，以听官治；五曰官成⑰，以经邦治；六曰官法⑱，以正邦治；七曰官刑⑲，以纠邦治；八曰官计⑳，以弊邦治㉑。

以八则治都鄙㉒：一曰祭祀㉓，以驭其神；二曰法则㉔，以驭其官；三曰废置㉕，以驭其吏；四曰禄位㉖，以驭其士；五曰赋贡㉗，以驭其用；六曰礼俗㉘，以驭其民；七曰刑赏，以驭其威；八曰田役㉙，以驭其众。

以八柄诏王驭群臣㉚：一曰爵㉛，以驭其贵；二曰禄，以驭其富；三曰予，以驭其幸；㉜四曰置，以驭其行；五曰生㉝，以驭其福㉞；六曰夺㉟，以驭其贫；七曰废，以驭其罪；八曰诛㊱，以驭其过㊲。

以八统诏王驭万民㊳：一曰亲亲㊴，二曰敬故，三曰进贤，四曰使能，五曰保庸㊵，六曰尊贵㊶，七曰达吏㊷，八曰礼宾㊸。

以九职任万民㊹：一曰三农㊺，生九谷㊻；二曰园圃㊼，毓草木㊽；三曰虞衡㊾，作山泽之材；四曰薮牧㊿，养蕃鸟兽；五曰百工㉛，饬化八材㉜；六曰商贾㉝，阜通货贿㉞；七曰嫔妇㉟，化治丝枲㊱；八曰臣妾㊲，聚敛疏材㊳；九曰闲民㊴，无常职，转移执事。

以九赋敛财贿⁶⁰：一曰邦中之赋⁶¹，二曰四郊之赋⁶²，三曰邦甸之赋⁶³，四曰家削之赋⁶⁴，五曰邦县之赋⁶⁵，六曰邦都之赋⁶⁶，七曰关市之赋⁶⁷，八曰山泽之赋⁶⁸，九曰币馀之赋⁶⁹。

以九式均节财用⁷⁰：一曰祭祀之式⁷¹，二曰宾客之式⁷²，三曰丧荒之式⁷³，四曰羞服之式⁷⁴，五曰工事之式⁷⁵，六曰币帛之式⁷⁶，七曰刍秣之式⁷⁷，八曰匪颁之式⁷⁸，九曰好用之式⁷⁹。

以九贡致邦国之用⁸⁰：一曰祀贡⁸¹，二曰嫔贡⁸²，三曰器贡⁸³，四曰币贡⁸⁴，五曰材贡⁸⁵，六曰货贡⁸⁶，七曰服贡⁸⁷，八曰斿贡⁸⁸，九曰物贡⁸⁹。

以九两系邦国之民⁹⁰：一曰牧⁹¹，以地得民；二曰长⁹²，以贵得民⁹³；三曰师⁹⁴，以贤得民；四曰儒⁹⁵，以道得民；五曰宗⁹⁶，以族得民；六曰主⁹⁷，以利得民；七曰吏⁹⁸，以治得民；八曰友，以任得民；九曰薮⁹⁹，以富得民。

正月之吉¹⁰⁰，始和布治于邦国都鄙¹⁰¹，乃县治象之法于象魏¹⁰²，使万民观治象，挟日而敛之¹⁰³。乃施典于邦国，而建其牧¹⁰⁴，立其监¹⁰⁵，设其参¹⁰⁶，傅其伍¹⁰⁷，陈其殷，置其辅¹⁰⁸。乃施则于都鄙¹⁰⁹，而建其长¹¹⁰，立其两，设其伍，陈其殷，¹¹²置其辅。乃施法于官府¹¹³，而建其正¹¹⁴，立其贰¹¹⁵，设其考¹¹⁶，陈其殷，置其辅。凡治，以典待邦国之治，以则待都鄙之治，以法待官府之治，以官成待万民之治¹¹⁷，以礼待宾客之治¹¹⁸。

祀五帝¹¹⁹，则掌百官之誓戒与其具修¹²⁰。前期十日¹²¹，帅执事而卜日¹²²，遂戒。及执事¹²³，视涤濯¹²⁴。及纳亨¹²⁵，赞王牲事。及祀之日，赞玉币爵之事。祀大神示亦如之。享先王亦如之¹²⁹，赞玉几、玉爵¹³⁰。大朝觐会同¹³¹，赞玉币、玉献、玉几、玉爵¹³²。大丧¹³²，赞赠玉、含玉¹³³。作大事¹³⁴，则戒于百官，赞王命。王视治朝¹³⁵，则赞听治；视四方之听朝，亦如之。凡邦之小治，则冢宰听之，待四方之宾客之小治。岁终，则令百官府各正其治，受其会㊾。三岁，则大计群吏之治而诛赏之。

[注释]

①建：孙诒让说：《周礼》书中的"建"字，"并谓修立其政法之书，颁而行之"。邦：谓王国。六典：即下文的治典、教典、礼典、政典、刑典、事典。②邦国：贾公彦说："《周礼》凡言'邦国'者，皆是诸侯之国。"③治典：治理政务的法典。④教典：关系天下教化的种种法典，大司徒所掌。⑤扰：驯顺。⑥礼典：有关五礼（吉礼、凶礼、宾礼、军礼、嘉礼）的种种法典，大宗伯所掌。⑦政典：有关以军事力量安定天下和平均赋税的法典，大司马所掌。⑧刑典：有关刑罚的各种法典，大司寇所掌。⑨诘（jié）：禁止。⑩事典：为国家营造大而至于都邑、城郭、宗庙、宫室，小而至于车服器械的种种法典，大司空所掌。⑪八法：即下文的官属、官职、官联、官常、官成、官法、官刑、官计。⑫官属：谓六官各有其部属。⑬官职：每一官府的职责范围。⑭官联：国有大事，单独一个官府不能胜任，需要几个官府协力合作才能完成。⑮官治：与"邦治"同义。⑯官常：各个官府的经常性职责。⑰官成：各个官府的工作总结。⑱官法：各个官府履行自己的职责时所应遵循的法度。⑲官刑：对官员实行黜陟、废置、诛赏的法规。⑳官计：定期考核官员政绩的制度。㉑弊：决断，裁决。㉒八则：详下。则，也是法的意思。都鄙：指位于王畿之内的公卿大夫之采邑以及王子弟的食邑。㉓祭祀：指祭祀其先君、社稷、五祀等神。㉔法则：指都鄙的官制。㉕废置：罢退无能之辈谓之废，举贤任能谓之置。㉖禄位：俸禄和爵位。㉗赋贡：赋是土地税，贡是职业税。㉘礼俗：谓先王旧礼和当地旧俗。㉙田役：为了田猎而征调民众役使之。㉚八柄：比喻天子手中掌握的八种权力。㉛爵：爵位。谓公、侯、伯、子、男、卿、大夫、士。㉜"三曰予"二句：孙诒让说："谓诸臣本无功德，以言行偶合于善，则王亦有以赐予之，以广恩泽，并以为后人劝也。"㉝生：其人犯罪当死，有他因而赦其死罪。㉞福：谓寿命。㉟夺：其人犯罪，没收其家产。㊱诛：处以死刑。㊲过：通"祸"，灾祸。㊳八统：谓八项施政总则。㊴亲亲：亲近亲族。㊵庸：功劳。㊶贵：有爵位者，有崇高道德者，年老者。㊷达吏：郑玄注："察举勤劳之小吏也。"㊸礼宾：孙诒让说："凡诸侯来朝会，王

待以不纯臣，故谓之礼宾。”㊹九职：九种职业。㊺三农：在三种不同的地形上从事耕作的农民。㊻九谷：九种谷物。㊼园圃：在园子里种植瓜果蔬菜的人。㊽毓：同“育”。㊾虞衡：此处指在山林川泽从事生产的人。㊿薮（sǒu）牧：指以畜牧为职业的人。(51)百工：各种工匠。(52)饬化八材：通过对八种原材料进行加工而制造出成品。(53)商贾（gǔ）：行商曰商，坐商曰贾。(54)阜：茂盛。(55)嫔妇：即妇女。(56)枲（xǐ）：麻。(57)臣妾：卖身为奴的男女贫民。(58)疏材：野生草木之根实可食者。(59)闲民：无固定职业者。(60)九赋：九种土地税。(61)邦中：城郭之内。(62)四郊：指王城之外一百里以内的地区。(63)邦甸：谓王城外一百里至二百里之间的地区。(64)家削：谓王城外二百里至三百里之间的地区。(65)邦县：谓王城外三百里至四百里之间的地区。(66)邦都：谓王城外四百里至五百里之间的地区。(67)关市之赋：由司关、司市征收的赋税。(68)山泽之赋：如《矿人》征收的金锡玉石，《角人》征收的象牙鹿角。(69)币馀：官府每年结余的经费。(70)九式：九种使用经费的法规。(71)祭祀之式：贾公彦说：“谓若大祭、次祭用太牢，小祭用特牲之类。”(72)宾客之式：宾客的档次不同，接待的规格也随之有别。(73)丧荒：丧，谓丧事。荒，谓凶年。(74)羞服：羞，通“馐”，膳馐，指天子的饮食之物。服，指天子的衣服和乘车。(75)工事：谓冬官百工造作各种器物之事。(76)币帛：指聘问时使者所带的礼物。(77)刍秣（chú mò）：饲养牛马的草料。(78)匪（fēn）颁：主要指天子分发给群臣的俸禄。(79)好（hào）用：天子对宠臣的特恩赏赐。(80)九贡：九种纳贡方法。(81)祀贡：郑众说：“祀贡，牺牲、包茅之属。”(82)嫔（bīn）贡：即宾贡。嫔，通“宾”。(83)器：谓宗庙之器。(84)币：指聘问时使者所携带的礼品。(85)材：指优质木材。(86)货：谓金玉龟贝之属。(87)服贡：进献缝制礼服所需的布料。(88)斿贡：即游贡。斿，通“游”，游玩。(89)物贡：指进献本地特产。(90)两：谓协调两方关系的方法。(91)牧：牧养下民。(92)长：官长。即公卿大夫士凡有爵位而无国邑者之通称。(93)民：部下，下属。(94)师：指民之有德行才艺而足以教人者。(95)儒：指通晓儒家经典而足以教人者。(96)宗：谓大宗。即族长。(97)主：主人。(98)吏：谓乡、遂、公邑之吏。(99)薮：指负责管理山林川泽的人。(100)正月：谓周之正月。(101)和（xuān）布：即宣布。和，同“宣”。下同。(102)县（xuán）：古“悬”字。治象：刻写着治典的的木板。象魏：天子、诸侯宫门上的较高建筑，可以悬挂法令，让人观看。⑩浃日：十天。浃，匝也。⑩牧：谓州长。⑩监：谓五等诸侯之国君。⑩参（sān）：谓辅佐国君理事的三卿。⑩傅：设立之义。伍：谓协助三卿理事的五个大夫。⑩殷：众也。⑩辅：助也。⑩则：即上文"八则"。⑪长：谓都鄙之君。⑫"立其两"三句：此三句中的"两"、"伍"、"殷"，其含义随着"长"的爵位高低而有变化。⑬法：即上文"八法"。⑭正：官长。⑮贰：指六官之长的副手。⑯考：六官正副官长的助手，位居六贰之下，即宰夫、乡师、肆师、军司马、士师、匠师。⑰官成：即《小宰》之"八成"。⑱宾客：指诸侯。⑲五帝：金鹗说："五帝为五行之精，佐昊天化育，其尊亚于昊天。《月令》云：'春帝太皞，夏帝炎帝，中央黄帝，秋帝少皞，冬帝颛顼。'此五天帝之名也。"⑳警戒：约束警戒。㉑前期十日：提前十天。㉒执事：有关官员，有关部门。㉓及：与，同。㉔视涤濯：视涤濯的时间是在祭祀前一天的夜间。㉕纳亨（pēng）：此谓将祭祀所用的牺牲牵至祭祀场所。㉖玉币：用以礼神之物。爵：一种酒器。此处用以献尸。㉗大神祇：谓天地。㉘享先王：谓天子宗庙之祭。㉙玉几：玉饰之几。㉚朝觐会同：《春官·大宗伯》："春见曰朝，夏见曰宗，秋见曰觐，冬见曰遇，时见曰会，殷见曰同。"㉛玉币：诸侯朝见天子时所献的见面礼。玉献：诸侯在献过玉币之后又向天子进献本国珍异之物。因为是用玉致献，故称玉献。玉几：这是为天子接见诸侯时需要凭依所准备的。玉爵：天子首先向诸侯敬酒，然后诸侯向天子回敬酒，玉爵就是诸侯回敬酒时所用的酒杯。㉜大丧：此处指天子去世。㉝赠玉：灵柩放进墓穴后，赠送给死者的束帛加璧。含玉：往死者口中放玉，让死者衔着。㉞大事：此处只指征伐。㉟治朝：群臣办公之处。㊱会：谓年终总结。

[译文]

大宰的职责是掌管制定和颁行王国的六典，以辅佐天子治理天下各国。所谓六典，第一是治典，用来统治天下各国，治理百官，管理百姓；第二是教典，用来安定天下各国，教训百官，驯顺百姓；第三是礼典，用来协和天下各国，统驭百官，敦睦百姓；第四是政典，用来平服天下各国，使百官恪尽职守，百姓的赋税公平合理；第五是刑典，用来禁止天下各国的犯上作乱，惩罚恶吏，纠察百姓；第六是事典，用来富强天下各国，使百官都能建功立业，百姓都能安居乐业。

用八法来管理官府：第一是官属，借以使治理王邦的机构、人员齐备；第二是官职，借以使各个官府职责明确；第三是官联，借以使有关官府联合起来，协力完成国家大事；第四是官常，借以使各个官府做好本职工作；第五是官成，借以使上级了解下级的工作；第六是官法，借以使百官知所遵循，不可乱来；第七是官刑，借以督察百官，使之尽心王事；第八是官计，借以考核百官，从而作出赏罚的决断。

用八则来治理都鄙：第一是祭祀，借以控制其所供奉的神祇的尊卑多少；第二是法则，借以控制其所设官吏是否僭上逾等；第三是废置，借以控制其对所设官吏的随意升降任免；第四是禄位，借以控制其对有道德、有学问者的随意任用；第五是赋贡，借以控制其财政税收；第六是礼俗，借以控制其对民众的不良影响；第七是刑赏，借以控制其擅自作威作福；第八是田役，借以控制其对民众的随意征调役使。

以八柄辅佐天子驾驭群臣：第一是爵位，借以使得到爵位者知道是谁使他变得尊贵；第二是俸禄，借以使得到俸禄者知道是谁使他变得富有；第三是赐予，借以使得到赐予者知道是谁使他受到宠幸；第四是提拔使用，借以使得到提拔者知道如何砥砺品行；第五是赦其死罪，借以使得到赦免者知道是谁使他活了下来；第六是抄没家产，借以使被抄家者知道是谁使他一贫如洗；第七是削职为民，借以使被削职者知道是谁使他得罪；第八是处以死刑，借以使被处死者知道是谁使他大祸临头。

以八统辅佐天子管理臣民：第一是亲近九族，第二是敬重故旧，第三是举荐有善行的人，第四是任用多才多艺的人，第五是奖励有功的人，第六是尊敬有声望有地位的人，第七是察举勤劳的小吏，第八是礼貌接待来朝的诸侯。

用九种职业来任使天下百姓：第一是三农，让他们生产各种谷物；第二是园圃，让他们培育各种瓜果蔬菜；第三是虞衡，让他们开发山林川泽的资源；第四是薮牧，让他们养育繁殖鸟兽；第五是百工，让他们对珍珠、象牙、玉料、石料、木料、金属、兽革、鸟羽进行加工并制成成品；第六是商贾，让他们繁荣市场和流通货物；第七是妇女，让她们缫丝绩麻，织造布帛；第八是臣妾，让他们采集野生草木的果实；第九是闲民，没有固定的职业，到处流动，给人家打工。

通过征收九种土地税来筹措经费：第一是王城之内的土地税，第二是四郊之内的土地税，第三是邦甸之内的土地税，第四是家削之内的土地税，第五是邦县之内的土地税，第六是邦都之内的土地税，第七是由司关、司市负责征收的赋税，第八是山林川泽的土地税，第九是官府每年结余的经费。

用九种使用经费的法规来平衡和节制财政支出：第一是祭祀使用经费的法规，第二是接待宾客使用经费的法规，第三是办理丧事和荒年赈灾使用经费的法规，第四是置备天子的饮食、衣服、仪仗使用经费的法规，第五是各种工匠制造器物使用经费的法规，第六是置备聘问所用礼品使用经费的法规，第七是饲养牛马所需草料使用经费的法规，第八是天子给臣下分发俸禄、稍食和惯例性赐予使用经费的法规，第九是天子随心所欲地赏赐使用经费的法规。

用九种纳贡方法使各诸侯国向天子进献物品：第一是让他们进献祭祀所需的物品，第二是让他们进献接待宾客所需的物品，第三是让他们进献宗庙所需的礼器，第四是让他们进献聘问时所需的馈赠物品，第五是让他们进献各种木材，第六是让他们进献金玉龟贝之类的物品，第七是让他们进献缝制礼服所需的布料，第八是让他们进献有玩赏价值的物品，第九是让他们进献本地特产。

用九种协调两方关系的方法来使天下万民互相联系：第一是有地之君，以其拥有土地而得到当地民众的拥护；第二是官长，以其尊贵的地位而得到部下的敬重；第三是传道的教师，以其贤德而得到弟子的爱戴；第四是授业的先生，以其才能而得到学生的爱戴；第五是族长，以其能够团结敦睦族人而得到族人的敬爱；第六是主人，以其能够为客人提供便利而得到客人的感激；第七是各级官吏，以其良好政绩而得到百姓的爱戴；第八是朋友，以其信誉而得到对方的信任；第九是负责管理山林川泽的人，以其能够让百姓开发利用其资源而得到百姓的赞许。

每年的正月初一，开始向普天之下的臣民宣布治典，其方法是把写有治典的木板悬挂到王宫大门的双阙之上，让万民观看，十天以后再把它收藏起来。此后就在畿外的邦国实施治典，为此目的而任命管辖一州的州长，设立统治一国的国君，设立辅佐国君理事的三卿，设立协助三卿理事的五大夫，设置协助五大夫理事的众上士，配备辅佐众上士理事的府、史。又在畿内的都鄙实施八则，为此目的而设立每个采邑的君长，设立辅佐君长的两卿，设立协助两卿理事的五大夫，设立协助五大夫理事的众上士，配备辅佐众上士理事的府、史。又在各个官府实施八法，为此目的而设立六官每官的首长，设立每官首长的副手，设立协助正副首长理事的第三把手，设立协助上级理事的众士，配备辅佐众士理事的府、史。凡治理政务，一定要遵照治典去治理邦国，遵照八则去治理都鄙，遵照八法去治理官府，遵照八成去治理万民，遵照宾礼去接待诸侯。

天子祭祀五帝时，大宰负责对参加祭祀的百官进行约束警戒，以防失礼，还要监督百官，以期保证祭器、祭品一样不缺，保证祭祀场地整齐清洁。在举行祭祀前的十天，大宰要率领有关官员占卜祭祀时日的吉凶，占卜的结果如果吉利，就告诉百官开始斋戒；并与有关官员一道，视察祭器和炊具的洗涤。等到祭祀当天早晨天子亲自牵进牺牲时，大宰要跟在后面帮忙。到了祭祀当天天气大亮时，大宰要手执瑞玉、皮帛和鲍爵跟在天子后面，以备天子亲自礼神时，把瑞玉、皮帛递过去；天子亲酌献尸时，把鲍爵递过去。天子祭祀天地时，大宰负责的事情也是这些。天子祭祀列祖列宗时，大宰负责的事情也是这些，不同的是还要协助天子放好让神凭依的玉几，当天子亲酌献尸时把玉爵递过去。在朝觐会同的重大场合，大宰首先要协助天子接受诸侯晋见时所携带的玉币和玉献，其次还要为天子准备好玉几和玉爵。天子去世，大宰要协助嗣位的天子为死者赠玉、含玉。天子兴兵征伐，大宰要告诫百官，协助天子施行教令。天子临朝听政，大宰要协助天子裁决。天子十二岁一巡守，当其在到达国家临朝听政时，大宰也要协助天子裁决。凡是王国政务上的小事，可以由冢宰做主处理，例如接待四方宾客一类的小事。年终，大宰要命令所有的官府都整理其办公文件，接受他们的总结报告，写出考核评语，而后提请天子或者予以罢退，或者予以提升。每过三年，大宰要对内外大小百官进行一次全面考核，而后提请天子或者予以惩罚，或者予以奖励。

小宰之职：掌建邦之宫刑①，以治王宫之政令②，凡宫之纠禁。掌邦之六典、八法、八则之贰③，以逆邦国、都鄙、官府之治④。执邦之九贡、九赋、九式之贰⑤，以均财节邦用。

以官府之六叙正群吏⑥：一曰以叙正其位⑦，二曰以叙进其治⑧，三曰以叙作其事⑨，四曰以叙制其食⑩，五曰以叙受其会，六曰以叙听其情。

以官府之六属举邦治⑪：一曰天官，其属六十⑫，掌邦治⑬，大事则从其长⑭，小事则专达⑮；二曰地官，其属六十，掌邦教，大事则从其长，小事则专达；三曰春官，其属六十，掌邦礼，大事则从其长，小事则专达；四曰夏官，其属六十，掌邦政，大事则从其长，小事则专达；五曰秋官，其属六十，掌邦刑，大事则从其长，小事则专达；六曰冬官，其属六十，掌邦事，大事则从其长，小事则专达。

以官府之六职辨邦治⑯：一曰治职，以平邦国，以均万民，以节财用⑰；二曰教职，以安邦国，以宁万民，以怀宾客⑱；三曰礼职，以和邦国，以谐万民，以事鬼神⑲；四曰政职，以服邦国，以正万民，以聚百物⑳；五曰刑职，以诘邦国，以纠万民，以除盗贼㉑；六曰事职，以富邦国，以养万民，以生百物。

以官府之六联合邦治㉒：一曰祭祀之联事㉓，二曰宾客之联事，三曰丧荒之联事，四曰军旅之联事，五曰田役之联事，六曰敛弛之联事㉔。凡小事皆有联。

以官府之八成经邦治㉕：一曰听政役以比居㉖，二曰听师田以简稽㉗，三曰听闾里以版图㉘，四曰听称责以傅别㉙，五曰听禄位以礼命㉚，六曰听取予以书契㉛，七曰听卖买以质剂㉜，八曰听出入以要会㉝。

以听官府之六计弊群吏之治㉞：一曰廉善㉟，二曰廉能，三曰廉敬，四曰廉正，五曰廉法，六曰廉辨。

以法掌祭祀、朝觐、会同、宾客之戒具㊱，军旅、田役、丧荒，亦如之。七事者㊲，令百官府共其财用㊳，治其施舍㊴，听其治讼㊵。凡祭祀㊶，赞玉币爵之事、裸将之事㊷。凡宾客，赞裸㊸，凡受爵之事，凡受币之事。㊹丧荒，受其含襚币玉之事㊺。

月终，则以官府之叙受群吏之要㊻。赞冢宰受岁会，岁终，则令群吏致事。正岁，帅治官之属而观治象之法，徇以木铎㊼，曰："不用法者，国有常刑。"乃退，以宫刑宪禁于王宫，令于百官府曰："各修乃职，考乃法，待乃事，以听王命。其有不共㊽，则国有大刑㊾。"

[注释]

①宫刑：此谓王宫中的刑法。②王宫：谓皋门以内及后宫。③贰：副本。正本由大宰掌握。下同。④逆：考核。邦国、都鄙、官府：邦国指畿外的各诸侯国，都鄙指畿内的公卿大夫采邑和王子弟的食邑，官府指本书天、地、春、夏、秋、冬六官及其属下各官。⑤九贡、九赋、九式：均见上文《大宰》。⑥叙：爵位尊卑的次序。⑦位：百官上朝时所站的位置。⑧治：谓上报政绩的文书。⑨作其事：派给他们的任务。⑩食：没有爵位而在官府服务者的月薪。⑪"以官府"句：此即《大宰》八法之"一曰官属，以举邦治"。⑫其属六十：这只是一个约数。⑬治：谓治典。⑭大事：需要几个部门协力合作才能完成的事。长：长官。⑮小事：谓一个部门可以独自办理的事。⑯以官府之六职辨邦治：此即《大宰》八法之"二曰官职，以辨邦治"。⑰以节财用：因为大宰要"以九式均节财用"，所以这里说"以节财用"。⑱以怀宾客：使来访的宾客有宾至如归的感觉。⑲以事鬼神：因为大宗伯掌管对天神、人鬼、地祇的祭祀，故云"以事鬼神"。⑳以聚百物：因为《夏官》有职方氏，掌管天下之地图，熟悉各地的物产，并且制定贡法，令各地以其所有来贡，故云"以聚百物"。㉑以除盗贼：因为《秋官·士师》谈到了对邦贼、邦盗的惩治，故云。㉒"以官府之六联"句：此即《大宰》八法之"三曰官联，以会邦治"。所谓"官联"，就是几个部门联合办事。㉓祭祀之联事：郑众说："大祭祀，大宰赞玉币，司徒奉牛牲，宗伯视涤濯，司马羞鱼牲，司寇奉明水火。此所谓官联。"㉔弛：通"施"。此谓施予，施惠。㉕成：有据可查之文书。㉖政役：征调力役。政，通"征"。比居：伍籍。据此伍籍以征调劳役，可使劳役均平。㉗简稽：一种簿册。上面写有士卒的姓名、武器等等。㉘闾里：周代的基层行政单位。这里泛指平民聚居之处。版图：户籍和地图。㉙傅别：借券。㉚礼命：国家的礼籍和天子的册命。㉛书契：此谓登记财物出纳的账簿。㉜质剂：买卖成交的契约。㉝要会（kuài）：统计一月的簿书叫做要，统计一年的簿书叫做会。㉞"以听官府之六计"句：此即《大宰》八法之"八曰官计，以弊邦治"。㉟廉：考察。㊱朝觐、会同：详《大宰》注。戒具：即《大宰》之"誓戒、具修"。㊲七事：指上文的祭祀、朝觐、会同、宾客、军旅、田役、丧荒七件事。㊳共：通"供"，供给。㊴施舍：《释文》引作"弛舍"，孙

诒让认为当从。弛舍，谓豁免徭役。㊵治讼：治谓有所陈诉请求，讼谓争讼。㊶凡祭祀：实指祭祀五帝、天地和先王而言。㊷赞玉币爵之事：此句已见于《大宰》。祼（guàn）将：郑玄说："将，送也。祼将，送祼，谓赞王酌郁鬯以献尸谓之祼。"㊸赞：天子设宴招待来朝的诸侯，大宗伯代表天子向诸侯献郁鬯酒，小宰协助大宗伯完成此事。㊹"凡受爵之事"二句：《大宰》云："大朝觐会同，赞玉币、玉爵。"在大宰协助天子受爵、受币时，小宰在旁边给大宰当助手。㊺含：谓死者口中所衔的珠玉之类。襚：赠给死者装殓用的衣被。㊻要：谓每月的小结。㊼木铎（duó）：一种摇铃。㊽共：供职，奉职。㊾大刑：重刑。特指死刑。

[译文]

小宰的职责：掌管制定和颁布王国官中的刑法，以推行王官的政令，并负责官中所有不良现象的纠察和禁止。掌管王国六典、八法、八则的副本，用来考核畿外邦国、畿内都鄙、各级官府的政绩；掌管王国九贡、九赋、九式的副本，以平衡、节制王国的财政。

用官府的六叙使内外百官做到先尊后卑而井然有序：第一是根据爵位的尊卑来排定百官朝位，第二是根据爵位的尊卑来安排百官上报政绩文书的递进先后，第三是根据爵位的尊卑来决定百官承担任务的轻重，第四是按照工作的繁忙轻闲来规定小吏的月薪，第五是根据爵位的尊卑来安排百官总结汇报的先后，第六是根据爵位的尊卑来决定听取百官反映情况的先后。

把所有的官府分为六个系统，以全面完成对王国的治理。第一个是天官系统，下设六十个部门，掌管王国治典的推行；每一部门的首长，遇到大事要听从其上级长官的指挥，遇到小事可以自行处置，直接对天子负责。第二个是地官系统，下设六十个部门，掌管王国教典的推行；每一部门的首长，遇到大事要听从其上级长官的指挥，遇到小事可以自行处置，直接对天子负责。第三个是春官系统，下设六十个部门，掌管王国礼典的推行；每一部门的首长，遇到大事要听从其上级长官的指挥，遇到小事可以自行处置，直接对天子负责。第四个是夏官系统，下设六十个部门，掌管王国政典的推行；每一部门的首长，遇到大事要听从其上级长官的指挥，遇到小事可以自行处置，直接对天子负责。第五个是秋官系统，下设六十个部门，掌管王国刑典的推行；每一部门的首长，遇到大事要听从其上级长官的指挥，遇到小事可以自行处置，直接对天子负责。第六个是冬官系统，下设六十个部门，掌管王国事典的推行；每一部门的首长，遇到大事要听从其上级长官的指挥，遇到小事可以自行处置，直接对天子负责。

根据官府的六项职能来明确六官在王国治理过程中的不同责任：第一是天官的治理职能，负责治理天下各国，平均百姓的负担，调节王国的财用；第二是地官的教育职能，负责安定天下各国，使百姓安宁，使宾客感到如同在家一般；第三是春官的礼仪职能，负责协和天下各国，使百姓敦睦，使天神、人鬼、地祇都得到应有的祭祀；第四是夏官的军事职能，负责威服天下各国，使百姓循规蹈矩，征集各地的贡品；第五是秋官的刑罚职能，负责制止各国犯上作乱，督察百姓，消灭盗贼；第六是冬官的营造职能，负责使天下富足，百姓都能安居乐业，营造各种物品。

以官府在六个方面的联合办事来把王国的大事办好：第一是在祭祀方面的联合办事，第二是在接待宾客方面的联合办事，第三是在办理丧事和荒年赈灾方面的联合办事，第四是在军旅方面的联合办事，第五是在田猎征调民众方面的联合办事，第六是在聚敛财物和散发救济方面的联合办事。除此以外，还有许多小事也需要联合办理。

以官府的八种有据可查的文书来处理人们的纠纷：第一种文书是伍籍，据以处理在征用民工方面发生的纠纷；第二种文书是简稽，据以处理在军旅、田猎方面发生的纠纷；第三种文书是版图，据以处理闾里居民在户口迁移和土地所有权方面发生的纠纷；第四种文书是借券，据以处理人们在借贷方面发生的纠纷；第五种文书是礼命，据以处理官员们在俸禄的多寡、朝位的前后方面发生的纠纷；第六种文书是书契，据以处理人们在财物的取了没取、给了没给一类事情上发生的纠纷；第七种文书是质剂，据以处理人们在买卖方面发生的纠纷；第八种文书是统计簿，据以处理官府财物在出出进进方面发生的纠纷。

根据治理官府的六条考核标准来评价每个官员的治绩：第一是考察其是否有良好的声誉，第二是考察其是否有贯彻政令的能力，第三是考察其是否有恪尽职守的态度，第四是考察其是否品行端正，第五是考察其是否守法不打折扣，第六是考察其是否能够明辨是非。

按照礼法的惯例，在朝觐、会同和接待宾客时，负责对百官的约束警戒，督促有关部门，以保证做到一应物品应有尽有。如有军事行动、田猎、大丧、荒年，所负的责任也是这些。遇到上面的七类事情，就命令有关官府供给其财用，处理他们的豁免徭役的问题，听断他们的陈请和争讼。遇到天子祭祀五帝和天地时，大宰应协助天子以瑞玉、皮帛礼神，此时，小宰应充当大宰的帮手；遇到天子祭祀列祖列宗时，小宰要协助天子酌酒献尸以灌地降神。凡有接待诸侯之事，当大宗伯代表天子向诸侯敬献郁鬯香酒时，小宰要从旁协助；当诸侯向天子回敬酒时，天子饮毕，将杯子递给大宰，此时，小宰应把杯子从大宰手中接过来。遇到天子去世，负责接受诸侯及大臣为助丧而赠送的含玉和衣被；遇到荒年，负责接受诸侯用以致送救灾物资的币玉。

每月月底，要以官府的尊卑为序接受所有官员呈报的当月工作总结。每年年底，要协助大宰接受各个官府的年终总结，命令所有官员呈报一年来的工作成绩。每年正月，率领天官属下的所有官员前去观看悬挂在王官大门双阙上的治典,并且手摇木铎,当众大声警告:"如果不依法行事,将根据国法的相应条款加以惩处。"事毕而退,又将王国官中的刑法禁令悬挂公布于王官,并向所有的官府逐一戒敕说:"各自都要恪尽职守,注意自己应当遵守的法规,完善自己的工作,并听从天子的命令。如果发现有谁玩忽职守,将受到国家的重刑惩罚。"

宰夫之职:掌治朝之法①,以正王及三公、六卿、大夫、群吏之位②,掌其禁令。叙群吏之治③,以待宾客之令、诸臣之复、万民之逆④。

掌百官府之征令,辨其八职:一曰正⑤,掌官法以治要⑥;二曰师⑦,掌官成以治凡⑧;三曰司⑨,掌官法以治目;四曰旅⑩,掌官常以治数;五曰府⑪,掌官契以治藏;六曰史,掌官书以赞治;七曰胥,掌官叙以治叙;八曰徒,掌官令以征令。

掌治法以考百官府、群都县鄙之治⑫,乘其财用之出入⑬。凡失财用、物辟名者⑭,以官刑诏冢宰而诛之。其足用、长财、善物者,赏之。

以式法掌祭祀之戒具与其荐羞⑮,从大宰而视涤濯。凡礼事,赞小宰比官府之具⑯。凡朝觐、会同、宾客⑰,以牢礼之法掌其牢礼、委积、膳献、饮食、宾赐之飧牵与其陈数⑱。凡邦之吊事,掌其戒令⑲,与其币器财用凡所共者⑳。大丧、小丧㉑,掌小官之戒令㉒,帅执事而治之。三公、六卿之丧,与职丧帅官有司而治之㉓。凡诸大夫之丧,使其旅帅有司而治之。

岁终则令群吏正岁会,月终则令正月要,旬终则令正日成,而以考其治。治不以时举者,以告而诛之。正岁则以法警戒群吏,令修宫中之职事。书其能者与其良者,而以告于上。

[注释]

①治朝：群臣治事之朝。②三公：谓太师、太傅、太保。三公爵在六卿之上。六卿：谓六官之长。即大宰、大司徒、大宗伯、大司马、大司寇、大司空。大夫：包括中大夫和下大夫。群吏：此处特指命士及命士以下之小吏。③叙：次序。④待：处理。此谓向朝廷转达。宾客之令：谓朝聘宾客之陈诉、请求。复：谓向朝廷奏事。逆：谓向朝廷上书。⑤正：谓每一官府的首长。⑥治要：抓全面工作。下文的"凡"、"目"、"数"，是"要"的逐次分解。"数"的总和就是"目"，"目"的总和就是"凡"，"凡"的总和就是"要"。⑦师：谓每一官府首长的助手。⑧官成：见上文《大宰》注。⑨司：谓每一官府的中级官员。⑩旅：谓每一官府的下级官员。⑪府：负责保管文书、财物的办事员。⑫治法：即治典。群都：即都鄙。畿内之采邑。县鄙：即公邑。天子的直辖领地。⑬乘：计算。⑭辟（pì）：谓库存财物与账面不符，因而造假账。⑮式法：即《大宰》"九式"中的祭祀之式。荐羞：郑玄注："荐，脯醢也。羞，庶羞、内羞。"⑯比：考校并加以次序。⑰朝觐、会同：笼统地说，都是诸侯朝见天子。宾客：诸侯来朝称宾，卿大夫来聘称客。⑱牢礼之法：接待宾客的礼数。陈数：陈列和数量。⑲戒令：把应该注意的事项事先告诫之。⑳币：帮助料理丧事的钱财。器：指赠送丧家的明器。㉑大丧：谓王、后，及太子去世。小丧：谓夫人、九嫔、世妇、妇御等内人去世。㉒小官：郑玄说："小官，士也。"然则大夫以上则为大官。㉓职丧：官名，属春官。官有司：谓奉命主持丧事供给的小官。

[译文]

宰夫的职责：掌管治朝的法令，在群臣朝见天子时，保证天子及三公、六卿、大夫、群吏都各就各位，维持朝堂秩序，纠察违背禁令的现象。安排好群吏的职事，以转呈朝聘宾客向朝廷提出的陈诉、请求、群臣的奏事、百姓的上书。

掌管辨别所有官府在编人员的八种职守，以备天子的征召和使令：第一是"正"的职守，他们负责按照官法的要求对本部门工作做出全年安排；第二是"师"的职守，他们负责按照官成的要求对本部门工作做出每月的安排；第三是"司"的职守，他们负责按照官法的要求对本部门工作做出每天的安排；第四是"旅"的职守，他们负责按照官常的要求对本部门工作做出每件事情的安排；第五是"府"的职守，他们负责保管官府的契约和财物；第六是"史"的职守，他们负责草拟文件以赞助治理；第七是"胥"的职守，他们负责按照官府中事务的轻重缓急以妥善安排属下的差使；第八是"徒"的职守，他们负责按照上级的命令听候征召和使唤。

掌管根据治法来考核所有官府、所有采邑和公邑的治绩，审计他们在钱谷货物上面收入和支出的情况。凡是支出失当、账目不实者，就要根据国法申报冢宰加以惩治。如果收支相抵而尚有结余、经营有方而钱谷增多、生产的物品质量精美者，就要予以奖赏。

按照祭祀使用经费的法规，掌管告诫有关官员应该供给的祭品与荐羞，跟随大宰视察祭器、炊具的洗涤。凡有行礼之事，都要协助小宰考核评比有关官府的物资供应情况。凡有朝觐、会同、宾客之事，要按照接待客人的礼数，掌管应该供给客人的牢礼、委积、膳献、饮食和飨牵，以及这些礼品的如何摆放和数量多少。凡是天子派人去吊唁诸侯、天子亲自去吊唁大臣，掌管将注意事项告诫使者和天子的随从，并告诫有关部门准备好应该提供的赗金、明器和其他助葬用品。遇到大丧、小丧，掌管将注意事项告诫小官，并率领有关部门共同操办丧事。遇到三公、六卿去世，就和职丧一道率领有司共同操办丧事。凡大夫去世，也率有司来操办。

每到年终，就要命令冢宰属下的所有官员做好全年的工作总结；每到月底，就要命令冢宰属下所有官员做好当月的工作总结；一旬结束，就要命令冢宰属下所有官员做好这十天的工作总结，以此作为考核他们治绩优劣的根据。对于那些属于本职工作而又不能按时完成者，就要报告上级给予处分。每年正月，要以法令的形式提醒和告诫冢宰属下的所有官员，责成他们努力搞好王官中与本职有关的事。记下他们中间的有才能者和治绩优良者，呈报上级，加以举荐。

宫正：掌王宫之戒令、纠禁。以时比宫中之官府、次舍之众寡①，为之版以待②，夕击柝而比之③。国有故④，则令宿⑤，其比亦如之。辨外内而时禁，稽其功绪⑥，纠其德行⑦，几其出入⑧，均其稍食⑨，去其淫怠与其奇邪之民，会其什伍而教之道艺⑩。月终则会其稍食，岁终则会其行事。凡邦之大事，令于王宫之官府、次舍，无去守而听政令。春秋以木铎修火禁⑪。凡邦之事跸宫中庙中⑫，则执烛⑬。大丧⑭，则授庐舍⑮，辨其亲疏贵贱之居。

[注释]

①宫中之官府：郑玄说："官府之在宫中者，若膳夫、玉府、内宰、内史之属。"次舍：官府在宫外的官员入宫值夜的临时住所。②版：名籍，花名册。③柝（tuò）：打更用的梆子。④故：谓非常情况。⑤则令宿：平时只有宫内官员和贵族子弟中的值班人员宿卫。有了特殊情况，就命令所有宫内官员和贵族子弟，都要入宫宿卫。⑥功绪：功业。⑦德行：此德行不是一个抽象的概念，而是有具体内容的，乃指《地官·师氏》所说的"三德三行"。⑧几其出入：对在宫中上班的官员，检查他们所穿的衣服、所携带的物品是否合乎要求；其中如有被劾奏者，则禁止其出入。⑨稍食：没有爵位而在官府做事的人的月俸。⑩什伍：军队的一种编制，五人为伍，二伍为什。⑪"春秋"句：为什么只在春秋二季摇动木铎提醒防火？郑玄说："火星以春出，以秋入，因天时而以戒。"⑫跸：帝王出行时清道，禁止行人来往。⑬烛：火炬。⑭大丧：此谓太后、天子、王后的去世。⑮庐舍：庐谓倚庐，舍谓垩室。二者都是居丧期间的临时住所。

[译文]

宫正的职责是：将王宫中应该注意的事项通令于众。按时检查在宫中上班的官员和在宫中值夜的官员是否到齐，并且事先造好上述人员的花名册以备点名检查,每天夜里敲着梆子,一方面警戒守备,一方面检查值夜的人是否懈惰。国家如果发生了特殊情况,就要命令所有的宫内官员贵族子弟进宫宿卫,而且和平常一样,也要点名检查和敲梆警戒。要辨别宫外之人和宫内之人,不到规定的时间,宫外之人不得进,宫内之人不得出。要考察宫内官员和贵族子弟已经完成的工作和正在进行的工作,纠正他们在德行上的偏失,检查他们的出出进进,及时调整他们的月俸,宫中官员的子弟如有举止放荡、做事懒散、行为邪门外道者,就将其驱逐出宫,将在宫中服务的贵族子弟按军队编制组织起来,用礼、乐、射、驭、书、数的技艺教育他们。每月月底,要统计一下宫中官员的月俸数额;每年年底,要总结一下他们的工作成绩。如果国家发生了敌寇入侵或王、后太子去世一类的大事,就要命令所有在宫中上班的官员和值夜的官员不得擅离职守,随时听候命令。每年的春季秋季,摇动木铎,提醒宫中上下人等严防火灾。凡宫中、庙中的祭祀活动,如果天子亲自参加,需要清道禁绝行人,就由宫正负责执烛照明。国有大丧,则负责分配倚庐和垩室,按照群臣的亲疏贵贱,分别予以适当安排。

宫伯:掌王宫之士庶子①,凡在版者。掌其政令,行其秩叙②,作其徒役之事③。授八次八舍之职事④。若邦有大事作宫众⑤,则令之。月终则均秩,岁终则均叙。以时颁其衣裘,掌其诛赏。

[注释]

①士庶子:总的来说是指负责宿卫王宫的贵族子弟。②秩叙:王引之说:"秩叙,谓士庶子更番宿卫之次第。一月之次谓之秩,一岁之次谓之叙。"③作其徒役之事:郑玄注:"太子所用。"④八次八舍:郑玄注:"次,其宿卫所在;舍,其休沐之处。"⑤大事:此谓敌寇入侵、大丧和天子巡守等事。

[译文]

官伯的职责是：掌管所有在册的负责宿卫王宫的贵族子弟，掌管管理这些贵族子弟的政令，安排他们轮流换班宿卫的顺序，派遣他们到太子那里从事劳役，分配他们宿卫上岗的哨位和下班以后的休息地点。如果国家发生了大事，需要征调宿卫王宫的贵族子弟，就要向他们下达命令。为了劳逸平均，月终要调整一次他们换班宿卫的次序，年终也要调整一次他们换班宿卫的次序。按照不同的季节，向他们颁发不同的衣服。掌管对他们的赏罚。

膳夫：掌王之食饮膳羞①，以养王及后、世子②。凡王之馈③，食用六谷④，膳用六牲⑤，饮用六清⑥，羞用百有二十品⑦，珍用八物⑧，酱用百有二十瓮⑨。王日一举⑩，鼎十有二⑪，物皆有俎⑫。以乐侑食⑬，膳夫授祭⑭，品尝食，王乃食。卒食，以乐彻于造⑮。王齐日三举⑯。大丧则不举，大荒则不举，大札则不举，天地有灾则不举，邦有大故则不举。王燕食⑰，则奉膳赞祭。凡王祭祀、宾客食，则彻王之胙俎⑱。凡王之稍事⑲，设荐脯醢⑳。王燕饮酒，则为献主。㉑掌后及世子之膳羞㉒。凡肉脩之颁赐皆掌之㉓。凡祭祀之致福者㉔，受而膳之，以挚见者亦如之㉕。岁终则会，唯王及后、世子之膳不会。

[注释]

①食饮膳羞：这是组成天子及其近亲贵臣的伙食的四个方面。②世子：即太子。③馈：郑玄说："进物于尊者曰馈。"④六谷：谓稌（即稻）、黍、稷、粱、麦、苽（雕胡）。⑤六牲：谓牛、羊、豕、犬、雁（即鹅）、鱼。此王引之说。⑥六清：即《天官·浆人》之六饮：水、浆、醴、凉、医、酏。⑦羞：谓庶馐。⑧珍用八物：八种最高档的食品。⑨酱：郑玄注："酱，谓醯醢也。"醯就是醋，醢是用酒腌制的各种咸肉酱。⑩举：杀牲制作盛馔曰举。⑪鼎十有二：盛有牲肉的牢鼎九；盛有庶馐的陪鼎三。⑫物：谓牢鼎之实。

⑬侑：劝也。⑭祭：此谓食前之祭。⑮造：通"灶"，指厨房。⑯齐：通"斋"，指祭祀前十天开始的散斋和致斋。⑰燕食：谓天子日中之食和夕食。⑱胙俎：即"阼俎"。胙，通"阼"。主人饮食之俎曰胙俎。⑲稍事：郑玄说："有小事而饮酒。"⑳脯醢：干肉和肉酱。㉑"王燕饮酒"二句：天子作为主人招待客人宴饮，应该先向客人敬酒，但因为天子地位独尊，群臣皆不敢与之抗礼，为了避免出现尴尬的局面，天子就命膳夫代替他向客人敬酒。㉒"掌后"句：据郑玄注，膳夫只掌管其膳馐的配给。㉓脩：加入姜桂等佐料而制成的干肉叫做脩。㉔致福：郑玄说："致福，谓诸祭祀，进其馀肉，归胙于王。"祭祀剩下的肉能给人带来神的保佑，故云。㉕挚：见面礼。

[译文]

膳夫的职责是：掌管天子伙食所需的主食、饮料、牲肉和庶馐，用以供养天子、王后和太子。向天子进献的食品计有：主食用六种谷物，肉食用六种家畜和家禽，饮料有六种，庶馐有一百二十种，最高档的食品有八种，酱用一百二十瓮。天子每天的高标准早餐都要宰杀牲畜，各种肉食和庶馐共有十二鼎，每只鼎都配有放置鼎实的俎。天子吃饭时要奏乐劝食，饭前还要进行食前之祭，食前之祭所用的食物则由膳夫准备好了以后递给天子。膳夫要把各种食物都尝一尝，然后天子才开始进食。天子吃过以后，要奏起乐曲，由膳夫把吃剩下的食物撤到厨房里，以备下顿热了以后再吃。天子在斋戒期间，每天的三顿饭都要宰杀牲畜。如果遇到王后、太子、大臣去世，天子吃饭就不杀牲；遇到荒年，也不杀牲。遇到天子家里大婚之事，也不杀牲，有天灾人祸或是国家有灾难也不杀牲。到了天子要吃午饭、晚饭时，膳夫要把早饭剩下的食物加热以后端上来，并且帮助天子进行食前之祭。凡是天子因小事而饮酒时，膳夫要摆上下酒的小菜。在天子设宴招待客人饮酒时，膳夫要代替天子做主人向客人敬酒。膳夫还要负责王后和太子伙食所需要的牲肉和各种美味的菜肴。凡是天子向臣下颁赐鲜肉、肉脯的事，都由膳夫掌管。凡是把自己祭祀用的牲肉奉献给天子时，由膳夫负责接受并将其充任天子餐桌上的肉食。来晋见天子者所带贽见礼，也由膳夫负责接受并充做天子餐桌上的食品。每到年终，要把一年来颁赐群臣鲜肉、肉脯的数量加以统计，但天子、王后、太子的膳食费用则不加统计。

庖人： 掌共六畜、六兽、六禽①，辨其名物②。凡其死生鲜槁之物，以共王之膳与其荐羞之物③，及后、世子之膳羞。共祭祀之好羞④，共丧纪之庶羞、宾客之禽献⑤。凡令禽献，以法授之，其出入亦如之。⑥凡用禽献⑦，春行羔豚，膳膏香⑧；夏行腒鱐⑨，膳膏臊⑩；秋行犊麛，膳膏腥⑪；冬行鲜羽⑫，膳膏膻⑬。岁终则会，唯王及后之膳禽不会⑭。

[注释]

①六畜：即马、牛、羊、豕、犬、鸡。六兽：即麋、鹿、狼、麕、野豕、兔。此郑玄说。六禽：郑玄说是羔、豚、犊、麛、雉、雁。②名物：名称和特点。③荐羞：见上文《宰夫》注。④好羞：难得的珍味。一般是各地的土特产。⑤丧纪：丧事期间，虞、祔以后的祭祀谓之丧纪。此前的祭祀谓之奠。禽献：郑玄说："禽献，献禽于宾客。"⑥"凡令禽献"三句：郑玄说："令，令兽人也。宾客至，将献之，庖人令兽人取之，必书所当献之数与之，及其来致禽，亦以此书校数之。至于献宾客，又以此书付使者，展而行之。"⑦用禽献：郑玄说："用禽献，谓煎和之以献王。"⑧膳：烹调。膏香：牛油。⑨腒（jū）：干雉。鱐（sù）：干鱼。⑩膏臊：犬膏，狗油。⑪膏腥：猪油，大油。⑫鲜羽：鲜是鱼，羽是鹅。⑬膏膻：羊油。⑭膳禽：即上文春夏秋冬四季为天子特意烹调的禽兽。

[译文]

庖人的职责是：掌管六种牲畜、六种野兽、六种家禽，辨别每一种东西叫什么名字，有什么特点。这些牲畜、野兽、家禽，无论它是死的活的鲜的干的，都用来供应天子膳食所需的肉食和种种美味佳肴，以及王后、太子伙食所需的种种美味佳肴。此外还要供应祭祀所用的难得的珍味，供应丧祭所需的种种美味佳肴，供应接待来朝聘的宾客所需的禽兽。凡是宾客到达以后，庖人就要根据客人的身份开出所需禽兽的数量，并命令兽人照单供应；兽人取来禽兽以后，庖人要照单点验；宰夫取走这些禽兽时，庖人也要照单点验一番。凡是烹调禽兽献给天子，要因时制宜：春天适宜吃小羊、小猪，用牛油来烹调；夏天适宜吃干雉、干鱼，用狗油来烹调；秋天适宜吃小牛、小鹿，用猪油来烹调；冬天适宜吃鱼和鹅，用羊油来烹调。每到年终，要统计一下全年所用的牲畜、野兽、家禽的数量，但为天子和王后特意烹调的当令禽兽不需统计。

内饔：掌王及后、世子膳羞之割亨煎和之事[1]，辨体名肉物[2]，辨百品味之物[3]。王举，则陈其鼎俎，以牲体实之。选百羞、酱物、珍物以俟馈[4]。共后及世子之膳羞。辨腥臊膻香之不可食者。牛夜鸣，则庮[5]；羊泠毛而毳[6]，膻；犬赤股而躁，臊；鸟蔫色而沙鸣[7]，貍[8]；豕盲视而交睫，腥；马黑脊而般臂[9]，蝼。凡宗庙之祭祀，掌割亨之事。凡燕饮食亦如之。凡共羞、脩、刑、膴、胖、骨、鱐[10]，以待共膳。凡王之好赐肉脩[11]，则饔人共之[12]。

[注释]

①割：剔解牲体。亨：同"烹"，煮也。《周礼》一书中的"烹"概用"亨"字。煎和：煎炒而以五味调和之。②体名：牲体各个部位的名称。肉物：王引之说是指有骨头的内脏和皮肤。③百品味：郑玄说："百品味，庶羞之属。言百，举成数。"④百羞、酱物、珍物：百羞即《膳夫》之羞，酱物即《膳夫》之酱，珍物即《膳夫》之八珍。⑤庮（yóu）：朽木般的怪味。⑥泠（líng）：通"零"，谓零落。毳（cuì）：毛与毛粘连、纠结。⑦蔫（piǎo）：谓羽毛失去光泽。⑧貍：《礼记·内则》作"郁"，腐烂的臭味。⑨般臂：前腿毛色杂乱。般，通"斑"。⑩共：郑玄说当作"具"。具，备齐。羞：谓庶羞。

脩：加入姜桂等佐料捶制成的干肉。刑：谓铏羹。即既加佐料又加菜的肉汁。刑，通"铏"。膴（hū）：切成薄片的大块肉。胖（bǎn）：生肉片。骨：谓已经剔解好的牲体。鱐：干鱼。⑪好赐：对所喜欢的人的赐予。⑫飨人：即内饔。本书之例，凡通举某一官府人员的上上下下，即改称为"×人"。

[译文]

　　内饔的职责是：掌管天子、王后和太子所食牲肉和庶馐的割剔、煮熟、烹调之事，辨别牲体的各个部分都叫什么名字，辨别内脏和肉皮的名称，辨别众多美味佳肴都叫什么名字。天子进食杀牲的盛馔时，就要负责鼎俎的陈设，先把牲肉放在镬内煮熟，然后再捞到鼎中，然后再盛到俎上。事先挑选好天子喜欢吃的各种美味、醯和肉酱以及最高档的食品，以备进献。还要供应王后和太子膳食所需的肉食及美味佳肴。负责辨别有腥臊膻香等怪味的不能吃的食品。牛经常在夜里鸣叫的，它的肉一定有股烂木头的怪味；羊的毛比较稀少而且结成疙瘩的，它的肉一定膻味厉害；狗的大腿内侧无毛而且走动急躁的，它的肉一定有股臊味；鸟的羽毛暗淡无色而且叫声沙哑的，它的肉一定有股腐烂的臭味；猪的两眼老是向着远处看而且上下睫毛胡乱交叉的，它的肉一定有腥味；马的脊背发黑并且前腿毛色杂乱的，它的肉一定有股蝼蛄般的臭味。凡是祭祀宗庙的时候，内饔负责牲体的剔解和烹煮，天子、王后和太子自个儿饮酒和进餐时，也由内饔负责牲体的剔解和烹煮。每顿饭都要先把美味佳肴、肉脯、既加佐料又加菜的肉汁、切成薄片的大块肉、生肉片、剔解好的牲体、干鱼等备齐，以备天子膳食所需。凡是天子特赐臣下的生肉和肉脯，也由内饔负责供应。

外饔：掌外祭祀之割亨①，共其脯、脩、刑、膴，陈其鼎俎，实之牲体、鱼、腊②。凡宾客之飧饔、飨食之事③，亦如之。邦飨耆老、孤子④，则掌其割亨之事。飨士庶子⑤，亦如之。师役，则掌共其献赐脯肉之事。凡小丧纪⑥，陈其鼎俎而实之。

[注释]

①外祭祀：谓天地、四望、山川、社稷、五祀等外神的祭祀。②腊(xī)：干肉。③飨饔、飨食：宾客初到，主人为之举行的便宴谓之飨。饔，此谓馈饔饩。客人行过正式的朝聘礼以后，主人要把已经杀死的牲畜（这叫做饔）与尚未杀死的活牲畜（这叫做饩）和其他食品以及牲畜的草料等送到客人下榻的宾馆，这就叫馈饔饩。飨食，二者都是主人为客人举行的正式宴会。飨的规格高于食。④耆老：六十岁以上的老人。孤子：烈士之子。⑤士庶子：王宫的卫士。⑥小丧纪：郑玄说："谓丧事之奠祭。"小丧之所指，贾公彦谓指夫人以下之丧，孙诒让说可能还包括王子弟和同姓诸侯之丧。

[译文]

外饔的职责是：掌管外祭祀所用牲肉的割剔和烹煮，供应外祭祀所需的肉脯、加入姜桂后制成的肉干、既加佐料又加菜的肉汤、切成薄片的大块肉，陈设外祭祀所用的鼎俎，并且将牲体、鲜鱼、干肉分别装进鼎俎。凡是为来朝聘的诸侯、卿大夫等设接风便宴，向他们馈赠饔饩，为他们举行正式宴会，也要像掌管外祭祀那样地掌管其事。国家设宴慰劳老人和烈士子女，外饔就要负责宴会所需牲肉的割剔烹煮之事。如果国家设宴招待王宫的卫士，外饔也要负责这类事情。遇到出师征伐和巡守田猎，就要负责供应慰劳有功将士的酒和赐给他们的肉脯、鲜肉。凡是小丧事的奠祭，负责陈设鼎俎，并且将祭品装进鼎俎。

亨人： 掌共鼎镬①，以给水火之齐②。职外、内饔之爨亨煮③，辨膳羞之物。祭祀，共大羹、铏羹④。宾客，亦如之。

[注释]

①亨：古"烹"字。镬(huò)：煮生肉、干肉和鱼的大锅。肉煮熟后，再捞出盛进鼎内。②水火之齐(jì)：用水的多少和火候。齐，古"剂"字，剂量，分量。③爨：灶也。④大(tài)羹：煮肉的清汤，汤中既无盐菜，也

天官冢宰第一　55

无佐料。

[译文]

亨人的职责是：掌管煮肉用的鼎镬，掌握煮肉时需要加多少水、煮到什么火候才合适。负责外饔、内饔灶上的烹煮工作，辨别用以制作肴馔的各种原料。祭祀的时候，负责供应大羹、铏羹。招待宾客的时候，也是如此。

甸师：掌帅其属而耕耨王藉①，以时入之，以共粢盛②。祭祀，共萧茅③，共野果蓏之荐④。丧事，代王受眚灾。⑤王之同姓有罪，则死刑焉。帅其徒以薪蒸役外、内饔之事⑥。

[注释]

①王藉（jiè）：名义上是天子亲耕而实际上是天子借用民力耕种的田地。也叫藉田。藉者，借也，谓借民力也。②粢盛（zī chéng）：装在容器里以供祭祀的谷物。③萧茅：香蒿和菁茅。④蓏（luǒ）：瓜。树上结的叫果，地上结的叫瓜。⑤"丧事"二句：天子去世，是因为鬼神降下祸灾，而鬼神之所以降下祸灾，是由于粢盛不馨；而粢盛的提供，名义上是天子，实际上是甸师，所以甸师在天子去世以后要向藉田之神祈祷，表示引咎自责，甘心代替天子承受祸灾，从而使继位的新天子免受灾祸。眚（shěng）：灾祸。⑥薪蒸：木柴。

[译文]

甸师的职责是：掌管带领他的部下为天子耕种藉田，打下的粮食按时交纳，以保证供应天子祭祀所需的谷物。凡有祭祀之事，负责供应香蒿和菁茅。还负责供应近郊所产的瓜果，以备祭献宗庙。天子去世，要向藉田之神祈祷，表示引咎自责，愿意代替天子承受灾祸。天子的同姓有犯了死罪的，不是在市上人多之处公开执行，而是由甸师在郊外的隐僻之处执行。甸师还要带领他部下的徒众接受外饔、内饔的役使，为他们采集到足够用的薪柴。

兽人：掌罟田兽①，辨其名物。冬献狼，夏献麋，②春秋献兽物。时田，则守罟。及弊田③，令禽注于虞中④。凡祭祀、丧纪、宾客⑤，共其死兽生兽。凡兽入于腊人⑥，皮毛筋角入于玉府⑦。凡田兽者⑧，掌其政令⑨。

[注释]

①罟(gǔ)：网。田：打猎。今作"畋"。②"冬献狼"二句：冬天食用狼膏可以让人身上暖和，夏天食用麋膏可以让人身上凉快，所以才"冬献狼，夏献麋"。③弊田：谓田猎结束。④虞中：虞人所竖旗帜的范围之内，即虞人在田猎之处开辟一块平地，并在此平地四角插上旗帜作为标志，兽人即令众人将所获禽兽集中于此。⑤丧纪：谓居丧期间虞、祔以后的祭祀。⑥腊人：官名，负责制作干肉。⑦玉府：官名，负责保存天子的珍贵物品。⑧田兽：此谓四时大规模畋猎活动之外的小型畋猎活动。⑨政令：譬如应在何时打猎，打猎时出现了争执该怎么办等问题，统统由兽人负责。

[译文]

兽人的职责是：掌管用网来捕获野兽，辨别所获野兽叫什么名字、有什么特点。冬天适宜进献狼，夏天适宜进献麋，春天和秋天，进献什么野兽都可以。春夏秋冬四季举行大规模畋猎活动时，兽人负责守候在网旁，以备随时捉住触网的野兽。等到畋猎结束时，命令所有参加打猎的人都把所获野兽交纳到指定地点。凡遇到祭祀、丧祭、招待宾客一类事情，负责供应他们需要的死兽和活兽。凡是死兽都交给腊人，而兽皮、兽毛、兽筋、兽角等物则交给玉府。凡是小规模的畋猎活动，其政令完全由兽人负责。

渔人：掌以时渔为梁①。春献王鲔②。辨鱼物，为鲜槁，以共王膳羞。凡祭祀、宾客、丧纪，共其鱼之鲜槁③。凡渔者，掌其政令。凡渔征，入于玉府。

[注释]

①梁：河中截流捕鱼的低坝。②王鲔(wěi)：鲔之大者。鲔，鲟鱼。

③鲜槁：鲜鱼和干鱼。

[译文]

渔人的职责是：掌管根据捕鱼的季节在河中筑坝捕鱼。春天向宗庙进献大鲔鱼。鱼类繁多，渔人负责辨别什么鱼叫什么名字，有何特点；提供鲜鱼，以供应天子肴馔的需要。凡是祭祀、招待宾客、丧祭之事，负责供应鲜鱼和干鱼。凡是有关捕鱼的政令，都归渔人负责。打鱼税征收起来以后，要全部交给玉府。

鳖人：掌取互物①。以时籍鱼鳖龟蜃②，凡貍物③。春献鳖蜃，秋献龟鱼。祭祀，共蜌、蠃、蚳④，以授醢人⑤。掌凡邦之籍事。

[注释]

①互物：甲壳类动物的总称，例如龟鳖蛤蚌。②籍（cè）：用叉刺取。蜃（shèn）：大蛤蜊。③貍物：潜伏在泥中的水生动物。④蜌（pí）：蛙的一种。蠃（luǒ）：螺蛳。蚳（chí）：蚂蚁卵。⑤醢人：官名，负责供应祭祀、宴飨所需之肉酱。

[译文]

鳖人的职责是：掌管捕捉龟鳖蛤蚌等甲壳类动物。按照季节用叉刺取鱼鳖龟蜃和一切潜伏在泥中的水生动物。春季进献鳖和蜃，秋季进献龟和鱼。遇到祭祀，负责供应河蚌、螺蛳、蚁卵，将此三者授予醢人以便制作肉酱。国家凡是有关用叉刺取鱼鳖龟蜃等物的政令，都归鳖人负责。

腊人：掌干肉①，凡田兽之脯、腊、膴、胖之事②。凡祭祀，共豆脯、荐脯、膴、胖③，凡腊物。宾客、丧纪，共其脯腊，凡干肉之事。

[注释]

①干肉：将大的牲畜、野兽剔解后晒干，谓之干肉。②脯、腊（xī）：二

者都是干肉，区别在于脯是切成了薄片，而腊是将小的野兽整个风干。③豆脯：郑玄说当作"羞脯"。所谓羞脯，乃是加笾、羞笾所用的干肉片。荐脯：谓朝事之笾、馈食之笾所用的干肉片。

[译文]

腊人的职责是：掌管制作干肉，将猎获的禽兽或者加工成肉脯或者整个风干。凡是遇到祭祀，负责供应加笾和羞笾所用的干肉片、朝事之笾和馈食之笾所用的干肉片、切成薄片的大块肉、生肉片，以及一切所需的干肉。遇到招待宾客以及丧事的祭祀，负责供应肉脯、风干的整体小兽，以及一切所需的干肉。

医师：掌医之政令，聚毒药以共医事①。凡邦之有疾病者、有疕疡者造焉②，则使医分而治之③。岁终，则稽其医事以制其食④：十全为上⑤，十失一次之，十失二次之，十失三次之，十失四为下。

[注释]

①毒药：郑玄说："毒药，药之辛苦者，药之物恒多毒。"按：这个"毒"字，不是平常所说的有毒无毒，而是气性酷烈的意思。②疾病：此处指内科疾病。疕（bǐ）疡：头上长疮生脓谓之疕，身上长疮受伤谓之疡。③则使医分而治之：使疾医（内科医生）治疗内科疾病，使疡医（外科医生）治疗疕疡。④食：稍食。即不命之士及庶人在官者的月俸。⑤全：通"痊"，痊愈。

[译文]

医师的职责是：掌握医疗方面的政令，采集种种气性酷烈的药材以供医疗之用。凡国内有疾病者、头上长疮身上受伤者，都到医师那里去，医师则根据患者的病情让专科医生分别为他们治疗。每到年底，考核这些专科医生的治疗效果并确定他们来年的薪俸：治愈率是百分之百的为上等，治愈率是百分之九十的为第二等，治愈率是百分之八十的为第三等,治愈率是百分之七十的为第四等,治愈率是百分之六十的为下等。

食医:掌和王之六食、六饮、六膳、百羞、百酱、八珍之齐①。凡食齐视春时,羹齐视夏时,酱齐视秋时,饮齐视冬时。②凡和,春多酸,夏多苦,秋多辛,冬多咸,调以滑甘。③凡会膳食之宜,牛宜稌④,羊宜黍,豕宜稷,犬宜粱,雁宜麦,鱼宜菰。凡君子之食,恒放焉⑤。

[注释]

①六食:即《膳夫》所说的"食用六谷"。六饮:即《膳夫》所说的"饮用六清"。六膳:即《膳夫》所说的"膳用六牲"。百羞:即《膳夫》所说的"羞用百有二十品"。百酱:即《膳夫》所说的"酱用百有二十瓮"。八珍:即《膳夫》所说的"珍用八物"。齐:通"剂",剂量。②"凡食齐(jì)视春时"四句:郑玄注:"饭宜温、羹宜热、酱宜凉、饮宜寒。"食,谓饭;齐,谓调和。③"凡和,春多酸"六句:郑玄和贾公彦是根据五行学说来作解释的,其大意为:春天、东方属于木,木味酸,所以春天要酸味重一点;夏天、南方属于火,火味苦,所以夏天要苦味重一点;秋天、西方属于金,金味辛,所以秋天要辛味重一点;冬天、北方属于水,水味咸,所以冬天咸味要重一点;季夏、中央属于土,金木水火,非土不载,土在五行之中最尊,而甘在五味之中最尊,所以一年四季都要用甘调和。所谓"滑甘",乃是加进一些枣子、栗子、糖稀、蜂蜜之类的东西使其甘甜,加进一些粉芡汁、蔬菜之类的东西使其柔滑。④稌(tú):稻米。⑤放:古"仿"字,仿照。

[译文]

食医的职责是:掌管把天子的六种主食、六种饮料、六种肉食、一百二十种美味佳肴、一百二十种酱菜、八种最珍贵的食品调配得当。食物的温热凉寒要根据食物的种类来决定:凡是饭类食品,要像春天那样的温;凡是羹类食品,要像夏天那样的热;凡是酱类的食品,要像秋天那样的凉;凡是饮料之类,要像冬天那样的寒。凡是调味，春天可以让酸味重一点，夏天可以让苦味重一点，秋天可以让辛味重一点，冬天可以让咸味重一点，但无论哪个季节，都要同时加些枣栗饴蜜，使其甘甜；再加些粉芡汤和蔬菜，使其柔滑。六种肉食和六种主食的搭配要做到使它们的味道相辅相成，具体地说就是：牛肉适宜和稻米搭配，羊肉适宜和黍子搭配，猪肉适宜和稷米搭配，狗肉适宜和粟米搭配，鹅肉适宜和麦子搭配，鱼肉适宜和雕胡搭配。凡是有身份的人都要仿照上述的做法调配膳食。

疾医：掌养万民之疾病①。四时皆有疠疾：春时有痟首疾②，夏时有痒疥疾③，秋时有疟寒疾，冬时有嗽、上气疾。以五味、五谷、五药养其病④，以五气、五声、五色视其死生⑤。两之以九窍之变⑥，参之以九藏之动⑦。凡民之有疾病者，分而治之。死终，则各书其所以，而入于医师。

[注释]

①养：此谓治疗。②痟（xiāo）：酸削，酸痛剧烈。③痒：通"疡"，痈疮。④以五味、五谷、五药养其病：郑玄注："养，犹治之。病由气胜负而生，攻其赢，养其不足者。"又说：五味是指酸、苦、甘、辛、咸五种味道的食品，五谷是指麻、黍、稷、麦、豆，五药是指草、木、虫、石、谷五种药材。⑤五气：五脏所出之气。五声：病人说话声音：宫商角徵羽。五色：病人脸上的五种颜色：青、赤、黄、白、黑。⑥九窍：耳、目、鼻各二窍，口一窍，尿道一窍，肛门一窍，共九窍。⑦九藏（zàng）之动：九藏，即九脏：肺、心、脾、肝、肾（此五者谓之正脏）、胃、膀胱、大肠、小肠。动，谓脉至与不至。

[译文]

疾医的职责是：掌管治疗万民的大大小小的内科疾病。一年四季有时气不和引起的疾病：春天有头部酸痛的病，夏天有生疥长疮的病，秋天有时冷时热的疟疾病，冬天有咳嗽气喘的病。用五种味道的食品、五种谷物、五种药材为患者治疗疾病。判断患者的疾病有无凶险，首先要观察他的五气、五声、五色，其次要观察他的九窍开闭是否正常，最后还要通过切脉了解其九脏活动的情况。凡是来看病的人，疾医们分别为他们诊治。未能治愈而死亡的，疾医要逐个地记录其死亡原因，并呈报医师。

疡医：掌肿疡、溃疡、金疡、折疡之祝药劀杀之齐[1]。凡疗疡，以五毒攻之[2]，以五气养之[3]，以五药疗之，以五味节之。凡药，以酸养骨，以辛养筋，以咸养脉，以苦养气，以甘养肉，以滑养窍。[4]凡有疡者，受其药焉。

[注释]

①祝：通"属"，附着。劀杀：郑玄说："刮，刮去脓血。杀，谓以药食其恶肉。"劀，古"刮"字。②五毒：用五种气性酷烈的药石合成的外敷用药。③五气：郑玄说当作"五谷"，是。④"凡药"七句：郑玄说："以类相养也。酸，木味，木（树）根立地中，似骨。辛，金味，金之缠合异物，似筋。咸，水味，水之流行地中，似脉。苦，火味，火出入无形，似气。甘，土味，土含载四者（四者，谓金木水火），似肉。滑，滑石也。凡诸滑物，通利往来，似窍。"

[译文]

疡医的职责是：掌管治疗红肿初起而尚未溃烂化脓的疮、已经溃烂化脓的疮、刀剑之伤、跌打之伤，该敷药的就敷药，该刮去脓血销蚀腐肉的就刮去脓血销蚀腐肉。凡是医治毒疮，可以先用五毒之药外敷，然后用五谷加以调养，用五种药材加以治疗，用五种味道的食品来促成药力。凡是用药，要以酸味的药补养骨头，以辛味的药补养筋腱，以咸味的药补养血脉，以苦味的药补养脏气，以甜味的药补养肌肉，以滑石通利九窍。凡是外伤病人，都到疡医那里去取药。

兽医：掌疗兽病，疗兽疡。凡疗兽病，灌而行之以节之，以动其气，观其所发而养之。凡疗兽疡，灌而劀之，以发其恶，然后药之、养之、食之。凡兽之有病者、有疡者，使疗之，死则计其数，以进退之。

[译文]

兽医的职责是：掌管治疗牛马等牧畜的内部疾病和外部疮痈。凡治疗牧畜的内部疾病，要先灌饮汤药，然后牵着它或快或慢地行走，使其脉气发动，观察病在什么地方而后加以调治。凡治疗牧畜的外部疮痈，要先灌饮汤药，而后刮去脓血，使其毒劲出来，然后再在疮口上敷上药，注意其调养和喂食。凡牧畜有了内部疾病或外部疮痈，医师就派兽医前去治疗。没有治好而死掉的，要统计其数目，作为对他们提升或降级的依据。

酒正：掌酒之政令，以式法授酒材[①]。凡为公酒者[②]，亦如之。辨五齐之名[③]，一曰泛齐[④]，二曰醴齐[⑤]，三曰盎齐[⑥]，四曰缇齐[⑦]，五曰沈齐[⑧]。辨三酒之物[⑨]，一曰事酒[⑩]，二曰昔酒[⑪]，三曰清酒[⑫]。辨四饮之物，一曰清[⑬]，二曰医[⑭]，三曰浆[⑮]，四曰酏[⑯]。掌其厚薄之齐[⑰]，以共王之四饮、三酒之馔[⑱]，及后、世子之饮与其酒。凡祭祀，以法共五齐、三酒，以实八尊[⑲]。大祭三贰[⑳]，中祭再贰，小祭壹贰，皆有酌数[㉑]。唯齐酒不贰[㉒]，皆有器量。共宾客之礼酒[㉓]，共后之致饮于宾客之礼——医酏糟[㉔]，皆使其士奉之[㉕]。凡王之燕饮酒，共其计，酒正奉之。凡飨士庶子，飨耆老孤子，皆共其酒，无酌数[㉖]。掌酒之赐颁，皆有法以行之。凡有秩酒者[㉗]，以书契授之。酒正之出，日入其成，月入其要，小宰听之。岁终则会，唯王及后之饮酒不会。以酒式诛赏。

[注释]

①式法：谓作酒之法式。授酒材：郑司农说："授酒材，授酒人以其材。"②公酒：为了公事而酿造的酒。③五齐（jì）：用于祭祀的五种尚未滤去酒糟的浊酒。齐，未经过过滤的酒。④泛齐：五齐之一，最浊，酒糟尚在酒的表面上漂浮。⑤醴齐：五齐之一，比泛齐略清，酒糟和酒汁混合在一起，带点甜头。⑥盎齐：五齐之一，比醴齐略清，呈葱白色。⑦缇齐：五齐之一，比盎齐略清，因呈红色，故称缇齐。⑧沈（chén）齐：五齐之一，五齐之中最清，因其酒糟都沉淀于底部，故称沈齐。沈，同"沉"。⑨三酒：三种滤去酒糟的清酒，主要供人饮用。⑩事酒：有事时临时酿造的酒。因为酿造期最短，所以在三酒之中较浊。⑪昔酒：三酒之一，冬酿春成，较清，较事酒味厚。⑫清酒：三酒之一，冬酿夏成，最清，较昔酒味厚。⑬清：一种饮料。将五齐中的醴齐滤去酒糟就成。⑭医：一种饮料。在稀粥中加进酒曲就成。⑮浆：一种饮料。用酒糟酿造，略带酸味。⑯酏（yí）：稀粥。⑰掌其厚薄之齐（jì）：上述五齐、三酒、四饮，不是酒正所造，而是酒人、浆人所造，所以酒正只负责辨别其味道是否够味。⑱馈：陈设。⑲八尊：尊，盛酒之器。尊，后写作"樽"，尊有六种。这里说的是宗庙大祫（xiá）之祭，规格高，使用五齐三酒，所以共用八尊。⑳大祭：也叫大祀，即最隆重的祭祭。规格比大祭低一等的叫中祭，也叫中祀。规格比中祭低一等的叫小祭，也叫小祀。三贰：此谓添酒三次。贰，添加。㉑酌数：郑玄说："酌，器所用的注尊中者，数量之多少未闻。"㉒唯齐酒不贰：此齐酒谓五齐。三酒是人所饮，讲究文饰，故有添酒三次、二次、一次之差；而五齐乃尸所饮，主于尊神，讲究质朴，所以不添。㉓礼酒：对于来朝的诸侯、来聘的卿大夫等客人，天子一般都要设宴（包括飨礼、食礼、燕礼三种规格）招待；如果由于特殊原因天子不能亲自设宴招待客人，就要派与客人级别相等的人做使者，携带酒和礼物，送往客人下榻的宾馆，以示不废其礼。这种酒叫做礼酒。㉔医酏糟：未经过过滤的医、酏。㉕士：据《叙官》，酒正，中士四人为官长，下士八人为辅佐，此士即谓下士。㉖无酌数：郑玄说："要以醉为度。"但也不是酩酊大醉。㉗秩酒：经常供应高龄大臣的酒。

[译文]

　　酒正的职责是：掌管酿造的政令，按照造酒的法式把所需的材料发给别人。凡是为了公事需要酿酒，也按照造酒的法式把造酒所需的材料发给他们，让他们自己酿造。辨别五种浊酒的清浊程度及其名称：一是泛齐，二是醴齐，三是盎齐，四是缇齐，五是沈齐。辨别三种清酒的酿造时间长短及其名称：一是事酒，二是昔酒，三是清酒。辨别四种饮料的名称：一是清，二是医，三是浆，四是酏。负责品尝上述五种浊酒、三种清酒、四种饮料的颜色味道是否达到要求，以供应天子餐桌上四种饮料、三种清酒的陈设，以及供应王后、太子所需要的饮料和酒。遇到祭祀，按照要求要提供五种未经过滤的浊酒和三种滤去酒糟的清酒，盛满八种酒器。如果是大祭，要添酒三次；如果是中祭，要添酒两次；如果是小祭，要添酒一次。每个酒樽中需要舀进多少勺，都有规定；只有盛浊酒的酒樽不添酒，但每个酒樽中需要舀进多少，也都有规定。供应天子向宾客馈赠的礼酒，供应王后向宾客馈赠的饮料——未经过滤的医、酏，这些礼酒和饮料，都由酒正的部下下士送往客人下榻的宾馆。凡是天子举行招待宾客的宴席酒会，不管需要多少酒，都要保证供应，并且要由酒正亲自送去。凡是国家宴请王官的卫士，宴请老人和烈士遗孤，都由酒正负责供应酒，不限定数量，让他们喝到有醉意为止。天子向群臣颁赏或特赐的酒，都由酒正按规定执行。凡是享受秩酒待遇的老臣，酒正发给他们酒票，让他们凭票领取。每天用了多少酒，发出去了多少造酒材料，使用单位都要入账，到了十天头上，报给酒正；到了月底，酒正要把当月的消费汇总，报给小宰审核。每到年底，要把全年酒的消费汇总，只有对天子、王后的酒和饮料的消费不予汇总。根据造酒的法式考核酒人所造之酒，按照法式酿造的给予奖赏，不按照法式酿造的给予处罚。

酒人：掌为五齐三酒，祭祀则共奉之，以役世妇①。共宾客之礼酒、饮酒而奉之②。凡事，共酒而入于酒府③。凡祭祀，共酒以往。宾客之陈酒亦如之④。

[注释]

①世妇：官名，负责宫中有关祭祀之事，属于春官。②饮酒：食礼所用的饭后漱口酒。③酒府：酒正之府。④陈酒：向宾客馈赠饔饩时，包括酒在内的所有馈赠品都是按照一定的位置陈列在宾馆内外，故云。

[译文]

酒人的职责是：掌管酿造五种浊酒和三种清酒，遇到祭祀，就带领手下的女奴把五种浊酒和三种清酒送去，并且把女奴留下来供世妇役使。负责提供招待宾客所用的礼酒、饮酒，并且把这两种酒送到酒正那里，再由酒正派人送往宾客下榻的宾馆。凡有事需要用酒，就把所需供应的酒连同登记其数量的文书送交酒正所属的府。凡是小祭祀，可以派人把酒送去。为宾客举行接风便宴所用的酒，以及向宾客馈赠饔饩时在宾馆陈列的酒，也可以派人跟着使者送去。

浆人：掌共王之六饮①：水、浆、醴、凉、医、酏②，入于酒府。共宾客之稍礼③。共夫人致饮于宾客之礼清醴医酏糟而奉之④。凡饮共之⑤。

[注释]

①六饮：《膳夫》谓之六清，因为六饮除水以外，其余五饮，根据其是否过滤都分为清、糟两种，而清者尤佳，故称六清。下文六饮中的浆、医、酏，已见于《酒正》；而此处的醴，就是《酒正》中的清。②凉：据孙诒让说，是一种用水加上其他原料做成的冰镇饮料，有多种口味，视所加原料而定。③稍礼：朝聘之礼以十日为限。宾客初至，主人为之设飧（接风便宴）；行过朝聘之礼以后，主人向宾客馈赠饔饩，并为之举行正式宴会。十日以后，如果宾客

因故未归,主人供给宾客的食品规格就有所降低,有米谷酒浆而无牲牢,是谓稍礼。此指客人逾期未归期间浆人供给之六饮。④夫人:天子的三个夫人,位于王后之下,九嫔之上。清醴医酏糟:郑玄说:"三物有清有糟。"也就是说,既有经过过滤的醴、医、酏,也有未经过过滤的醴、医、酏。按:王后向宾客馈赠的饮料只是未经过滤的医、酏(见《酒正》),相比之下,夫人向宾客馈赠的饮料就比较齐全。⑤凡饮共之:郑玄说:"谓非食时。"

[译文]

浆人的职责是:掌管供应天子的六种饮料:水、浆、醴、凉、医、酏,把这六种饮料造成以后送往酒正所属的府。前来朝聘的宾客逾期未归,其所需饮料也由浆人供给。夫人向宾客馈赠的饮料——经过过滤的醴、医、酏和未经过过滤的醴、医、酏,也由浆人供给。凡是口渴时需要的饮料,统由浆人供给。

凌人: 掌冰正①。岁十有二月,令斩冰,三其凌②。春始治鉴③。凡外、内饔之膳羞,鉴焉。凡酒、浆之酒醴亦如之④。祭祀,共冰鉴。宾客,共冰。大丧,共夷盘冰⑤。夏,颁冰掌事。秋,刷。

[注释]

①正:通"政",政令。②三其凌:冰窖所藏的冰应是实际需要量的三倍。凌,冰室,冰窖。③鉴:古容器名。形似大盆,有耳,用以盛冰。④酒、浆:谓酒人、浆人。⑤夷盘:盛冰冰尸的大盘。

[译文]

凌人的职责是:掌管藏冰出冰的政令。到了每年的十二月份,就命令其部下采伐冰块,冰室储藏的冰块应是实际需要的三倍。每年开春就要准备好用以冰镇食物的大盆。凡是外饔、内饔制作的美馔佳肴,都放入大盆里冷藏。酒人、浆人制作的三酒、五齐、六饮,也都要放入大盆里冷藏。遇到祭祀,负责提供盛有冰块的大盆；遇到招待宾客，只须提供冰块即可。天子或王后、太子去世，负责提供盛冰冰尸的大盘。夏天暑热之时，天子向群臣颁赐冰块，凌人掌管其事。每年秋天，要把冰室打扫干净，以备冬季藏冰。

笾人： 掌四笾之实①。朝事之笾②，其实麷、蕡、白、黑、形盐、膴、鲍鱼、鱐③。馈食之笾④，其实枣、栗、桃、干橑、榛实⑤。加笾之实⑥，菱、芡、栗、脯，菱、芡、栗、脯⑦。羞笾之实⑧，糗饵、粉餈⑨。凡祭祀，共其笾荐羞之实⑩。丧事及宾客之事⑪，共其荐笾羞笾。为王及后、世子共其内羞⑫。凡笾事，掌之。

[注释]

①四笾：宗庙祭祀时分四次进献的笾。笾，竹编的容器，有腿和底座，用来盛不带汁的食品，可容四升。②朝事：从时间上来说，是早晨之事；从内容上来说，是宗庙之祭向尸进献牲血、牲肉之事；从九献的次序来说，是三献之前进行之事。③麷（fēng）：炒熟的麦子。蕡（fén）：炒熟的麻籽。白：炒熟的大米。黑：炒熟的黍米。形盐：盐之颗粒似虎者。膴（hū）：从鲜鱼腹上切下来的大块肉。鲍鱼：焙干的整条的鱼。鱐：风干的鱼块。④馈食：进献熟肉。⑤干橑（lǎo）：干梅。⑥加笾：加爵时进献的笾。九献之后向尸继续敬酒，谓之加爵。⑦芡：一年生水草，花瓣紫色，花托形状像鸡头，种子可食用，也叫鸡头。按：这里是每物装二笾，四物装八笾。⑧羞笾：据孙诒让说，这是九献之后，加笾之前向尸进献的笾。⑨糗（qiǔ）饵：用糯米和黍米粉混合蒸的糕叫做饵。因为饵有黏性，再将炒熟的豆捣碎成粉（这叫糗），撒到饵上防粘，就成了糗饵。粉餈：用糯米粉和黍米粉混合制成的饼，为了防粘，也在上面撒上豆粉。这个"粉"，就是糗饵之糗。⑩荐羞：这里的荐和羞，都是进献之义。⑪丧事：指丧事中的殷奠。殷，大也。⑫内羞：也叫房中之羞。实指用粮食做的美味食品，如糗饵、粉餈之类。

[译文]

笾人的职责是：掌管宗庙祭祀时四次进献的笾。朝事八笾所盛的食品是：炒熟的麦子、炒熟的麻籽、炒熟的大米、炒熟的黍米、虎形的盐粒、大块的鲜鱼肉、焙干的整条的鱼、风干的鱼块。馈食八笾所盛的食品是：鲜枣、干枣、栗子、鲜桃、桃干、鲜梅、干梅、榛子。加笾八笾所盛的食品是：菱角、鸡头、栗子、肉脯，菱角、鸡头、栗子、肉脯。羞笾二笾所盛的食品是：外表撒有豆粉的黏糕、外表撒有豆粉的黏饼。凡是祭祀，就负责供应笾中所盛的食品。遇到丧事中的大奠和执行宾客，就负责供应设正馔、加馔时应该进献的笾。负责供应王后及太子所需的内羞。凡是有关笾的事情，统由笾人负责。

醢人：掌四豆之实①。朝事之豆，其实韭菹、醓醢②，昌本、麋臡③，菁菹、鹿臡、茆菹、麋臡④。馈食之豆，其实葵菹、蠃醢⑤，脾析、蜱醢⑥，蜃、蚳醢⑦，豚拍、鱼醢⑧。加豆之实，芹菹、兔醢⑨，深蒲、醓醢⑩，箈菹、雁醢⑪，笋菹、鱼醢。羞豆之实，酏食、糁食⑫。凡祭祀，共荐羞之豆实，宾客、丧纪亦如之。为王及后、世子共其内羞。王举⑬，则共醢六十瓮⑭，以五齐、七醢、七菹、三臡实之⑮。宾客之礼，共醢五十瓮。凡事，共醢。

[注释]

①四豆：宗庙祭祀分四次进献的豆。豆，与笾的形状相似，但多为木制，用以盛带汁的食品，亦容四升。②菹（zū）：用醋腌制的酸菜。醓（tǎn）醢：肉汁较多的一种肉酱。醓，肉汁。③昌本：用昌蒲根腌制的酸菜。臡（ní）：臡和醢都是肉酱，区别在于：臡是带骨的肉酱，醢是不带骨的肉酱。臡的做法和醢一样。④茆：凫葵。生于水中，嫩叶可食。⑤葵：金鹗说是秋葵，又叫侧金盏，其苗嫩时可食。⑥脾析：郑司农说："脾析，牛百叶也。"即牛胃，今俗称牛肚。蜱（pí）：蚌的一种。⑦蜃（shèn）：大蛤蜊。⑧豚拍（bó）：小猪肋条肉。⑨芹：水芹。⑩深蒲：生于水中之蒲，其嫩叶未出水面者可食。⑪箈

(tái)：箭竹笋。下文的笋谓大竹笋。⑫酏（yí）：一种粥。糁（sǎn）食：一种用碎肉和米粉制成的糕。⑬王举：谓天子丰盛的早餐。⑭醢：包括了下文的齑、菹、臡。⑮五齑（jī）：谓昌本、脾析、蜃、豚拍、深蒲。齑，通"齑"。七醢：谓醓醢、蠃醢、蜱醢、蚳醢、鱼醢、兔醢、雁醢。七菹：谓韭菹、菁菹、茆菹、葵菹、芹菹、箈菹、笋菹。三臡：谓麋、鹿、麇三种带骨肉酱。

[译文]

醢人的职责是：掌管宗庙祭祀时分四次进献的豆。朝事八豆所盛的食品是：腌韭菜和肉汁较多的肉酱、腌昌蒲根和带骨的麋肉酱、腌蔓菁和带骨的鹿肉酱、腌凫葵和带骨的麇肉酱。馈食八豆所盛的食品是：腌秋葵和螺蛳肉酱、牛百叶和蚌肉酱、大蛤蜊和蚁卵酱、猪肋条和鱼肉酱。加豆八豆所盛的食品是：腌水芹和兔肉酱、腌深蒲和肉汁较多的肉酱、腌箭竹笋和鹅肉酱、腌大竹笋和鱼肉酱。羞豆二豆所盛的食品是：酏食和糁食。凡遇到祭祀，负责供应荐豆、羞豆中需盛的食品；遇到招待宾客、丧事的祭奠也是这样。保障天子、王后和太子所需要的内羞的供给。每天杀牲为天子操办丰盛的早餐时，醢人就负责供应醢六十瓮，装入五齑、七醢、七菹、三臡。天子向宾客馈赠饔饩时，供应醢五十瓮。凡有事要用醢，就由醢人负责供应。

醯人：掌共五齑、七菹①，凡醯物。以共祭祀之齑菹②，凡醯酱之物③。宾客，亦如之。王举，则共齑菹醯物六十瓮。共后及世子之酱齑菹。宾客之礼，共醯五十瓮。凡事，共醯。

[注释]

①五齑（jī）、七菹：并见上文《醢人》注。按：醯人仅提供腌制五齑、七菹时需要的醋以成其味。②齑（jī）菹：腌制的酸菜。③醯酱：醯谓掺有醋的酸菜，酱谓未掺醋的醢。

[译文]

醯人的职责是：掌管供应醢人腌制五齑、七菹时所需的醋，以及加工所有含醋食品时所需的醋。供应祭祀时所需的齑菹，以及所有醯酱食品。招待宾客时也是如此。每天杀牲为天子操办丰盛的早餐时，醯人负责供应用醋腌制的酸菜六十瓮。还要供应王后和太子所需的掺醋的酱和齑菹。天子向宾客馈赠饔饩时，醯人负责供应醋五十瓮。凡有事要用醋，都由醯人负责供应。

盐人：掌盐之政令，以共百事之盐。祭祀，共其苦盐、散盐①。宾客，共其形盐、散盐②。王之膳羞，共饴盐③，后及世子亦如之。凡齐事④，煮盬以待戒令⑤。

[注释]

①苦盐：从盐池中取出后未经加工之盐。散盐：煮炼海水而成的盐。②形盐：见《笾人》注。③饴盐：咸而微甜之盐。即今之岩盐。④齐（jì）：调和。⑤盬（gǔ）：此谓未经熬炼的粗盐。

[译文]

盐人的职责是：掌管有关盐的政令，无论哪件事上需要盐，都由他来负责供应。遇到祭祀，负责供应苦盐、散盐。遇到招待宾客，负责供应形盐、散盐。为天子的美食佳肴，负责供应饴盐。王后及太子的美食佳肴也是如此。凡是调和五味所需的盐，盐人都要事先煮好以备应付上级的调拨命令。

幂人：掌共巾幂①。祭祀，以疏布巾幂八尊②，以画布巾幂六彝③。凡王巾，皆黼④。

[注释]

①巾幂：覆盖各种食器、酒器的布巾。②八尊：贾公彦说："祭天无灌，唯有五齐、三酒，实于八尊。"③六彝：彝，也是酒樽。④黼：半白半黑的斧形图案。

[译文]

幂人的职责是：掌管供应覆盖各种食器、酒器的布巾。祭祀的时候，用粗布覆盖装有五齐、三酒的八樽，用画有云气的布巾覆盖装有郁鬯的六彝。凡是覆盖天子所用食器、酒器的布巾，上面统统画有斧形图案。

宫人：掌王之六寝之修①。为其井匽②，除其不蠲③，去其恶臭。共王之沐浴。凡寝中之事，扫除、执烛、共炉炭，凡劳事。四方之舍事亦如之。

[注释]

①六寝：寝，寝室。天子有六寝。②井匽：惠士奇、王念孙都认为"井"字是"并"字之误，而"并"通"屏"。屏，谓设在宫中路旁隐蔽处的厕所。匽，路旁厕所。③蠲（juān）：清洁。

[译文]

宫人的职责是：掌管天子六寝的打扫整理。在宫中路旁的隐蔽处设置厕所，清除厕所中的粪便，消除厕所中难闻的气味。天子平日洗头、洗澡所用的一应物件由此官供给。举凡六寝中的一切重活粗活，譬如扫除、执烛、供应炉炭等等，统由宫人负责。天子因事外出，宫人随行，对行宫的打扫整理也和六寝一样。

掌舍：掌王之会同之舍①。设梐枑再重②。设车宫③，辕门④。为坛壝宫⑤，棘门⑥。为帷宫，设旌门。无宫则共人门⑦。凡舍事，则掌之。

[注释]

①会同："会"与"同"都是天子和诸侯的相会。②梐枑（bì hù）：用木条交叉制成的栅栏。③车宫：住处的四周以兵车互相连接作为屏障。④辕门：在车宫的进出口处竖立两车，使车辕向上以表门。⑤壝（wěi）宫：四周筑起一道矮土墙作为屏障。⑥棘门：棘，通"戟"，古兵器名。戟门，在入口处竖立两戟以表门。⑦人门：四周站满一圈卫士作为屏障，再安排两个身躯高大的

卫士分立入口处之两侧以表门。

[译文]

掌舍的职责是：掌管天子与诸侯会同时所居行官的门禁和警卫工作。门前设置两道栅栏，用以禁止闲杂人等进入。天子如果是在险阻之处宿营，住处的四周就以兵车互相连接作为屏障，其入口处竖立两车，使车辕向上以表门。天子如果是在平地宿营，就要堆土为坛，坛的四周再筑起一圈低矮的土墙作为屏障，其入口处竖立两戟以表门。天子如果是在白天行进当中临时停下休息，就要在四周绕上一圈布帷作为屏障，其入口处竖立两面旌旗以表门。天子如果是在行进途中忽然遇见了诸侯，或是暂停下来游玩观赏，四周不设屏障，就要在天子的周围站上一圈卫士，再在这人墙的入口处站上两个彪形大汉以表门。凡是天子行官的警卫工作，都由掌舍负责。

幕人：掌帷幕幄帟绶之事①。凡朝觐、会同、军旅、田役、祭祀②，共其帷幕幄帟绶。大丧，共帷幕帟绶③。三公及卿大夫之丧，共其帟。

[注释]

①帷：在旁所张之布，作用如同墙壁。幕：帷上所张之布，作用如同顶棚。幄（wò）：设在床上的小型帐棚。帟（yì）：帐棚中座位上用以承尘的平幕。绶：丝带，此处用以连系帷、幕、幄、帟。按：帷幕幄帟绶，一般用于天子出宫时。②朝觐：诸侯朝见天子。会同：见上文《掌舍》注。田役：四时畋猎征调民众而役使之。祭祀：这里指在郊外举行的对天地、山川的祭祀。③帷幕：此帷幕是为便于来吊丧的宾客休息而设。帟：此帟是张在柩上，以承尘土。

[译文]

幕人的职责是：掌管供应帷、幕、幄、帟、绶之事。凡是朝觐、会同、军旅、畋役、祭祀，就负责供应所需的帷、幕、幄、帟、绶。遇到天子、王后或太子去世，负责供应所需的帷、幕、帟、绶。三公及卿大夫去世，负责供应张在柩上的帟。

掌次：掌王次之法①，以待张事。王大旅上帝②，则张毡案，设皇邸③。朝日、祀五帝④，则张大次、小次⑤，设重帟重案。合诸侯亦如之。师田⑥，则张幕，设重帟重案。诸侯朝觐、会同，则张大次、小次⑦；师田，则张幕设案。孤卿有邦事⑧，则张幕设案。凡丧，王则张帟三重，诸侯再重，孤卿大夫不重。凡祭祀，张其旅幕⑨，张尸次⑩。射，则张耦次⑪。掌凡邦之张事。

[注释]

①次：用帷幕搭成的帐棚，作为临时休息之所。②旅：国有大事而祭谓之旅。上帝：孙诒让说："凡云'上帝'者，并指南郊所祭受命帝。"周代的受命帝是苍帝。③皇邸：用五彩羽毛作文饰的屏风，放在毡案之后。④朝日：祭祀日。⑤大次、小次：大次是天子祭祀之前的休息处所。小次是天子在祭祀过程中的休息处所。⑥师田：师指率兵征伐，田指四季畋猎。⑦大次、小次：此大次在外朝，是诸侯初到达时的休息处所；此小次在庙门外，是诸侯等待典礼进行的地方。⑧孤卿有邦事：郑玄说：这里只说到孤卿，没有提到公，公礼的规格同于上文的诸侯。孤，天子有孤三人，即少师、少傅、少保，协助三公谋划国家大计。⑨旅幕：旅，众也。⑩尸次：为尸（代替死者受祭的人）设立的小型更衣帐。⑪耦次：为耦设立的小型更衣帐。

[译文]

掌次的职责是：掌管天子外出时作为临时休息处所的帐棚的有关法规，只等幕人将帷幕等材料送来，张设搭建的事就由掌次完全负责。如果天子在南郊祭祀上帝，就为天子张设铺有毛毡的几案，几案的后面则竖起有五彩羽毛作文饰的屏风。如果天子朝日、祭祀五帝，则为天子张设祭祀前休息的大帐棚和祭祀中间休息的小帐棚，帐棚里的席位上要张设双重的平幕，席位前安放蒙有两层毛毡的几案。如果天子和诸侯在野外相会，也是这样。如果天子率兵征伐或四时畋猎，则为天子张设帐幕，帐幕中也要张设双重的平幕和蒙有两层毛毡的几案。如果是诸侯前来朝觐、会同，则为诸侯张设初到达时休息的大帐棚和静候典礼举行的小帐棚；如果诸侯是随着天子征伐、畋猎，则为诸侯张设帐幕并设置几案。如果孤卿跟着天子有事外出，或者奉天子之命出使，则为孤卿张设帐幕并设置几案。凡是遇到丧事，则在天子的灵柩上张设三层平幕，诸侯则张设两层，孤卿大夫只一层。凡祭祀，为群臣张设大幕，为尸张设幄。遇到射箭比赛，要为每对参赛的射手张设更衣帐。凡是国家有了需要张设帷幕幄帝的事，统由掌次负责。

大府：掌九贡、九赋、九功之贰①，以受其货贿之入，颁其货于收藏之府②，颁其贿于受用之府③。凡官府都鄙之吏及执事者④，受财用焉。凡颁财，以式法授之。关市之赋，以待王之膳服；邦中之赋，以待宾客；四郊之赋，以待稍秣；家削之赋，以待匪颁；邦甸之赋，以待工事；邦县之赋，以待币帛；邦都之赋，以待祭祀；山泽之赋，以待丧纪；币馀之赋，以待赐予⑤。凡邦国之贡，以待吊用⑥。凡万民之贡⑦，以充府库。凡式贡之馀财，以共玩好之用。凡邦之赋用，取具焉。岁终，则以货贿之入出会之。

[注释]

①九功：即《大宰》中的"九职"。授其事则为职，献其成则为功，其实一也。②收藏之府：指收藏质地精良的物品以备天子之用的部门。③受用之府：指收藏质地较差的物品以备国家经常之用的部门。④凡官府都鄙之吏：孙诒让说："此内举官府，外举都鄙，以通赅郊野县等，明畿内之官吏通掌之，文不具也。"⑤"关市之赋"十八句：这十八句和《大宰》中的"九式"基

本上是照应的，可参看彼处注释。⑥以待吊用：准备用于救济诸侯遭到的不幸。⑦凡万民之贡：此万民之贡即《大宰》"九职"所征收的财物。

[译文]

大府的职责是：掌管九贡、九赋、九功的副本，并按照副本来验收所交纳的金玉布帛，将其中质地精良的拨交给专司收藏的部门，其余的拨交给为国家提供常用物资的部门。凡是王朝的官吏、都鄙采邑的官吏，以及奉命暂时办理某事的官吏，都可以按照法定的程序前来领取财物。凡颁发财物，都根据法定的财政制度拨给：从关市上征收的赋税，用以供给天子膳食、服装、车马的开支；从王城之内征收的赋税，用以供给招待宾客的开支；从四郊征收的赋税，用于供给牲口草料的开支；从家削征收的赋税，用以供给颁发群臣俸禄的开支；从邦甸征收的赋税，用以供给制造各种器物的开支；从邦县征收的赋税，用以供给朝聘时须要携带礼物的开支；从邦都征收的赋税，用以供给各种祭祀的开支；从山泽征收的赋税，用以供给天子、王后及太子去世时祭奠的开支；国家每年结余的经费，用以供给天子随心所欲的赐予。凡是各个诸侯国进贡的财物，用做救济诸侯国遭受天灾人祸等不幸时的开支。凡是从事各行各业的万民进献的财物，用来充实府库，以备不时之需。在保证以上所有开支的前提下，如果还有余财，方可用以供给天子置办玩好之物的开支。凡国家所需的一切费用，都到大府处领取。每到年终，要统计一下各种财物的收入和支出的情况，并把结果呈报给大宰。

玉府：掌王之金玉、玩好、兵器①，凡良货贿之藏。共王之服玉、佩玉、珠玉②。王齐③，则共食玉④。大丧，共含玉、复衣裳、角枕、角柶⑤。掌王之燕衣服、衽席、床第⑥，凡亵器⑦。若合诸侯，则共珠槃、玉敦⑧。凡王之献金玉、兵器、文织、良货贿之物，受而藏之。凡王之好赐，共其货贿。

[注释]

①兵器：兵指武器，器指车辆和旌旗。②服玉：指天子冠冕上的装饰用玉。③齐：通"斋"。④食玉：孙诒让认为是有玉饰的食器，如玉敦、玉豆之类。⑤含玉：见《大宰》注。角枕：用兽角作装饰的枕头。角柶（sì）：用兽角制作的调羹小勺。⑥燕衣服：天子在燕寝时所穿着的衣服。衽席：此指床上铺的贴身的竹席。床笫（zǐ）：谓床上的竹垫。⑦亵器：谓马桶、夜壶之类的东西。⑧珠槃：用珠玉为饰的木盘。玉敦（duì）：用珠玉为饰的敦。

[译文]

玉府的职责是：掌管天子的金玉、玩好、武器、车辆、旌旗以及一切珍贵物品的收藏。负责供给天子冠饰所用之玉、身上佩戴之玉以及小而圆如珠之玉。天子斋戒的时候，供给有玉饰的食器。遇到天子、王后以及太子去世，负责供给含在口中的玉、招魂所用的衣裳、作枕头用的角枕、撑开死者牙齿的角柶。掌管天子的便装、被褥、席子、床垫和大小便用具。如果天子和诸侯会盟，则负责提供盛放牛耳的珠槃和盛放牲血的玉敦。凡是臣民献给天子的金玉、武器、车辆、旌旗、染成彩色的布帛或绣有彩色图案的绸缎以及其他珍贵物品，都由玉府负责接受和保管。凡是天子想把什么好东西赐予他所喜欢的人，就由玉府负责供给。

内府：掌受九贡、九赋、九功之货贿，良兵，良器①，以待邦之大用。凡四方之币献之金玉、齿革、兵器②，凡良货贿，入焉。凡适四方使者，共其所受之物而奉之。凡王及冢宰之好赐予，则共之。③

[注释]

①兵：谓弓矢、殳、矛、戈、戟五种武器。器：谓车辆及礼器乐器。②币献：诸侯朝见天子时所献的见面礼谓之币，所献的本国珍宝谓之献。齿革：齿谓象牙，革谓犀牛革。③"凡王及冢宰"两句：郑玄注："冢宰待四方

宾客之小治，或有所善，亦赐予之。"

[译文]

内府的职责是：掌管接受并收藏王朝通过九贡、九赋、九功等途径得到的财物以及优质兵器、优质车辆、优质礼器，以备天子在祭祀、宾客、丧纪、会同、军旅等大事情上使用。凡四方诸侯朝聘时进献的珍宝，诸如金玉、齿革、兵器，只要是珍贵的财物，统由内府收藏。凡是奉命出使四方的使者，其所携带的天子馈赠诸侯的礼品，由内府负责供给并亲自送到使者手上。凡是天子及大宰想把什么好东西赏给他所喜欢的人，也由内府供给。

外府：掌邦布之入出①，以共百物，而待邦之用，凡有法者②。共王及后、世子之衣服之用。凡祭祀、宾客、丧纪、会同、军旅，共其财用之币赍、赐予之财用③。凡邦之小用④，皆受焉。岁终则会，唯王及后之服不会⑤。

[注释]

①布：上古的一种布制货币。②有法：谓符合国家财政开支制度。③财用之币赍（jī）：即币赍之财用。赍，郑玄注："行道之财用也。"即旅途中的开销。④小用：指天子三夫人与诸王子以下置办衣服的费用以及《大宰》"九式"之小者。⑤不会（kuài）：不统计。

[译文]

外府的职责是：掌管国家法定货币的收进及发放，用以供给采购各种物品，以保证供给国家各个部门法定的办公经费需要。负责提供为天子、王后和太子置办各种衣服的费用。凡是遇到祭祀、宾客、丧纪、会同、军旅之事，负责提供购买礼币和旅途中的费用，提供天子赐予臣下物品的费用。凡是办理国家小事所需的费用，都到外府来领取。每年年底，将发放的货币作一统计，只有天子和王后的置办衣服费用可以不予统计。

司会： 掌邦之六典、八法、八则之贰①，以逆邦国、都鄙、官府之治②。以九贡之法致邦国之财用③，以九赋之法令田野之财用，以九功之法令民职之财用，以九式之法均节邦之财用。掌国之官府、郊野、县都之百物财用凡在书契版图者之贰④，以逆群吏之治，而听其会计。以参互考日成⑤，以月要考月成，以岁会考岁成。以周知四国之治⑥，以诏王及冢宰废置。

[注释]

①六典、八法、八则：均见《大宰》。②邦国、都鄙、官府：见《小宰》注。③九贡之法：见《大宰》。下文"九赋之法"、"九功之法"（即九职之法）、"九式之法"同。④郊野、县都：实指王畿千里的地域。版图：版指户籍，上载官禄民赋之数。图指地图，上载田地的地形和长度宽度。⑤参互：谓交互参考。日成：谓旬日之成。⑥四国：实指天下。

[译文]

司会的职责是：掌管持有国家六典、八法、八则的副本，据以考核畿外各诸侯国、畿内各采地公邑、王府之内各官府的政绩。根据九功之法命令畿外各诸侯国进献财物，根据九赋之法命令畿内各地交纳地税，根据九功之法命令从事各种职业的人交纳其产品，根据九式之法平衡和节制国家的财政支出。掌管王府之内各官府、畿内郊野县都各种货物财政收支的统计簿册和户籍地图的副本，据以考核内外大小百官的政绩，并审核其统计报告。把司书掌握的征税统计的副本、职内掌握的收入账、职岁掌握的支出账拿来交互参考，据以考查各官府每十天的成事文书；每月的总结收缴上来以后，用同样交互参考的办法来考查各官府每月的成事文书；每月的总结收缴上来以后，也用同样交互参考的办法来考查各官府每年的成事文书。据以详细了解天下各地的治理情况，并将此情况报告天子和大宰，作为官员降免或升迁的依据。

司书：掌邦之六典、八法、八则、九职、九正、九事①，邦中之版②，土地之图，以周知入出百物，以叙其财，受其币③，使入于职币④。凡上之用财用，必考于司会。⑤三岁，则大计群吏之治，以知民之财器械之数，以知田野夫家六畜之数⑥，以知山林川泽之数⑦，以逆群吏之征令。凡税敛，掌事者受法焉⑧。及事成，则入要贰焉。凡邦治，考焉。

[注释]

①九正（zhēng）：谓九赋、九贡。正，通"征"，税也。九事：即九式。②邦中：国中，王城之内。③币：通"敝"，余也，谓结余之经费。④职币：官名，掌管各部门结余的经费，以备天子办理小事和赐予。⑤"凡上之用财用"二句：上，谓王与冢宰。天子的任何花费都是不加统计的，但不加统计不等于就不需要知道天子花费的多少，所以仍然须要"考于司会"，只不过在登记造册时不登记具体数字罢了。⑥夫家：指有劳动能力的男女。⑦以知山林川泽之数：之所以须要这样做，是因为，如果山林不茂，川泽无水，有关官员就不应征税。⑧法：郑玄注："法，犹数也，应当税者之数。"

[译文]

司书的职责是：掌管国家的六典、八法、八则、九职、九赋、九贡、九式的正本，以及畿内的户籍和土地的地图，以全面了解各种财物的收入与支出，以审计各官府的财用，接受其结余的经费，并造册拨交职币掌管。凡是天子和冢宰动用的财物，一定要到司会那里核查一下并登记在案。每隔三年，对内外百官的政绩进行一次总的考核，据以了解百姓拥有的财产、器具、兵械的数量，据以了解现有可耕土地、有劳动能力的男女以及六畜的数目，据以了解山林、川泽的情况，以考核内外百官在征调劳役、征收赋税上做的是否合理。凡遇赋税的征收，负责征收的官员都要到司书那里接受规定的征收数额。等到征收完毕，负责征收的官员都要把征税的正本呈报大宰，副本交给司书。凡对治理国家的种种成法有疑问的，都可以到司书那里去考查。

职内：掌邦之赋入①，辨其财用之物而执其总②，以贰官府都鄙之财入之数，以逆邦国之赋用。凡受财者，受其贰令而书之。及会，以逆职岁与官府财用之出，而叙其财以待邦之移用。

[注释]

①赋：赋税。②总：郑玄注："总，谓簿书之种别与大凡。"

[译文]

职内的职责是：掌管国家赋税的收入，并将这些收入分门别类而执掌其明细账和总账，接受王城之内各官府和畿内都鄙、公邑、乡遂的财政收入账目的副本，以考核各诸侯国赋税的征收和使用。凡各官府奉命领取财物，必须将命令的副本送交职内以便记录在案。等到年终结算时，用以考核职岁和各官府财用的支出；如有结余经费，则登记造册，以备国家挪作他用。

职岁：掌邦之赋出①，以贰官府都鄙之财出赐之数以待会计而考之。凡官府都鄙群吏之出财用，受式法于职岁②。凡上之赐予③，以叙与职币授之。及会，以式法赞逆会。

[注释]

①赋：赋税。②式法：即《大宰》九式之法。③赐予：赐予的开支。

[译文]

职岁的职责是：掌管国家的赋税支出，接受王城之内各官府和畿内都鄙、公邑、乡遂财政支出账目、天子和大宰赐予支出账目的副本，以备年终结算而有所依据。凡各官府以及都鄙群吏需要支出财物，都要遵循职岁所颁发的财物支出条例。凡是天子和冢宰有所赐予，则按照受赐者的尊卑会同职币授予之。等到年终结算时，则按照财物支出条例协助司会审核内外百官的统计报告。

职币：掌式法以敛官府都鄙与凡用邦财者之币①，振掌事者之馀财②。皆辨其物而奠其录③，以书楬之④，以诏上之小用、赐予。岁终则会其出。凡邦之会事，以式法赞之。

[注释]

①币：通"敝"，余也，指各官府节余之经费。②振：敛，收缴。③奠：确定。④楬（jié）：此处意为标签。

[译文]

职币的职责是：掌管按照法规收缴王城之内各官府和畿内各都鄙、公邑、乡遂以及凡是使用国家经费者的结余经费，收缴奉王命有所作为者的剩余财物。收缴以后，按照其种类、成色加以归类，确定其应该登录的簿册，再在每类剩余财物上加一标签，然后呈报天子和大宰，以备天子和大宰办理国家小事和用作赏赐。每到年终，就要统计一下所收缴剩余财物的支出情况。凡是国家每年的年终结算，要按照法规协助司会办理。

司裘：掌为大裘①，以共王祀天之服。中秋，献良裘②，王乃行羽物③。季秋，献功裘④，以待颁赐。王大射⑤，则共虎侯、熊侯、豹侯⑥，设其鹄⑦；诸侯⑧，则共熊侯、豹侯；卿大夫，则共麋侯；皆设其鹄。大丧，廞裘⑨，饰皮车。凡邦之皮事，掌之。岁终则会，唯王之裘与其皮事不会。

[注释]

①大裘：用黑色羊羔皮缝制的裘。②良裘：次于大裘的皮衣。③行羽物：颁赐飞鸟。④功裘：做工比较粗糙的皮衣。⑤大射：天子、诸侯、卿大夫将要举行大的祭祀活动，就要召集群臣在射宫举行射箭比赛来选择参加祭祀的人。⑥侯：箭靶子。⑦鹄：靶心。⑧诸侯：此诸侯谓畿内诸侯。⑨廞（xīn）：凡器

物之陈而不用者谓之廞。

[译文]

司裘的职责是：掌管制作大裘，以供给天子祭天时所穿之祭服。每到中秋时节，向天子进献良裘，天子于是乃向群臣颁赐飞鸟。每到季秋时节，向天子进献功裘，以备天子向群臣颁赐。天子举行大射时负责供给虎侯、熊侯、豹侯，并在侯的中央设立靶心；诸侯举行大射，则负责供给熊侯、豹侯；卿大夫举行大射，则负责供给麋侯，也都要在侯的中央设立靶心。遇到天子、王后、太子去世，负责陈设作为明器的裘，用皮革装饰作为明器使用的遣车。凡属国家有关皮革方面的事务，统由司裘负责。每到年终要把用过的皮革作一统计，只有天子所用的皮衣和皮革不在统计之列。

掌皮：掌秋敛皮，冬敛革①，春献之②。遂以式法颁皮革于百工③。共其毳毛为毡④，以待邦事。岁终则会其财赍⑤。

[注释]

①革：有毛曰皮，无毛曰革。②献之：郑玄注："献之，献其良者于王，以入司裘，给王用。"③式法：郑玄说："式法，作物所用多少故事。"④毳（cuì）：细软的毛。⑤财：谓所收皮革共计值钱多少以及现存皮革数量。赍（jī）：把东西送给别人。此谓颁发给工匠的皮革数量。

[译文]

掌皮的职责是：掌管每年秋天时收集皮，冬天时收集革，到了来年春天，将优良的皮革挑选出来献给天子。既献之后，就按照式法将皮革颁发给各种制皮工匠。供给细软的毛让工匠制毡。每到年终，就要统计一下全年所收皮革用去了多少钱，库存的皮革还有多少，颁发给工匠的皮革有多少。

内宰：掌书版图之法①，以治王内之政令②，均其稍食③，分其人民以居之④。以阴礼教六宫⑤，以阴礼教九嫔⑥。以妇职之法教九御⑦，使各有属⑧，以作二事；正其服，禁其奇邪，展其功绪。大祭祀，后裸献⑨，则赞；瑶爵亦如之⑩。正后之服位，而诏其礼乐之仪。赞九嫔之礼事⑪。凡宾客之裸献、瑶爵⑫，皆赞。致后之宾客之礼。凡丧事，佐后使治外内命妇⑬，正其服位。凡建国，佐后立市⑭，设其次，置其叙⑮，正其肆，陈其货贿，出其度量淳制⑯，祭之以阴礼。中春，诏后帅外内命妇始蚕于北郊⑰，以为祭服。岁终，则会内人之稍食⑱，稽其功事。佐后而受献功者，比其小大与其粗良而赏罚之。会内宫之财用⑲，正岁，均其稍食，施其功事，宪禁令于王之北宫而纠其守⑳。上春，诏王后帅六宫之人而生穜稑之种㉑，而献之于王。

[注释]

①版图：郑玄注："版，谓宫中阍寺之属及其子弟录籍也。图，王及后、世子宫中吏官府之形象也。"②王内：指王宫的路门以内，至于北宫，凡是天子、王后以及夫人所居之舍皆是。③稍食：没有爵位而在官府服务者的月俸。④人民：此谓后宫的宿卫吏士。⑤阴礼：妇人之礼。⑥教九嫔：郑玄注："不言教夫人、世妇者，举中，省文。"⑦九御：即女御。据说女御八十一人，每九人为一组到天子的燕寝值宿一夕。⑧使各有属：据说九嫔九人，女御八十一人为九嫔之属，每九嫔一人统领女御九人。⑨后裸（guàn）献：天子宗庙之祭有九献之礼。第一次是天子向尸进献郁鬯香酒。第二次是王后向尸进献郁鬯香酒。这第二次就叫做后献。⑩瑶爵：天子宗庙之祭有九献之礼，这里指王后的第八献。⑪赞九嫔之礼事：在宗庙之祭中，九嫔要协助王后做些工作。⑫"凡宾客"句：据郑玄注，这里的"宾客"，是指天子的同姓以及二王之后（夏、商二朝的后代）来朝觐为宾客者。⑬使：派遣下属。外内命妇：外命妇是指卿大夫士之妻。⑭"凡建国"二句：郑玄注："建国者必面朝后市（即宫室的前面是朝，宫室的后面是市），王立朝而后立市，阴阳相成（朝属阳，市属阴）。"⑮叙：市肆的行列。⑯淳（zhǔn）制：这是布帛长宽不同的两种标准。⑰北郊：北郊是纯阴之地，那里有公家的桑园和蚕室。⑱内人：据孙诒让

说，此内人既包括女御，又包括女府、女史以及女酒、女笾、女工等。⑲会内宫之财用：谓统计夫人以下的开支。王后的开支不在统计之列。⑳北宫：谓王后所住的六宫。㉑六宫：此指夫人、九嫔、世妇、女御等天子妃嫔。穜稑（tóng lù）：穜是指先种后熟的谷物，稑是后种先熟的谷物。此处是泛指各种谷物。

[译文]

　　内宰的职责是：掌管把在宫中服务的官吏及其所携子弟登记造册，绘制宫中官吏所在官府的平面图，以实施王内之政令，调整宫中官吏子弟宿卫王宫者的月俸，分派后宫宿卫吏士的住处，使警卫的力量分布均衡，无懈可击。以妇人之礼教夫人、九嫔、世妇。以纺织、缝纫等女红的法规教导九御，使她们各有隶属，以从事缫丝、绩麻这两项工作；教育她们在穿衣服上面不要奢侈逾等，严禁她们搞巫蛊一类邪门歪道，记录和考核她们的工作成绩。天子祭祀宗庙，轮到王后向尸进献郁鬯香酒时，内宰应该从旁协助；王后用瑶爵酌缇齐献尸时，也是这样。王后在什么场合应该穿什么样的衣服，王后助祭时应该站的正确位置，王后在行礼时应该怎样做才能合乎礼节、合乎自己的身份，内宰都有责任提醒，使之完全合乎法度。在九嫔协助王后行祭礼时，内宰要协助九嫔。凡天子设宴招待来朝的诸侯，当大宗伯以王后的名义向客人进献郁鬯香酒和以瑶爵向客人献酒时，内宰都要从旁协助。王后向宾客馈赠的牢礼，由内宰送达宾客下榻的宾馆。凡遇到丧事，要辅佐王后派其部下管理外命妇和内命妇，使她们穿的丧服和行礼时站的位置都合乎法度。凡营造国都，要辅佐王后设立交易市场，设置市场管理官员的办公场所，安排市肆的行列，规定各摊点的位置，使同类货物陈放在一起，出示长度标准、容器标准、布帛的宽度长度标准，以妇人之礼祭祀市中之社。每到仲春时节，告知王后率领外内命妇到北郊开始采桑养蚕，以便日后可以用来制作祭服。到年终，要统计一下官中内人的俸禄,考核她们的工作成绩。辅佐王后接受她们上缴的自己织成的布帛,评比其数量的多少和质量的优劣,作为对她们进行赏罚的依据。每到年终,还要统计一下内宫的开支。每年正月,要调整宫中服务人员的月俸,给她们分配工作,将禁令悬挂公布在天子的北宫门口,纠察宿卫人员使之不敢懈怠。孟春,要告知王后率领六宫的妃嫔挑选各种谷物的优良种子献给天子。

内小臣:掌王后之命,正其服位。后出入,则前驱。若有祭祀、宾客、丧纪,则摈①,诏后之礼事,相九嫔之礼事,正内人之礼事,彻后之俎。后有好事于四方②,则使往;有好令于卿大夫③,则亦如之。掌王之阴事阴令④。

[注释]

①摈:亦作"傧",傧相,是主人一方赞礼的人。②好事:恩泽之事。③好令:恩泽之命。④阴令:天子对北宫提出的要求。

[译文]

内小臣的职责是:掌管传达王后的命令,负责提醒王后在什么场合应该穿什么样的衣服和王后听治内宫之朝时的行礼位置,使之一一符合要求。王后乘车出入内宫,内小臣负责在前开道。如果遇到祭祀、宾客、丧纪等事,就作为傧相告知王后应行之礼,辅佐九嫔应行之礼,端正女御应行之礼,负责撤除祭祀时尸酢王后的俎。如果王后对沾亲带故的畿内诸侯有赏赐慰劳之事,就派内小臣前往;如果王后对沾亲带故的卿大夫有赏赐慰劳之事,也派内小臣前往。掌管天子群妃御见的安排和天子对王后六宫命令的传达。

阍人:掌守王宫之中门之禁①。丧服、凶器不入宫,潜服、贼器不入宫,奇服、怪民不入宫。凡内人、公器、宾客②,无帅则几其出入③。以时启闭。凡外内命夫命妇出入④,则为之辟⑤。

掌扫门庭。大祭祀、丧纪之事，设门燎，跸宫门、庙门⑥。凡宾客，亦如之。

[注释]

①中门：即王宫五门，一曰皋门，二曰库门，三曰雉门，四曰应门，五曰路门。其中，皋门是外门，路门是内门，中间的库门、雉门、应门叫中门。②内人：此指女府、女史以下人员。③帅：谓领路的人。④外内命夫：在朝内的卿大夫谓外命夫，在宫中的卿大夫谓内命夫。⑤辟：通"避"，避开。⑥跸(bì)：禁止闲杂人等通行。

[译文]

阍人的职责是：掌管守卫王宫中门的门禁。披麻戴孝的人不准进入宫门，办理丧事用的明器不准进入宫门，衣内暗穿铠甲的人不准进入宫门，携带武器的人不准进入宫门，穿着奇装异服的人不准进入宫门，精神失常的人不准进入宫门。凡是在内宫服务的女官出出进进，凡是携带公物的官员出出进进，凡是宾客出出进进，如果没有持通行证者的导引，就要对其进行严厉盘查。白天按时开门，晚上按时关门。凡内外命夫、命妇出出进进，就要为他们开道，让过往行人避开。负责打扫王宫五门内外的卫生。遇到祭祀宗庙或者天子、王后、太子去世的事，负责设立插在门口地下的火把，禁止闲杂人等出入宫门、庙门。天子设宴招待宾客时也是这样。

寺人：掌王之内人及女宫之戒令①，相道其出入之事而纠之②。若有丧纪、宾客、祭祀之事，则帅女宫而致于有司，佐世妇治礼事。掌内人之禁令，凡内人吊临于外，则帅而往，立于其前而诏相之。

[注释]

①女宫：罪人之家的女子被没入宫中为奴者。②相道：指点和带领。

[译文]

寺人的职责是：掌管天子的女御以及宫中女奴应该注意的事

项，在她们需要出入宫门时负责指点和带领她们，对违反注意事项的人给以纠正。如果有丧纪、宾客、祭祀之事，就带着女奴到有关办事部门报到，听候差遣。辅佐世妇操办祭祀、宾客、丧纪等事。执掌有关女御的禁令，凡是女御随着世妇出外吊丧，就由寺人带领前往，在行礼时，就站在女御的前面加以指点。

内竖：掌内外之通令①，凡小事。若有祭祀、宾客、丧纪之事，则为内人跸②。王后之丧，迁于宫中③，则前跸；及葬，执亵器以从遣车④。

[注释]

①内外：内指王后六宫，外指卿大夫。②内人：郑玄注："内人，从世妇有事于庙者。"③迁于宫中：谓将灵柩从宫中迁往祖庙之中。④亵器：作为明器用的供死者讲究个人卫生的器具。

[译文]

内竖的职责是：掌管在小事情上沟通王宫内外。若有祭祀、宾客、丧纪之事，就要为跟随世妇的女御清道，禁止闲杂人等通行。王后的丧事，在出葬前迁柩朝庙时，在前开道，禁止闲杂人等通行；到了出葬那一天，手执亵器跟在遣车后面。

九嫔：掌妇学之法，以教九御妇德、妇言、妇容、妇功①，各帅其属而以时御叙于王所②。凡祭祀，赞玉齍③，赞后荐彻豆笾④。若有宾客，则从后。大丧，帅叙哭者亦如之。

[注释]

①妇德、妇言、妇容、妇功：郑注："妇德谓贞顺，妇言谓辞令，妇容谓婉娩（wǎn），妇功谓丝麻。"②"各帅其属"句：据郑玄注，天子群妃侍寝之法：女御八十一人当九夕，世妇二十七人当三夕，九嫔九人当一夕，三夫人当以一夕，王后当一夕。③玉齍（zī）：盛有祭祀所用谷物的玉敦。④赞后荐

彻豆笾：宗庙之祭，王后两次向尸进献豆笾，一次是在三献之前，一次是在五献之前。

[译文]

九嫔的职责是：掌管妇人学习的法规，以妇德、妇言、妇容、妇功教导女御，每一九嫔率领九个女御按照规定的时日依次到天子的燕寝侍寝。凡祭祀宗庙，协助王后进献盛有黍稷的玉敦，协助王后进献和撤去豆笾。如果天子设宴招待来朝诸侯，王后协助天子招待时，九嫔要随后前往帮忙。遇到天子去世，要指导内外命妇按照身份的尊卑在王后哭过以后依次而哭。

世妇：掌祭祀、宾客、丧纪之事，帅女宫而濯摡①，为齍盛②。及祭之日，莅陈女宫之具，凡内羞之物。掌吊临于卿大夫之丧。

[注释]

①摡：通"溉"，洗涤。②为：郑玄注："为，犹差择。"差择即挑选。

[译文]

世妇的职责是：每逢宗庙祭祀、在庙飨食来朝诸侯、大丧迁柩朝庙和设祖奠与遣奠时，负责率领女奴洗涤祭器食具，精选用于祭祀的谷物。到了祭祀那一天，要亲临现场督察女奴陈设祭祀用具，以及种种内馐。掌管奉王后之命前往哭吊与王后有亲的去世的卿大夫。

女御：掌御叙于王之燕寝①。以岁时献功事②。凡祭祀，赞世妇。大丧，掌沐浴。后之丧，持翣③。从世妇而吊于卿大夫之丧。

[注释]

①燕寝：天子六寝：其一为正寝，乃天子办公之处；其他五寝为燕寝，

乃天子居住之处。②以岁时献功事：即下文《典妇功》所说的"及秋献功"。③翣（shà）：一种扇形装饰物，木框木柄布面，布面上画有种种图案。

[译文]

女御的职责是：掌管安排后妃们按照尊卑次序到天子的燕寝侍寝。每到秋季，上缴本年所完成的女红。凡遇宗庙祭祀，要协助世妇督察女奴的工作。王后或者太后去世，女御负责为之沐浴。王后去世出殡时，负责持翣遮蔽柩车。跟随世妇到卿大夫之家去吊丧。

女祝：掌王后之内祭祀①，凡内祷祠之事。掌以时招、梗、禬、禳之事②，以除疫殃。

[注释]

①内祭祀：指祭祀王后六宫的灶神、门神、户神。②招、梗、禬（guì）、禳：四种祭祀之名。

[译文]

女祝的职责是：在王后祭祀六宫的一些小神时，负责祈祷还愿之事。还负责根据需要随时举行招来吉祥、预防灾祸、消除灾害、赶走奇怪现象的祭祀，以消除疾病和灾殃。

女史：掌王后之礼职，掌内治之贰①，以诏后治内政。逆内宫②，书内令。凡后之事，以礼从。

[注释]

①内治：治理王后六宫的种种法令。②逆内宫：郑玄注："钩考六宫之计。"

[译文]

女史的职责是：掌管王后参加典礼的有关职事，掌管治理王后六宫的种种法令的副本，用以告知王后使其治理内政。审核内宫的所有财用及米粟的收支情况，书写王后的命令。凡是王后有参加典礼之事，女御都跟在后面给以必要的提醒。

典妇：掌妇式之法①，以授嫔妇及内人女功之事赍②。凡授嫔妇功，及秋献功，辨其苦良、比其小大而贾之③，物书而楬之。以共王及后之用，颁之于内府。

[注释]

①法：成规。②嫔妇：此指国都中的巧手妇女。内人：此指内宫的九嫔、世妇和女御。③苦（gǔ）：通"盬"，粗劣。贾：古"价"字。

[译文]

典妇功的职责是：掌管妇女所做女红的法式的成规，并据以向王城内心灵手巧的妇女和宫中的九嫔、世妇、女御分发做女红需要的材料。凡是向她们分发原材料，到了秋天上缴成品时，就要辨别其质量的优劣和评比其数量的多少，从而做出估价，并在每种物品上都插上标签，注明价格。将其中的优质产品供给天子和王后之用，并交给内府收藏。

典丝：掌丝入而辨其物①，以其贾楬之。掌其藏与其出，以待兴功之时②。颁丝于外内工③，皆以物授之④。凡上之赐予，亦如之。及献功，则受良功而藏之⑤，辨其物而书其数，以待有司之政令、上之赐予。凡祭祀，共黼画组就之物⑥。丧纪，共其丝纩组文之物。凡饰邦器者，受文织丝组焉。岁终，则各以其物会之。

[注释]

①丝入：郑玄注："丝入，谓九职之嫔妇所贡丝。"②时：季节。③外内工：外工和内工。④皆以物授之：如要求织造素绢素帛，就发给素丝；如要求织造有图案的绢帛，就发给彩丝。⑤良功：指用丝织成的绢帛。⑥黼：本指黑白相间的斧形图案。这里指绣有种种图案的祭服的下裳。

[译文]

典丝的职责是:掌管蚕丝的收进和辨别其成色,确定其价值并插上标签。掌管蚕丝的收藏及其调拨,等待合适的季节分发下去加工制作。将蚕丝分发给王城内的妇女和宫中女御时,都按照成品的要求发给原料。凡是天子赐予宠臣的蚕丝,也是这样。到了王城内的妇女和宫中的女御上缴成品时,就要负责接受和收藏,辨别其成色,登记其数量,以备有关职能部门需要和天子赐予下臣。凡祭祀,供给色丝以制作祭服和冕旒一类物品;凡丧纪,供给丝线、丝绵、丝带、有彩色图案的缯帛。凡有装饰国家器物任务的部门,可以到典丝这里领取有彩色图案的缯帛、丝线和丝带。每到年终,要将各种丝制品的收支情况分类加以统计。

典枲:掌布缌缕纻之麻草之物①,以待时颁功而授赍。及献功,受苦功②,以其贾楬而藏之,以待时颁。颁衣服,授之,赐予亦如之。岁终,则各以其物会之。

[注释]

①布缌缕纻(zhù):布指用麻织成的布,缌指用麻织成的细密之布,缕指麻线,纻指用纻麻织成的夏布。②苦(gǔ)功:苦,通"盬",粗劣。麻比丝贱,丝比麻贵,所以,麻制品叫做苦功,丝制品叫做良功。

[译文]

典枲的职责是:掌管用来织布纺线的各种麻草,等待合适的季节分配工作并发给原料。到了交纳成品的季节,负责接受织成的各种麻布,插上标签,标明价格,收藏起来,以备天子的常规性颁赐。常规性的颁赐衣服,当接受颁赐者前来领取时,如数发给,非常规性的赐予也是这样。每到年终,要将各种麻制品的收支情况分类加以统计。

内司服：掌王后之六服：祎衣、揄狄、阙狄、鞠衣、展衣、缘衣①，素沙②。辨外内命妇之服——鞠衣、展衣、缘衣，素沙。凡祭祀、宾客，共后之衣服；及九嫔、世妇凡命妇，共其衣服。共丧衰亦如之③。后之丧，共其衣服，凡内具之物④。

[注释]

①祎（huī）衣：据郑玄说，是先把缯剪成野鸡之形并染成五彩之色，然后缀在衣服上面以为饰。这种衣服就叫做祎衣。揄（yáo）狄：揄狄的形制和祎衣类似，是王后跟随天子祭先公时所着之服。阙狄：此服仅仅把缯剪成野鸡之形而不加染色就缀在衣服上面，是王后祭群小祀时所着之服。鞠（qū）衣：王后亲自采桑养蚕时所着之服。展衣：王后以礼晋见天子和会见宾客时所着之服。缘衣：王后到天子燕寝侍寝时所着之服。②素沙：即素纱。③丧衰（cuī）：丧服。据贾公彦说，天子去世，外命妇要穿齐衰，于后无服；内命妇中的九嫔以下，天子去世服齐衰。④内具：妇人日常必用的器具。例如佩巾、小刀、针线布袋儿等。

[译文]

内司服的职责是：掌管王后所穿的六种衣服：祎衣、揄狄、阙狄、鞠衣、展衣、缘衣，以及用作衬里的白纱。辨别外命妇、内命妇的衣服：鞠衣、展衣、缘衣，以及用作衬里的白纱。凡王后主持宗庙祭祀、协助天子设宴招待来朝诸侯时，则负责供给王后所穿的衣服；如有九嫔、世妇、女御和外命妇参加，也供给她们应穿的衣服。供给丧服的办法也照此办理。王后去世，负责供给装殓和陪葬所需的衣服以及所需的妇人平日经常使用的东西。

缝人：掌王宫之缝线之事，以役女御，以缝王及后之衣服。丧，缝棺饰焉①，衣翣柳之材②。掌凡内之缝事。

[注释]

①棺饰：出葬时遮蔽载棺柩车的装饰物。②翣（shà）：棺饰之一。柳：

支撑棺罩的木制框架。

[译文]

缝人的职责是：掌管王宫的裁缝之事，在女御的指挥下，带领部下为天子和王后缝制衣服。遇到天子等人的丧事，负责缝制棺饰，把彩缯蒙到翣柳的木制框架上。凡宫中三夫人以下的衣服缝制，统由缝人掌管。

染人：掌染丝帛。凡染，春暴练①，夏纁玄②，秋染夏③，冬献功。掌凡染事。

[注释]

①练：通"湅"，将丝帛煮熟。②纁（xùn）玄：古人以为，玄是天的颜色，纁是地的颜色。祭服的衣用玄色，裳用纁色。③夏：谓五色。

[译文]

染人的职责是：掌管染丝染帛。凡是染丝染帛，春天可将丝帛煮熟暴晒，夏天可将丝帛染成浅红色和青黑色，秋天可将丝帛染成五色，冬天则将染好的丝帛上缴典妇功和典丝。凡涉及染色的事，统由染人负责。

追师：掌王后之首服，为副、编、次①，追衡、笄②，为九嫔及外内命妇之首服，以待祭祀、宾客。丧纪，共笄绖亦如之③。

[注释]

①副、编、次：三种假髻。②追（duī）：雕琢。衡：固定副、编、次这三种假髻的玉簪。笄：固髻之簪。③笄绖（dié）：丧笄，用竹或木制成。

[译文]

追师的职责是：掌管王后需要戴的首饰，为她制作副、编、次这三种假髻，雕治衡笄和缁笄。制作九嫔及外内命妇需要戴的首饰，以备她们在跟随王后参加祭祀和宴请宾客时使用。遇到丧事，在供给王后以下所有内外命妇所需的丧笄和首绖时，也是这样。

屦人：掌王及后之服屦①，为赤舄②、黑舄③，赤繶④、黄繶，青句⑤、素屦、葛屦⑥。辨外内命夫命妇之命屦、功屦、散屦⑦。凡四时之祭祀，以宜服之。

[注释]

①屦：鞋子。②赤舄：赤色的双层底鞋子。③黑舄：黑色的双层底鞋子。④繶（yì）：鞋帮与鞋底相接处的装饰性镶条。古人鞋上的装饰有三：絢（qú）、繶、纯（zhǔn）。⑤句：通"絢"。⑥素屦：天子和王后休息时所穿的鞋。葛屦：用葛藤编制的鞋。夏天穿用。⑦命屦：与命服配套的鞋。功屦：做工比较粗糙的鞋。散屦：日常闲居时所穿的鞋。

[译文]

屦人的职责是：掌管天子及王后的各种与衣服配套穿的鞋子，制作赤舄、黑舄，素屦、葛屦，以及鞋上的装饰：絢、繶、纯。辨别内外命夫和内外命妇的命屦、功屦和散屦。凡参加春夏秋冬的祭祀，各人都要穿上与祭服般配的鞋子。

夏采：掌大丧以冕服复于大祖①，以乘车建绥复于四郊②。

[注释]

①复：招魂。大祖：谓太祖庙。②乘车：天子所乘之车有五种，叫做五路。绥：通"緌"。緌是缀有五彩鸟羽的太常旗。

[译文]

夏采的职责是：在天子去世时，掌管用天子所穿的冕服到始祖庙里去招魂，又驾着天子生前所乘的车子，在车上插起缀有完整的五彩鸟羽的太常旗，到城外四郊去招魂。

地官司徒第二

惟王建国，辨方正位，体国经野，设官分职，以为民极①。乃立地官司徒②，使帅其属掌邦教③，以佐王安扰邦国④。

教官之属⑤：

大司徒⑥，卿一人；小司徒⑦，中大夫二人；乡师⑧，下大夫四人；上士八人，中士十有六人，旅下士三十有二人；府六人，史十有二人，胥十有二人，徒百有二十人。

乡老⑨，二乡则公一人；乡大夫⑩，每乡卿一人；州长⑪，每州中大夫一人；党正⑫，每党下大夫一人；族师⑬，每族上士一人；闾胥⑭，每闾中士一人；比长⑮，五家下士一人。

封人⑯，中士四人，下士八人；府二人，史四人，胥六人，徒六十人。

鼓人⑰，中士六人；府二人，史二人，徒二十人。

舞师⑱，下士二人；胥四人，舞徒四十人⑲。

牧人⑳，下士六人；府一人，史二人，徒六十人。

牛人㉑，中士二人，下士四人；府二人，史四人，胥二十人，徒二百人。

充人㉒，下士二人，史二人；胥四人，徒四十人。

载师[23]，上士二人，中士四人；府二人，史四人，胥六人，徒六十人。

闾师[24]，中士二人；史二人，徒二十人。

县师[25]，上士二人，中士四人；府二人，史四人，胥八人，徒八十人。

遗人[26]，中士二人，下士四人；府二人，史四人，胥四人，徒四十人。

均人[27]，中士二人，下士四人；府二人，史四人，胥四人，徒四十人。

师氏[28]，中大夫一人，上士二人；府二人，史二人，胥十有二人，徒百有二十人。

保氏[29]，下大夫一人，中士二人；府二人，史二人，胥六人，徒六十人。

司谏[30]，中士二人；史二人，徒二十人。

司救[31]，中士二人；史二人，徒二十人。

调人[32]，下士二人；史二人，徒十人。

媒氏[33]，下士二人；史二人，徒十人。

司市[34]，下大夫二人，上士四人，中士八人，下士十有六人；府四人，史八人，胥十有二人。

质人[35]，中士二人，下士四人；府二人，史四人，胥二人，徒二十人。

廛人[36]，中士二人，下士四人；府二人，史四人，胥二人，徒二十人。

胥师[37]，二十肆则一人，皆二史。贾师[38]，二十肆则一人，皆二史。

司暴[39]，十肆则一人。司稽[40]，五肆则一人。胥[41]，二肆则一人。肆长[42]，每肆则一人。

泉府[43]，上士四人，中士八人，下士十有六人；府四人，史八人，贾八人，徒八十人。

司门[44]，下大夫二人，上士四人，中士八人，下士十有六人；府二人，史四人，胥四人，徒四十人。每门下士二人，府一人，史二人，徒四人。

司关[45]，上士二人，中士四人；史四人，胥八人，徒八十人。每关下士二人，史二人，徒四人。

掌节[46]，上士二人，中士四人；府二人，史四人，胥二人，徒二十人。

遂人[47]，中大夫二人。遂师[48]，下大夫四人，上士八人，中士十有六人，旅下士三十有二人；府四人，史十有二人，胥十有二人，徒百有二十人。

遂大夫[49]，每遂中大夫一人。县正[50]，每县下大夫一人。鄙师[51]，每鄙上士一人。酂长[52]，每酂中士一人。里宰[53]，每里下士一人。邻长[54]，五家则一人。

旅师[55]，中士四人，下士八人；府二人，史四人，胥八人，徒八十人。

稍人[56]，下士四人；史二人，徒十有二人。

委人[57]，中士二人，下士四人；府二人，史四人，徒四十人。

土均[58]，上士二人，中士四人，下士八人；府二人，史四人，胥四人，徒四十人。

草人[59]，下士四人；史二人，徒十有二人。

稻人[60]，上士二人，中士四人，下士八人；府二人，史四人，胥十人，徒百人。

土训[61]，中士二人，下士四人；史二人，徒八人。

诵训[62]，中士二人，下士四人；史二人，徒八人。

山虞[63]，每大山，中士四人，下士八人，府二人，史四人，胥八人，徒八十人；中山，下士六人，史二人，胥六人，徒六十人；小山，下士二人，史一人，徒二十人。

林衡[64]，每大林麓，下士十有二人，史四人，胥十有二人，徒百有二十人；中林麓如中山之虞，小林麓如小山之虞。

川衡[65]，每大川，下士十有二人，史四人，胥十有二人，徒百有二十人；中川，下士六人，史二人，胥六人，徒六十人；小川，下士二人，史一人，徒二十人。

泽虞[66]，每大泽大薮，中士四人，下士八人，府二人，史四人，胥八人，徒八十人；中泽中薮如中川之衡，小泽小薮如小川之衡。

迹人[67]，中士四人，下士八人；史二人，徒四十人。

卝人[68]，中士二人，下士四人；府二人，史二人，胥四人，徒四十人。

角人[69]，下士二人；府一人，徒八人。

羽人[70]，下士二人；府一人，徒八人。

掌葛[71]，下士二人；府一人，史一人，胥二人，徒二十人。

掌染草[72]，下士二人；府一人，史二人，徒八人。

掌炭[73]，下士二人；史二人，徒二十人。

掌荼[74]，下士二人；府一人，史一人，徒二十人。

掌蜃[75]，下士二人；府一人，史一人，徒八人。

囿人[76]，中士四人，下士八人；府二人，胥八人，徒八十人。

场人[77]，每场下士二人；府一人，史一人，徒二十人。

廪人[78]，下大夫二人，上士四人，中士八人，下士十有六人；府八人，史十有六人，胥三十人，徒三百人。

舍人[79]，上士二人，中士四人；府二人，史四人，胥四人，徒四十人。

仓人[80]，中士四人，下士八人；府二人，史四人，胥四人，徒四十人。

司禄[81]，中士四人，下士八人；府二人，史四人，徒四十人。

司稼[82]，下士八人；史四人，徒四十人。

舂人[83]，奄二人，女舂抌二人[84]，奚五人。

饎人[85]，奄二人，女饎八人，奚四十人。

槁人[86]，奄八人，女槁每奄二人，奚五人。

[注释]

①"惟王建国"五句：见《天官冢宰》注。按：此《地官·叙官》文中的许多词，都没有注释，因为在《天官·叙官》文中已经注释过了，可以参看彼处。②地官司徒：即下文的"大司徒"。因为此官是象地而立，故称地官。③邦教：天下的教化。④安抚：安抚。⑤教官：主管人民教化之官。这是地官司徒的别名。⑥大司徒：官名。地官的最高首长。⑦小司徒：官名。大司徒的副手。⑧乡师：官名。相当于教官中的第三把手。⑨乡老：一种荣誉官名。由三公（太师、太傅、太保）担任。⑩乡大夫：官名。一乡之长。四郊之内设六乡，每乡辖一万二千五百家。⑪州长：官名。一州之长。州是乡的下属行政区划单位，辖两千五百家。⑫党正：官名。一党之长。党是州的下属行政区划单位，辖五百家。⑬族师：官名。一族之长。族是党的下属行政区划单位，辖一百家。⑭闾胥：官名。一闾之长。闾是族的下属行政区划单位，辖二十五家。⑮比长：官名。一比之长。比是闾的下属行政区划单位，辖五家。⑯封人：官名。负责设置天子祭祀社稷的神坛及其周边垣墙，在王畿边界、诸侯国界设置边界标志。⑰鼓人：官名。负责教导击鼓之事。⑱舞师：官名。负责教导舞蹈之事。⑲舞徒：徒中之善舞者。⑳牧人：官名。负责牧养六牲

（牛、马、羊、豕、犬、鸡）。㉑牛人：官名。负责饲养公家的牛。㉒充人：官名。负责把选中用作祭祀的六牲养肥。㉓载师：官名。负责确定土地之肥瘠，并据以确定应交赋税之多少。㉔闾师：官名。负责掌握王城之内及其四郊的人民、六畜的数目，让他们各自做好自己的本职，按时征收他们应交的赋贡。㉕县师：官名。负责公邑之事。公邑，天子的直辖领地。㉖遗（wèi）人：官名。负责王畿米粟薪刍的储备，以待施惠。㉗均人：官名。负责平均乡遂、公邑土地的征役。㉘师氏：官名。负责向天子进行正面教育，负责贵族子弟的德育教育。下文的保氏、司谏、司救是其属官。㉙保氏：官名。负责谏诤天子的缺点，以六艺教育贵族子弟。㉚司谏：官名。负责纠察万民的德行、道艺等事。㉛司救：官名。负责用礼仪来防止万民的邪恶过失。㉜调（tiáo）人：官名。负责纠察百姓中的结仇怨者并为之调解。㉝媒氏：官名。负责百姓的婚姻之事。㉞司市：官名。负责市场管理。下文的从质人到泉府，皆其属官。㉟质人：官名。负责平准市场物价。㊱廛人：官名。负责市场的征税。㊲胥师：平民而在官服务者。负责市场中所辖二十肆的政令。按：胥师并不是正式官员，而是司市礼聘的有才智的平民。下文的贾师、司暴、司稽同。㊳贾师：负责核定所辖二十肆商品的物价。㊴司暴：负责禁止扰乱市场的行为。㊵司稽：负责巡查市场，拘留其犯禁者。㊶胥：负责使所辖二肆正常营业。按：胥不是正式官员，而是在市场上服徭役的平民。下文的肆长同。㊷肆长：一肆的负责人。㊸泉府：官名。负责收购市场上的滞销商品，以待异时急需者购买。㊹司门：官名。负责把守王城城门。㊺司关：官名。负责把守国境上的城门。㊻掌节：官名。负责查验符节。㊼遂人：官名。负责六遂及四等公邑的管理。㊽遂师：官名。其职能与乡师相似。六遂也分作左三遂、右三遂，遂师四人，每二人分管三遂。㊾遂大夫：官名。一遂之长。㊿县正：官名。一县之长。县是遂的下属行政单位，辖二千五百家。㉛鄙师：官名。一鄙之长，鄙是县的下属行政单位，辖五百家。㉜酂（zuǎn）长：一酂之长。酂是鄙的下属行政单位，辖一百家。㉝里宰：官名。一里之长。里是酂的下属行政单位，辖二十五家。㉞邻长：一邻之长。邻是里的下属行政单位，辖五家。㉟旅师：官名。负责收集、储备六遂及公邑农民捐助的粮食、受罚交纳的粮食，以备荒年赈济。㊱稍人：官名。负责公邑出车徒的政令。㊲委（wèi）人：官名。负责

地官司徒第二　101

征收野地的贡赋，以供储备。㊺土均：官名。负责平均邦国都鄙地税之政令。㊾草人：官名。负责把土壤改造肥沃。㊿稻人：官名。负责种植泽地的谷物。㊶土训：官名。负责向天子说明九州土地的形势、物产。㊷诵训：官名。负责向天子说明四方风俗、古往之事。㊸山虞：官名。负责山林之政令。虞，度也，度知山之大小及物产。㊹林衡：官名。负责巡视林麓并掌其禁令。㊺川衡：官名。负责巡视川泽并掌其禁令。㊻泽虞：官名。负责国有泽薮的政令。㊼迹人：官名。负责畿内畋猎场所的政令。㊽矿人：官名。负责有关矿产地的禁令。㊾角人：官名。负责按时征收象牙鹿角一类物品。⑺羽人：官名。负责按时征收羽毛。㊶掌葛：官名。负责按时征收制作葛布、麻布的原料。㊷掌染草：官名。负责征收可作染料的草木。㊸掌炭：官名。负责征收炭和灰。㊹掌荼（tú）：官名。负责按时征收荼。㊺掌蜃：官名。负责征收蚌蛤之类。㊻囿人：官名。负责看管御苑、离宫中的禽兽。㊼场人：官名。负责管理种有各种瓜果蔬菜的场圃。㊽廪人：官名。负责统计各种谷物的总产量。下文的舍人、仓人、司禄，是其属官。㊾舍人：官名。负责宫中用谷的管理。⑻仓人：官名。负责粟的收藏。㊶司禄：官名。郑玄说，负责向群臣颁发俸禄。㊷司稼：官名。负责巡视邦野的庄稼，知其名目与其所宜之地，并据以制定种植之法，晓喻民众。㊸舂人：官名。负责舂谷成米。㊹女舂抌：能舂能抌的女奴。㊺饎（chī）人：官名。负责炊爨。㊻槁（kào）人：官名。负责为在宫中值班和加班的人供应伙食。槁，通"犒"，犒劳。

[译文]

（按：《地官·叙官》的译文，大体上同于《天官·叙官》的译文。为节省篇幅，此略）

大司徒之职：掌建邦之土地之图与其人民之数，以佐王安扰邦国。以天下土地之图，周知九州之地域、广轮之数①，辨其山林、川泽、丘陵、坟衍、原隰之名物②；而辨其邦国都鄙之数③，制其畿疆而沟封之④，设其社稷之壝而树之田主⑤，各以其野之所宜木⑥，遂以名其社与其野⑦。

以土会之法辨五地之物生⑧：一曰山林，其动物宜毛物，其植物宜皂物，其民毛而方；二曰川泽，其动物宜鳞物，其植物宜膏物⑨，其民黑而津；三曰丘陵，其动物宜羽物，其植物宜核物，其民专而长⑩；四曰坟衍，其动物宜介物，其植物宜荚物⑪，其民皙而瘠；五曰原隰，其动物宜裸物，其植物宜丛物，其民丰肉而庳⑫。

因此五物者民之常，而施十有二教焉：一曰以祀礼教敬⑬，则民不苟；二曰以阳礼教让⑭，则民不争；三曰以阴礼教亲⑮，则民不怨；四曰以乐礼教和⑯，则民不乖；五曰以仪辨等⑰，则民不越；六曰以俗教安，则民不愉⑱；七曰以刑教中，则民不暴；八曰以誓教恤⑲，则民不怠；九曰以度教节⑳，则民知足；十曰以世事教能㉑，则民不失职；十有一曰以贤制爵，则民慎德；十有二曰以庸制禄，则民兴功。

以土宜之法辨十有二土之名物㉒，以相民宅而知其利害，以阜人民，以蕃鸟兽，以毓草木，以任土事。辨十有二壤之物而知其种㉓，以教稼穑树蓺㉔。

以土均之法辨五物九等㉕，制天下之地征㉖，以作民职㉗，以令地贡，以敛财赋㉘，以均齐天下之政㉙。

以土圭之法测土深㉚，正日景㉛，以求地中。日南则景短㉜，多暑；日北则景长㉝，多寒；日东则景夕㉞，多风；日西则景朝㉟，多阴。日至之景尺有五寸，谓之地中，天地之所合也，四时之所交也，风雨之所会也，阴阳之所和也。然则百物阜安，乃建王国焉，制其畿方千里而封树之。

凡建邦国㊱，以土圭土其地而制其域㊲：诸公之地，封疆方五百里，其食者半㊳；诸侯之地，封疆方四百里，其食者参之一㊴；诸伯之地，封疆方三百里，其食者参之一；诸子之地，封疆方二百里，其食者四之一；诸男之地，封疆方百里，其食者四之一。

凡造都鄙㊺，制其地域而封沟之㊶。以其室数制之㊷：不易之地家百亩㊸，一易之地家二百亩，再易之地家三百亩。乃分地职㊹，奠地守㊺，制地贡，而颁职事焉，以为地法而待政令。

以荒政十有二聚万民：一曰散利，二曰薄征，三曰缓刑，四曰弛力，五曰舍禁，六曰去幾，七曰眚礼㊻，八曰杀哀㊼，九曰蕃乐㊽，十曰多昏，十有一曰索鬼神㊾，十有二曰除盗贼㊿。

以保息六养万民：一曰慈幼㉛，二曰养老㉜，三曰振穷㉝，四曰恤贫，五曰宽疾㉞，六曰安富。

以本俗六安万民：一曰美宫室，二曰族坟墓，三曰联兄弟㉟，四曰联师儒㊱，五曰联朋友㊲，六曰同衣服。正月之吉，始和布教于邦国都鄙，乃县教象之法于象魏，使万民观教象，挟日而敛之㊳，乃施教法于邦国都鄙，使之各以教其所治民。令五家为比，使之相保㊴；五比为闾，使之相受，五闾为族，使之相葬；五族为党，使之相救；五党为州，使之相赒；五州为乡，使之相宾㊵。

颁职事十有二于邦国都鄙㊶，使以登万民：一曰稼穑，二曰树艺，三曰作材，四曰阜蕃，五曰饬材，六曰通财，七曰化材，八曰敛材，九曰生材，十曰学艺，十有一曰世事，十有二曰服事。

以乡三物教万民而宾兴之㊷：一曰六德，知、仁、圣、义、忠、和㊸；二曰六行，孝、友、睦、姻、任、恤㊹；三曰六艺，礼、乐、射、御、书、数㊺。

以乡八刑纠万民：一曰不孝之刑，二曰不睦之刑，三曰不姻之刑，四曰不弟之刑㊻，五曰不任之刑，六曰不恤之刑，七曰造言之刑,八曰乱民之刑。

以五礼防万民之伪而教之中⁶⁷,以六乐防万民之情而教之和⁶⁸。凡万民之不服教而有狱讼者⁶⁹,与有地治者听而断之;其附于刑者⁷⁰,归于士⁷¹。

祀五帝,奉牛牲,羞其肆。享先王亦如之。大宾客,令野修道委积。大丧,帅六乡之众庶,属其六引,而治其政令。大军旅,大田役,以旗致万民,而治其徒庶之政令。若国有大故,则致万民于王门,令无节者不行于天下⁷²。大荒、大札,则令邦国移民、通财、舍禁、弛力、薄征、缓刑。

岁终,则令教官正治而致事。正岁,令于教官曰:"各共尔职,修乃事,以听王命。其有不正,则国有常刑。"

[注释]

①广轮:广,指东西的宽度;轮,指南北的长度。②坟衍:水边高起的涯地和低下平坦的土地。原隰(xí):高地之广而平者谓之原,低湿的土地谓之隰。③邦国:指诸侯国。④畿疆:王国的边界和诸侯国的边界。⑤社稷:社神和田神(谷神)。壝(wéi):神坛及其周围矮墙的总称。⑥野:土地。⑦"遂以"句:《庄子·人间世》说齐国有栎社,就是以木名社的例子。⑧土会(kuài)之法:根据土地计算贡税的法则。⑨膏物:郑玄说:"膏"是"櫜"字之误。櫜,谓櫜韬,指果实的外层包皮。⑩专(tuán):通"抟",圆也。⑪荚:孙诒让认为荚是"策"字之误。策,谓草木之芒刺。⑫丰肉:肉厚,肉多。⑬祀礼:祭祀之礼。⑭阳礼:谓乡射礼和乡饮酒礼。⑮阴礼:谓男女之礼。此指婚礼。⑯乐礼:"礼"是衍字。古代的乐,包括诗歌、音乐和舞蹈。⑰仪:礼仪。⑱偷(tōu):通"偷",苟且。⑲恤:慎也。⑳度:制度。㉑世事:世代相传的技艺。㉒十有二土:谓十二分野。㉓十有二壤:即上文的"十有二土"。下文要讲种植之事,所以变"土"为"壤"。㉔蓺(yì):种植。㉕五物:指上文山林、川泽等五种土地所产之物。㉖征:税。㉗作:孙诒让说:"凡经云'作'者,并使令兴起之谓。"㉘财赋:郑玄说:"财谓泉谷。赋谓九赋及军赋。"九赋,详《大宰》注。㉙政:赋税。㉚土圭之法:以土圭所

测日影长短以确定四时、测量土地的方法。㉛日景（yǐng）：即日影。㉜日南：标杆的影子短于土圭的长度谓之日南。㉝日北：标杆的影子长于土圭的长度谓之日北。㉞日东：谓同一纬度上较早看到太阳的东方。㉟日西：谓同一纬度上较晚看到太阳的西方。㊱邦国：公侯伯子男五等侯国。㊲土其地：即度其地。㊳其食者：封疆内的可耕之地。㊴参：通“三”。㊵都鄙：天子子弟及公卿大夫的采地。㊶制其地域：都鄙分三等。㊷以其室数制之：按照采地的户数编制为井、邑、丘、甸、县、都等行政单位。㊸不易之地：即不需休耕的好地。㊹分地职：孙诒让说：“九职所宜，当是农圃在平地，薮牧在山泽，各随所宜授之。”㊺奠：确定。㊻眚：减省。㊼杀（shài）：减少。㊽蕃：收藏。㊾索：求。(50)除盗贼：郑司农说：“饥馑则盗贼多，不可不除也。”(51)慈幼：郑玄举例说：产妇一胎生了三个婴儿，国家就为她雇个保姆，其中的两个婴儿由国家提供食品。(52)养老：《礼记·王制》所载养老措施甚详，例如，五十岁的老人可以不吃粗粮而吃细粮，六十岁的老人吃饭要顿顿有肉，等等。(53)振穷：《礼记·王制》说：“老而无妻者谓之鳏，老而无夫者谓之寡，少而无父者谓之孤，老而无子者谓之独。此四者，天民之穷而无告者也，皆有常饩。”(54)宽疾：《礼记·王制》上说：对于哑巴、聋子、缺胳膊少腿者、侏儒等残疾人，只让他们干些力所能及的活儿，由国家养活他们。(55)兄弟：《尔雅·释亲》：“父之党为宗族，母与妻党为兄弟。”(56)师儒：郑玄说：“乡里教以道艺者。”(57)朋友：郑玄说：“同师曰朋，同志曰友。”(58)“正月之吉”五句：行文与《大宰》基本一致，可参看彼处。(59)相保：互相连保。(60)宾：敬也。(61)邦国都鄙：畿外的五等侯国和畿内的天子子弟、公卿大夫的采邑。在《周礼》中，邦国都鄙往往是普天之下的代名词。(62)宾兴：宾是以宾客之礼尊敬之，兴是推举。(63)知：明于事。圣：博通先识。(64)姻：亲于外亲。任：对朋友讲究信用。恤：同情和救济贫穷者。(65)礼、乐、射、御、书、数：礼谓五礼，乐谓六乐，射谓五射，御谓五驭，书谓六书，数谓九数。(66)弟：通“悌”，此谓尊敬师长。(67)五礼：吉礼、凶礼、宾礼、军礼、嘉礼。(68)六乐：六代之乐。(69)教：教化。(70)附：触犯。(71)士：主管狱讼的官员。(72)节：符节。

[译文]

大司徒的职责是：掌管编制天下的地图和户籍，以辅佐天子安抚天下。根据天下的地图，可以清楚地知道九州都各在什么地方，其面积有多大，可以辨别什么地方是山林，什么地方是川泽，什么地方是丘陵，什么地方是坟衍，什么地方是原隰，以及这些地方都分别适合什么动物、植物生长；根据地图，还可以搞清楚畿外一共分封了多少诸侯国，畿内一共有多少王室子弟和公卿大夫的采邑，进而划定王畿、诸侯国、采邑的边界，规定边界之上可以挖沟筑墙，以为险阻；规定如何为各自的社稷设置祭坛和坛外的矮墙，如何为社稷之神种上合适的树木作为凭依；各地种上与其土质适合的树木，就以此适合的树木称呼其社与其地。

以土会之法辨别五种土地上的动物、植物和居民：第一种土地是山林，那里适宜生长貂狐之类的多毛之动物，那里适宜种植柞栗之类可作染料之植物，那里的居民一定多毛而体方；第二种土地是川泽，那里适宜生长鱼龙之类有鳞之动物，那里的适宜种植莲芡之类所结果实有皮之植物，那里的居民一定肤黑而滋润；第三种土地是丘陵，那里适宜生长翟雉之类的飞鸟，那里适宜种植李梅之类所结果实有核的树木，那里的居民一定体圆而身长；第四种土地是坟衍，那里适宜生长龟鳖之类体表有硬壳之物，那里的植物适宜种植有芒刺的草木，那里的居民一定肤白而体瘦；第五种土地是原隰，那里的动物适宜生长虎豹之类少毛之物，那里的植物适宜种植萑苇之类丛生之物，那里的居民一定肥胖而短小。

根据上述五种土地居民的生活习惯，对他们进行十二个方面的教育：第一个方面是通过祭祀之礼教民恭敬，这样一来人民就不会马虎随便；第二个方面是通过阳礼教民谦让，这样一来人民就不会你争我夺；第三个方面是通过婚礼教民相亲，这样一来人民就不会有失时之怨；第四个方面是通过音乐教民和同，这样一来人民就不会行为乖戾；第五个方面是通过礼仪教民知道人有上下尊卑之分，这样一来人民就不会举止僭越；第六个方面是通过习俗教民安居乐业，这样一来人民就不会苟且马虎；第七个方面是通过刑罚教民知走正道，这样一来人民就不会为非作歹；第八个方面是通过誓约教民慎重，这样一来人民就不会做事懈怠；第九个方面是通过制度教民节制，这样一来人民就会懂得知足；第十个方面是通过家家学习祖传的技艺以教民掌握谋生的本领，这样一来人民就不会失业；第十一个方面是按照德行的高低授予不同的爵位，这样一来人民就会争着努力向善；第十二个方面是按照功劳的大小授予不同的俸禄，这样一来人民就会争着建功立业。

根据不同的土地适宜于不同的用途的法则，辨别十二分野都是哪些以及每一分野所适宜的居民、鸟兽和草木，从而相视人民的住处，选定那些于人有利的地方，避开那些对人有害的地方，使之各得其所，从而使人口旺盛，鸟兽繁殖，草木生长，土地潜力得到最大限度的发挥；辨别十二分野适宜种植的植物，知道该种什么为好，从而教民种植五谷，种植蔬菜果木。

根据平均土地贡赋的法则辨别五种土地所产之物与九等土质，制定天下的地税，以鼓励人民做好各自的本职工作，交纳土地所生的谷物，以征收钱谷和各种赋税，以使天下的征税公平而又划一。

以土圭之法测量南北距日之远近，根据日影的长短以求得何地乃是天下的中央。若其地偏南，离太阳近，日影就短，气候就炎热；若其地偏北，离太阳远，日影就长，气候就寒冷；若其地偏东，看到太阳较早，则天下中央的正午时分，其地已是傍晚，这样的地方容易刮风；若其地偏西，看到太阳较晚，则天下中央的正午时分，其地才是早晨，这样的地方常常阴天。若其地夏至时的日影是一尺五寸，这个地方就叫做天下的中央。天下的中央，这是天的中和之气与地的中和之气汇合之处。因为是天地中和之气的汇合之处，所以那地方四时交替，既不太热，也不太冷，风调雨顺，阴阳和谐，这样的地方自然是物产丰富，人民安居。于是就在这样的地方建立国都，划定王畿方千里的地域，在王畿的边界上挖沟筑墙，墙上种树，作为险阻。

凡是建立邦国，也要以土圭测影的办法测定其方位，划定其疆域。公爵的封地，其疆域是方五百里，其中的可耕之地占二分之一；侯爵的封地，其疆域是方四百里，其中的可耕之地占三分之一；伯爵的封地，其疆域是方三百里，其中的可耕之地占三分之一；子爵的封地，其疆域是方二百里，其中的可耕之地占四分之一；男爵的封地，其疆域是方百里，其中的可耕之地占四分之一。

凡是建立都鄙，也要为其划定地域，命令有关部门在其边界上挖沟筑墙种树。按照都鄙内的户数设立井、邑、丘、甸、县、都等行政单位加以管理。年年可种不需休耕的土地，每家发给一百亩；耕种一年就须要休耕一年的土地，每家发给二百亩；耕种一年就须要休耕二年的土地，每家发给三百亩。于是因地制宜地给人民分派职业，确定基层官员的职守，制定交纳地税的法规，使上上下下的每个人都努力做好自己的本职工作；以上述建立邦国、都鄙的种种规定作为国家的土地法，呈报天子，颁布施行。

遇到荒年，施行十二条救荒的政策，以使人民团聚而不流离失所。第一条是贷给人民种子和食粮；第二条是减轻租税；第三条是对犯罪的人宽大处理；第四条是停止征调徭役；第五条是解除山泽的禁令，使民得以觅食；第六条是取消对市场的盘查；第七条是简化吉礼、嘉礼的礼仪；第八条是简化丧礼、葬礼的礼仪；第九条是把乐器收藏起来；第十条是节省婚礼花费，鼓励适龄男女婚嫁；第十一条是检查有没有应该祭祀的鬼神被漏掉了；第十二条是严惩盗贼。

平时，施行六条保护人民使之蕃息的政策，以使人民生活得到保障。第一条是爱护幼儿，第二条是敬老养老，第三条是救济鳏寡孤独，第四条是周济贫穷，第五条是优待残疾，第六条是对富人也平等对待，不苛刻索取。

推行六条旧俗以使人民安居乐业。第一条是建造住房求其坚固实用，不求其华丽；第二条是同族的人死了，按照先祖居中，子孙按昭穆居左右的规矩葬在一起；第三条是和外婆家、妻子的娘家和睦相处；第四条是尊敬老师；第五条是朋友之间互相信任；第六条是平民中的富人也不得穿戴出格的衣饰。每年的（周历）正月初一，开始向普天之下的臣民宣布教典，其方法是把写有教典的木板悬挂到王宫大门的双阙之上，让万民观看，十天以后再把它收藏起来。然后就在普天之下推行教典，让诸侯、公卿大夫和百官根据教典教化其领导下的人民。在六乡之中，命令五家编为一比，使比中各家互相连保；五比编为一闾，使闾中各家在遇到事情时可以互相托付；五闾编为一族，使族中各家有了丧葬之事可以互相帮忙；五族编为一党，使党中各家在遭到凶祸时可以互相救助；五党编为一州，使州中各家在遇到经济困难时可以互相救济；五州编为一乡，使乡中各家都互相尊敬贤能之人。

在普天之下颁布十二种职业，使人民都有活干。第一种职业是种植五谷，第二种职业是种植瓜果蔬菜，第三种职业是开发山林川泽的资源，第四种职业是养育繁殖鸟兽，第五种职业是对珍珠、象牙、玉料、石料、木料、金属、兽革、鸟羽进行加工并制成成品，第六种职业是繁荣市场和流通货物，第七种职业是缫丝绩麻、织造布帛，第八种职业是采集野生果木的果实，第九种职业是流动打工，第十种职业是学习道德和技艺，第十一种职业是继承祖传的谋生本领，第十二种职业是像府、史、胥、徒那样到官府为公家服务。

以乡学中的三门课程教育万民，对于成绩优异被推举为贤者、能者的乡民，举行乡饮酒礼来表示对其尊敬。第一门课程是六种道德，其具体内容是智、仁、圣、义、忠、和；第二门课程是六种善行，其具体内容是孝、友、睦、姻、任、恤；第三种课程是六种技艺，其具体内容是礼、乐、射、驭、书、数。

以适用于乡中的八种刑罚纠察万民：第一种是对不孝顺父母者的刑罚，第二种是对族人不睦者的刑罚，第三种是对亲戚不亲者的刑罚，第四种是对不尊敬师长者的刑罚，第五种是对朋友不讲信用者的刑罚，第六种是对不体恤贫穷者的刑罚，第七种是对造谣惑众者的刑罚，第八种是对擅自改变事物的既定名称、用旁门左道扰乱政令者的刑罚。

用五礼来防止万民的侈靡虚伪，教导他们事事都要做得恰如其分；用六乐来防止万民的感情用事，教导他们时时都要做到心平气和。凡人民之中有不服从教化而发生民事纠纷者，大司徒就要会同当地的治民之官一道审理和判决；如果有触犯刑律的，那就要移送到司法部门审理。

天子祭祀五帝的时候，大司徒负责牵进牛牲，供献剔解过的牲体。天子祭祀先王的时候，大司徒也是如此。遇到诸侯和蕃国来朝，大司徒就命令有关部门整治郊野的道路，并沿途储聚粮米柴草，准备招待客人。遇到国王或王后去世，就率领从六乡征调上来的役夫，让他们牵引拴在柩车上的六条绳索，并负责调度和指挥。遇到天子亲自率军征伐，畋猎练兵，大司徒就竖起画有熊虎的旗帜，限令被征召的民众刻日在旗下集合，并负责对他们的调度管理。如果国家发生了大的变故，大司徒就招集六乡的军卒在王宫门前，加强守卫，以备非常；并且下令全国，凡是没有通行证的人一律禁止通行，以防坏人乘机捣鬼。遇到大的荒年和瘟疫流行，大司徒就下令天下各诸侯国把灾民迁徙到粮价便宜的地方，或者把粮食运往灾区，解除山泽的禁令，停止征调徭役，减轻租税，对犯罪者宽大处理。

年终，大司徒要命令属下所有教官整理其办公文件，呈报工作总结。每年的正月，对属下所有教官申饬说："各人都要恪尽职守，努力工作，听从天子的命令。如果有谁玩忽职守，国家就将按照有关法律治罪。"

小司徒之职：掌建邦之教法，以稽国中及四郊都鄙之夫家、九比之数①，以辨其贵贱、老幼、废疾②，凡征役之施舍③与其祭祀、饮食、丧纪之禁令④。

乃颁比法于六乡之大夫⑤，使各登其乡之众寡、六畜、车辇⑥，辨其物⑦，以岁时入其数，以施政教，行政令。及三年，则大比⑧；大比则受邦国之比要⑨。

乃会万民之卒伍而用之⑩：五人为伍，五伍为两，四两为卒，五卒为旅，五旅为师，五师为军⑪，以起军旅，以作田役，以比追胥⑫，以令贡赋。

乃均土地以稽其人民而周知其数：上地家七人，可任也者家三人；中地家六人，可任也者二家五人；下地家五人，可任也者家二人⑬。凡起徒役，毋过家一人⑭，以其馀为羡⑮，唯田与追胥，竭作。凡用众庶，则掌其政教与其戒禁，听其辞讼，施其赏罚，诛其犯命者。凡国之大事，致民⑯；大故，致馀子⑰。

乃经土地⑱，而井牧其田野⑲：九夫为井⑳，四井为邑，四邑为丘，四丘为甸㉑，四甸为县，四县为都，以任地事而令贡赋㉒，凡税敛之事㉓。

乃分地域而辨其守㉔，施其职而平其政㉕。

凡小祭祀㉖，奉牛牲，羞其肆㉗。小宾客，令野修道委积。大军旅，帅其众庶。小军旅，巡役，治其政令。大丧，帅邦役，治其政教㉘。

凡建邦国，立其社稷，正其畿疆之封㉙。

凡民讼，以地比正之㉚；地讼，以图正之。

岁终，则考其属官之治成而诛赏㉛，令群吏正要会而致事㉜。正岁，则帅其属而观教法之象，徇以木铎曰："不用法者，国有常刑。"㉝令群吏宪禁令㉞，修法纠职以待邦治。及大比六乡四郊之吏，平教治，正政事，考夫屋及其众寡、六畜、兵器㉟，以待政令。

[注释]

①国中：《周礼》凡言"国中"，皆谓王城之中。四郊都鄙：在这里是畿内的代名词。夫家：指男女。②贵贱：贵人和贱人。贵人指命士以上，贱人指平民。③施（shǐ）舍：免除。施，通"弛"。④丧纪：丧事。这里指一家有了丧事，邻里街坊齐来相助之类的事。⑤六乡之大夫：《周礼》之制，四郊之内设六乡，每乡的长官叫乡大夫。⑥辇：靠人力牵拉行进的车子。⑦物：谓家中财产。⑧大比：全国性的人口和财产调查统计。⑨邦国：郑玄说："受邦国之比要，则亦受乡遂矣。"⑩"乃会"句：孙诒让说："此皆六乡治军之制也。六遂军制亦同。"⑪"五人为伍"六句：一伍五人，一两二十五人，一卒百人，一旅五百人，一师二千五百人，一军一万二千五百人。⑫胥（xǔ）：通"谞"，伺捕盗贼。⑬"上地家七人"六句：这是根据一家养活人口的多少来授予上地、中地、下地的。⑭家一人：一家出一人。⑮羡：羡卒。羡卒是候补兵卒。⑯民：此谓正卒。⑰馀子：谓羡卒。⑱经：划分界限。⑲井牧：井田制的又一种叫法。⑳夫：此谓土地面积单位。一夫就是一百亩。㉑甸（shèng）：《释名·释州国》："四丘为甸。甸，乘也，出兵车一乘。"㉒贡赋：即《闾师》之八贡和《大宰》之九赋。㉓税敛之事：一井九家，各受田百亩，而敛其什一之税。㉔辨其守：贾公彦说："谓邦国都鄙之内所有山川，使虞衡守之。"㉕职：谓《大宰》之九职。㉖小祭祀：又叫小祀。㉗肆（tī）：通"剔"，剔解，指剔解过的骨体（骨体，带骨的肉）。㉘"帅邦役"二句：方苞说："所谓'治其政教'者，即《遂人》之六绋，《遂师》之'抱磨、共丘笼及蜃车之役'，以遂与公邑之役并致焉，故统之曰'邦役'。"㉙畿疆：九畿的分界线。㉚地比：住地紧挨着的人家。㉛成：一日的工作统计簿。㉜要会（kuài）：

要是一个月的工作统计簿，会是一年的工作统计簿。㉝"正岁"五句：与《小宰》大体相同。㉞宪：悬挂。㉟夫屋：即井田制。

[译文]

小司徒的职责是：掌管制定国家有关教官的法规，用来核查王城之中以及四郊都鄙载于户籍的男女人数和按九家为一井、五家为一比编制起来的家数，据以辨别其中的贵贱、老幼、残疾者，以便免除他们的徭役，掌管他们在祭祀、饮食、丧纪活动中的禁令，使之不违礼法。

向六乡的大夫颁布调查统计户口财产之法，使每个乡大夫都能够搞清楚他那一乡人口的总数、六畜的总数、各种车辆的总数，搞清楚每家的财产，每一季度向小司徒呈报一次，小司徒据以施行政治教化，据以宣布征役征税的法令。每隔三年，举行一次全国性的户口财产调查统计，每到这个时候，就要接受外而至于畿外邦国内而至于畿内乡遂呈报上来的调查统计账簿。

于是把六乡的人民按照军队编制组织起来，以备使用：五人为一伍，五伍为一两，四两为一卒，五卒为一旅，五旅为一师，五师为一军。用以作战，用以畋猎和从事大的工程，用以点验追逐敌寇、伺捕盗贼的兵员是否到齐，用以实施交贡纳税的政令。

通过平均土地来核查人口以掌握其精确数字：一家男女七口，除了家长之外其中有三人是强壮劳力的家庭，授予上等土地；一家男女六口，除了家长之外其中有两个半是强壮劳力的家庭，授予中等土地；一家男女五口，除了家长之外其中有两人是强壮劳力的家庭，授予下等土地。凡是征调人民服役，作为正卒，一家不能超过一人，如果家里还有剩余劳力，那就作为羡卒。只有在畋猎、追逐敌寇和伺捕盗贼的时候，才无论正卒羡卒，全部出动。凡征调民夫服役，小司徒就掌管对他们的调度管理和誓戒禁令，听断他们的争讼，实施对他们的赏罚，处分他们中的违背命令者。凡遇到国家有征伐诸侯之事,就征集六乡的正卒;遇到国家有外敌侵犯或乱民造反,那就不但要征集正卒,而且要征集羡卒。

划分土地的界限,在采地施行井田制:一夫授田百亩,九夫为一井,四井为一邑,四邑为一丘,四丘为一甸,四甸为一县,四县为一都,使人民因地制宜地经营土地,而命令他们交纳贡赋,以及所有税收之事。

于是将全国划分为邦国、都鄙、乡遂、公邑等不同的政区,这些政区内的所有山川,使虞衡一类官员负责看守,使人民都有赖以为生的职业,公平其税收。

天子举行小祭祀的时候,小司徒负责牵进牛牲,并负责供献剔解过的牲体。诸侯派其卿大夫来朝,小司徒就命令有关部门整治郊野的道路,并沿途储聚粮米柴草,准备招待客人。遇到天子亲自率师征伐,小司徒负责将从六乡征召上来的民众带到大司徒的麾下;遇到天子派臣下率师征伐以及巡视工程项目,小司徒就负责其调度管理。遇到天子、王后、太子去世,负责率领从乡遂和公邑征调上来的民工,指导他们在下葬时帮忙出力。

凡建立畿外的诸侯国,负责指导他们建立各自的社稷,明确规定九畿的疆界,并派人在疆界上挖沟筑墙种树以为险阻。

凡遇到百姓为户口、征役等事打官司,就根据当事人左邻右舍的证言判断曲直;遇到百姓为地界打官司,就根据官府所藏的地图判断曲直。

年终,对教官的属官进行考核,根据他们的工作总结,成绩好的给以奖赏,成绩差的给以处分;命令各部门大大小小的官吏都要写出总结并且呈报上来。每年正月,率领教官属下的所有官员前去观看悬挂在王宫大门双阙上的教典,并且手摇木铎,当众大声警告:"如果不依法行事,将根据国法的相应条款加以惩处。"命令属官将有关禁令在自己的办公处悬挂起来,整顿法制,纠察职事,以待天下的治理。每逢三年大比之时，则考校六乡四郊和六遂公邑的所有官员，审查他们的教化治理，指出其政事的优点缺点，考查沟洫、井田的数目，以及人口的多少，六畜、兵器的数量，统统登记造册，以备国家制定政令时有所参考。

乡师之职：各掌其所治乡之教而听其治①。以国比之法②，以时稽其夫家众寡，辨其老幼、贵贱、废疾、牛马之物，辨其可任者与其施舍者③，掌其戒令纠禁④，听其狱讼。大役，则帅民徒而至⑤，治其政令；既役，则受州里之役要⑥，以考司空之辟⑦，以逆其役事⑧。凡邦事，令作秩叙。大祭祀，羞牛牲⑨，共茅蒩⑩。大军旅、会同⑪，正治其徒役与其辇辇⑫，戮其犯命者。大丧用役，则帅其民而至，遂治之。及葬，执纛⑬，以与匠师御柩而治役⑭。及窆⑮，执斧以莅匠师⑯。

凡四时之田，前期，出田法于州里⑰，简其鼓铎、旗物、兵器⑱，修其卒伍。及期，以司徒之大旗，致众庶而陈之，以旗物辨乡邑，⑲而治其政令刑禁，巡其前后之屯而戮其犯命者⑳，断其争禽之讼。

凡四时之征令有常者㉑，以木铎徇于市朝㉒。以岁时巡国及野，而赒万民之艰厄㉓，以王命施惠。岁终，则考六乡之治㉔，以诏废置。正岁，稽其乡器，比共吉凶二服，闾共祭器，族共丧器，㉕党共射器，州共宾器，乡共吉凶礼乐之器。若国大比，则考教察辞，稽器展事，以诏诛赏。

[注释]

①所治乡：六乡，乡师四人，二人共治三乡。②国比之法：即《小司徒》中的"比法"。此谓四时之小比。③施（shǐ）舍：免除。④纠禁：也是一种戒令。⑤帅：通"率"。⑥州里：也叫乡里，即六乡七万五千家所居之里。⑦司空：六官之一。主管工程建设的最高官员。⑧逆：钩求考校，察其是非。

⑨羞牛牲：孙诒让说：与《大司徒》相比，此处言"羞"而不言"奉"，那就说明乡师只是辅佐大司徒进献骨体，而不是辅佐大司徒把牛牲牵入。⑩茅蒩（zū）：祭祀时用以放置黍稷的茅垫。⑪会同："会"与"同"都是天子在国外接受诸侯朝见。⑫輂（jú）辇：輂是马拉的车，辇是人拉的车。⑬纛（dào）：即羽葆幢。其用途，一是跳文舞时手持之以为道具，二是下葬时用以指挥柩车的前进。⑭匠师：官名。冬官司空的高级助手，负责与工程、制造有关的事。⑮窆（biǎn）：下棺入圹。⑯"执斧"句：郑玄说："匠师主丰碑之事，执斧以莅之，使戒其事。"⑰田法：畋猎的法令。⑱鼓铎：即《鼓人》的六鼓五金。⑲"致众庶而陈（zhèn）之"二句：此二句的标点依黄度《周礼说》。⑳前后之屯：郑玄说是"车徒异部"。㉑征令有常：每年当月例行发布的法令。㉒市朝：市谓王城内及郊野的集市，朝谓乡师的办公处。㉓赒：周济。㉔六乡：王引之说当作"其乡"。㉕"比共吉凶二服"三句：比、闾、族置备的公用器物，是由比、闾、族的居民集资置备的，不用时储藏在比长、闾胥、族师的办公处，用时则居民往取，用毕则归还。

[译文]

乡师的职责是：各自掌管其分工所管之乡的教育，并且负责督察各级乡吏的工作。按照国家制定的调查统计户口财产的方法，按时核查其分工所管之乡的男女人口的多少，将其中的老幼、贵贱、废疾以及牛马的多少等情况详加登记，以便搞清楚哪些人是可以胜任种地并服役的，哪些人是应该免除徭役的，掌管有关的戒令和禁令，审理他们的官司。国家有大的工程建设，就率领征召的民工到工地，并负责对他们的管理；工程动工之后，则接受乡里所派民工的花名册，以考查司空制定的章程是否得到执行，以考校工程有无滥失。凡国家有征调民工之事，负责事先安排好民工服役的先后序。遇到大的祭祀，负责协助大司徒进献剔解过的牲体，并提供祭祀时用以放置黍稷的茅垫。遇到天子亲自率师征伐或者与诸侯在国外会见，负责管理随行的民工与运载辎重的车辆，惩罚那些违犯命令者。遇到天子、王后、太子去世，就率领所管之乡的民工前往服役地点,并监督他们服役。在下葬的路上,就手执羽葆幢和匠师一道指挥牵拉柩车的民工拉车前进。等到下棺入圹的时候,则手执斧头在匠师身旁察看,以便在必要时给予帮助。

凡四季的畋猎活动,事先,乡师负责将有关畋猎的法令下达各级乡吏,等到被征调的乡民集中起来以后,乡师要检查被征调乡民应携带的鼓铎、旌旗、兵器是否带齐,并且按照军事编制把他们组织起来。到了畋猎那天,以大司徒的大旗作为标志,让被征调的乡州吏卒集合在大旗之下并且排成阵势,用不同的旗子表明某一部分吏卒来自何乡何邑,并掌管针对吏卒的政令、禁令,巡查前后驻扎的吏卒和车辆,惩罚那些违犯命令者,有因为争夺猎获的禽兽而产生纠纷的,负责审理裁决。

凡属于一年之中每个月例行宣布的法令,就在人们平常聚集的市朝摇动木铎,提醒人们记住。要准备随时巡视王城之内及城外六乡四郊的人民,周济百姓的饥饿和困乏,以天子的名义向他们施加恩惠。年终,对所管之乡各级官员的政绩进行考核,并将结果呈报上级,以便决定对他们的任免。每年正月,要考校各级乡吏所储藏的公用器物是否完备:一比置备的公用器物是祭服和吊服,一闾置备的公用器物是祭祀用具,一族置备的公用器物是丧葬用具,一党置备的公用器物是举行乡射礼所需要的器具,一州置备的公用器物是举行乡饮礼所需要的器具,一乡置备的公用器物是满足吉凶二礼所需要的一切礼器和乐器。如果遇到国家大比之年,那就要考查乡中推举的贤能是否名实相符,考查各级乡吏所呈报告的内容有无虚假,考查各级乡吏所掌管的公用器物是否保存完好,并将考查结果呈报上级,以便决定对哪些乡吏应该奖赏,对哪些乡吏应该惩罚。

乡大夫之职:各掌其乡之政教禁令。正月之吉,受教法于司徒,退而颁之于其乡吏①,使各以教其所治,以考其德行②,

察其道艺③。

以岁时登其夫家之众寡④，辨其可任者。国中自七尺以及六十⑤，野自六尺以及六十有五，皆征之。其舍者，国中贵者、贤者、能者、服公事者、老者、疾者，皆舍。以岁时入其书⑥。三年则大比⑦，考其德行道艺，而兴贤者能者。乡老及乡大夫帅其吏与其众寡⑧，以礼礼宾之⑨。厥明，乡老及乡大夫、群吏献贤能之书于王，王再拜受之，登于天府⑩，内史贰之⑪。退而以乡射之礼五物询众庶⑫：一曰和⑬，二曰容⑭，三曰主皮⑮，四曰和容⑯，五曰兴舞⑰。此谓使民兴贤，出使长之；使民兴能，入使治之。

岁终，则令六乡之吏皆会政致事⑱。正岁，令群吏考法于司徒，以退，各宪之于其所治⑲。国大询于众庶⑳，则各帅其乡之众寡而致于朝㉑。国有大故，则令民各守其闾，以待政令。以旌节辅令㉒，则达之。

[注释]

①乡吏：指州长、党正、族师、闾胥和比长。②德行：指六德、六行。③道艺：指六艺和六仪。④夫家：见《小司徒》注。⑤七尺：谓年二十。下文的"六尺"则谓十五岁。⑥"以岁时"句：贾公彦说："此上所云，皆岁之四时，俱作文书，入于大司徒。"⑦大比：此"大比"与《小司徒》的"大比"不同。此"大比"谓考核在校学生，即所谓选士。⑧众寡：郑玄说："谓乡人之善者，无多少也。"⑨以礼：以乡饮酒礼。⑩天府：大宗伯属下的一个官府，负责天子祖庙和国家珍宝的收藏。⑪内史：大宗伯属下的一个官府，其职责之一就是掌管国家重要文件的副本。⑫乡射之礼：由乡大夫主持的在乡学中举行的射箭比赛。⑬和：就是《射义》所说的"内志正，外体直"。⑭容：就是《射义》所说的"进退周还（旋）必中礼"。⑮主皮：射中靶心。⑯和容：指乡射礼中的第三轮射箭，射箭如果不和音乐的节奏相合，就不计成绩。⑰兴舞：起舞。⑱六乡：王引之说当作"其乡"。⑲宪：悬挂。⑳大询：谓询问外敌入侵如何抵抗、询问迁都事宜、询问立君事宜。㉑朝：指外朝。外朝在

王宫的库门外。㉒旌节:《掌节》中的六节之一。

[译文]

乡大夫的职责是:各自掌管本乡的政教禁令。每年(周历)的正月初一,先从大司徒那里领来当年的教育法规,然后再颁发给属下的各级乡吏,让他们根据教育法规来教育他们各自所辖的民众,考查他们的德行,考查他们的道艺。

每年按时核定本乡男女人口的多少,查明其中有多少是能够劳动能够服役的。王城之内,从二十岁到六十岁的人;王城外的郊野之中,从十五岁到六十五岁的人,都要服徭役。有资格得到豁免的,是王城内的各级官吏、学生中德行优异的人、学生中才能突出的人、在官府服务的平民、衰老的人、有病的人,这些人的徭役均可豁免。每年要按时把以上情况登记造册,上报给大司徒。每隔三年举行一次大比,考查在校学生的德行和道艺,从中选拔出德行优异者和才能卓越者,然后由乡老和乡大夫率领所辖官吏以及若干乡民中的优秀分子,以乡饮酒礼来表示对选拔出的德行优异者和才能卓越者的尊敬。举行乡饮酒礼的次日,乡老及乡大夫率领乡吏,把被选拔出来的德行优异者和才能卓越者的事迹材料进献给天子,天子以再拜之礼表示郑重地接受,并且把材料的原本送到天府妥为珍藏,再由内史誉写一个副本,以备日后天子给他们授予爵位俸禄时参考。此后,乡大夫就在乡学里面举行乡射之礼,以下列五条衡量参加射箭比赛者的标准征询乡民的意见:第一条是,射箭时是否做到了,从内心来说,沉着冷静,从外表来说,身体挺直;第二条是,射箭时是否做到了,不论前进还是后退,左旋还是右转,每个动作都符合礼的要求;第三条是,射箭的命中率如何;第四条是,射箭的节奏是否与射箭时的音乐合拍;第五条是,乡射礼进行到最后,射者手持弓矢起舞的舞姿如何。这样的做法,就是要使乡民们自己推选出德行优异的人,让他们出来做中央政府的官员;使乡民们自己推选出才能卓越的人，让他们在本乡本土任职做事。

每到年终，就命令本乡的各级乡吏总结政绩，写出汇报。每年正月，命令乡吏到司徒的衙门里去观看教典，并且考虑怎样贯彻执行；回来以后，则各自把教典悬挂在自己的办公处。遇到天子有国家大事和百姓们商量，就各自率领其乡民来到王宫的外朝。如果国家发生了重大变故，就命令乡民以间为单位各自集中在间胥的办公处，以等候上级的进一步通知。在这种情况下，人民往来既要持有应征的命令，也必须持有乡大夫发给的旌节才准予通行。

州长：各掌其州之教治政令之法①。正月之吉②，各属其州之民而读法③，以考其德行道艺而劝之，以纠其过恶而戒之。若以岁时祭祀州社④，则属其民而读法，亦如之。春秋，以礼会民而射于州序⑤。凡州之大祭祀、大丧⑥，皆莅其事。若国作民而师田行役之事，则帅而致之，掌其戒令与其赏罚⑦。岁终⑧，则会其州之政令。正岁⑨，则读教法如初。三年大比，则大考州里，以赞乡大夫废兴。

[注释]

①州：乡下面的行政区划单位。二千五百家为州。②正月之吉：周历的正月初一。③属（zhǔ）：连缀。此作"集合"解。④"若以岁时"句：祭祀州社的时间，一在仲春，一在仲秋。⑤序：州、党的学校叫做序。⑥大丧：指乡老、乡大夫在本州去世。⑦掌其戒令与其赏罚：意思是说，州长平时在乡为州长，管理一州的民政，战时则在军为师帅（犹今言师长），管理一师的军政。⑧岁终：《周礼》一书所说的"岁终"，都是指夏历的岁终。⑨正岁：《周礼》一书所说的"正岁"，都是指夏历的正月。

[译文]

州长的职责是：各自掌管本州的教化政令的法规。每年的（周历）正月初一，州长就各自集合本州的民众，向他们宣读一年的政令及十二教之法,以考查他们的德行道艺,鼓励他们向善学好,纠正他们的过失邪恶,提醒他们不要学坏。如果在春秋两季祭祀州社,就集合本州的百姓向他们宣读政令和教法,也要像正月里那样地进行考查鼓励和纠正警告。春秋两季,要以乡射礼集合民众,在州学里习射。凡是州里的重大祭祀活动和重要人物去世,州长都要亲临其事。如果国家征召本州民众去从事征伐、畋猎、巡狩和劳役,就率领被征召的民众到司徒那里报到,并掌管对他们的戒令和赏罚。每到年终,要总结本州的政策法令文书;到了夏历的正月,还要像周历正月那样地集合民众宣读教法。每逢三年大比,就全面地考查本州的各级官吏和普通民众,以协助乡大夫搞好官吏的任免和从民众中选拔贤者能者的工作。

党正： 各掌其党之政令教治①。及四时之孟月吉日,则属民而读邦法②,以纠戒之。春秋祭禜③,亦如之。国索鬼神而祭祀④,则以礼属民而饮酒于序⑤,以正齿位⑥：壹命齿于乡里,再命齿于父族,三命而不齿。⑦凡其党之祭祀、丧纪、昏冠、饮酒,教其礼事,掌其戒禁。凡作民而师田行役,则以其法治其政事⑧。岁终,则会其党政,帅其吏而致事。正岁,属民读法而书其德行道艺。以岁时莅校比。及大比,亦如之。

[注释]

①党：州下面的行政区划单位。五百家为党。②读邦法：宣读国家法令。③祭禜(yǒng)：祭祀掌管水旱之神。④国索鬼神而祭祀：指周历年终的蜡祭。⑤序：州党之学都叫序。⑥正齿位：按年龄大小排定座位先后。⑦"壹命齿于乡里"三句：所谓壹命,即得到过天子的壹命封爵,即最低的下士爵位。依此类推,再命就是中士爵位,三命就是上士爵位。⑧其法：孙诒让说："法即大司徒之役法,大司马之战法、田法。此官受彼法以治之也。"

[译文]

党正的职责是：各自掌管本党的政令教化。每逢四季的第一个月的初一，就要召集本党的民众向他们宣读国家的法令，以纠正他们的过失邪恶，提醒他们不要学坏。每逢仲春、仲秋祭祭之时，也要像四季第一个月的初一所做的那样，召集民众，宣读法令。每到年终举行蜡祭的时候，要举行乡饮酒礼，召集民众在党学里面饮酒，根据年龄的大小安排座次，藉以教育人们尊重年长者。参加乡饮酒礼观礼的来宾，如果曾经爵为下士，那就要与乡亲们按照年龄大小排定座次；如果曾经爵为中士，那就只需要与族人按照年龄大小排定座次；如果曾经爵为上士，那就不必按照年龄排定座次，即使年龄较小，也可以直接坐在上位。凡本党居民有祭祀、丧葬、婚嫁、加冠、饮酒等事，负责教给他们有关的礼节，防止他们有越礼行为。凡国家征召本党民众去从事征伐、畋猎、巡狩、劳役，就根据相应的战法、畋法、役法去管理他们。每到年终，要总结本党的工作，率领手下的官吏向上级汇报施政情况。到了夏历的正月，还要召集民众宣读法令，并且把每个人在德行道艺方面的表现记录在案。当族师按季度进行校比时，党正要亲临监督。当族师每三年进行大比时，也要亲临现场监督。

族师：各掌其族之戒令政事①。月吉②，则属民而读邦法，书其孝、弟、睦、姻、有学者。春秋祭醵亦如之③。以邦比之法，帅四闾之吏，以时属民而校，登其族之夫家众寡，辨其贵贱、老幼、废疾、可任者，及其六畜车辇。五家为比，十家为联④；五人为伍，十人为联；四闾为族，八闾为联。使之相保相受，刑罚庆赏相及相共，以受邦职，以役国事，以相葬埋。若作民而师田行役，则合其卒伍，简其兵器，以鼓铎旗物帅而至，掌其治令、戒禁、刑罚。岁终，则会政致事。

[注释]

①族：党下面的行政区划单位。百家为一族，一族辖四闾。②月吉：每

月的朔日。③酺（pú）：给人和农作物带来灾害的神。④联：把住地相近的居民组织起来的一种形式。

[译文]

族师的职责是：各自掌管本族的戒令政事。每个月的初一，都要召集民众宣读国家法令，并且把那些孝顺父母、尊敬兄长、与族人和睦、与亲戚友好以及学有所成的人及其表现记录在案。每逢仲春、仲秋祭酺的时候，也要像每月的初一那样召集民众宣读法令。根据国家调查统计户口财产的法规，带领所属四闾的官吏，按时集合民众进行考校，查明本族男女人口的多少，搞清楚其中的贵贱、老幼、残疾者，以及能够胜任各种劳动的人，以及各种家畜、各种车辆的数目。五家是一比，二比编为一联；五人是一伍，二伍编为一联；四闾是一族，二族编为一联。把居民这样编制的目的，就是要让一联之人互相连保，互相信托，荣辱与共，祸福相连，以从事正当的职业，以服役于国事，以互相帮助料理丧葬。如果国家征调本族的民众去从事征伐、畋猎、巡狩、劳役，就要把他们按照军事编制组织起来，检查他们应携带的武器、车辆、鼓铎、旌旗是否齐备，然后率领他们到乡师那里报到，并且掌管对他们的指挥、戒禁和刑罚。每到年终，则总结工作，向上级汇报。

闾胥：各掌其闾之征令①。以岁时各数其闾之众寡，辨其施舍②，凡春秋之祭祀、役政、丧纪之数③，聚众庶，既比，则读法，书其敬敏任恤者。凡事④，掌其比、觵挞罚之事⑤。

[注释]

①闾：族下面的行政区划单位。一闾二十五家。②施（shǐ）舍：免除，豁免。③春秋之祭祀：指州的祭社、党的祭禜、族的祭酺。④凡事：指举行乡饮酒礼和乡射礼时的饮酒场合。⑤觵（gōng）：古代用兕牛角做的饮酒器，罚酒时用。

[译文]

闾胥的职责是：各自掌管本闾的征令。每年按时统计本闾户口的多少，搞清楚其中哪些人是可以胜任种地服役的，哪些人是应该免除徭役的。每逢春秋两季的祭祀活动，以及国家征调力役、天子驾崩之事，都要集合本闾民众，以及四时调查户口财产工作结束后，民众尚未散去，以上四种场合，都要趁机向民众宣读国家法令，并且把那些祭祀祖宗敬慎、做事敏捷、对朋友讲究信用、对穷人给以体恤的人及事记录在案。每逢饮酒的场合，负责监督，看谁有失礼行为，并掌管对失礼者的处罚：轻的吃罚酒，重的挨棍打。

比长：各掌其比之治①。五家相受，相和亲；有罪奇邪，则相及。徙于国中及郊②，则从而授之。若徙于他③，则为之旌节而行之。若无授无节，则唯圜土内之。

[注释]

①比：闾下面的行政区划单位。五家为一比。②郊：四郊之内，除去六乡以外的土地。③他：孙诒让说："谓六遂及都鄙公邑。"

[译文]

比长的职责是：各自掌管本比的治理。要使五家互相信托，和睦相亲；五家之中，如果一家有犯罪的，有造谣生事的，其他四家知情不报，就要连坐。如果比内居民有迁徙到王城内和郊里的，比长就要随同他们一道前往，亲手交给当地的官吏。如果比内居民是迁往较远的六遂和都鄙公邑，那就不仅需要比长的亲自护送，而且还需要发给他们旌节作为通行证，以便在路上通行无阻。如果既没有比长的亲自护送，也没有旌节作为通行证，那么，路上遇到盘查，就要把他们当做坏人关在牢狱内加以审问。

封人：掌设王之社壝①，为畿封而树之②。凡封国，设其社稷之壝，封其四疆。造都邑之封域者亦如之③。令社稷之职。凡祭祀，饰其牛牲④，设其楅衡⑤，置其绋⑥，共其水稿⑦；歌舞牲，及毛炮之豚。凡丧纪、宾客、军旅、大盟，则饰其牛牲。

[注释]

①社壝（wěi）：社指社神，壝指祭坛及其周围的矮墙。②畿封：王畿的边界。③都邑：谓大都、小都、家邑三等采地。④饰：刷洗。⑤楅（bī）衡：拴在牛双角上的横木。⑥绋（zhèn）：牛鼻绳。⑦水稿：水用来洗净杀过的牲体；稿即禾秆，用来垫杀过的牲体。

[译文]

封人的职责是：掌管为天子的社稷设置祭坛以及坛外四周的垣墙，并在王畿的边沿挖沟筑墙种树，以为边界。凡分封诸侯国，封人也要为诸侯国的社稷设置祭坛以及坛外四周的垣墙，并在诸侯国东南西北的边界上挖沟筑墙种树。建造都邑的封域时，也要这样做。将要祭祀社稷时，要命令有关部门各尽其职。每逢祭祀，负责把牛牲刷洗干净，给牛牲的两只角上缚根横棍，给牛牲穿上鼻绳，提供杀牲时要用的水和禾秆；当天子牵着牛牲进入庙门时，要跟在牛牲后面载歌载舞；如果牺牲用猪，就要先褪掉猪毛，然后将猪整体裹起来加以烧烤。凡有丧事祭奠、接待宾客、军队出征、大的盟会，都要把所用的牛牲刷洗干净。

鼓人：掌教六鼓、四金之音声①，以节声乐，以和军旅，以正田役。教为鼓而辨其声用②：以雷鼓鼓神祀③，以灵鼓鼓社祭④，以路鼓鼓鬼享⑤，以鼖鼓鼓军事⑥，以鼛鼓鼓役事⑦，以晋鼓鼓金奏⑧，以金錞和鼓⑨，以金镯节鼓⑩，以金铙止鼓⑪，以金铎通鼓⑫。凡祭祀百物之神，鼓兵舞帗舞者⑬。凡军旅，夜鼓鼜⑭；军动，则鼓其众。田役亦如之。救日月，则诏王鼓。大丧，则诏大仆鼓。

[注释]

①六鼓、四金：六种鼓和四种铜制乐器。②教为鼓：教击鼓。③雷鼓：鼓名。有八面。④灵鼓：鼓名。有六面。⑤路鼓：鼓名。有四面。⑥鼖（fén）鼓：鼓名。有两面，长八尺。⑦鼛（gāo）鼓：鼓名。有两面，长一丈二尺。⑧晋鼓：鼓名。有两面，长六尺六寸。⑨金錞（chún）：即錞于。铜制乐器。⑩金镯：即钲。铜制乐器。⑪金铙：铜制乐器。其形如铃，但无舌，有柄。⑫金铎：铜制乐器。比一般的铃要大。⑬兵舞：舞者手执干戚一类兵器而舞。帗（fú）舞：舞者执帗而舞。⑭鼜（qì）：鼓名。用以巡夜警戒守备。

[译文]

鼓人的职责是：掌管教会人们敲击六鼓和四金，用以节制音乐，用以指挥军队，用以指挥畋猎和力役。教人敲鼓击金，要让人们懂得不同的鼓声金声具有不同的作用：祭祀天神的时候要敲击雷鼓，祭祀地祇的时候要敲击灵鼓，祭祀祖宗的时候要敲击路鼓，在军事活动中要敲击鼖鼓，在人们从事力役劳作的时候要敲击鼛鼓，在钟镈奏过以后要敲击晋鼓，用錞于和演奏时的鼓声相和，用金镯节制进军时的鼓声，用金铙停止退兵时的鼓声，用金铎使一人首先击鼓而后使众人一齐击鼓响应。在祭祀各种各样的小神时，有时需要跳兵舞，有时需要跳帗舞，这时候就要击鼓为之伴奏。凡军旅之中，巡夜戒备要击鼜鼓；军队在冲锋时，要击鼓振作士气。征召徒役举行畋猎时，也要这样。遇到日食月食，要禀告天子击鼓抢救。遇到天子或王后去世，要通知太仆击鼓。

舞师：掌教兵舞，帅而舞山川之祭祀；教帗舞，帅而舞社祭之祭祀；教羽舞①，帅而舞四方之祭祀②；教皇舞③，帅而舞旱暵之事④。凡野舞，则皆教之。凡小祭祀，则不兴舞。

[注释]

①羽舞：舞者持羽而舞。②四方之祭祀：遥祭四方的名山大川，如五岳、

四渎等。③皇舞：舞者持皇而舞。④旱暵（hàn）之事：临时的祈雨之祭。

[译文]

舞师的职责是：掌管教兵舞，遇到祭祀山川时，就带领舞者去跳兵舞；教练帔舞，遇到祭祀社稷时，就带领舞者去跳帔舞；教练羽舞，遇到祭祀四方时，就带领舞者去跳羽舞；教练皇舞，遇到干旱求雨时，就带领舞者去跳皇舞。凡平民愿意学习舞蹈者，舞师都要教练他们。凡是祭祀很小的神灵，就不需要起舞。

牧人：掌牧六牲而阜蕃其物①，以共祭祀之牲牷②。凡阳祀，用骍牲毛之③；阴祀，用黝牲毛之④；望祀⑤，各以其方之色牲毛之⑥。凡时祀之牲⑦，必用牷物。凡外祭毁事⑧，用尨可也。凡祭祀，共其牺牲，以授充人系之。凡牲不系者，共奉之。

[注释]

①六牲：谓牛、马、羊、豕、犬、鸡。②牲牷：牲谓角体完具，毫无损伤；牷谓毛色纯一，不杂别色。③骍（xīng）：此谓赤色。④黝：段玉裁、孙诒让都认为当作"幽"。⑤望祀：遥望祭祀四方的五岳、四镇、四渎。⑥其方之色：东方青色，南方赤色，西方白色，北方玄色。⑦时祀：一年四季按照惯例举行的祭祀。⑧毁事：指祈求吉祥、禳除祸咎之类的临时性的祭祀。

[译文]

牧人的职责是：掌管牧养六牲而且使其种类繁殖，以供给祭祀所用的角体完具、毛色纯一的牺牲。凡是祭天与宗庙之类的阳祀，要选择通体都是赤色的牺牲；凡是祭地与社稷之类的阴祀，要选择通体都是黑色的牺牲；凡是遥祭四方名山大川的祭祀，要选择与其方土色完全一致的牺牲。凡是四时常祀所用的牺牲，一定要用毛色纯一之牲。凡是军中之祭以及天子对途经山川的祭祀，以及祈求吉祥和禳除祸咎之类的临时性的祭祀，用杂色的牺牲是可以的。凡祭祀，负责供应毛纯体完的牺牲，并把牺牲交给充人精心饲养。凡是临时性祭祀所需之牲，就不再交给充人饲养，而是直接交给负责祭祀的部门。

牛人：掌养国之公牛①，以待国之政令。凡祭祀，共其享牛、求牛②，以授职人而刍之③。凡宾客之事，共其牢礼积膳之牛④；飨食、宾射⑤，共其膳羞之牛⑥；军事，共其犒牛⑦；丧事，共其奠牛⑧。凡会同、军旅、行役，共其兵车之牛与其牵傍⑨，以载公任器。凡祭祀，共其牛牲之互与其盆簝⑩，以待事。

[注释]

①公牛：公家的牛。②享牛：挑选出来准备献给神灵的牛。求牛：祭祀的前三天，天子将符合祭祀要求的牛挑选出来，并且占卜一下此牛用于祭祀是否吉利，谓之求牛。③职：通"樴"，即木橛子。④积：指委积。供宾客途中需要的牢米薪刍。⑤飨食（sì）：飨礼和食礼。⑥膳：指正馔所上的牲肉。⑦犒：通"犒"，犒劳。⑧奠：丧事中未葬以前的祭祀叫奠。⑨兵车：此兵车是牛拉的运载辎重的大车。⑩互：郑玄注："互，若今屠家悬肉格。"格，木架子。

[译文]

牛人的职责是：掌管为国家饲养公家的牛，以备国家的需要。每逢祭祀，首先要提供享牛和求牛，然后把它们交给充人精心饲养。凡有招待宾客之事，负责提供牢礼、委积、殷膳所用的牛；天子设宴招待来朝诸侯并为之举行射礼时，负责提供宴席上所需的牛；遇到军事行动，负责提供犒劳将士的牛；遇到丧事，负责提供祭奠所需的牛。凡有会同、军旅、行役，负责提供为兵车驾辕的牛和在辕牛前面及两旁协助拉车的牛，用以运载辎重。凡有祭祀，还负责提供悬挂牛牲的肉架子、盛牛血的盆子和盛肉的竹笼，以备使用。

充人：掌系祭祀之牲牷。祀五帝①，则系于牢，刍之三月。享先王亦如之。凡散祭祀之牲②，系于国门，使养之。展牲③，则告牷；硕牲，则赞。

[注释]

①五帝：见《天官·大宰》注。②散祭祀：郑玄说：散祭祀，谓祭祀司中、司命、山川之类的神。③展牲：又叫"视牲"、"省牲"。意思都是在祭祀的前夜最后一次检查一下牺牲的体肤、毛色有无问题。

[译文]

充人的职责是：掌管对已被选中用于祭祀的角体完具、毛色纯一的牺牲的精心饲养。用于祭祀五帝的牺牲，要单独关在牛圈里，饲养三个月。用于祭祀先王的牺牲也是如此。凡小祭祀所需的牺牲，只需关在把守王城城门官员的衙署里，让他们饲养，但饲养的时间要短些。祭祀前夜，当有关部门最后一次验视牺牲时，就要报告说：牺牲的角体完具，毛色纯一。祭祀的当天，当天子牵牲入庙，有关部门向神禀告牺牲的肥硕时，充人要抓紧牛鼻绳帮助天子牵牲。

载师：掌任土之法①，以物地事授地职②，而待其政令。以廛里任国中之地③，以场圃任园地④，以宅田、士田、贾田任近郊之地⑤，以官田、牛田、赏田、牧田任远郊之地⑥，以公邑之田任甸地⑦，以家邑之田任稍地⑧，以小都之田任县地⑨，以大都之田任疆地⑩。凡任地，国宅无征⑪，园廛二十而一，近郊十一，远郊二十而三，甸、稍、县、都皆无过十二，唯其漆林之征二十而五。凡宅不毛者，有里布⑫；凡田不耕者，出屋粟⑬；凡民无职事者，出夫家之征。以时征其赋。

[注释]

①任土：利用土地。②物：物色。③廛里：居宅，住宅。④园地：指城

外郭内的空闲土地。⑤宅田：士大夫退休以后政府分给的养家之田。贾（gǔ）田：商人之家所分得的田地。⑥官田：庶人在官府服务者其家所受之田。⑦甸地：即《大宰》之"邦甸"。⑧家邑：大夫的采地。⑨小都：卿之采地。⑩大都：公之采地，以及天子子弟的食邑。⑪征：税也。⑫里布：按住宅占地多少征收的罚款。⑬屋粟：计亩征收的罚粮。

[译文]

载师的职责是：掌管对土地因地制宜的利用和制定相应税率的法规，以观察什么样的土地最适合于做什么，从而让该地人民从事最合适的职业，并根据国家法令向他们征税。王城之内的土地，用来作为普通老百姓的住宅和士大夫们的府第；城外郭内的空闲土地；用来作为种植瓜果蔬菜的场圃；近郊的土地，用来作为宅田、士田、贾田；远郊的土地，用来作为官田、牛田、赏田、牧田；邦甸的土地，用来作为公邑的田地；邦稍的土地，用来作为家邑的田地；邦县的土地，用来作为小都的田地；邦都的土地，用来作为大都的田地。对使用土地的征税办法是：凡是王城内公卿大夫士的住宅，免税；老百姓的住宅和种植瓜果蔬菜的园地，税率是二十分之一；近郊的田地，税率是十分之一；远郊的田地，税率是二十分之三；甸、稍、县、都的田地，均不超过十分之二；只有漆林的征税率是二十分之五。凡是在住宅旁边不植桑种麻的，要按住宅面积的大小处以罚款；凡是让田地荒芜者，要按田地的亩数处以罚粟；凡是没有职业而又游手好闲的人，就要罚他不仅交纳闲粟，而且交纳丁钱。按时令其属官征收赋税。

闾师： 掌国中及四郊之人民、六畜之数，以任其力，以待其政令，以时征其赋。凡任民：任农以耕事，贡九谷；任圃以树事，贡草木；任工以饬材事，贡器物；任商以市事，贡货贿；任牧以畜事，贡鸟兽；任嫔以女事，贡布帛；任衡以山事，贡其物；任虞以泽事，贡其物。①凡无职者出夫布②。凡庶民，不畜者祭无牲，不耕者祭无盛③，不树者无椁，不蚕者不帛，不绩者不衰。

[注释]

①"凡任民"十七句：大体上与《天官·大宰》的"九职"一致。②无职者：没有固定职业而四出打工的人。夫布：丁钱。夫谓劳力，布谓钱。因为是按夫出钱，故称夫布。③盛（chéng）：祭祀所用的黍稷。

[译文]

闾师的职责是：掌管王城之中和四郊之内的人民、六畜的数目，以利用其人力、畜力从事生产，以征调力役，按时征收赋税。凡使用百姓：让农民从事耕作，交纳各种谷物；让菜农从事种植，交纳瓜果蔬菜；让工人从事制造，交纳各种器物；让商人从事交易，交纳财货；让牧民从事畜牧，交纳鸟兽；让妇女从事女红，交纳布帛；让靠山的人吃山，交纳各种山货；让靠水的人吃水，交纳各种水产。凡是没有固定职业的人，可以不交纳实物，但要交纳丁钱。凡平民之家，如果不畜养牲畜，祭祀的时候就不许有肉；如果不耕种田地，祭祀的时候就不许有黍稷；如果不种树，在埋葬死去亲属的时候就不许使用外棺；如果不养蚕，就不许身穿丝织品；如果不织麻，办丧事的孝服上就不许有衰。

县师：掌邦国、都鄙、稍甸、郊里之地域①，而辨其夫家、人民、田莱之数②，及其六畜、车辇之稽。三年大比，则以考群吏而以诏废置。若将有军旅、会同、田役之戒③，则受法于司马，以作其众庶及马牛车辇，会其车人之卒伍，使皆备旗鼓兵器，以帅而至④。凡造都邑，量其地，辨其物，而制其域。以岁时征野之赋贡。

[注释]

①郊里：地理概念。即在四郊之内，除下六乡和《载师》的场圃、七等田地以外，其余的有民居住的土地，谓之郊里。②田莱：田指当年可耕之田，莱指当年休耕之田。③军旅：谓征伐之事。④以帅而至：据下文《稍人职》，知是稍人"帅而至"，而不是县师"帅而至"。

[译文]

县师的职责是：掌管外连邦国内连郊里的甸、稍、县、都四等公邑的地域，搞清楚其中可以作为劳力使用的男女、老弱孤独、可耕之田与休耕之田以及各种牲畜和各种车辆的数目。每逢三年大比，就据以考查所属官员的政绩，而后报告上级，以决定对他们的任免。如果将有军旅、会同、田役的戒令，就从大司马那里接受有关征兵的法令，据以征调应征的甲士步卒及马牛车辆，并且把车辆和士卒统统按军事编制组织起来，让他们都带上战旗、战鼓、武器、用器，使稍人率领他们到乡师那里报到。凡是在公邑的地域内建造都邑，负责测量其土地，查明该地的物产，制定其疆界。每年按时征收的公邑赋税，负责送入大府。

遗人：掌邦之委积①，以待施惠。乡里之委积②，以恤民之艰厄；门关之委积③，以养老孤④；郊里之委积⑤，以待宾客；野鄙之委积，以待羁旅；县都之委积，以待凶荒。凡宾客、会同、师役，掌其道路之委积。凡国野之道，十里有庐⑥，庐有饮食；三十里有宿，宿有路室，路室有委；五十里有市，市有候馆，候馆有积。凡委积之事，巡而比之，以时颁之。

[注释]

①委积：储聚米粟薪刍一类生活必需品。②乡里：谓六乡中七万五千家所居之里。③门关：贾公彦说："门谓十二国门，关谓十二关门。"④老孤：此谓为国捐躯者的家属。⑤郊里：详上文《县师》注。⑥庐：谓四面透风的

棚子。只可以歇歇脚，不能过夜。今天的公路两旁犹多见之。

[译文]

遗人的职责是：掌管王畿之内米粟薪刍的储备，以便向需要者施惠。乡里的储备，用以救济人民的困乏；城门、关门的储备，用以抚恤为国捐躯者的父母及子女；郊里的储备，用以招待过往的国宾；甸稍的储备，用以救助长期寄居他乡的人；县都的储备，用以应付荒年。凡有宾客、会同、师役之事，掌管其沿途的储备。所有从王城郭外到王畿边界的大道，每隔十里，路边就有一个可以打尖的草棚，草棚里边备有饮食；每隔三十里，路边就有一个可以过夜的地方，过夜的地方建有客舍，客舍里备有一定数量的米粟薪刍；每隔五十里，路边就有一个集市，集市上建有设备完善的宾馆，宾馆里备有充足的米粟薪刍。所有王畿内储备米粟薪刍的地方，遗人都要经常巡视和考校，如果发现储备不足，及时予以补充。

均人：掌均地政①，均地守，均地职，均人民、牛马、车辇之力政②。凡均力政，以岁上下：丰年则公旬用三日焉③，中年则公旬用二日焉④，无年则公旬用一日焉⑤。凶札则无力政，无财赋，不收地守、地职，不均地政。三年大比，则大均。

[注释]

①地政：地税。政，通"征"，税也。②力政：力役的征调。③丰年：据《廪人》，一个人一月配给的食粮是四鬴，叫丰年。④中年：中等收成的年景。⑤无年：收成不好的年景。

[译文]

均人的职责是：掌管平均乡遂公邑的地税，即平均衡虞之类和农圃之类从业者的税收，平均人民、牛马、车辆对力役的负担。凡是平均人民对力役的负担，要考虑年成的好坏：丰收之年，征调人民从事力役，一旬之中可以有三天；中等收成的年景，征调人民从事力役一旬之中可以有两天；收成不好的年景，征调人民从事力役一旬之中只能有一天。遇到荒年和疾病流行的时候，就要豁免力役，豁免地税，既不收山泽之税，也不收田园之税，也无须再平均地税。每逢三年大比时，也要趁机把地税和力役总的平均一次。

师氏：掌以美诏王。以三德教国子①：一曰至德②，以为道本③；二曰敏德④，以为行本；三曰孝德，以知逆恶⑤。教三行：一曰孝行，以亲父母；二曰友行，以尊贤良；三曰顺行，以事师长⑥。居虎门之左⑦，司王朝⑧。掌国中失之事⑨，以教国子弟⑩。凡国之贵游子弟⑪，学焉。凡祭祀、宾客、会同、丧纪、军旅，王举则从⑫。听治亦如之。使其属帅四夷之隶⑬，各以其兵服守王之门外，且跸。朝在野外，则守内列⑭。

[注释]

①国子：天子和公卿大夫士的子弟。②至德：中庸之德。③道：近乎今天所说的"人生观"。④敏德：郑玄说是"仁义顺时"之德。⑤知：通"折"，折毁，挫败。⑥师长：师谓道德高尚学问渊博的人，长谓官长，尤其是顶头上司。⑦虎门：即路门。郑玄说：因为门上画有老虎以示勇猛，故称。⑧司：通"伺"，察也。⑨中（zhòng）失：中谓合乎礼法，失谓违背礼法。⑩国子弟：即上文的国子。⑪贵游子弟：即国子。⑫举：通"与"，参与。⑬四夷之隶：即《秋官》中的蛮隶、闽隶、夷隶、貉隶。⑭列：通"迾"，遮挡，拦阻。

[译文]

师氏的职责是：掌管以嘉言懿行诏诲天子。以三种德性教导天子和公卿大夫士的子弟：第一种叫至德，把它作为道的根本；第二种叫敏德，把它作为行动的根本；第三种叫孝德，用以不让悖逆凶恶之心萌生。以三种操行教导天子和公卿大夫士的子弟：第一种叫孝行，据以教导他们热爱父母；第二种叫友行，藉以教导他们尊敬贤良；第三种叫顺行，藉以教导他们服从师长。天子每天视朝时，师氏要站在虎门外的东边，留心观察，适时地进献善言。掌管国家的掌故，无论它是合乎礼法的还是违背礼法的，都要讲给天子和公卿大夫士的子弟们听，让他们知道。凡是贵族子弟，都要跟随师氏学习。凡有祭祀、宾客、会同、丧纪、军旅之事，如果天子参加，师氏就要随从。天子在野外处理问题时，师氏也是如此。命令其部属率领四夷的徒隶，各自穿着本民族的服装，手持本民族的武器，把守在王官的中门之外，并且禁止行人来往。如果天子在野外听朝，就负责内层的警戒守卫。

保氏：掌谏王恶，而养国子以道①。乃教之六艺②：一曰五礼③，二曰六乐④，三曰五射⑤，四曰五驭⑥，五曰六书⑦，六曰九数⑧。乃教之六仪：一曰祭祀之容，二曰宾客之容，三曰朝廷之容，四曰丧纪之容，五曰军旅之容，六曰车马之容。凡祭祀、宾客、会同、丧纪、军旅，王举则从。听治亦如之。使其属守王闱⑨。

[注释]

①国子：见上文《师氏》注。②六艺：六种科目，六门课程。③五礼：谓吉礼、凶礼、宾礼、军礼、嘉礼。④六乐：六种乐舞，即《云门》、《大咸》、《大韶》、《大夏》、《大濩》、《大武》。⑤五射：五种射箭技能，即白矢、参连、剡注、襄尺、井仪。⑥五驭：五种赶车技能，即鸣和鸾、逐水曲、过君表、舞交衢、逐禽左。⑦六书：旧说是六种造字方法，即象形、指事、会意、形声、转注、假借。⑧九数：九种算术方法，即方田、粟米、差分、少广、商功、均输、方程、赢不足、旁要。⑨王闱：王宫的侧门。

[译文]

保氏的职责是：掌管谏诤天子的过失，使之弃恶从善。还要以道艺教育国子，具体地说：一个是教给他们六艺，六艺的内容：一是五礼，二是六乐，三是五射，四是五驭，五是六书，六是九数；

再一个是教给他们六仪,六仪的内容:一是祭祀时的容仪,二是接待宾客时的容仪,三是在朝廷上的容仪,四是办丧事时的容仪,五是在军队中的容仪,六是驾驭车马时的容仪。凡有祭祀、宾客、会同、丧纪、军旅等项活动,如果天子参加,保氏就要随从。天子在野外处理问题时,保氏也是如此。命令其部下把守王宫的侧门。

司谏: 掌纠万民之德而劝之朋友①,正其行而强之道艺②,巡问而观察之,以时书其德行道艺,辨其能而可任于国事者。以考乡里之治,以诏废置,以行赦宥。

[注释]

①朋友:郑玄注:"朋友,相切磋以善道也。"②强:犹劝也。

[译文]

司谏的职责是:负责纠察万民的品德而勉励他们相互之间成为朋友,匡正万民的行为而勉励他们学习道艺,时常到民间巡问并且观察,按时将其德行道艺的情况记录在案,甄别其中的贤人、能人而可以担任国事者。考核乡里吏民的功过善恶,向天子报告,以决定对乡吏的任免,以判定对有罪的百姓是否赦免。

司救: 掌万民之邪恶、过失而诛让之①,以礼防禁而救之。凡民之有邪恶者,三让而罚②,三罚而士加明刑③,耻诸嘉石④,役诸司空。其有过失者,三让而罚,三罚而归于圜土。⑤凡岁时有天患民病,则以节巡国中及郊野,而以王命施惠。

[注释]

①万民之邪恶:犯有邪恶的万民。②罚:体罚。指用棍子、鞭子击打肉体。③士:谓朝士,大司寇的属官,负责对罢民的惩罚。④嘉石:放在外朝门左的有纹理的石。⑤"三罚而归"句:也要"加明刑",但不"耻诸嘉石"。圜土:周代的监狱。

[译文]

司救的职责是：负责对万民之中犯有邪恶、过失的人施行责罚，平时则运用礼法教育万民以防止他们为非作歹。凡犯有邪恶的百姓，批评三次还不改正，就要对其进行体罚；体罚三次还不改正，就要送他到朝士那里，让他脱冠去饰，背着一块木板，上面写着他的具体邪恶，让他跪在外朝门左的嘉石前面，叫他在大庭广众中丢人，然后还要罚他在司空服一定时间的劳役。凡犯有过失的百姓，批评三次还不改正，就要对其进行体罚；体罚三次还不改正，那就要罚他白天从事劳役，夜晚则锁到监狱里面。一年之中，如果发生了天灾人祸，就要持节巡视京城以及郊野，并且以天子的名义对受灾的民众进行慰问救济。

调人：掌司万民之难而谐和之①。凡过而杀伤人者，以民成之②。鸟兽，亦如之。凡和难：父之仇，辟诸海外③；兄弟之仇，辟诸千里之外；从父兄弟之仇，不同国。君之仇视父，师长之仇视兄弟④，主友之仇视从父兄弟⑤。弗辟，则与之瑞节而以执之⑥。凡杀人有反杀者，使邦国交仇之。凡杀人而义者⑦，不同国，令勿仇，仇之则死。凡有斗怒者，成之；不可成者，则书之，先动者诛之。

[注释]

①难：互相结仇。②以民成之：谓以乡里之民共和解之。③辟：通"避"。④师长：师谓从学之师，长谓官府都邑的长官。⑤主：侨居他国下榻之处的主人。⑥瑞节：即玉节中的琰圭。⑦杀人而义：杀人而有一定道理。

[译文]

调人的职责是：掌管调查万民的互相结仇情况并予以调解。非故意而因过失杀伤人者，则与乡里之民共同调解：首先断其是非，而后释其仇怨。凡因过失杀伤他人鸟兽者，也这样处理。凡调解过失杀人的冤仇，遵循下列的原则：属于杀父之仇，如果受害一方不肯释怨，可让杀人者躲避到海外；属于杀害亲兄弟之仇，如果受害一方不肯释怨，可让杀人者躲避到千里之外；属于杀害从父、从兄弟之仇，如果受害一方不肯释怨，可让杀人者躲避到另外一个国家。杀害国君之仇，比照杀父之仇处理；杀害老师与杀害顶头上司之仇，比照杀害亲兄弟之仇处理；杀害羁旅主人与杀害朋友之仇，比照杀害从父、从兄弟之仇处理。经过调解而杀人者坚持不愿躲避，这就构成了抗命之罪，在这种情况下，调人就把象征可以除害的瑞节交给报仇之人，让他把杀人者捕送到官府，由官府来治罪。凡杀了人，担心被害人的家属报仇，因而又杀死被害人的子弟，遇到这种情况，调人不得予以调解，而应通告天下，杀人者无论逃到哪个诸侯国，人人都可以抓住他并且杀死他。凡杀人而有一定道理者，则下令被杀者家属不许报仇，硬要报仇则处以死罪。凡有双方吵架、斗殴之事，也要首先予以调解；如果调解不成，就将双方的姓名、事情的本末记录下来；有先行动手报复者，则予以批评或体罚。

媒氏：掌万民之判①。凡男女，自成名以上②，皆书年月日名焉。令男三十而娶，女二十而嫁。③凡娶判妻入子者④，皆书之。中春之月，令会男女。⑤于是时也，奔者不禁⑥。若无故而不用令者，罚之。司男女之无夫家者而会之⑦。凡嫁子娶妻，入币纯帛⑧，无过五两⑨。禁迁葬者与嫁殇者。凡男女之阴讼，听之于胜国之社⑩；其附于刑者，归之于士⑪。

[注释]

①判：一半。二人为偶，一人为半，合之乃成夫妇。②成名：谓子生三月，父为之取名。③"令男三十而娶"二句：这是指男女结婚的最大年龄。④判妻：失去丈夫的妻子。⑤"中春之月"二句：郑玄说：中春时节，阴阳

二气交合,此时举行婚礼,最合天时。⑥奔者:有二义:一是不通过媒妁,自由恋爱结合,古人谓之淫奔;一是通过媒妁,按照六礼办事,但礼数不备。这里是后者的意思。⑦司:察也。⑧币:礼品。⑨两:计量单位。即匹。⑩胜国之社:即亡国之社。亡国之社,四面是墙,上下封闭,表示与天地四方不通。⑪士:大司寇的属官,掌管刑罚。

[译文]

媒氏的职责是:掌管万民的结为夫妇之事。生子之家,不论生男生女,自出生三个月父亲为之取名以后,都要将婴儿出生的年月日及姓名报到媒氏那里,由媒氏予以登记备案。规定男子到了三十岁一定要娶妻,女子到了二十岁一定要嫁人。凡是娶被丈夫休出或夫死再嫁的妇女为妻,凡是接纳后妻的子女,都要报告给媒氏,由媒氏登记备案。每年的仲春之月,是男婚女嫁的吉时良辰,令已经议婚的男女抓紧时间成婚。在这个月份成婚,即令是礼数有缺也不予禁止。如果无缘无故而不遵守上述规定,就要受到处罚。还要留心青年男女中已经超过结婚年龄而尚未成家者,让他们也抓紧时间成婚。凡女方嫁女男方娶妻,男方送给女方的订婚礼是长两丈宽二尺四寸的全帛,总数不要超过五匹。死去的成年人与未成年而死去的少男少女,生前不是夫妇,死后却要合葬,这种现象要禁止。凡是涉及男女阴私不宜公开审理的案件,要在上下封闭的亡国之社审理;其有触犯刑律者,移送司法机关。

司市:掌市之治教、政刑、量度、禁令①。以次叙分地而经市②,以陈肆辨物而平市,以政令禁物靡而均市③,以商贾阜货而行布④,以量度成贾而征價⑤,以质剂结信而止讼⑥,以贾民禁伪而除诈⑦,以刑罚禁暴而去盗⑧,以泉府同货而敛赊⑨。大市,日昃而市⑩,百族为主;朝市,朝时而市,商贾为主;夕市,夕时而市,贩夫贩妇为主。凡市入,则胥执鞭度守门⑪,市之群吏平肆、展成奠贾⑫。上旌于思次以令市⑬，市师莅焉⑭，而听大治大讼；胥师、贾师莅于介次⑮，而听小治小讼。凡万民之期于市者，辟布者、量度者、刑戮者⑯，各于其地之叙⑰。凡得货贿、六畜者，亦如之，三日而举之。凡治市之货贿、六畜、珍异⑱，亡者使有，利者使阜，害者使亡，靡者使微⑲。凡通货贿，以玺节出入之⑳。国凶荒、札丧，则市无征而作布㉑。凡市伪饰之禁，在民者十有二，在商者十有二，在贾者十有二，在工者十有二。市刑：小刑宪罚，中刑徇罚，大刑扑罚，其附于刑者，归于士。国君过市则刑人赦，夫人过市罚一幕，世子过市罚一帟，命夫过市罚一盖，命妇过市罚一帷。㉒凡会同、师役，市司帅贾师而从，治其市政，掌其卖儥之事。

[注释]

①教：教导。②次：市吏的办公处。叙：肆的行列。③禁物靡而均市：物靡，犹今言奢侈品。奢侈品价贵而不实用，但购买者多，这就使得比较实用的货物滞销，滞销就会降价，以致造成物价不均，所以要禁止它。④阜：盛，充足。⑤征儥（yù）：招徕顾客。⑥质剂：货物成交的文书、证券。⑦贾（gǔ）民：指胥师至肆长等市场小吏。⑧刑罚：指市场内的刑罚。⑨泉府：官名。负责收购市场上的滞销商品，以待异时急需者购买。⑩日昃（zè）：指日过中午而略微偏西。⑪度：棍杖。⑫平肆：郑玄注："平肆，平卖物者之行列，使之正也。"⑬旌：竿首插有五彩羽毛的旗子。⑭市师：即司市。⑮胥师、贾师：都是司市礼聘的市吏。⑯辟（pí）布：辟布的意思当是，价钱已经讲好，而买者所付的货币与讲好的价钱不符，或者货币已付而卖主诈称未付。⑰叙：见上文注。⑱珍异：指四时食物。⑲"亡者使有"四句：以价格作为调节的杠杆，对于欲使其有、使其多的商品，抬高其售价，鼓励人民生产；而对于欲使其无、使其少的商品，则压低其售价，使人民不乐于生产。⑳玺节：即印章。㉑而作布：孙诒让解释说，遇到荒年或疾疫流行，由于不征税，国家收入锐减，无以保证民用，所以大量铸钱以济其乏；而为了铸钱，就必须采矿冶金，这又能够给灾民带来就业机会。㉒"国君过市则刑人赦"五句：中心

意思是凡属贵族阶层，都不应当到市场上闲逛，否则就要受罚。

[译文]

司市的职责是：掌管市场的治理教导、政令刑罚、度量衡以及禁令。按照次叙的方位来划分地片，作为市场的经界；按照货物的分类，使不同的肆陈列不同的货物，从而使市场公平；按照政令，禁止华而不实的奢侈品销售，从而使市价均平；招徕行商坐贾，充实货物，从而使货币流通；按照货物的大小、轻重、长短定其价格，不相欺诈，从而使顾客乐意惠顾；根据货物成交的文书来保证买卖双方的信用，从而防止诉讼；利用胥师、贾师这些懂得行情的市场官员，禁止假冒和消除欺诈；利用刑罚禁止某些人的撒野和惩治盗贼；利用泉府的货币，当某种货物在市场上销售不动时，予以购进，当市场上急需此种货物时，再赊给顾客。大市在午后进行交易，入市的人以百姓为主；朝市在早晨进行交易，入市的人以商贾为主；夕市在傍晚进行交易，入市的人以小商小贩为主。每当市场开始交易，人们纷纷进入时，胥就要手执皮鞭木棍守在肆门，检查有无诈伪。众多市场上的官员要整顿卖物者的行列，使其井然有序，并展视所成货物，确定其价格。在司市的办公处高高竖起作为标志的旗子，表示交易正在进行。司市就在自己的办公处坐镇，处理大的事情和纠纷。胥师、贾师也各自在自己的办公处坐镇，处理小的事情和纠纷。凡买卖双方希望在市场成交者，如果某一方在讲好价钱后在付钱上有欺诈行为或有缺斤少两的欺骗行为，对这些事情的处理和对某些不法分子施行惩罚，都要在交易地点所在肆的叙中进行。凡拾得货物和牲畜者，也要将其交到出售该种货物、牲畜的肆中，以便失主认领；如果三日之内没有失主认领，就没收充公。对于市场上各种货物、各种牲畜、四时食物的销售引导应当是：市场上没有的货物，应该设法使其有；物美价廉的货物，应该使其增加；质量低劣的货物，应该使其绝迹；华而不实的奢侈品，应该使其尽量减少。凡是转运货物的商人,发给盖有司市大印的通行证,以便其进进出出。如果国家发生了灾荒或者疾疫流行,市场上就不再对货物征税,而要大量铸造钱币以救济百姓。市场上对于假冒巧饰的货物颁有禁令,针对普通百姓的有十二条,针对商人的有十二条,针对贾人的有十二条,针对工人的有十二条。市场上的刑罚:轻的刑罚,是将其所犯写成布告,张贴于肆;中等的刑罚,是将其所犯写在木板上,挂在胸前,让犯者游街;重的刑罚,是打板子;如果情节严重,触犯刑律,则移送司法机关。如果国君到市中闲逛,则本当判刑的市人就应赦免;如果国君的夫人到市中闲逛,就要罚她出一个幕;如果太子到市中闲逛,就要罚他出一个帟;如果卿大夫到市中闲逛,就要罚他出一个盖;如果卿大夫之妻到市中闲逛,就要罚她出一个帷。凡天子有会同、师役之事,司市就要率领贾师跟随前往,治理在当地临时形成的市场,掌管市场上的买卖之事。

质人:掌成市之货贿、人民、牛马、兵器、珍异[①]。凡卖儥者质剂焉[②],大市以质[③],小市以剂[④]。掌稽市之书契[⑤],同其度量,壹其淳制[⑥],巡而考之,犯禁者举而罚之。凡治质剂者,国中一旬,郊二旬[⑦],野三旬[⑧],都三月[⑨],邦国期[⑩]。期内听,期外不听。

[注释]

①人民:指奴婢。②质剂:买卖成交的证券。③大市:奴婢、牛马一类大件物品成交。④小市:兵器、珍异一类小件物品成交。⑤书契:一种证明文书。⑥淳(zhǔn)制:这是布帛长宽不同的两种标准。⑦郊:谓远郊。⑧野:指邦甸和家削。⑨都:指邦县和邦都。⑩期(jī):一周年。

[译文]

质人的职责是:掌管平准市场上货物、奴婢、牛马、兵器、珍异的价格。凡买卖成交的，要发给双方质剂作为凭证：大件物品的成交用质，小件物品的成交用剂。掌管稽查市场上取予货物的证明，统一市场上的度量衡标准，统一布帛长宽的标准，不断地在市场上巡视并随时检查，有违反上述禁令者，不但要没收其货物，而且还要罚款。凡处理有人手持质剂前来申诉的事，视持质剂人居住之远近而规定有不同的有效期：王城之内，十天；远郊，二十天；邦甸、家稍，三十天；邦县、邦都，三个月；王畿外的诸侯国，一年。有效期内受理，有效期外则不受理。

廛人： 掌敛市絘布、总布、质布、罚布、廛布①，而入于泉府。凡屠者，敛其皮角筋骨，入于玉府②。凡珍异之有滞者，敛而入于膳府③。

[注释]

①絘布：絘，当作"次"。次布，即市肆之房屋税。总布：货物税。质布：质谓质剂。使用官方制作的质剂，买卖的双方要交税。颇似所谓印花税。罚布：罚款。廛布：江永说："廛是停储货物之舍，今时谓之栈房。此廛亦是官物，故当有税。"②玉府：官名。负责保管天子的金玉、玩好等珍贵物品。③膳府：官名。天官属官。掌管天子的膳食。

[译文]

廛人的职责是：掌管征收市场的房屋税、货物税、证券税、罚款和货物存放税，并将这些税款上交泉府。凡屠宰牲畜者，向他们征收牲畜的皮角筋骨，以此抵税，并上交玉府。凡四时的珍异食物有滞销者，就采购进来上交给膳府。

胥师： 各掌其次之政令①，而平其货贿，宪刑禁焉。察其诈伪、饰行、儥慝者②，而诛罚之③。听其小治小讼而断之。

[注释]

①各：因为胥师不止一人，所以说"各"。②饰行（háng）：将质量差的

货物粉饰一下出售，以次充好。儥（yù）慝（tè）：出售不合格的商品。
③诛：指《司市》中的宪罚、徇罚、扑罚。

[译文]

胥师的职责是：各自掌管本次所辖二十肆的政令，整顿肆中的货物，不使其名实相紊；将市中的刑罚和禁令张榜公布。检查有无欺诈作伪、以次充好、出售不合格商品的行为，一经发现，即根据情节，或者施以市刑，或者处以罚金。处理小的事情，审理小的案件，可以径自裁决。

贾师：各掌其次之货贿之治，辨其物而均平之，展其成而奠其贾，然后令市。凡天患，禁贵儥者①，使有恒贾。四时之珍异亦如之。凡国之卖儥，各帅其属而嗣掌其月②。凡师役、会同，亦如之。

[注释]

①儥（yù）：卖。下文的"卖儥"，则作"买"讲。②属：李钟伦说："属，盖即肆长是也。"

[译文]

贾师的职责是：各自掌管对本次所辖二十肆货物的管理，分辨其辖区货物的种类和等级而使其均平，展示准备出售的货物，确定其价格，然后才下令进行交易。凡是遇到天灾，禁止乘机哄抬物价，要维持正常价格。对于四时的珍异食物，也是这样。凡是公家出卖剩余物品，贾师要率领所属的肆长轮流按月值班主持其事。遇到师役、会同之事，也是这样。

司暴：掌宪市之禁令，禁其斗嚣者与其暴乱者、出入相陵犯者、以属游饮食于市者①。若不可禁，则搏而戮之②。

[注释]

①属（zhǔ）：聚集。②搏：今言逮捕。戮：辱也。

[译文]

司暴的职责是：掌管张榜公布市场的禁令，禁止在市场上斗殴与大吵大闹，禁止使用暴力扰乱市场秩序，禁止在出出进进时侵犯他人，禁止在市场上以聚众的方式闲逛吃喝。如果违背禁令，就将其抓起来加以处罚。

司稽：掌巡市，而察其犯禁者与其不物者而搏之①。掌执市之盗贼，以徇，且刑之②。

[注释]

①不物：穿着打扮、手中操持都与众不同。②"以徇"二句：徇即《司市》之徇罚，刑即《司市》之扑罚。

[译文]

司稽的职责是：掌管巡查市场，察访那些违犯禁令和那些着奇装异服、操持特殊的人，并加以逮捕。还掌管捉拿市场上的盗贼，并根据情节，或将其游街示众，或加以责打。

胥：各掌其所治之政，执鞭度而巡其前。掌其坐作出入之禁令①，袭其不正者。凡有罪者，挞戮而罚之。

[注释]

①坐作：没有摊位的流动摊贩。

[译文]

胥的职责是：各自掌管自己所辖二肆的事务，每逢开市时，手执鞭棍在肆门前巡视。掌管辖区内对流动贩卖和不按时入市交易者的禁令，掩捕那些不守禁令的人。凡有犯罪的，要施以挞罚，并处以罚金。

肆长：各掌其肆之政令。陈其货贿，名相近者相远也①，实相近者相尔也②，而平正之。敛其总布③，掌其戒禁。

[注释]

①名相近者相远也：譬如说，同样都叫做玉，这是"名相近"；但是有的玉质量高，价值连城，而有的玉质量一般，不值几个钱。为了防止商人鱼目混珠，用一般的玉冒充价值连城的玉，所以规定这两种玉要摆放得距离远些。②尔：通"迩"，近也。③总布：货物税。

[译文]

肆长的职责是：各自掌管所辖肆的政令。肆中货物的陈列，要使名称一样而质量和价钱大不相同的货物离得远些，而把质量和价钱差不多的货物摆放在一起，以此原则进行调整。负责征收本肆的货物税，掌管本肆的戒禁。

泉府：掌以市之征布敛市之不售货之滞于民用者，以其贾买之，物楬而书之①，以待不时而买者。买者各从其抵②，都鄙从其主，国人、郊人从其有司③，然后予之。凡赊者，祭祀无过旬日，丧纪无过三月。凡民之贷者，与其有司辨而授之，以国服为之息。凡国事之财用，取具焉。岁终，则会其出入而纳其馀。

[注释]

①楬（jié）：标签，上面写有货物的名称、成色、价格。②抵：郑玄注："抵，实'柢'字。柢，本也。本谓所属吏、主、有司。"③国人：包括住在王城内和六乡的居民。郊人：包括住在郊外的六遂及公邑的居民。

[译文]

泉府的职责是：掌管利用从市场上征收来的税金收购市场上民不急用的滞销货物，以其原价收购，然后给此货物加上标签，以待急用者前来购买。急用者前来购买，必须携带其住地所在的地方官员所开的证明：家住都鄙的，必须持有当地邑宰的证明；家住王城、六乡、六遂和公邑的，必须持有当地基层官员的证明，然后才能以原价卖给他们。凡赊购此类滞销货物者，如果是属于祭祀用品，付款的时间不能超过十天；如果是丧葬用品，付款的时间不能超过三个月。凡百姓中有想借贷税金或货物以从事经营者，就要会同贷者所在地的地方官员验明其身份、借贷数量、偿贷能力，然后才把贷款或货物发给他们，并按照国家征收农田税的税率征收利息。凡国家办事有需要用钱的地方，就向泉府支取。每到年终，就要统计一下收支情况，将结余的税金和物资移交给职币。

司门：掌授管键①，以启闭国门②。几出入不物者③，正其货贿④，凡财物犯禁者举之，以其财养死政之老与其孤。祭祀之牛牲系焉，监门养之⑤。凡岁时之门⑥，受其馀。凡四方之宾客造焉，则以告。

[注释]

①管键：管是钥匙，键是锁簧。②国门：王城城门。王城四面十二门。③几：盘查。④正：通"征"，谓征税。⑤监门：看门的门卒。⑥凡岁时之门：这个"门"指门祭，也就是祭门神。

[译文]

司门的职责是：掌管城门钥匙和锁的发放及收回，从而使王城城门早上开启晚上关闭。盘查那些着奇装异服、操持特殊的进出者，向进出城门的货物征税，凡属于违犯禁令的财物，一经发现，即予没收，此类没收的财物，用以赡养为国捐躯者的父母及其子女。用于祭祀的牛系在那里，让门卒饲养它。凡一年四季举行祭门活动没有用完的钱财，司门负责接受并妥为保管。四方的宾客来到，就要赶快向天子报告。

司关：掌国货之节，以联门市。司货贿之出入者，掌其治禁与其征廛①。凡货不出于关者，举其货，罚其人。凡所达货贿者，则以节传出之。国凶札，则无关门之征，犹几。凡四方之宾客叩关，则为之告。有外内之送令②，则以节传出内之。

[注释]

①廛：即《廛人》的廛布。②送令：郑玄注："送令，谓奉贡献及文书，以常事往来。"

[译文]

司关的职责是：掌管按验货物出入国境的证明，因此，就与司门、司市在工作上发生了联系。负责检查出关入关的货物，掌管有关这方面的诉讼和刑禁，以及征收货物税、货物存放税。凡携带货物不报关而私自进出者，就将其货物没收，并对货主施以挞罚。凡是从民间购货而报关出境的商人，就由司关发给货物出境证和人员通行证放行。如果国家发生了饥荒或疾疫流行，关门就停止征税，但对人员的盘查仍然照常进行。凡四方诸侯因朝觐而来到关前求见，就要一边将客人安顿在招待所，一边派人迅速报告天子。如有境内臣民与境外臣民由于一般性事务而需要进进出出，就由司关发给旌节和通行证放行。

掌节：掌守邦节而辨其用①，以辅王命。守邦国者用玉节，守都鄙者用角节②。凡邦国之使节，山国用虎节③，土国用人节，泽国用龙节：皆金也，以英荡辅之④。门关用符节⑤，货贿用玺节⑥，道路用旌节⑦，皆有期以反节。凡通达于天下者，必有节，以传辅之。无节者，有几则不达⑧。

[注释]

①邦节：用玉做的天子用的瑞信。使者传达王命时，以节为信物。②角节：用犀牛角做的节。③山国用虎节：因为山国老虎多，所以用虎节。所谓虎

节,就是铸有虎形的节。④英荡:"荡"本应作"簜",它是一种上面刻有持节者使命的竹符,起通行证作用。⑤符节:竹制之节。⑥玺节:见《司市》注译。⑦旌节:以竹为竿,竿上缀有羽毛和旄牛尾作为装饰。⑧不达:郑玄注:"不达,圜土内之。"圜土,监牢。

[译文]

掌节的职责是:掌管把天子所用的各种玉节藏好,辨别其不同用途,在需要时授予传达王命的使者,以辅助表明天子命令的无可置疑。镇守邦国的诸侯,在其辖境内传达命令时使用玉节;镇守都鄙的公卿大夫和王室子弟,在其采邑内传达命令时使用角节。凡诸侯国派遣卿大夫出使时沿途所用之节:山多的国家使用虎节,平地多的国家使用人节,水多的国家使用龙节,均用铜制造,并以刻有其使命文字的竹符作为辅助性的证明。进出王城城门和边境上的关门要使用符节,转运货物要使用玺节,道路行走要使用旌节。上述符节、玺节、旌节都有使用的期限,到期就要归还注销。总而言之,只要你想出门远行,到天下的任何一个地方,就不但必须持有节,而且还要以通行证作为辅助性的证明。如果没有节,途中一经查出,就要被抓进监牢。

遂人:掌邦之野①。以土地之图经田野,造县鄙形体之法。五家为邻,五邻为里,四里为酂,五酂为鄙,五鄙为县,五县为遂,②皆有地域,沟树之。使各掌其政令刑禁,以岁时稽其人民,而授之田野,简其兵器③,教之稼穑。凡治野,以下剂致甿,以田里安甿④,以乐昏扰甿,以土宜教甿稼穑,以兴锄利甿⑤,以时器劝甿⑥,以强予任甿⑦,以土均平政。辨其野之土,上地、中地、下地,以颁田里。上地,夫一廛,田百亩,莱五十亩⑧,馀夫亦如之;中地,夫一廛,田百亩,莱百亩,馀夫亦如之;下地,夫一廛,田百亩,莱二百亩,馀夫亦如之。凡治野:夫间有遂，遂上有径⑨；十夫有沟，沟上有畛；百夫有洫，洫上有涂；千夫有浍，浍上有道；万夫有川，川上有路，以达于畿。以岁时登其夫家之众寡及其六畜、车辇，辨其老幼、废疾与其施舍者⑩，以颁职作事，以令贡赋，以令师田，以起政役。若起野役⑪，则令各帅其所治之民而至，以遂之大旗致之，其不用命者诛之。凡国祭祀，共野牲，令野职。凡宾客，令修野道而委积。大丧，帅六遂之役而致之，掌其政令；及葬，帅而属六绋⑫；及窆⑬，陈役。凡事，致野役，而师田作野民，帅而至，掌其政治禁令。

[注释]

①野：这个野指的是从远郊百里以外到五百里王畿边界的地域。②"五家为邻"六句：邻、里、酇、鄙、县、遂，是不同级别的行政区划单位，就好像郊内的比、闾、族、党、州、乡。③简：检阅。④田里：田谓百亩之田，里谓五亩之宅。⑤耡（chú）：指旅师掌管的"耡粟"。耡粟，农民合出的自救互助粮。⑥时器：即农具。⑦强予：郑玄注："谓民有馀力，复予之田，若馀夫然。"⑧莱：休耕之田。⑨径：和下文的"畛"、"涂"、"道"、"路"都是宽窄不同的道路。⑩施（shǐ）舍：免除。⑪役：指征伐、畋猎和大量使用劳力的工程。⑫绋（fú）：举棺的绳索。⑬窆（biǎn）：下棺入穴。

[译文]

遂人的职责是：掌管畿内的野地。按照土地的地图擘画田野的分界，设立县鄙等行政区划。五家为一邻，五邻为一里，四里为一酇，五酇为一鄙，五鄙为一遂。邻、里、酇、县、鄙、遂，都有各自的地域，其疆界上都要挖沟植树。使各级地方长官各自掌管其辖区内的政令刑禁，每年按时稽核其辖区内的男女人口，以便分给他们田地，并检阅他们的兵器，教导他们耕种。凡治理野地的民众，要用最低限度的劳役招徕农民，用分给农田、宅地的办法使农民安居乐业，用促成婚姻的办法使农民和顺，用因地制宜的办法教导农民耕种，用兴办粫粟的办法给农民谋利，用及时铸造农具的办法鼓励农民，用对于特别强壮有力的农民可以超额分给田地的办法使用农民，用土均的办法平均税收。区别野地的土地，将其分为上等土地、中等土地、下等土地，用以颁授田地和宅地。上等土地，每家的主要劳动力授宅地一处，田百亩，休耕之地五十亩，家中其余的劳动力也按照一定的比例配给田地；中等土地，每家的主要劳动力授宅地一处，田百亩，休耕之地百亩，家中其余的劳动力也按照一定的比例配给田地；下等土地，每家的主要劳动力授宅地一处，田百亩，休耕之地二百亩，家中其余的劳动力也按照一定的比例配给田地。凡治理野地之田，每两家的田间有遂，遂旁边有径；每两邻的田间有沟，沟旁边有畛；每一鄼的田间有洫，洫旁边有涂；每两鄙的田间有浍，浍旁边有道；每四县的田间有川，川旁边有路，四通八达。每年按时核定男女人口的准确数目以及各种牲畜、车辆的数目，查明其中的老幼、废疾以及可以免除徭役的，以便颁布各种职业让民从事，以便命令他们交纳贡赋，以便命令他们参加征伐和畋猎，以便征调劳工。如果征调野地的民众参加征伐、畋猎、劳役，则令县正以下的地方长官各自率领其辖地被征调的劳工前来，以遂的大旗作为人员集中地的标志，如有不服从命令者，给予诛罚。国家凡有祭祀，就命令遂师供给野地豢养的牲畜，命令委人供给野地生产的薪炭等物。遇到诸侯和蕃国来朝，就命令有关部门整治郊野的道路，并沿途储聚粮米柴草，准备招待客人。遇到国王或王后去世，就率领从六遂征调上来的劳工前往大司徒那里报到，负责打墓等事，并负责对这些劳工的管理；到了出葬的时候，就率领劳工们手执六绋，根据需要上下左右地移动棺木；到了下棺的时候，就让执绋的劳工把队排好，背碑负引，以便徐徐下棺入穴。凡国家有事，招致征伐、畋猎和大规模劳作，就要征调野地的民众，而遂人就要率领被征调的民众前往指定地点集中，并掌管他们的政治禁令。

遂师：各掌其遂之政令戒禁。以时登其夫家之众寡、六畜、车辇，辨其施舍与其可任者。经牧其田野①，辨其可食者②，周知其数而任之，以征财征。作役事，则听其治讼。巡其稼穑而移用其民，以救其时事。凡国祭祀，审其誓戒，共其野牲。入野职、野赋于玉府。宾客，则巡其道修，庀其委积③。大丧，使帅其属以幄帟先④，道野役；及窆，抱磨，共丘笼及蜃车之役⑤。军旅、田猎，平野民⑥，掌其禁令，比叙其事而赏罚⑦。

[注释]

①经牧：经是划界，牧即井牧。②可食：可以种庄稼、打粮食的土地。③庀（pǐ）：具备，备办。④幄帟（wò yì）：幄是小型的帐棚，帟是帐棚中座位上用以承尘的平幕。⑤蜃（shèn）车：下葬那天途中的载柩车。⑥平：郑玄注："平，谓正其行列部伍也。"⑦比叙：和今天的评比而后排出先后次序近似。

[译文]

遂师的职责是：各自掌管所辖之遂的政令戒禁。每年按时核定男女人口的准确数目以及各种牲畜、各种车辆的准确数目，查明其中的哪些人是可以免除徭役的，哪些人是可以胜任干活服役的。划分田野的界线，在公邑实行井田制，查明哪些是可耕之地，掌握其确切数字，从而使人民都有相当的职业，以便征收赋税。如果征召民众参见征伐、畋猎和大规模的劳役，就负责处理他们的事情和纠纷。巡视人民的耕作情况，农忙时节，如果有的人家劳力不足，就让劳力有余的人家前去帮助，以解燃眉之急。凡国家有祭祀活动，要告诫遂民应注意的事项，供给野地豢养的牲畜。把从野地征收上来的贡品、赋税加以挑选，将其中适合天子日常生活需要者转交玉府。遇到诸侯或蕃国来朝，就要巡视辖区道路的整修情况，置备招待客人的粮米柴草。如果天子、王后或太子去世，就要率领其部下在灵柩到来之前把搭设灵棚所用的幄帟送到墓地，并带领野地的徒役前往墓地；等到下棺入圹的时候，就手持登记执绋徒役的花名册检查人数，让徒役们从事打墓挖穴、聚土成坟以及执绋把灵柩从灵车上搬上搬下等工作。遇到军旅、畋猎之事，要把从野地征调上来的民兵队伍整顿得整整齐齐，掌管他们的禁令，校比次叙他们的表现而进行赏罚。

遂大夫：各掌其遂之政令。以岁时稽其夫家之众寡、六畜、田野，辨其可任者与其可施舍者，以教稼穑，以稽功事，掌其政令戒禁，听其治讼。令为邑者，岁终则会政致事。正岁，简稼器，修稼政①。三岁大比，则帅其吏而兴甿②，明其有功者，属其地治者。凡为邑者，以四达戒其功事③，而诛赏废兴之。

[注释]

①修稼政：郑玄说：就像《月令》孟春所说的：整治田地的疆界，修理田间的小路和水沟，考察什么地方适宜种什么农作物，等等。②兴甿：郑玄注："兴甿，举民贤者、能者，如六乡之为也。"③四达：据郑玄说，四达就是要求地方官员普遍做到的四件事，即：第一，男女人口的增长情况；第二，六畜、车辇的增长情况；第三，稼穑耕耨的情况；第四，旗鼓兵甲的情况。

[译文]

遂大夫的职责是：各自掌管其遂之政令。每年按时核定本遂男女人口的增减情况，核定六畜、田地的数目，查明其中的哪些人可以干活服役及哪些人可以免除徭役，以便教导他们耕种，以便考察他们的劳动情况，掌管本遂的政令、戒禁，处理本遂的事务与纠纷。每到年终，就命令本遂的各级官吏总结政绩，写出汇报。每年正月，要检阅各种农具是否需要修理和补充，采取积极备耕的种种措施。每隔三年举行大比的时候，就要率领所属各级官吏从百姓中选拔出德行优异者和才能卓越者，表彰官吏之有功者，并将其余的官吏集中起来诫以恪尽职守。凡是本遂的各级官吏，对他们的工作都要以四条通行的标准加以诫饬，并据此来决定对他们的奖励升迁或处分罢免。

县正：各掌其县之政令征比①，以颁田里，以分职事，掌其治讼，趋其稼事而赏罚之。若将用野民师田、行役、移执事，则帅而至，治其政令。既役，则稽功会事而诛赏。

[注释]

①比：案比。即调查人口，统计财产。

[译文]

县正的职责是：各自掌管本县的政教、号令、征调、案比，向百姓颁授田地和宅地，使他们都能得到一定的职业，掌管处理本县的事务和诉讼，督促百姓努力耕作，并根据其表现进行赏罚。如果国家将要征用野地的民众参与出师征伐、畋猎、巡狩、劳役以及支援之事，就率领被征调的民众前去报到，并掌管治理他们的政令。上述役事结束之后，则考核其功劳之大小，总结其做事的好坏，而后进行奖惩。

鄙师：各掌其鄙之政令、祭祀①。凡作民②，则掌其戒令。以时数其众庶，而察其美恶而诛赏。岁终，则会其鄙之政而致事。

[注释]

①祭祀：指祭禜（yǒng）。即祭祀掌管水旱之神。②凡作民：即《党正》的"凡作民而师、田、行、役"。

[译文]

鄙师的职责是：各自掌管本鄙的政令和祭祀。凡是国家征调本鄙民众参与征伐、畋猎、巡狩、劳役，则掌管管理他们的戒令。每年按时调查统计本鄙的人口，察访他们的表现并给予赏罚。每到年终，就要总结本鄙的工作，并向上级汇报。

鄼长：各掌其鄼之政令，以时校登其夫家，比其众寡，以治其丧纪、祭祀之事。若作其民而用之①，则以旗鼓兵革帅而至。若岁时简器，与有司数之②。凡岁时之戒令皆听之，趋其耕耨，稽其女功。

[注释]

①若作其民而用之：即《族师》的"若作民而师田行役"。②有司：此谓遂大夫。因为遂大夫有"简稼器"的职责。

[译文]

鄼长的职责是：各自掌管本鄼的政令，每年按时考校核定本鄼的男女人数，统计其准确数目，管理本鄼民众的丧事、祭祀。如果国家征调本鄼的民众去从事征伐、畋猎、巡狩、劳役，就要检查他们应携带的旗鼓兵甲是否备齐，而后率领他们前去报到。如果每年按时检阅农具、兵器，就与遂大夫一道进行统计。凡上级岁时颁发的戒令，都要遵照执行；督促百姓们努力耕作，考查妇女们缲丝绩麻纺线织布的成绩。

里宰：掌比其邑之众寡与其六畜、兵器，治其政令。以岁时合耦于锄①，以治稼穑，趋其耕耨，行其秩叙，以待有司之政令，而征敛其财赋。

[注释]

①岁时：郑玄据《月令》推断，这个"岁时"可能是指季冬十二月。合耦：二耜为耦。锄：里宰的办公处。

[译文]

里宰的职责是：掌管每年按时调查统计本里人口以及六畜、兵器的数量，掌管治理本里的政令。每年按时在里宰办公处搭配合耦的伙伴，处理农事，督促百姓努力耕作，安排好合耦互相帮助的次第，等到遂师征收赋税的政令下来，就动手征收本里的赋税。

邻长：掌相纠相受。凡邑中之政相赞①。徙于他邑，则从而授之。

[注释]

①邑：贾公彦认为是里宰之邑，孙诒让则认为不应限于里宰之邑，而是泛指一切大于邻的大大小小的邑。

[译文]

邻长的职责是：掌管本邻五家的互相纠察检举和遇到事情时互相托付。凡属邑中的政令，都要赞助施行。如果邻中住户有迁往他邑者，就要随同一道前往，亲手交给当地的官吏。

旅师：掌聚野之锄粟、屋粟、闲粟而用之①：以质剂致民，平颁其兴积，施其惠，散其利，而均其政令。凡用粟，春颁而秋敛之。凡新甿之治皆听之，使无征役，以地之美恶为之等。

[注释]

①野：指六遂及公邑。屋粟：有田不耕者按照规定所出的罚粮。闲粟：作为地税向惰民征收的罚粮。

[译文]

旅师的职责是：掌管聚储野地的锄粟、屋粟、闲粟而适当地运用它们：向百姓征收、发放锄粟时，都要用质剂作为凭证；要公平地颁发上述三种聚粟；救灾度荒，使人民得到它的好处；贷而无息，使人民分享它的利益；要公平地实施有关政令。凡是刚从外地迁入的人民有所请求，都要予以处理，在一定的时期内免除他们的徭役，按照土地的好坏等级和迁入者家庭人口的多少授予他们土地。

稍人：掌令丘乘之政令①。若有会同、师田、行役之事，则以县师之法作其同徒、輂辇②，帅而以至，治其政令，以听于司马。大丧，帅蜃车与其役以至，掌其政令，以听于司徒。

[注释]

①丘乘（shèng）：即丘甸。②同：方百里曰同。輂（jú）辇：据郑玄说，輂是马拉的车，辇是人拉的车。

[译文]

稍人的职责是：掌管公邑出车徒的政令。如果国家有会同、师田、行役这类事情，就要按照上级县师下达的命令去征调公邑的甲士、步卒、徒役和各种车辆，并且率领这些应征的车徒到指定地点报到，负责对应征车徒的管理，听从大司马的指挥。遇到天子、王后、太子去世，就率领徒役将蜃车送到遂师那里，负责徒役的管理，并听命于大司徒的指挥。

委人：掌敛野之赋①：敛薪刍，凡疏材、木材，凡畜聚之物②。以稍聚待宾客，以甸聚待羁旅。凡其馀聚，以待颁赐。以式法共祭祀之薪蒸木材③。宾客，共其刍薪。丧纪，共其薪蒸木材。军旅，共其委积薪刍凡疏材。共野委兵器，与其野囿财用。凡军旅之宾客，馆焉。

[注释]

①野之赋：指位于野地的园圃、山泽应交的贡赋。野，谓远郊以外。②畜聚之物：郑玄注："畜聚之物，瓜瓠葵芋，御冬之具也。"犹今日之冬储菜。③薪蒸：比较粗的柴叫薪，用以做饭烧火；比较细的柴叫蒸，用以制作

火把。

[译文]

委人的职责是：掌管征收野地的贡赋：征收烧柴和草料，凡是草木的果实、木材，凡是可以冬储的瓜果蔬菜，都在征收之列。从稍地征收的聚储物品，用以招待过往的国宾；从甸地征收的聚储物品，用以救济长期寄居他乡的人。凡是从县地、都地征收的聚储物品，统统用于天子的颁赐。按照惯例供给祭祀所需的薪蒸木材；有过往国宾，则供给所需的草料烧柴；国家有丧事，则供给所需的薪蒸木材；国家有军旅之事，则于沿途特设临时储备站，以供给所需的烧柴、草料和一切草木果实。供给野地路旁大大小小储备站、储备点所需的兵器；供给设在野地的苑囿为建造篱笆护墙所需的材料。凡诸侯派兵协助天子征讨者，可以将他们安置在路旁的客舍、宾馆里。

土均：掌平土地之政①，以均地守，以均地事，以均地贡，以和邦国都鄙之政令刑禁与其施舍②。礼俗、丧纪、祭祀，皆以地美恶为轻重之法而行之，掌其禁令。

[注释]

①掌平土地之政："政"，通"征"，谓征税。土均所平之税，是邦国都鄙的地税；均人所平之税，是乡遂公邑的地税，二者相辅相成，可以互相参看。②和（xuān）：通"宣"，宣布。

[译文]

土均的职责是：掌管平均邦国都鄙土地的征税，即平均衡虞之类和农圃之类从业者的税收，平均邦国都鄙的进贡，掌管宣布邦国都鄙的政令刑禁以及对邦国都鄙贡赋、田役的减免。对于邦国都鄙的礼俗、丧事、祭祀，都按照其土地的好坏制定或轻或重的法令而令其遵守，掌管其禁令。

草人：掌土化之法以物地，相其宜而为之种。凡粪种，骍刚用牛①，赤缇用羊②，坟壤用麋③，渴泽用鹿，咸潟用貆④，勃壤用狐，埴垆用豕⑤，强㯺用蕡⑥，轻㶿用犬⑦。

[注释]

①骍（xīng）：此谓赤色。②缇（tí）：橘红色。③坟（fèn）：土质肥沃。④咸潟（xì）：盐碱地。貆（huán）：兽名。即豪猪。⑤埴（zhí）垆：埴是黏土，垆是黑色坚硬的土壤。⑥强㯺（xiàn）：坚硬板结的土壤。蕡（fén）：麻的种子。⑦轻㶿：轻脆。

[译文]

草人的职责是：掌管改造土壤的方法，根据土壤的形状、颜色决定如何施肥，因地制宜地栽培农作物。凡向土壤中施肥以种植作物时，其方法是：如果是赤色坚硬的土壤，就撒上牛的骨灰；如果是浅红色但不坚硬的土壤，就撒上羊的骨灰；如果是肥沃的土壤，就撒上麋的骨灰；如果是湿润的泥土，就撒上鹿的骨灰；如果是盐碱地，就撒上貆的骨灰；如果是质地松散的土壤，就撒上狐的骨灰；如果是黑色的黏土，就撒上猪的骨灰；如果是坚硬成块的土壤，就撒上麻子饼；如果是容易粉碎的白色土壤，就撒上狗的骨灰。

稻人：掌稼下地①。以猪畜水②，以防止水，以沟荡水，以遂均水，以列舍水，以浍写水，以涉扬其芟③，作田。凡稼泽，夏以水殄草而芟夷之。泽草所生，种之芒种④。旱暵，共其雩敛⑤。丧纪，共其苇事。

[注释]

①下地：泽地。②猪：通"潴"，水停聚之处。③芟（shān）：谓割草之镰刀。此郑众说。④芒种：谓稻麦。⑤雩（yú）：一种求雨的祭祀。

[译文]

　　稻人的职责是：掌管在泽地种植谷物。用畜水池畜积田间多余的水，用堤防阻挡外部来水；对于田间的存水，用宽深都是四尺的沟排水，用宽深都是二尺的遂分导水，用星罗棋布的田间畦沟放水，用宽深都是一丈六尺的浍泄水；然后蹚着水举起镰刀除去杂草，整治土地。凡是在泽地种植作物，每到盛夏，利用水的高温消灭杂草；如果这样还未能把杂草消灭干净，到秋天再芟除一次。凡是能够生草的泽地，都能够种植稻麦。遇到干旱，负责征收祈雨祭祀所需的费用。遇到丧事，供给所需的芦苇。

　　土训：掌道地图，以诏地事①。道地慝②，以辨地物而原其生，以诏地求③。王巡守，则夹王车。

[注释]

　　①诏：告诉。②地慝（tè）：当地的对人有害的东西。③以诏地求：如果该地不产此物，或者虽产此物而不到季节，则天子不当求。

[译文]

　　土训的职责是：掌管给天子讲说天下九州的地图，告诉他各地的地形和物产，使天子可以依照地图索要贡献之物。还要给天子讲说各地的害人的恶物，辨别某种特产产于何地和产于什么季节，告诉天子，以便天子能向该地正确提出需求。如果天子出外巡狩，则随从以备顾问。

　　诵训：掌道方志，以诏观事。掌道方慝①，以诏辟忌②，以知地俗。王巡守，则夹王车。

[注释]

　　①方慝：郑玄注："方慝，四方言语所恶也。"②辟：古"避"字。

[译文]

诵训的职责是：掌管向天子讲说四方史书上记载的久远之事，以告天子，使他能够博古。还掌管向天子讲说四方有哪些为人所忌讳、所厌恶的话语，以告天子，使他能够避开忌讳，使他能够知道当地的风俗习惯。如果天子出外巡狩，则随从以备顾问。

山虞：掌山林之政令，物为之厉①，而为之守禁②。仲冬斩阳木，仲夏斩阴木。凡服耜③，斩季材，以时入之。令万民时斩材，有期日。凡邦工入山林而抡材，不禁。春秋之斩木，不入禁。凡窃木者，有刑罚。若祭山林，则为主，而修除且跸。若大田猎，则莱山田之野；及弊田④，植虞旗于中⑤，致禽而珥焉⑥。

[注释]

①厉：藩篱。②守：谓靠山吃山的山民。③服耜（fù sì）：服谓车厢，耜指耒。④弊：终止。⑤虞旗：郑玄注："虞旗，山虞有旗，以其主山，得画熊虎。"⑥珥：通"刵"，割掉耳朵。这里指割掉左耳。

[译文]

山虞的职责是：掌管山林之政令，山内的每种物产，都要给它划定区域并加上藩篱，为以砍伐林木为生的山民制定禁令。仲冬时可以砍伐生长在山南的树木，仲夏时可以砍伐生长在山北的树木。凡是用来制造车厢和耒的，可以砍伐幼小的树木，并按时将木材送到工官车人那里。命令万民按时进山砍伐林木，进山出山都有一定的日期。凡是国家的伐木工人为了国家需要而进山选择树木砍伐，那就不管什么季节，都不禁止。如果百姓要在春秋两季砍伐树木，只允许砍伐平地的树木，不允许进入山内的禁区砍伐。有盗伐树木者，则加以刑罚。如果祭祀山林，就要作为主祭，整治好道路、祭场、祭坛，并且禁止闲杂人等通行。如果天子亲自参加畋猎，则芟除围场内外需要芟除的杂草；等到畋猎结束，就在猎场中竖起画有熊虎的山虞之旗，让人们把猎获的禽兽都送到旗下，但要割下禽兽的左耳。

林衡：掌巡林麓之禁令，而平其守，以时计林麓而赏罚之①。若斩木材，则受法于山虞，而掌其政令。

[注释]

①计林麓：郑玄注："计林麓者，计其守之功也。林麓蕃茂，民不盗窃，则有赏；否则罚之。"

[译文]

林衡的职责是：掌管巡视林麓的禁令，平均该地民众守护林麓的任务，按时统计他们守护林麓的成绩，该赏者赏，该罚者罚。如果砍伐木材，则应该遵守山虞下达的法度，而掌管其政令。

川衡：掌巡川泽之禁令，而平其守。以时舍其守①，犯禁者执而诛罚之。祭祀、宾客，共川奠②。

[注释]

①舍其守：郑玄注："舍其守者，时案视守者，于其舍申戒之。" ②川奠：郑玄注："川奠，笾豆之实，鱼、鱐、蜃、蛤之属。"换言之，就是好吃的水产品。

[译文]

川衡的职责是：掌管巡视川泽的禁令，平均该地民众守护川泽的任务。按时巡视守护者，并在守护者的宿舍中对他们加以申饬；对于违犯禁令的人，要抓起来并加以处罚。遇到祭祀和招待宾客，就负责提供河中的美味。

泽虞：掌国泽之政令，为之厉禁，使其地之人守其财物，以时入之于玉府，颁其馀于万民。凡祭祀、宾客，共泽物之奠①。丧纪，共其苇蒲之事②。若大田猎③，则莱泽野④；及弊田，植虞旌以属禽。

[注释]

①泽物之奠：郑玄注："泽物之奠，亦籩豆之实，芹茆菱芡之类。"②苇蒲：苇是芦苇，放到墓穴里，有隔潮作用；蒲是蒲草，可以织席。③大田猎：有天子参加的畋猎。④莱泽野：为泽中打猎的围场芟除杂草。

[译文]

泽虞的职责是：掌管国有泽薮的政令，在泽薮的四周设置藩篱并制定禁令，使当地的人民守护泽薮中的物产，首先将其中的皮角珠贝等物作为赋税按时送交玉府，然后把剩下的东西分给百姓。凡是祭祀和招待宾客，就负责提供泽薮出产的美味。遇到丧事，负责提供需要的芦苇和蒲草。如果天子亲自参加畋猎，则芟除泽薮中围场内外需要芟除的杂草；等到畋猎结束，就在猎场中竖起泽虞之旌，让人们把猎获的禽兽都送到旗下，但要割下禽兽的左耳。

迹人：掌邦田之地政①，为之厉禁而守之。凡田猎者受令焉。禁麛卵者与其毒矢射者②。

[注释]

①田之地：郑玄说：田之地，就像汉代的苑囿。

[译文]

迹人的职责是：掌管畿内公私畋猎之地的政令，在这些猎场的四周设置藩篱，制定规章制度，使当地的百姓守护着。凡是畋猎者，都要接受迹人的命令。禁止捕杀幼小的野兽，禁止掏取鸟卵，禁止用涂有毒药的箭头射杀禽兽。

矿人：掌金玉锡石之地①，而为之厉禁以守之。若以时取之，则物其地，图而授之。巡其禁令。

[注释]

①金：五金的总称。古书中多用以指铜。

[译文]

矿人的职责是：掌管金玉锡石的产地，在产地四周设置藩篱，制定规章制度，让当地的百姓看守着。如果要按时开采，则勘测其地，绘成地图，授予开采者。

角人：掌以时征齿角凡骨物于山泽之农①，以当邦赋之政令。以度量受之，以共财用。

[注释]

①齿角：齿谓象牙，角谓犀牛麋鹿的角。山泽之农：既从事种田又从事畋猎畜牧的山泽之民。

[译文]

角人的职责是：掌管按时向山泽之农征收动物的齿角和一切有用的骨制品，用来抵作依法应交的贡赋。在征收时，必须计量这些东西的长短和容积才能接受，以供给有关部门使用。

羽人：掌以时征羽翮之政于山泽之农①，以当邦赋之政令。凡受羽，十羽为审，百羽为抟，十抟为缚②。

[注释]

①翮（hé）：鸟翎的茎。②"十羽为审"三句：其中的"审"、"抟（tuán）"、"缚（zhuàn）"都是计算鸟羽的束名。

[译文]

羽人的职责是：掌管按时向山泽之农征收羽翮，用来抵作依法应交的贡赋。接受羽毛的计算标准是：十根羽毛为一审，一百根羽毛为一抟，十抟羽毛为一缚。

掌葛：掌以时征絺绤之材于山农①，凡葛征②，征草贡之材于泽农③，以当邦赋之政令。以权度受之。

[注释]

①絺绤（chī xì）：细葛布和粗葛布。②凡葛征：江永说："凡葛征，盖蔓草之类如葛者亦征之。"③草贡：谓苘（qǐng）麻、苎麻之类可以搓绳织布者。

[译文]

掌葛的职责是：掌管按时向山地之农征收织成细葛布、粗葛布的材料，以及其他与葛类似的蔓草，按时向泽地之农征收苘麻、苎麻之类的纺织材料，用来抵作依法应交的贡赋。在接受上述贡赋时，要计量一下它的轻重和长短。

掌染草：掌以春秋敛染草之物①，以权量受之，以待时而颁之。

[注释]

①"掌以春秋"句：王安石说：掌染草至掌蜃所征收的物资，也一定是用来抵作依法应交的贡赋，之所以没有明说，是因为从上述《角人》、《羽人》、《掌葛》的职掌中可以推知。

[译文]

掌染草的职责是：掌管按照春秋两季征收可以用作染料的草类植物，征收时要称其重量，计其多少，以待秋天需要时颁发给染人。

掌炭：掌灰物炭物之征令①，以时入之②。以权量受之，以共邦之用，凡炭灰之事。

[注释]

①灰物炭物：都是用焚烧草木的办法制成。灰可以用来洗衣浣布，炭可

以用来取暖。②以时入之:《礼记·月令》:"季秋之月,草木黄落,乃伐薪为炭。"据此可知,炭的征收,大约是在季秋。

[译文]

掌炭的职责是:掌管灰物、炭物的征收法令,按时征收。征收时,要称其重量,计其多少,在国家须用灰炭时保障供给。

掌荼:掌以时聚荼①,以共丧事。征野疏材之物以待邦事,凡畜聚之物。

[注释]

①荼(tú):茅苇所开的白花,可以做衣做被。

[译文]

掌荼的职责是:掌管按时征收荼,用以供给丧事的需要。还要征收野地的草木果实,以及凡是可以冬储的瓜果蔬菜,以备国家有事时的需要。

掌蜃:掌敛互物蜃物①,以共闉圹之蜃②。祭祀,共蜃器之蜃③。共白盛之蜃④。

[注释]

①互物:这里指蚌蛤之属。②闉(yīn)圹之蜃:下葬时,在椁(外棺)还没有放入墓穴之前,先填入一层厚厚的蜃灰,用以防潮御湿。③蜃器:饰有蜃壳的祭器。④盛:通"成"。以蜃灰粉墙,所以成其白。

[译文]

掌蜃的职责是:掌管征收蚌蛤一类的东西,以供给填塞墓穴所需的蜃灰。祭祀,供给装饰祭器所需的蜃壳。供给把墙壁粉刷成白色的蜃灰。

囿人:掌囿游之兽禁①,牧百兽②。祭祀、丧纪、宾客,共其生兽、死兽之物。

[注释]

①囿游：天子的离宫别苑。②牧百兽：郑玄注："备养众物也。今掖庭有鸟兽，自熊虎兔孔雀，至于狐狸兔鹤备焉。"

[译文]

囿人的职责是：掌管对离宫别苑中的禽兽设置藩篱和守卫，畜养各种禽兽。遇到祭祀、丧事和招待宾客，供给所需要的活的禽兽与死的禽兽。

场人：掌国之场圃①，而树之果蓏珍异之物②，以时敛而藏之。凡祭祀、宾客，共其果蓏；享亦如之。

[注释]

①场圃：种植瓜果蔬菜的园地。②蓏（luǒ）：草类植物的果实，瓜类。地上结的叫做瓜，树上结的叫做果。

[译文]

场人的职责是：掌管国家的场圃，在场圃里种上各种瓜果蔬菜和罕见的水果，按时收获和储藏。凡有祭祀与招待宾客之事，负责提供所需的瓜果；宗庙的荐新也是这样。

廪人：掌九谷之数①，以待国之匪颁、赒赐、稍食②。以岁之上下数邦用，以知足否，以诏谷用，以治年之凶丰。凡万民之食食者，人四鬴③，上也；人三鬴，中也；人二鬴，下也。若食不能人二鬴，则令邦移民就谷④，诏王杀邦用⑤。凡邦有会同、师役之事，则治其粮与其食⑥。大祭祀⑦，则共其接盛。

[注释]

①九谷：九种谷物。②匪（fēn）颁：即分颁。③鬴（fǔ）：古代的量器名，内方外圆，容六斗四升。④令邦移民：按《大司徒》："大荒，则令邦国

移民。"然则"令邦移民"的并非廪人。⑤杀（shài）：减少。⑥治其粮与其食：郑玄注："行道曰粮，谓糒（干粮）也。止居曰食，谓米也。"⑦大祭祀：谓祭祀天地宗庙一类至尊之神。

[译文]

廪人的职责是：掌管统计各种谷物的总产量，以备国家发放群臣的俸禄、救济与赏赐臣民、发放没有爵位而在官府服役者的月俸。根据年成的好坏来计划国家的粮食支出，以知是否够用，以报告上级，使制订出合乎实际的用粮计划，以便处理好丰年凶年带来的问题。凡是能够吃饭的百姓，如果每人每月的口粮达到四鬴，那就算是丰收的年成；如果每人每月的口粮达到三鬴，那就算是中等年成；如果每人每月的口粮达到二鬴，那就算是歉收的年成。如果每人每月的口粮连二鬴也达不到，那就要报告上级，建议把饥民迁移到丰收地区，报告天子使之减省国家的费用。凡国家有会同、军旅、劳役等事，则为其准备路上要带的干粮和宿营时做饭的米。每逢大的祭祀，则把祭祀所用的米从米仓中取出并交给舂人，让其舂得更精细些。

舍人：掌平宫中之政①，分其财守②，以法掌其出入③。凡祭祀，共簠簋④，实之，陈之。宾客，亦如之；共其礼：车米、筥米、刍禾。丧纪，共饭米、熬谷。以岁时县穜稑之种⑤，以共王后之春献种。掌米粟之出入⑥，辨其物。岁终，则会计其政。

[注释]

①政：郑玄注："政，谓用谷之政也。"②分其财守：郑玄注："分其财守者，计其用谷之数，分送宫正、内宰，使守而颁之。"按：财，指谷物。宫正、内宰，都是天官属官，并负责宫中之事。宫中宿卫人员的月俸，就靠从舍人那里领来的谷米发放。③以法掌其出入：舍人掌握的谷物是从廪人那里领来的，如果没有用完，譬如某个宿卫人员已经去世，不再领取月俸，那么，这多

余的一份就应退还廪人。④簠簋（fǔ guǐ）：簋是祭祀时盛稻粱的器具，长方形；簠是祭祀时盛黍稷的器具，圆形。⑤稑穜（tóng lù）：稑是先种后熟的谷物，穜是后种先熟的谷物。此处泛指各种谷物。⑥米粟：已舂者为米，未舂者为粟。

[译文]

舍人的职责是：掌管摆平官中用谷之事，将其掌管的谷物分发给官正、内宰，让他们管理好，并作为稍食分发给官中宿卫之人，按照规定掌管这些用谷的领取和退还。凡有祭祀，就提供簠簋，不但要在簠簋里装满祭品，而且要将簠簋陈列起来。遇到招待宾客，也是这样。另外还要向客人下榻的宾馆提供下列礼品：载米的车若干辆、米若干筥、刍禾若干车。遇到丧事，要供给所用的米和熬谷。每年按时将各种谷物的种子悬挂起来风干，以供王后来年春天把这些种子献给天子。掌管米粟的支出和收入，辨明谷物的种类。每到年终，要统计用谷的多少。

仓人：掌粟入之藏。辨九谷之物，以待邦用。若谷不足，则止馀法用①；有馀，则藏之，以待凶而颁之。凡国之大事，共道路之谷积、食饮之具②。

[注释]

①止：减少。②谷积：谷物的委积。

[译文]

仓人的职责是：掌管各种谷物收入以后的储藏。辨别各种谷物的种类，以备国家使用。如果谷物不够使用，就减少带有福利性质的谷物使用；如果谷物有余，就储藏起来，以备荒年之用。凡国家有丧葬、军旅之事，负责为沿途的储备站提供谷物、饮食用品。

司禄：阙①。

[注释]

①阙:谓记载司禄职责的《周礼》经文亡失。

司稼:掌巡邦野之稼①,而辨穜稑之种,周知其名与其所宜地,以为法而县于邑闾。巡野观稼,以年之上下出敛法②。掌均万民之食③,而赒其急,而平其兴。

[注释]

①邦野:指畿内远郊以外的野地。②以年之上下出敛法:据郑玄注,如果是丰年,就按照《载师》所载的正常税率征税;如果是荒年,则或减或免。③均:郑玄注:"均,谓度其多少。"

[译文]

司稼的职责是:掌管巡视邦野的禾稼,辨别各种禾稼的种植,遍知各种禾稼的名称与其适宜生长的土壤,制定为规章,悬挂在邑中的闾门,以便百姓周知遵守。巡视野地,观察禾稼的生长情况,根据年成的好坏出台征税法令。掌管调查百姓口粮的多少,如果不够吃,就接济他们,公平地分发储备粮。

舂人:掌共米物。祭祀,共其粢盛之米①。宾客,共其牢礼之米。凡飨食,共其食米。掌凡米事。

[注释]

①粢盛(zī chéng):郑玄注:"粢盛,谓黍稷稻粱之属,可盛以为簠簋实。"按:此所供给的"粢盛之米"是生米,此生米由下文的饎人炊熟。

[译文]

舂人的职责是:掌管供给舂好的米。每逢祭祀,供给簠簋中盛放的米。招待宾客,供给牢礼的米。凡举行宴会,供给主食所用之米。掌管一切有关舂米的事。

饎人：掌凡祭祀共盛。共王及后之六食①。凡宾客，共其簠簋之实；飨食亦如之。

[注释]

①六食：用六种谷物做成的饭。

[译文]

饎人的职责是：掌管向一切祭祀提供装在簠簋中的炊熟的黍稷稻粱。向天子、王后提供用六种谷物做成的主食。凡是招待宾客，要供给装在簠簋中的炊熟的黍稷稻粱；每逢各种宴会，也是这样。

稾人：掌共外内朝冗食者之食①。若飨耆老、孤子、士庶子②，共其食。掌豢祭祀之犬。

[注释]

①外内朝：外朝和内朝。②耆老：六十岁以上的老人。

[译文]

稾人的职责是：掌管供给在外朝、内朝加班和值班人员的伙食。如果国家设宴招待老人、烈士遗孤和王宫的卫士，则负责供给其伙食。掌管豢养祭祀用的犬。

春官宗伯第三

惟王建国，辨方正位，体国经野，设官分职，以为民极。①乃立春官宗伯②，使帅其属而掌邦礼③，以佐王和邦国。

礼官之属④：

大宗伯⑤，卿一人；小宗伯⑥，中大夫二人；肆师⑦，下大夫四人；上士八人，中士十有六人，旅下士三十有二人；府六人，史十有二人，胥十有二人，徒百有二十人。

郁人⑧，下士二人；府二人，史一人，徒八人。

鬯人⑨，下士二人；府一人，史一人，徒八人。

鸡人⑩，下士一人；史一人，徒四人。

司尊彝⑪，下士二人；府四人，史二人，胥二人，徒二十人。

司几筵⑫，下士二人；府二人，史一人，徒八人。

天府⑬，上士一人；中士二人，府四人，史二人，胥二人，徒二十人。

典瑞⑭，中士二人；府二人，史二人，胥一人，徒十人。

典命⑮，中士二人；府二人，史二人，胥一人，徒十人。

司服⑯，中士二人；府二人，史一人，胥一人，徒十人。

典祀⑰，中士二人；下士四人，府二人，史二人，胥四人，徒四十人。

守祧⑱，奄八人，女祧每庙二人⑲，奚四人。

世妇⑳，每宫卿二人㉑，下大夫四人，中士八人，女府二人，女史二人，奚十有六人。

内宗㉒，凡内女之有爵者。

外宗㉓，凡外女之有爵者。

冢人㉔，下大夫二人，中士四人；府二人，史四人，胥十有二人，徒百有二十人。

墓大夫㉕，下大夫二人，中士八人；府二人，史四人，胥二十人，徒二百人。

职丧㉖，上士二人，中士四人，下士八人；府二人，史四人，胥四人，徒四十人。

大司乐㉗，中大夫二人；乐师㉘，下大夫四人，上士八人，下士十有六人。府四人，史八人，胥八人，徒八十人。

大胥㉙，中士四人；小胥㉚，下士八人；府二人，史四人，徒四十人。

大师㉛，下大夫二人；小师㉜，上士四人；瞽矇㉝，上瞽四十人，中瞽百人，下瞽百有六十人㉞；视瞭三百人㉟。府四人，史八人，胥十有二人，徒百有二十人。

典同㊱，中士二人；府一人，史一人，胥二人，徒二十人。

磬师㊲，中士四人，下士八人；府四人，史二人，胥四人，徒四十人。

钟师㊳，中士四人，下士八人；府二人，史二人，胥六人，徒六十人。

笙师㊴，中士二人，下士四人；府二人，史二人，胥一人，徒十人。

镈师㊵，中士二人，下士四人；府二人，史二人，胥二人，徒二十人。

韎师㊶，下士二人；府一人，史一人，舞者十有六人，徒四十人。

旄人㊷，下士四人；舞者众寡无数，府二人，史二人，胥二人，徒二十人。

籥师㊸，中士四人；府二人，史二人，胥二人，徒二十人。

籥章㊹，中士二人，下士四人；府一人，史一人，胥二人，徒二十人。

鞮鞻氏㊺，下士四人；府一人，史一人，胥二人，徒二十人。

典庸器㊻，下士四人；府四人，史二人，胥八人，徒八十人。

司干㊼，下士二人；府二人，史二人，徒二十人。

大卜㊽，下大夫二人；卜师㊾，上士四人；卜人㊿，中士八人，下士十有六人；府二人，史二人，胥四人，徒四十人。

龟人㊿，中士二人；府二人，史二人，工四人㊿，胥四人，徒四十人。

菙氏㊿，下士二人；史一人，徒八人。

占人㊿，下士八人；府一人，史二人，徒八人。

筮人㊿，中士二人；府一人，史二人，徒四人。

占梦㊿，中士二人；史二人，徒四人。

视祲㊿，中士二人；史二人，徒四人。

大祝㊿，下大夫二人，上士四人；小祝㊿，中士八人，下士十有六人；府二人，史四人，胥四人，徒四十人。

丧祝[60]，上士二人，下士八人；府二人，史二人，胥四人，徒四十人。

甸祝[61]，下士二人；府一人，史一人，徒四人。

诅祝[62]，下士二人；府一人，史一人，徒四人。

司巫[63]，中士二人；府一人，史一人，胥一人，徒十人。

男巫，无数；女巫，无数。其师[64]，中士四人。府二人，史四人，胥四人，徒四十人。

大史[65]，下大夫二人，上士四人。小史，中士八人，下士十有六人；府四人，史八人，胥四人，徒四十人。

冯相氏[66]，中士二人，下士四人；府二人，史四人，徒八人。

保章氏[67]，中士二人，下士四人；府二人，史四人，徒八人。

内史[68]，中大夫一人，下大夫二人，上士四人，中士八人，下士十有六人；府四人，史八人，胥四人，徒四十人。

外史[69]，上士四人，中士八人，下士十有六人；胥二人，徒二十人。

御史[70]，中士八人，下士十有六人；其史百有二十人，府四人，胥四人，徒四十人。

巾车[71]，下大夫二人，上士四人，中士八人，下士十有六人；府四人，史八人，工百人，胥五人，徒五十人。

典路[72]，中士二人，下士四人；府二人，史二人，胥二人，徒二十人。

车仆[73]，中士二人，下士四人；府二人，史二人，胥二人，徒二十人。

司常[74]，中士二人，下士四人；府二人，史二人，胥四人，徒四十人。

都宗人㊀，上士二人，中士四人；府二人，史四人，胥四人，徒四十人。

家宗人㊁，如都宗人之数。

凡以神士者无数㊂，以其艺为之贵贱之等。

[注释]

① "惟王建国"五句：见《天官·叙官》注。② 春官宗伯：即下文的大宗伯。因为宗伯在六官中位居第三，于四时当春，故称春官。宗谓宗庙，伯谓官长。宗伯，掌管宗庙祭祀的官长。③ 邦礼：国家的礼制。④ 礼官：主管礼制之官。⑤ 大宗伯：官名。礼官的最高首长。⑥ 小宗伯：官名。大宗伯的副手。⑦ 肆师：官名。礼官中的第三把手。肆师协助宗伯陈列祭祀的神位以及牲器粢盛。⑧ 郁人：官名。掌管祼器。祼，又作"灌"，谓以郁鬯香酒浇地降神，是宗庙之祭开始时的礼节。⑨ 鬯（chàng）人：官名。负责提供秬鬯。⑩ 鸡人：官名。负责提供各种毛色的鸡和告知时间。⑪ 司尊彝：官名。负责尊彝的使用。⑫ 司几筵：官名。掌管几筵的使用。⑬ 天府：官名。负责保管珍藏在祖庙中的国宝。⑭ 典瑞：官名。掌管玉瑞、玉器的收藏及使用。⑮ 典命：官名。掌管天子晋升群臣爵位的文书。⑯ 司服：官名。掌管天子的吉凶冠服。⑰ 典祀：官名。掌管外祀茔域的禁令。⑱ 守祧（tiāo）：负责看守周代宗庙，保管其先王先公的遗服。⑲ 女祧：女奴中的有才智者。⑳ 世妇：官名。王后宫中的负责人，由卿大夫之妻担任，负责协助王后行礼之事。㉑ 每宫：王后六宫，故言"每宫"。卿：谓卿之妻。㉒ 内宗：郑玄认为是指嫁与卿大夫士的天子同姓之女。负责在宗庙祭祀和招待宾客活动中协助王后。㉓ 外宗：郑玄认为是指嫁与外姓卿大夫士的天子的姑、姊妹之女。职掌与内宗大体相同。㉔ 冢人：官名。掌管天子墓地的茔域及下葬事宜。㉕ 墓大夫：官名。掌管普通百姓的墓葬事宜。㉖ 职丧：官名。负责办理诸侯、卿大夫士的丧事。㉗ 大司乐：官名。乐官之长。自乐师以下，至鞮鞻氏以上，皆其属官。㉘ 乐师：官名。主管以音乐教授小学中的学生。㉙ 大胥：官名。掌管卿大夫之子学舞者的名单及其征召等事。㉚ 小胥：官名。协助大胥征召、督察学舞者。㉛ 大（tài）师：官名。乐工的头领。由盲人担任。掌管六律、六同，以合阴阳之声。㉜ 小师：官名。负

责教授瞽矇演奏各种乐器和唱歌。也由盲人担任。㉝瞽矇：乐工名。乐工皆由盲人担任。负责演奏各种乐器和唱歌。㉞上瞽、中瞽、下瞽：都是盲人乐工。根据其技艺的高低，分为上、中、下三等。㉟视瞭：乐工。负责敲鼓击磬，还负责协助瞽矇。㊱典同：官名。掌管校正律吕。㊲磬师：官名。负责教授击磬，击编钟。㊳钟师：官名。掌管敲击钟镈以为奏乐之节。㊴笙师：官名。负责教授吹奏笙、竽等乐器。㊵镈（bó）师：掌管击镈等事。㊶韎（mèi）师：官名。负责教授东方夷族之乐。㊷旄人：官名。负责教授通俗乐舞和四夷乐舞。㊸籥师：官名。负责教授国子跳文舞时吹籥。㊹籥章：官名。负责教授敲击土鼓和用籥吹奏豳地诗章。㊺鞮鞻（dī jù）氏：官名。负责教授四夷之乐。㊻典庸器：官名。负责收藏乐器、庸器。㊼司干：官名。掌管跳舞时手持的道具。㊽大（tài）卜：官名。总掌卜筮之事。下文自卜师至筮人，皆大卜属官。㊾卜师：官名。掌管灼龟占卜。㊿卜人：官名。协助大卜、卜师做事。㊾龟人：官名。负责藏龟备用。㊾工：负责取龟攻龟的工人。㊾菙（chuí）氏：官名。掌管提供灼龟所用的燋契。㊾占（zhān）人：官名。负责占视蓍龟的卦兆而言其吉凶。㊾筮人：官名。掌管筮事。通过蓍草问吉凶叫筮。㊾占梦：官名。负责占验梦的吉凶。㊾视祲（jīn）：负责望气以观吉凶。㊾大（tài）祝：官名。掌管以祝辞告鬼神，祈求福祥。下文自小祝至诅祝，皆其属官。㊾小祝：官名。负责小祭祀的祝告，并协助大祝行事。㊾丧祝：官名。掌管丧事的祝告。㊾甸（tián）祝：掌管畋猎之事的祝告。㊾诅祝：官名。掌管诅咒发誓之事。㊾司巫：官名。巫官之长，总掌群巫之政令。㊾其师：即巫师，男巫、女巫之长。㊾大（tài）史：官名。掌管典法、礼籍和星历。下文的小史、冯相氏、保章氏皆其属官。㊾冯相（píng xiàng）氏：官名。掌管天文星历的推算。㊾保章氏：官名。掌管观察反常的天文现象。㊾内史：官名。掌管协助大宰管理国事。下文的外史、御史是其属官。㊾外史：官名。掌管书写天子对畿外下达的命令，掌管诸侯的史书和三皇五帝之书等事。㊾御史：官名。孙诒让说："此官亦掌藏书，所谓柱下史也。本职不言藏书者，文不具也。"㊾巾车：官名。掌管天子、王后、群臣、庶人的用车规格及其配备。典路、车仆是其属官。㊾典路：官名。掌管天子与王后的五路。路，车也。㊾车仆：官名。掌管兵车。㊾司常：官名。掌管旌旗之事。㊾都宗人：官名。掌管大都、小都的祭祀。⑯家宗人：官名。掌管家的祭祀。⑰以神士者：郑玄注："以神士者，男巫之俊，有学问才智者。"

[译文]

（按：《春官·叙官》的译文，大体上同于《天官·叙官》的译文。为节省篇幅，此略）

大宗伯之职：掌建邦之天神、人鬼、地示之礼①，以佐王建保邦国。以吉礼事邦国之鬼神示②：以禋祀祀昊天上帝③，以实柴祀日月星辰④，以槱燎祀司中、司命、风师、雨师⑤。以血祭祭社稷、五祀、五岳⑥，以貍沈祭山林、川泽⑦，以疈辜祭四方百物⑧。以肆献祼享先王⑨，以馈食享先王⑩，以祠春享先王，以禴夏享先王，以尝秋享先王，以烝冬享先王。⑪

以凶礼哀邦国之忧⑫：以丧礼哀死亡，以荒礼哀凶札⑬，以吊礼哀祸灾⑭，以禬礼哀围败⑮，以恤礼哀寇乱⑯。

以宾礼亲邦国⑰：春见曰朝，夏见曰宗，秋见曰觐，冬见曰遇，⑱时见曰会，殷见曰同，⑲时聘曰问，殷覜曰视⑳。

以军礼同邦国㉑：大师之礼㉒，用众也；大均之礼㉓，恤众也；大田之礼㉔，简众也；大役之礼㉕，任众也；大封之礼㉖，合众也。

以嘉礼亲万民㉗：以饮食之礼亲宗族兄弟㉘，以昏冠之礼亲成男女㉙，以宾射之礼亲故旧朋友㉚，以飨燕之礼亲四方之宾客㉛，以脤膰之礼亲兄弟之国㉜，以贺庆之礼亲异姓之国㉝。

以九仪之命正邦国之位㉞：壹命受职㉟，再命受服㊱，三命受位㊲，四命受器㊳，五命赐则㊴，六命赐官㊵，七命赐国㊶，八命作牧㊷，九命作伯㊸。

以玉作六瑞㊹，以等邦国㊺：王执镇圭㊻，公执桓圭㊼，侯执信圭㊽,伯执躬圭㊾,子执谷璧㊿,男执蒲璧㊼。

以禽作六挚㊷,以等诸臣:孤执皮帛㊸,卿执羔㊴,大夫执雁㊵,士执雉㊶,庶人执鹜㊷,工商执鸡㊸。

以玉作六器㊹,以礼天地四方㊺:以苍璧礼天㊻,以黄琮礼地㊼,以青圭礼东方㊽,以赤璋礼南方㊾,以白琥礼西方㊿,以玄璜礼北方㊻。皆有牲币㊼,各放其器之色㊽。

以天产作阴德,以中礼防之;以地产作阳德,以和乐防之。以礼乐合天地之化,百物之产,以事鬼神,以谐万民,以致百物。

凡祀大神,享大鬼,祭大祇,帅执事而卜日,宿,视涤濯,莅玉鬯,省牲镬,奉玉粢,诏大号,治其大礼,诏相王之大礼。若王不与祭祀,则摄位。凡大祭祀,王后不与,则摄而荐豆笾,彻。大宾客,则摄而载果㊾。

朝觐会同,则为上相㊀。大丧,亦如之。王哭诸侯,亦如之。王命诸侯,则傧。国有大故,则旅上帝及四望。王大封,则先告后土。乃颁祀于邦国、都家、乡邑。

[注释]

①地祇(qí):地神。②吉礼:五礼之一。也叫祭礼。③禋(yīn)祀:祭祀开始时,为了降神,在堆积的木柴上面先放上玉帛,然后点燃,使烟气上升,天神闻到气味,就会下降。这叫做禋祀。下文的"实柴"、"槱燎"和禋祀大同小异。所谓实柴,是在堆积的木材上面先放上玉帛和已剔解过的牲体的贵重部分,然后点燃、冒烟,使天神闻到气味而下降。所谓槱燎,是在堆积的木材上面先放上牲体的贵重部分,然后点燃、冒烟,使天神闻到气味而下降。④实柴:歆神之礼。详上注。⑤槱(yǒu)燎:歆神之礼。详见注③。⑥血祭:祭地祇时的歆神之礼。⑦貍(mái)沈:貍,通"埋"。沈,同"沉"。祭地祇时的歆神之礼。⑧疈(pì)辜:祭地祇的歆神之礼。将牲体分割和支解。⑨肆(tī)献祼(guàn):肆,通"剔",此谓进献剔解过的牲体。献,

谓献醴。谓以郁鬯香酒浇地而请神降临。肆献祼，这是享先王的隆重之礼。⑩馈食：祭祀时向尸进献熟食。⑪"以祠春享先王"四句：祠，春季享先王的祭名。礿（yào），夏季享先王的祭名。尝，秋季享先王的祭名。烝，冬季享先王的祭名。⑫凶礼：五礼之一。处理不幸事件的礼数。⑬荒礼：在遇到饥荒、疾疫流行时，统治者降低自己的享受标准以赈救之礼。⑭祸灾：谓水火之灾。⑮禬（guì）礼：诸侯合出财货以弥补战败之同盟国所遭到的损失之礼。⑯"以恤礼"句：郑玄注："恤，忧也。邻国相忧。兵作于外为寇，作于内为乱。"⑰宾礼：五礼之一。对待宾客之礼。⑱"春见曰朝（cháo）"四句：四时的朝见，名称不同，郑玄的解释是："朝犹朝（zhāo）也，欲其来之早。宗，尊也，欲其尊王。觐之言勤也，欲其勤王之事。遇，偶也，欲其若不期而俱至。"⑲"时见曰会"二句：所谓"时"，谓不定时。殷者，众也，谓众多诸侯。所谓"六服"，谓畿外六等地区的诸侯。⑳殷覜（tiào）曰视：殷，众也，覜，探望也。㉑军礼：五礼之一。有关军事活动的礼数。㉒大师之礼：即天子亲自率兵征伐之礼。㉓大均之礼：调查统计户口以平均税收之礼。㉔大田之礼：天子诸侯亲自参加四时畋猎之礼。㉕大役之礼：国家为了完成大的工程建设项目而征调徒众之礼。㉖大封之礼：孙诒让说："大封者，谓邦国疆界有侵越者，当率师以定之。"㉗嘉礼：五礼之一。即喜庆之礼。㉘饮食之礼：谓人君招待族人吃饭饮酒之礼。㉙昏冠之礼：昏，古"婚"字。㉚宾射之礼：天子与诸侯分宾主比射之礼。㉛飨燕之礼：招待宾客的宴会之礼。㉜脤膰（shèn fán）之礼：脤是祭祀社稷的肉，膰是祭祀宗庙的肉。㉝贺庆之礼：诸侯有值得庆贺之事，天子派人携带礼品前往庆贺。㉞命：册命。㉟壹命：天子的下士、公侯伯的士、子男的大夫为壹命。㊱再命：天子的中士、公侯伯的大夫、子男的卿为再命。㊲三命：天子的上士、列国之卿为三命。㊳四命：天子的下大夫、公之孤卿为四命。㊴五命赐则：郑玄说："则，地未成国之名。王之下大夫四命，出封加一等，五命，赐之以方百里、二百里之地。方三百里以上为成国。"㊵六命：天子的卿为六命。㊶七命：天子的卿六命，出封加一等，则为七命。㊷八命：侯伯七命，因为有功德，加一命为八命。㊸九命：天子的八命，因为有功德，加一命为九命，可以为方伯（一方诸侯的总管），有权征伐该方的任何诸侯。㊹六瑞：六种玉制的瑞信。㊺等：等级。㊻镇圭：

镇，安也。圭，上圆下方的长方形瑞玉。天子执镇圭以安四方。㊼桓圭：上面以凸纹刻有桓（宫室的柱子）的图案的圭。㊽信（shēn）圭：上面以凸纹刻有伸直的人形图案的圭。㊾躬圭：上面以凸纹刻有略有弯曲的人形图案的圭。㊿谷璧：上面以凸纹刻有五谷的图案的璧。㊿蒲璧：上面以凸纹刻有蒲席的图案的璧。㊿挚：见面礼。㊿皮帛：在束帛外面包上虎豹之皮作为装饰。㊿羔：羔的象征意义，《白虎通义》说："卿以羔为贽，羔者，取其群而不党，卿职在尽忠率下，不阿党也。"㊿雁：王引之等人认为是鹅。㊿雉：野鸡。㊿鹜（wù）：鸭子。㊿鸡：其象征意义，郑玄说是："取其守时而动。"㊿六器：用玉制成的六种玉器。㊿礼：犹言祭祀。㊿苍璧：苍是天的颜色，璧是圆形的平面玉，中央有孔，象天之形。㊿黄琮：黄是地的颜色，琮是中央有孔，外有八个钝角（也就是有八个边）的玉，象八方之地。㊿青圭：青是东方之色，圭是上锐下方的玉。㊿赤璋：赤是南方之色，璋是圭的一半，象征夏物半死。㊿白琥：白是西方之色，琥是琮的一半（此孔广森说），象征秋天的肃杀。㊿玄璜：玄是北方之色，璜是璧的一半，象征冬天万物闭藏，只看到半个天。㊿牲币：牺牲和帛。㊿放（fǎng）：依照。㊿裸果（zài guàn）：即再裸。裸，通"再"。果，通"裸"。天子设宴招待上公，由天子一裸，王后再裸。裸，此谓以郁鬯香酒敬宾。㊿上相：第一傧相。傧相，接引宾客和赞礼的人。

[译文]

大宗伯的职责是：掌管为国家建立祀天神、享人鬼、祭地祇的礼制，以辅佐天子安邦定国。用吉礼来侍奉邦国的天神、地祇、人鬼：在祀天神开始请神降临时，用禋祀的礼数来祀昊天与上帝，用实柴的礼数来祀日、月、星、辰，用槱燎的礼数来祀司中、司命、风师、雨师。在祭地祇开始请神降临时，用血祭的礼数来祭社稷、五祀、五岳，用埋沉的礼数来祭山林、川泽，用疈辜的礼数来祭四方众多小神。在享人鬼开始请神降临时，或用肆献裸的礼数来享先王，或用馈食的礼数来享先王，春天以祠祭来享先王，夏天以礿祭来享先王，秋天以尝祭来享先王，冬天以烝祭来享先王。

用凶礼来为邦国的不幸事件救患分灾：以丧礼向死者表示哀

悼，以荒礼救助饥荒和疾疫流行，以吊礼慰问遭到灾祸的邦国，以襘礼帮助战败的盟国，以恤礼慰问遭到寇乱的邻国。

用宾礼来建立与邦国的亲密关系：诸侯在春天来朝见天子叫做朝，诸侯在夏天来朝见天子叫做宗，诸侯在秋天来朝见天子叫做觐，诸侯在冬天来朝见天子叫做遇。天子将有征讨而令一方诸侯前来朝见，这种没有固定时间的朝见叫做会；天子在应该巡守之年如果没有巡狩，四方六服的诸侯一齐前来朝见，这叫做同；诸侯听说天子有事，派遣大夫前来问候，这叫做问；在侯服诸侯来朝之年，其他五服诸侯也派遣卿齐来探望，这叫做视。

用军礼来统一邦国的意志，使其服从中央：大师之礼，用来鼓励民众的义勇之志；大均之礼，用来体恤民众的赋税负担；大田之礼，用来检阅民众的习兵练武；大役之礼，用来使用民众的劳力；大封之礼，用来使民众回归故土。

用嘉礼来使万民相亲相爱：以饮食之礼敦睦同族兄弟，以婚礼、冠礼使夫妇相亲和使青年男女有成人意识，以宾射之礼表示不忘故旧朋友，以飨宴之礼来联络四方诸侯的感情，以脤膰之礼来加强与同姓国家的亲密关系，以贺庆之礼来加强与异姓国家的亲密关系。

用九等不同礼仪的册命区别邦国爵位的贵贱：得到一命爵位的人可以说是正式进入仕途，得到再命爵位的人可以接受公家颁发的祭服，得到三命爵位的人可以列位于天子之臣，得到四命爵位的人可以接受公家颁发的祭器，得到五命爵位的人可以赐予或方百里或方二百里的土地，得到六命爵位的人可以在其采邑自主选用官吏，得到七命爵位的人可以封为侯伯之国的国君，得到八命爵位的人可以做一州之牧，得到九命爵位的人可以做一方之伯。

用玉制成六瑞以区别五等诸侯的身份：只有天子手执镇圭，公爵一律手执桓圭，侯爵一律手执信圭，伯爵一律手执躬圭，子爵一律手执谷璧，男爵一律手执蒲璧。

用鸟兽作为六种见面礼，以区别不同身份的臣民：孤手执皮帛作为见面礼，卿手执羊羔作为见面礼，大夫手执鹅作为见面礼，士手执野鸡作为见面礼，平民手执鸭子作为见面礼，工商阶层手执鸡作为见面礼。

用玉制成六种玉器，以祭祀天神、地神和东西南北四方之神：以苍璧祭祀天神，以黄琮祭祀地神，以青圭祭祀东方之神，以赤璋祭祀南方之神，以白琥祭祀西方之神，以玄璜祭祀北方之神。祭祀上述诸神时，都有牲币，而牲币的颜色都和该方所用玉器的颜色一致。

以动物食品来调剂人体内的阴气，以适中的礼防止阴气过分；以植物食品来调剂人体内的阳气，以和谐的音乐防止阳气过分。圣人制礼作乐，合聚天地之间的矿物、动物、植物，用以祭祀鬼神，用以谐和万民，用以得到祭祀鬼神、招待宾客所需的种种物品。

凡是祀天神、享人鬼、祭地祇的重大典礼，要首先率领有关官员占卜祭祀的吉日，然后申戒参加典礼的百官，视察祭器和炊具的洗涤，视察舀郁鬯香酒用的玉饰勺子，视察祭祀用的牺牲和烹煮牲体的大锅，亲手奉持玉粢，将祝辞中要使用的美好称呼提醒大祝，将预计有天子参加的典礼事先演习一遍，等到正式行礼时就提醒天子如何行礼。如果天子因故未能亲自参加祭祀典礼，就代替天子行礼。凡是大的祭祀，如果王后因故未能参加，就代替王后进献豆笾和撤除豆笾。遇到天子设宴招待上公，如果王后因故未能参加，就代替王后向客人行再裸之礼。

遇到朝觐会同，就担任天子的第一傧相。遇到王后与世子的丧事，也是这样。遇到诸侯死于本国而天子为其遥哭时，也是这样。天子对诸侯有分封之命或进爵之命时，就担任受命者的赞引。国家发生了重大灾害，就祭祀上帝和遥祭四方的名山大川。天子分封诸侯，就事先祭告后土。并以天子的名义向邦国、都家、乡遂、公邑颁发祀典。

小宗伯之职：掌建国之神位，右社稷，左宗庙。兆五帝于四郊①，四望、四类亦如之②。兆山川、丘陵、坟衍③，各因其方④。

掌五礼之禁令与其用等。辨庙祧之昭穆⑤。辨吉凶之五服、车旗、宫室之禁⑥。掌三族之别⑦，以辨亲疏⑧。其正室皆谓之"门子"⑨，掌其政令。

毛六牲，辨其名物⑩，而颁之于五官⑪，使共奉之。辨六粢之名物与其用，使六宫之人共奉之。辨六彝之名物⑫，以待果将⑬。辨六尊之名物⑭，以待祭祀、宾客。

掌衣服、车旗、宫室之赏赐。掌四时祭祀之序事与其礼⑮。若国大贞⑯，则奉玉帛以诏号⑰。大祭祀，省牲，视涤濯。祭之日，逆粢⑱，省镬，告时于王，告备于王。

凡祭祀、宾客，以时将瓒果⑲。诏相祭祀之小礼。凡大礼，佐大宗伯。赐卿大夫士爵，则傧。小祭祀，掌事，如大宗伯之礼。大宾客，受其将币之赍。若大师，则帅有司而立军社⑳，奉主车㉑。若军将有事，则与祭有司将事于四望。㉒若大甸㉓，则帅有司而馌兽于郊㉔，遂颁禽。大灾，及执事祷祠于上下神祇㉕。

王崩，大肆以秬鬯涚㉖。及执事莅大敛、小敛，帅异族而佐㉗。县衰冠之式于路门之外㉘。及执事视葬献器，遂哭之。卜葬兆㉙，甫竁，亦如之。既葬，诏相丧祭之礼。成葬而祭墓，为位。

凡王之会同、军旅、甸役之祷祠，肄仪为位㉚。国有祸灾，则亦如之。凡天地之大灾，类社稷、宗庙㉛，则为位。凡国之大礼，佐大宗伯；凡小礼，掌事，如大宗伯之仪。

[注释]

①兆：为祭坛圈定营域。②四望：见《大宗伯》注。四类：谓日、月、星、辰、风师、雨师、司中、司命等神。③坟衍：见《大司徒》注。④各因其方：如果是东方的山川、丘陵、坟衍，就在东郊建立祭坛。余可类推。⑤庙祧：周制，天子七庙：始祖庙（即后稷庙）、二祧庙（即文王庙、武王庙）和四亲庙（即父、祖、曾祖、高祖四庙）。⑥吉凶之五服：即五种吉服（也叫祭服）和五种丧服。⑦三族：郑玄说是指父、子、孙三辈。⑧以辨亲疏：从直系亲属来说，由父亲往上，血缘关系愈远，亲情愈薄；由儿子往下，血缘关系愈远，亲情愈薄。亲情厚则丧服重，亲情薄则丧服轻。⑨门子：因为父年老则嫡子代当门户，故曰门子。⑩名物：名称及其实物。⑪五官：谓地官大司徒、春官大宗伯、夏官大司马、秋官大司寇、冬官大司空。⑫六彝：六种盛郁鬯香酒的酒器。⑬果（guàn）：通"祼"。⑭六尊：六种盛酒的酒器。⑮序事：指卜日、省牲、视涤濯、饔飧等事。因为这些事都有固定的先后顺序，故称序事。⑯大贞：为大事而卜问。⑰号：对神鬼、祭品的尊称、美号。⑱逆粢：逆者，接受也。粢谓粢盛。⑲瓒果（guàn）：行祼礼时所用的瓒。⑳有司：谓大祝。㉑主车：载有神主的车。㉒"若军将有事"二句：王引之说："'于四望'三字当在'若军将有事'之下，写者错乱耳。"㉓甸（tián）：谓畋猎。㉔有司：郑玄注："有司，大司马之属。"㉕执事：指大祝及男巫、女巫。㉖大肆：郑玄注："大肆，始陈尸，伸之。"㉗异族：谓天子的异姓。㉘县：古"悬"字。㉙兆：谓墓的茔域。㉚肆仪：肆，习也。谓预先演习礼仪。㉛类：一种祭祀。因为这种祭祀的礼数比正常之礼略有精简，只是类似于正常之礼，故名。

[译文]

小宗伯的职责是：掌管在京师及其四郊建立神位：在王宫路门外的右边建立社神稷神的坛位，在王宫路门外的左边建立列祖列宗的庙宇。在四郊建立祭祀五帝的坛位，建立四望、四类的坛位也是如此。祭祀山川、丘陵、坟衍的坛位，各随其所在的方向而建立。

掌管吉凶宾军嘉五礼的禁令和在行礼时按照身份高低使用不同

级别的牲牢、礼器，辨别庙祧的昭穆顺序，辨别五等吉服、凶服以及车旗、宫室的使用标准，禁止僭上逼下。掌管区分九族的远近，以辨别其关系亲疏。王族及卿大夫的嫡子都叫做门子，小宗伯掌管征调使用他们的政令。

负责选择毛色纯一的六牲，辨别每一牲的名称及其实物，然后将这些要求分别通知大司徒等五官，让他们按照要求供奉；负责辨别六粢的名称、实物及其用场，并让六官之人按照要求供奉；负责辨别六彝的名称及其实物，以备行祼礼时使用。负责辨别六尊的名称及其实物，以备祭祀和招待宾客之用。

掌管辨别天子赏赐臣下所需衣服、车旗、宫室的不同规格。掌管四时祭祀中每一祭祀所含礼仪的先后程序及其礼数。如果国家有大事须要卜问，则奉持玉帛和告知祝辞中要使用的美号。遇到大的祭祀，要协助大宗伯事先检查牺牲是否合乎要求，视察祭器和炊具的洗涤情况。等到祭祀那天，要从饎人手中接过粢盛，并视察牲体在锅中的烹煮，向天子报告陈列祭品和进献祭品的时间，向天子报告所有的祭品都已备齐。

凡是祭祀和招待宾客，要按时把行祼礼所用的圭瓒分别送到天子和大宗伯手中。教导群臣在祭祀中如何行礼。凡是有天子参加的大礼，都要协助大宗伯行事。天子向卿大夫士赐爵，就担任受赐者的赞引。小祭祀，有权专掌其事，就像大宗伯在大祭祀中所做的那样。诸侯来朝，负责接受他们带来的进贡财物。如果天子亲自率师征伐，就要率领大祝建立军中之社，并守护载有神主的车辆。如果军队将要祭祀四方的名山大川，就和掌管祭祀的有关部门一道行事。如果举行大规模的畋猎，在结束之后，就率领有关部门向四郊的群神进献所获禽兽，然后将剩下的禽兽分发给群臣。国家发生大的灾祸，就和有关官员一道祈祷、报谢于上上下下的天神地祇。

天子驾崩，则亲临伸展尸体，监视有关官员以郁鬯香酒浴尸；

与有关官员一道亲临小殓、大殓，率领和天子异姓的人帮助小殓、大殓。将孝衣、孝帽的样式悬挂在路门之外，以昭示百官。与有关工匠一道察看下葬时将要进献的明器，并代替天子哭泣。占卜下葬的茔地时，开始打墓时，也都要代替天子哭泣。下葬以后，嗣王举行虞祭、祔祭时，要指导他如何行礼。聚土成坟以后，要祭祀坟墓所在地的土地爷，求其保佑；在坟墓的左边设置土地爷的神位。

凡是天子为会同、军旅、田役之事举行祈祷和报谢神灵的祭祀，要预先演习一下礼仪，小宗伯就负责安排预演中的神位和百官之位。国家发生了祸灾，举行祈祷和报谢之祭，也是这样。如果发生了日食、地震一类的大灾，对社稷、宗庙进行类祭时，则负责安排神位。总而言之，凡是国家的重大典礼，就辅佐大宗伯行事；凡是国家的小型典礼，则可以专掌其事，就像大宗伯在重大典礼中所做的那样。

肆师之职：掌立国祀之礼，以佐大宗伯。立大祀①，用玉帛、牲牷；立次祀②，用牲币；立小祀③，用牲。以岁时序其祭祀及其祈珥④。大祭祀，展牺牲，系于牢，颁于职人。凡祭祀之卜日、宿、为期，诏相其礼，视涤濯亦如之。祭之日，表齍盛⑤，告洁；展器陈，告备；及果⑥，筑鬻。相治小礼，诛其慢怠者。掌兆中、庙中之禁令。凡祭祀礼成，则告事毕。大宾客，莅筵几，筑鬻，赞果将⑦。大朝觐，佐侯⑧，共设匪瓮之礼，飨食，授祭⑨。与祝侯禳于疆及郊。大丧，大渳以鬯⑩，则筑鬻；令外内命妇序哭⑪；禁外内命男女之衰不中法者⑫，且授之杖。

凡师甸⑬，用牲于社宗，则为位。类造上帝，封于大神，祭兵于山川，亦如之。凡师不功，则助牵主车。凡四时之大甸猎，祭表貉⑭，则为位。尝之日，莅卜来岁之芟。狝之日⑮，莅卜来岁之戒。社之日，莅卜来岁之稼。

若国有大故，则令国人祭。岁时之祭祀亦如之。凡卿大夫之丧，相其礼。凡国之大事，治其礼仪，以佐宗伯。凡国之小事，治其礼仪而掌其事，如宗伯之礼。

[注释]

①大祀：对天地、宗庙一类大神的祭祀。②次祀：也叫中祀。指对日、月、星、辰、社稷、五祀、五岳一类中神的祭祀。③小祀：指对司中、司命、风师、雨师、山川一类小神的祭祀。④祈珥（jī ěr）：谓衅礼。即杀牲取血以涂抹新成之器物。⑤粢盛：郑玄注："粢，六谷也。在器曰盛。"⑥果（guàn）：通"祼"，谓祼礼。即以郁鬯香酒浇地歆神。⑦赞果（guàn）将：郑玄注："酌郁鬯，授大宗伯再祼。"⑧佐傧：郑玄注："为承傧。"所谓承傧，是对上傧（也叫上相）而言。⑨授祭：郑玄注："授宾祭肺。"⑩大渳（mǐ）：谓浴尸。⑪序哭：以丧服的重轻为先后顺序而哭。⑫外内命男女：即外命男、内命男和外命女、内命女。⑬甸：通"田"，畋猎。⑭祭表貉（mà）：立表举行貉祭。表，指练兵场上的标杆。貉，通"禡"。祭是军中之祭，祭祀始造军法之神。⑮狝（xiǎn）：秋季的畋猎叫做狝。秋季畋猎，开始练兵。

[译文]

肆师的职责是：掌管建立国内祭祀的礼仪，以协助大宗伯。建立大祀，其祭品可以使用玉帛牲牷；建立中祀，其祭品可以使用牲币；建立小祀，其祭品可以使用牲。把一年四时中所有的祭祀及其宫庙落成的衅礼，按照其规格的大中小和时间的先后排好顺序。大的祭祀，要先视察牺牲是否合乎要求，然后把合乎要求的牺牲系在圈牢里，交给充人精心饲养。凡是祭祀中的占卜吉日、申戒百官、确定举行祭礼的具体时间等活动，都要教导人们如何行礼。视察祭器、炊具的洗涤时也是这样。举行正式祭祀那天，要在簠簋旁边插上小旗，标明内装何种谷物，并向天子报告说：所献粢盛，干干净净。要检查所有陈列的祭品，并向天子报告说：所有祭品，都已齐备。等到行祼礼的时候，要将郁金香草捣碎煮汁。协助小宗伯主持小型典礼，对行礼怠慢的人加以责备。掌管郊外所有坛域、国中所有庙宇的禁令。凡祭祀典礼结束，就报告事毕。天子设宴招待来朝诸侯，要亲临检查筵席几案的设置，捣碎郁金香草并煮成汁液；当大宗伯代替王后行再祼之礼时，负责把郁鬯香酒斟满递给大宗伯。大朝觐时，作为第二傧相协助大宗伯行事，天子如果未能亲自设宴招待客人，就负责将装有各种食品的筐瓮送往宾馆；如果天子亲自设宴招待客人，就负责将祭肺递给客人。与小祝一道主持在疆地和郊地举行的候禳之祭。天子或王后去世，须要用郁鬯香酒浴尸，肆师就负责将郁金香草捣碎并煮成汁液；命令内外命妇按照次序哭泣；禁止内外百官、内外命妇穿着不合格式的孝衣，并且发给他们丧杖。

凡出师征伐和四时畋猎，如果用牲祭祀军中之社和迁庙神主，就负责设立神位；如果就所征之地类祭上帝，设坛祭祀当地的社神及方岳，祭祀驻军所在地的山川，也是这样。凡是打了败仗，就协助大司马牵引载有神主的车子快跑。凡是四时的大畋猎，在练兵场插有标杆的地方祭祀始造军法之神，就负责设立神位。秋季祭祀宗庙的那天，亲临卜问来年草物收割的多少；秋季畋猎开始的那天，亲临卜问来年是否有兵寇之灾；秋季举行社祭的那天，亲临卜问来年适宜种植的庄稼。

如果国家发生了水旱凶荒一类灾祸，就下令所有国民举行社祭、禜祭、酺祭。一年四季中的正常祭祀，也要下令国民照章举行。凡是卿大夫去世，在丧事中要帮助其嫡子行礼。凡是国家的重大典礼，治其礼仪，以辅佐大宗伯。凡是国家的小型典礼，就治其礼仪而专掌其事，就像大宗伯在重大典礼中所做的那样。

郁人：掌祼器①。凡祭祀、宾客之祼事，和郁鬯②，以实彝而陈之。凡祼玉，濯之，陈之，以赞祼事。诏祼将之仪与其节。

凡祼事,沃盥。大丧之渳,共其肆器③;及葬④,共其祼器,遂貍之。大祭祀⑤,与量人受举斝之卒爵而饮之⑥。

[注释]

①祼(guàn)器:行祼礼时所用的器具。②和郁鬯:将郁金香草煮成的汁与秬鬯勾兑在一起。③肆器:陈尸之器。④及葬:实际上是指出葬那天黎明所设的大遣奠(即葬奠)。⑤大祭祀:指宗庙的隆重祭祀。⑥量人:官名。属夏官大司马。斝(jiǎ):盛酒的器皿。

[译文]

郁人的职责是:掌管祼器。每逢祭祀、招待宾客行祼礼时,负责调制郁鬯香酒,调好以后,还要装进彝里并摆放在行礼的地方。凡是祼礼所用的圭瓒、璋瓒,负责洗干净,然后陈设起来,以帮助行祼礼。行祼礼时,负责提醒天子怎样行礼和行礼的适当时间。每逢行祼礼,负责给天子、王后浇水洗手。天子、王后去世后的浴尸,负责提供陈放尸体所用的器具;等到下葬时,负责提供祼器,用过之后,就将祼器埋在祖庙的两阶之间。大的祭祀礼毕,与量人一道接受天子赐予的斝中之酒并将其饮干。

鬯人:掌共秬鬯而饰之①。凡祭祀,社壝用大罍②,禜门用瓢赍③,庙用修④。凡山川四方用蜃⑤,凡祼事用概⑥,凡疈事用散。大丧之大渳,设斗⑦,共其衅鬯。凡王之齐事,共其秬鬯。凡王吊临,共介鬯。

[注释]

①秬鬯:用黑黍酿造的酒。②壝(wěi):神坛及其周围矮墙的总称。③禜(yǒng)门:在国都城门举行禜祭。禜是掌管水旱之神。④修(yǒu):一种酒樽。⑤蜃:一种酒樽。由于樽上画有蜃形而得名。⑥概:一种酒樽。表面涂有黑漆,但樽腹系有朱带。⑦斗(zhǔ):勺子一类的用具。

[译文]

鬯人的职责是:掌管供应秬鬯,并为盛放秬鬯的酒樽蒙上巾幂。凡祭祀：如果是设坛祭祀社稷，就用瓦甒盛秬鬯；如果是因水旱而禜祭国门，就用葫芦盛秬鬯；如果是祭祀宗庙，就用卣盛秬鬯；如果是祭祀四方的名山大川，就用蜃盛秬鬯；如果是祭祀山林川泽，就用概盛秬鬯；如果是祭祀四方的小神，就用散盛秬鬯。天子、王后去世后的浴尸，负责陈设舀水用的勺子，负责提供涂尸用的秬鬯。每逢天子斋戒，供给天子洗澡用的秬鬯。凡是天子到臣下家里吊唁，供给天子用以涂身避秽的秬鬯。

鸡人：掌共鸡牲，辨其物①。大祭祀，夜呼旦以叫百官。凡国之大宾客、会同、军旅、丧纪，亦如之。凡国事为期，则告之时。凡祭祀、面禳、衅②，共其鸡牲。

[注释]

①物：谓毛色。②面禳：贾公彦说："面禳，祈祷之属。"

[译文]

鸡人的职责是：掌管供给鸡牲，辨别鸡的毛色。大祭祀，天快亮时要高声呼喊："天亮了！"以叫醒百官。每逢国家设宴招待诸侯、大的会同、天子率军出征、天子或王后去世，也要这样。凡国家的事情已经确定了在当天的什么时辰开始，到时候就要负责报告时辰。凡祭祀、祈祷、衅庙一类事，负责供给所需要的鸡牲。

司尊彝：掌六尊、六彝之位①，诏其酌②，辨其用与其实③。春祠、夏礿，祼用鸡彝、鸟彝④，皆有舟；其朝践用两献尊，其再献用两象尊，皆有罍⑤，诸臣之所昨也。秋尝、冬烝，祼用斝彝、黄彝，皆有舟；其朝献用两著尊，其馈献用两壶尊，皆有罍，诸臣之所昨也。凡四时之间祀——追享、朝享⑥，祼用虎彝、蜼彝，皆有舟；其朝践用两大尊，其再献用两山尊，皆有罍，诸臣之所昨也。凡六彝、六尊之酌，郁齐献酌⑦，醴齐缩酌⑧，盎齐涚酌⑨，凡酒脩酌⑩。大丧，存尊彝⑪，大旅亦如之。

[注释]

①六尊：用以盛放五齐（五种未经过滤的酒。见《酒正》）的六种酒器。②酌：指各种酒的过滤方法。③实：指六尊六彝和罍中各盛何酒。六尊用以盛五齐，六彝用以盛郁鬯，罍用以盛三酒。④祼：郑玄注："祼，谓以圭瓒酌郁鬯，始献尸也。"⑤罍：一种盛酒的器具。形状像壶。其规格低于六彝、六尊。⑥追享、朝享：谓大禘、大祫。是两种最隆重的宗庙之祭。⑦缩（suō）酌：过滤郁鬯使之可酌的一种方法。⑧缩酌：过滤醴齐使之可酌的一种方法。⑨涚（shuì）酌：过滤盎齐而使之可酌的方法。⑩凡酒：谓三酒。即事酒、昔酒、清酒。见《酒正》。脩（dí）酌：过滤三酒使之可酌的方法。⑪存：省视。

[译文]

司尊彝的职责是：掌管六尊、六彝陈设的位置，告知六尊、六彝中所盛之酒的过滤方法，辨别六尊、六彝的不同用场和内装何酒。春天的祠祭和夏天的禴祭，行祼礼时使用鸡彝、鸟彝，鸡彝、鸟彝的下面都有承盘；行朝践礼时使用两只牺尊，行再献礼时使用两只象尊；都设有罍，供群臣自酢时使用。秋天的尝祭和冬天的烝祭，行祼礼时使用斝彝、黄彝，斝彝、黄彝的下面都有承盘；行朝献礼时使用两只著尊，行馈献礼时使用两只壶尊；都设有罍，供群臣自酢时使用。凡是四时不经常举行的祭祀，即追享、朝享，行祼礼时使用虎彝、蜼彝，虎彝、蜼彝的下面都有承盘；行朝践礼时使用两只太尊，行再献礼时使用两只山尊；另外也都设有罍，供群臣自酢时使用。所有六彝、六尊中所盛之酒的过滤方法是：郁齐这种酒，是把郁鬯和盎齐掺兑在一起，用手揉搓使郁金香汁充分发散，然后用一束茅草加以过滤；醴齐这种酒，是把醴齐和事酒掺兑在一起，然后用一束茅草加以过滤；盎齐这种酒，是把盎齐和清酒掺兑在一起，然后用筛子加以过滤；至于三酒，只须加进去一些水，然后用筛子加以过滤。天子、王后或太子去世，负责视察大遣奠时陈设的彝器，旅祭上帝时也是这样。

司几筵：掌五几、五席之名物①，辨其用与其位。凡大朝觐、大飨射②，凡封国、命诸侯，王位设黼依③，依前南乡设莞筵纷纯④，加缫席画纯⑤，加次席黼纯⑥，左右玉几⑦。祀先王，昨席亦如之⑧。诸侯祭祀席，蒲筵缋纯⑨，加莞席纷纯，右雕几⑩；昨席，莞筵纷纯，加缫席画纯。筵国宾于牖前，亦如之；左彤几⑪。甸役则设熊席⑫，右漆几⑬。凡丧事⑭，设苇席，右素几⑭。其柏席用萑黼纯，诸侯则纷纯，每敦一几。凡吉事变几，凶事仍几。

[注释]

①五几：即玉几、雕几、彤几、漆几、素几。五席：即莞席、缫席、次席、蒲席、熊席。②大朝觐：谓天子因会同而行朝觐之礼。③黼依：天子用的屏风。④莞筵：用小蒲编织成的挨地之席。⑤缫（zǎo）席：以蒲草编织的五彩之席。⑥次席：用桃枝竹编织的席。⑦左右玉几：天子席位左右皆设置有玉饰之几。⑧昨席：即酢席。⑨蒲筵：用蒲草编织的挨地之席。⑩雕几：盖有刻镂而无玉饰之几。⑪彤几：赤漆之几。⑫熊席：用熊皮制成的席。⑬漆几：黑漆之几。⑭素几：用白土涂饰的几。

[译文]

司几筵的职责是：掌管五几、五席的名称和种类，辨别它们的用途与陈设的位置。凡是大朝觐、大飨、大射，凡是封建国家、册命诸侯，在天子的席位后面要设置黼依，黼依的前面，朝南方向，先挨地铺设一层用有图纹的长条丝带镶边的莞席，再在莞席上面加铺一层边缘画有彩云的五彩蒲席，蒲席上面再加铺一层用黑白相间斧形花纹丝带镶边的次席，席的左右则设置玉几。祭祀先王时为神铺设的席、为天子铺设的接受尸的酢酒之席也是这样。诸侯宗庙之祭为神铺设的席是：挨地一层是用赤色丝带镶边的蒲席，上面加铺一层用有图纹的长条丝带镶边的莞席，席的右边设置雕几；为诸侯铺设的酢席是：挨地一层先铺上用有图纹的长条丝带镶边的莞席，上面再加一层边缘画有彩云的五彩蒲席；为国宾在堂上窗前铺席也是这样：如果国宾是诸侯，就在席的左边设置雕几，如果国宾是孤卿大夫，就在席的左边设置彤几。天子畋猎时举行貉祭，则为神只铺设一层熊席，席的右边设置漆几。凡是丧事中的奠祭，为死者亡灵铺设苇席，席的右边设置素几；其墓穴中的神坐之席，天子是用有黑白相间斧形花纹丝带镶边的萑席，诸侯则用有图纹的长条丝带镶边的萑席，每棺均设一几。凡是吉礼中的祭祀活动，每项活动都要更换新几；而丧礼中的所有奠祭，从头到尾都是使用同一条几，无须更换。

天府：掌祖庙之守藏与其禁令①。凡国之玉镇、大宝器②，藏焉。若有大祭、大丧，则出而陈之；既事，藏之。凡官府乡州及都鄙之治中③，受而藏之，以诏王察群吏之治。上春，衅宝镇及宝器④。凡吉凶之事，祖庙之中沃盥，执烛。季冬，陈玉，以贞来岁之美恶。若迁宝，则奉之。若祭天之司民、司禄而献民数、谷数⑤，则受而藏之。

[注释]

①祖庙：始祖后稷之庙。②玉镇：谓《大宗伯》中的六瑞。③治中：治理政事的文书档案。④衅：血祭。杀牲以牲血涂之。⑤司民：星名。主民。

[译文]

天府的职责是：掌管祖庙中珍宝、档案的守藏与其禁令。凡是国家的玉镇、价值连城的珍宝，负责收藏。如果有大的祭祀、天子或王后去世，就把这些珍宝拿出来陈列展览；事过之后，再收藏起来。凡是中央、地方各级官府的办公文书档案，都负责接受并加以保管，告知天子，据以考核内外百官的政绩。每年初春，要对守藏的各种珍宝都进行血祭。每逢吉凶之事，当有关官员在祖庙中为尸和天子浇水洗手时，要在一旁举起火把照明。每年季冬，要陈设礼神的玉器，以卜问来年的吉凶。如果国家迁都，珍宝也要随之迁移，则负责护送。如果每年孟冬有关部门在祭祀了司民、司禄二星以后，向天子进献全国本年的人口数、粮食数，则负责接受并加以保管。

典瑞：掌玉瑞、玉器之藏①，辨其名物与其用事，设其服饰②。王晋大圭③，执镇圭，缫藉五采五就④，以朝日⑤。公执桓圭⑥，侯执信圭，伯执躬圭，缫皆三采三就；子执谷璧，男执蒲璧，缫皆二采再就，以朝、觐、宗、遇、会、同于王。诸侯相见亦如之。瑑圭璋璧琮⑦，缫皆二采一就，以覜聘。四圭有邸，以祀天、旅上帝。两圭有邸，以祀地、旅四望。祼圭有瓒，以肆先王，以祼宾客。圭璧⑧，以祀日月星辰。璋邸射⑨，以祀山川，以造赠宾客。土圭以致四时日月⑩，封国则以土地。珍圭以征守⑪，以恤凶荒。牙璋以起军旅⑫，以治兵守。璧羡以起度⑬。驵圭、璋、璧、琮、琥、璜之渠眉，疏璧琮以敛尸。谷圭以和难⑭，以聘女。琬圭以治德⑮，以结好。琰圭以易行⑯，以除慝。大祭祀，大旅，凡宾客之事，共其玉器而奉之。大丧，共饭玉、含玉、赠玉。凡玉器出，则共奉之。

[注释]

①玉瑞、玉器：即《大宗伯》的六瑞、六器之类。②服饰：指玉瑞、玉器的外部装饰。③晋：通"搢"，插。④缫（zǎo）藉：玉的彩色衬垫。⑤朝日：祭名。在国都东门外迎日而祭之。⑥桓圭：六瑞之一。与下文的信圭、躬圭、谷璧、蒲璧，均见《大宗伯》注。⑦瑑（zhuàn）：在玉器上雕刻的隆起的装饰纹。⑧圭璧：一种玉名。其形状是一圭一璧的联合体。⑨璋邸射：一种玉名。其形状是一璋一琮的联合体。⑩土圭：一种玉名。长一尺五寸。⑪珍圭：一种玉名。这是天子派遣使臣传达王命时授予使臣的瑞节（符信、凭

据），其大小与琬琰差不多。⑫牙璋：一种玉名。其锐出部分的边缘刻为锯齿状，故称。也是天子使臣传达王命时所持的瑞节，其作用如同后世的虎符。⑬璧羡：一种椭圆形的璧，长一尺，宽八寸。羡，通"延"。详《考工记·玉人》注。⑭谷圭：一种玉名。长七寸，上面刻有五谷图纹。⑮琬圭：一种玉名。长九寸，上端为半圆形。⑯琰圭：一种玉名。长九寸，上端锐如锋芒。

[译文]

典瑞的职责是：掌管玉瑞、玉器的收藏，辨别它们的名称、种类及其用场，并为其设置作为装饰用的衬垫。天子腰带上插的是大圭，手中执的是镇圭，它们的彩色衬垫都是用玄黄朱白苍五种颜色在衬垫上横绕着画上五圈，用以朝日。公爵手执桓圭，侯爵手执信圭，圭的衬垫都是用朱白苍三种颜色在衬垫上横绕着画上三圈；子爵手执谷璧，男爵手执蒲璧，璧的衬垫都是用朱绿两种颜色在衬垫上横绕着画上两圈，用以在朝、觐、宗、遇、会、同的场合朝见天子。诸侯之间会见也是这样。刻有隆起装饰纹的圭、璋、璧、琮，其衬垫都是用朱绿两种颜色在衬垫上横绕着画上一圈，诸侯派遣大夫聘问天子或诸侯之间互相聘问时使用之。四圭有邸，用来祭祀昊天，用来旅祭上帝。两圭有邸，用来祀地，用来旅祭四方的名山大川。圭瓒，天子在祭祀先王和设宴招待宾客时用来行裸礼。圭璧，用来祭祀日月星辰。璋邸射，用来祭祀中小山川，用来作为到宾客下榻的宾馆馈赠生熟食品的信物。土圭，用来测量日月在春分、夏至、秋分、冬至那天影子的长短，分封诸侯则用来测量封域。珍圭，天子用来征召诸侯，用来传达王命，赈救凶年灾荒。牙璋，天子用来调动军队，用来发兵防守。璧羡，用来作为度量的标准。用丝带将圭、璋、璧、琮、琥、璜通过刻在它们上面的沟纹串联起来（其中的璧琮还要刻镂出穿透的小眼），用来殓尸。谷圭，天子用来调解诸侯的仇怨，缔结婚姻时用来给女方下聘礼。琬圭，天子用来奖励诸侯做好事，用来与诸侯缔结友好关系。琰圭，用来责备行为不端的诸侯使其改恶从善，用来拘捕诸侯中的坏蛋。大祭祀，大旅祭，以及凡是招待宾客之事，负责供应所需要的玉器并送往行礼之处。天子或王后、太子去世，负责供给饭玉、含玉和赠玉。凡是天子要赐予臣下玉器，路程近的负责送达，路程远的则交付使者。

典命：掌诸侯之五仪、诸臣之五等之命①。上公九命为伯，其国家、宫室、车旗、衣服、礼仪，皆以九为节；侯伯七命，其国家、宫室、车旗、衣服、礼仪，皆以七为节；子男五命，其国家、宫室、车旗、衣服、礼仪，皆以五为节。王之三公八命，其卿六命，其大夫四命；及其出封，皆加一等，其国家、宫室、车旗、衣服、礼仪亦如之。凡诸侯之适子誓于天子②，摄其君，则下其君之礼一等；未誓，则以皮帛继子男。公之孤四命，以皮帛视小国之君，其卿三命，其大夫再命，其士壹命，其宫室、车旗、衣服、礼仪，各视其命之数。侯伯之卿、大夫、士亦如之。子男之卿再命，其大夫壹命，其士不命，其宫室、车旗、衣服、礼仪，各视其命之数。

[注释]

①五仪：五等诸侯（公侯伯子男）的礼仪。五等之命：谓侯国诸臣五等之命（四命的孤、三命的卿、再命的大夫、一命的士、不命的士）。②适子：嫡子。适，通"嫡"。誓：郑玄注："誓犹命也。"

[译文]

典命的职责是：掌管五等诸侯的礼仪和侯国诸臣的五等命数。上公九命就成为方伯，其都城面积、宫室大小、所用的车旗、所穿的礼服、所享受的礼仪，都是以九为准；侯爵、伯爵的国君是七命，其都城面积、宫室大小、所用的车旗、所穿的礼服、所用的礼仪，都是以七为准；子爵、男爵的国君是五命，其都城面积、宫室大小、所用的车旗、所穿的礼服、所享受的礼仪，都是以五为准。

天子的三公是八命，天子的卿是六命，天子的大夫是四命，如果他们被出封为畿外的诸侯，都加一等，他们的都城面积、宫室大小、所用的车旗、所穿的礼服、所享受的礼仪，也就随着都加一等。凡是诸侯的嫡子，如果已经得到天子的册命被立为太子，代行其国国君的职务，那么，他享受的礼数都比其国国君降低一等；如果尚未得到天子的册命认可，那么，就只能拿着皮帛作为见面礼参见朝会，并且排在子男的后面。上公的孤是四命，参见朝会时以皮帛作为见面礼比照小国之君的礼数，上公的卿是三命，其大夫是再命，其士是一命，他们的宫室大小、所用的车旗、所穿的礼服、所享受的礼仪，各自比照其命数。侯爵、伯爵的卿大夫士也是这样。子爵、男爵的卿是再命，其大夫是一命，其士不命，他们的宫室大小、所用的车旗、所穿的礼服、所享受的礼仪，也各自比照其命数。

司服：掌王之吉凶衣服，辨其名物与其用事。王之吉服：祀昊天上帝，则服大裘而冕，祀五帝亦如之；享先王则衮冕，享先公、飨、射则鷩冕①，祀四望山川则毳冕，祭社、五祀则希冕，祭群小祀则玄冕②。凡兵事，韦弁服。视朝，则皮弁服。凡甸，冠弁服。凡凶事，服弁服。凡吊事，弁绖服。凡丧，为天王斩衰，为王后齐衰。③王为三公六卿锡衰，为诸侯缌衰，为大夫、士疑衰，其首服皆弁绖。大札、大荒、大灾，素服④。公之服，自衮冕而下，如王之服。侯伯之服，自鷩冕而下，如公之服。子男之服，自毳冕而下，如侯伯之服。孤之服，自希冕而下，如子男之服。卿大夫之服，自玄冕而下，如孤之服。其凶服，加以大功、小功。士之服，自皮弁而下，如大夫之服，其凶服亦如之。其齐服有玄端、素端。凡大祭祀、大宾客，共其衣服而奉之。大丧，共其复衣服、敛衣服、奠衣服、廞衣服，皆掌其陈序。

[注释]

①先公：指后稷之后、大王（文王之父）之前的周人先祖。因为他们没有被追尊为王，身份只是国君，故称先公。②群小祀：郑玄注："群小祀，林泽、坟衍、四方百物之属。"③"凡丧"三句：《礼记·昏义》云："天子之与后，犹父之与母也。故为天王服斩衰，服父之义也；为后服齐衰，服母之义也。"④素服：头戴缟冠，身穿白布衣，素裳、素履。

[译文]

司服的职责是：掌管天子参加重大吉凶典礼时所穿的礼服，辨别这些礼服的名称、种类及其用场。天子参加吉礼吉事的礼服有：如果是祭祀昊天和上帝，就身穿大裘而头戴冕，祭祀五帝时也是这样；如果是祭祀先王，就身穿衮服而头戴冕；如果是祭祀先公、设宴招待宾客、举行大射礼，就身穿鷩服而头戴冕；如果是祭祀四方的名山大川，就身穿毳服而头戴冕；如果是祭祀社稷、五祀，就身穿希服而头戴冕；如果是祭祀小的神灵，就身穿玄服而头戴冕。凡参加军事活动，天子就穿韦弁服。凡是视朝，天子就穿皮弁服。凡参加畋猎，天子就穿冠弁服。凡参与丧事活动，天子就头戴孝帽，身穿孝服。凡是去吊唁群臣，天子就穿弁绖服。凡是天子去世，诸侯群臣都要为他服斩衰；凡是王后去世，诸侯群臣都要为她服齐衰。天子的吊服有三种：吊三公六卿则穿锡衰，吊诸侯则穿缌衰，吊大夫士则穿疑衰，不管哪种吊服，头上戴的都是弁绖。遇到疫病流行、荒年、重大灾害，天子就穿素服。上公的礼服，自衮冕以下与天子的礼服相同；侯爵、伯爵的礼服，自鷩冕以下与上公的礼服相同；子爵、男爵的礼服，自毳冕以下与侯爵、伯爵的礼服相同。孤的礼服，自希冕以下与子爵、男爵的礼服相同；卿大夫的礼服，自玄冕以下与孤的礼服相同；卿大夫的丧服，除了斩衰、齐衰以外，还要加上大功和小功丧服；士的礼服，从皮弁以下与大夫的礼服相同，其丧服除了斩衰、齐衰、大功、小功以外，还要加上缌麻。上自天子，下至士，其斋戒时的礼服都是玄端、素端。每逢大的祭祀，每逢招待重要宾客，负责把天子在这些场合要穿的礼服给天子送去。遇到天子或王后、太子去世，负责提供用来招魂的衣服、小殓大殓时要用的衣服、奠衣服、廞衣服，上述衣服的陈列次序也都归司服负责。

典祀：掌外祀之兆守①，皆有域，掌其禁令。若以时祭祀，则帅其属而修除，征役于司隶而役之②。及祭，帅其属而守其厉禁而跸之。

[注释]

①外祀：谓在四郊祭祀的诸神。如南郊祭天，北郊祭地，四郊望祭四方的名山大川，等等。对宗庙为内祀而言。②司隶：官名。大司寇属官。掌管下苦力的罪人和俘虏。

[译文]

典祀的职责是：掌管外祀神坛的守护，神坛周围都垒墙为界，掌管闲杂人等不得进入的禁令。如果按时举行祭祀，就率领本部门的胥徒先期进行打扫除草，还可以向司隶征调隶徒前来听候差遣。等到祭祀那天，就率领本部门的胥徒在围墙四周巡逻，严禁闲杂人等随意出入走动。

守祧：掌守先王、先公之庙祧，其遗衣服藏焉①。若将祭祀，则各以其服授尸。②其庙，则有司修除之；其祧，则守祧黝垩之。既祭，则藏其隋与其服③。

[注释]

①遗衣服：谓大殓时剩下的衣服。②"若将祭祀"二句：郑玄说：代表死者受祭的尸应当穿死者的大殓遗衣，以象死者生时。③隋（duò）：郑玄注：

"隋，尸所祭肺脊黍稷之属。"意为尸行食前之祭时，把从俎豆上取下的当祭之物（如黍稷之属）置于席前，就是隋。

[译文]

守祧的职责是：掌管守护先王、先公的庙祧，将他们遗留的衣服收藏起来。如果将要祭祀他们，就将他们遗留的衣服授予尸。如果要祭祀庙中的神主，就由有关部门负责事先打扫除草和粉刷墙壁；如果将要祭祀祧中的神主，就由守祧负责事先粉刷墙壁和打扫除草。祭祀结束，就将祭神剩下来的食品埋在西阶东面的地下，把尸穿的衣服重新收藏起来。

世妇：掌女宫之宿戒①，及祭祀，比其具，诏王后之礼事，帅六宫之人共齍盛，相外内宗之礼事。大宾客之飨食，亦如之。大丧，比外内命妇之朝莫哭②，不敬者而苛罚之。凡王后有拜事于妇人，则诏相。凡内事有达于外官者，世妇掌之。

[注释]

①女宫：在宫中服务的罪人之女。②朝莫（mù）哭：即丧礼中的朝夕哭。莫，古"暮"字。既殡之后，每天的早晨和晚上，死者的亲属都要到殡宫去哭；除此之外，还要哀至则哭。这就叫朝夕哭。

[译文]

世妇的职责是：掌管对女宫的宿戒，等到祭祀那天，检查应当由女宫做好准备的各项工作，随时提醒王后应行的礼仪，率领六宫之人供给齍盛，也要随时告知外宗、内宗应行的礼仪。设宴招待诸侯时，也是这样。太后或天子、王后去世，负责检查内外命妇在朝夕哭时的表现，如发现有不敬者，就予以呵斥处罚。凡王后对前来吊唁的女宾行拜谢礼时，要随时提醒王后应行的礼仪。凡王后六宫之内有事须要通知外官者，由世妇负责办理。

内宗：掌宗庙之祭祀荐加豆笾①；及以乐彻，则佐传豆笾②。宾客之飨食亦如之。王后有事则从。大丧，序哭者。哭诸侯亦如之。凡卿大夫之丧，掌其吊临。

[注释]

①加豆笾：加爵之豆笾。九献之后，诸臣向尸敬酒，谓之加爵。加爵时进献的豆笾谓之加豆笾。也就是《笾人》、《醢人》的"加笾之实"、"加豆之实"。九献是正献，正献的豆笾由王后亲自进献。②佐传豆笾：王后将豆笾从神座前撤下递予外宗，外宗递予内宗，内宗再递予外官。

[译文]

内宗的职责是：宗庙祭祀时，掌管进献加豆笾；等到奏乐撤席时，则协助传递豆笾。设宴招待宾客时也是这样。王后有事则在后跟随。太后或天子、王后去世，按照亲疏尊卑的次序安排内外宗和内外命妇的哭泣。王后哭吊诸侯时也是这样。凡本国卿大夫去世，负责对他们的吊临。

外宗：掌宗庙之祭祀佐王后荐玉豆①，视豆笾；及以乐彻，亦如之。王后以乐羞齍，则赞。凡王后之献，亦如之。王后不与，则赞宗伯。小祭祀②，掌事。宾客之事亦如之。大丧，则叙外内朝莫哭者③。哭诸侯亦如之。

[注释]

①荐玉豆：实际上是"荐玉豆荐玉笾"，这里没说"荐玉笾"，是省文。②小祭祀：指祭祀宫中的灶神、门神、户神之类。③外内：谓内外宗及外命妇。

[译文]

外宗的职责是：宗庙祭祀时，掌管协助王后进献玉豆、玉笾，视察豆笾中的祭品是否合乎要求；等到奏乐撤下豆笾时，也是这样。在王后按着音乐向尸进献粢盛时，要在旁协助。每逢王后向尸献酒时，也是这样。王后如果因故未能参与祭祀，就要事事协助代替王后行礼的大宗伯。在宫中举行的小祭祀，由外宗全权负责。设宴招待来朝诸侯也是这样。太后或天子、王后去世，在朝夕哭时，要按照亲疏尊卑的次序安排内外宗和外命妇的哭泣。哭吊诸侯时也是这样。

冢人：掌公墓之地①，辨其兆域而为之图。先王之葬居中，以昭穆为左右②。凡诸侯居左右以前，卿大夫士居后，各以其族。凡死于兵者，不入兆域。凡有功者居前。以爵等为丘封之度与其树数。大丧既有日，请度甫竁③，遂为之尸。及竁，以度为丘隧，共丧之窆器④。及葬，言鸾车象人。及窆，执斧以莅，遂入藏凶器⑤。凡祭墓，为尸。凡诸侯及诸臣葬于墓者，授之兆，为之跸，均其禁。

[注释]

①公墓：公家的墓地。即天子及其家族的墓地。②以昭穆为左右：郑玄注："昭居左，穆居右，夹处东西。"③竁（cuì）：穿地为圹。④窆（biǎn）器：下葬所用器材，如丰碑之属。⑤凶器：谓明器。

[译文]

冢人的职责是：掌管公家的墓地，辨明墓地四周的界域，将整个墓地的地形及每一坟墓的所在位置绘制成图。始祖的坟墓安排在墓地的中央，其嫡系子孙的坟墓则按照昭穆的顺序分列左右。凡是陪葬的同姓诸侯，其坟墓都在天子坟墓的左右前方；凡是陪葬的同姓卿大夫士，其坟墓都在天子坟墓的左右后方；而且都是按照各自所属的天子族系。凡因战败而被杀者，不得入葬公墓的茔域之内。凡是建立功勋者的坟墓，都安排在天子坟墓的正前方。按照死者的爵位级别来确定死者坟头的大小和坟头上种植的树木。天子或王后去世，破土打墓的日期已经确定，冢人就要报请冢宰度量行将开始打墓的地方；等到葬后祭祀墓地所在的土地时，就充当尸。等到正式打墓时，就按照死者应享有的标准建造坟头和挖掘墓道，并且供给下葬时所需的器材。等到下葬那天，要对作为明器使用的遣车和木偶人说："该上路了。"等到下棺入圹时，要手执斧头亲临观察，以备不虞；此事结束，就把明器纳入椁中埋藏。负责使墓位不乱档次，墓域之内禁止闲人通行，守护墓地，严禁在墓域之内砍柴摘果随便动土。凡是祈祷性质的祭墓，冢人就充当尸。凡诸侯及诸臣陪葬公墓者，要给他们划定茔域，禁止闲人在茔域走动，平均安排守墓人的工作。

墓大夫：掌凡邦墓之地域①，为之图。令国民族葬，而掌其禁令；正其位②，掌其度数③，使皆有私地域。凡争墓地者，听其狱讼。帅其属而巡墓厉④，居其中之室以守之⑤。

[注释]

①邦墓：犹今日之公墓。②位：谓昭穆顺序。③度数：指根据其身份的高低确定其坟头的大小。④厉：郑玄注："厉，茔限遮列处。"⑤室：此谓墓大夫的办公室。

[译文]

墓大夫的职责是：掌管全国所有公共墓地的地域，并将这些墓地绘制成图。命令国民都要聚族而葬，而墓大夫则掌管有关这方面的禁令。规定死者的墓位，掌管坟墓建造的规格，使每一家都在公共墓地中拥有一片自己的墓地。凡有争夺墓地的纠纷，就负责听断他们的官司。率领其下属巡逻墓地四周的藩篱，坐镇在公墓中央的官舍指挥下属守护墓地。

职丧：掌诸侯之丧及卿大夫士凡有爵者之丧，以国之丧礼莅其禁令①，序其事②。凡国有司以王命有事焉，则诏赞主人。

凡其丧祭，诏其号，治其礼。凡公有司之所共，职丧令之，趣其事。

[注释]

①国之丧礼：王国的丧礼。②事：指袭、小敛、大敛、殡、葬之事。

[译文]

职丧的职责是：掌管诸侯的丧事以及卿大夫士所有有爵位者的丧事，按照国家规定的丧礼亲临死者之家执行禁令，安排好丧事中各个环节的顺序。凡是天子派遣特使以天子的名义前来吊唁、致含、致禭、致赠、致赗，就要告诉丧家的主人应该如何行礼，并帮助主人接受礼品。凡是丧事中的祭奠，都要告诉丧家主人祝文应该如何措辞，指导丧家演习礼仪。凡是公家的有关职能部门按照规定应该为丧家提供的东西，职丧可以下令催促速办，不得稽缓。

大司乐：掌成均之法①，以治建国之学政，而合国之子弟焉。凡有道者、有德者，使教焉；死则以为乐祖，祭于瞽宗。以乐德教国子：中、和、祗、庸、孝、友。以乐语教国子：兴、道、讽、诵、言、语②。以乐舞教国子舞《云门》、《大卷》、《大咸》、《大韶》、《大夏》、《大濩》、《大武》。以六律、六同、五声、八音、六舞大合乐③，以致鬼神祇，以和邦国，以谐万民，以安宾客，以说远人，以作动物。乃分乐而序之，以祭，以享，以祀。乃奏黄钟，歌大吕，舞《云门》，以祀天神。乃奏大蔟，歌应钟，舞《咸池》，以祭地祇。乃奏姑洗，歌南吕，舞《大韶》，以祀四望。乃奏蕤宾，歌函钟，舞《大夏》，以祭山川。乃奏夷则，歌小吕，舞《大濩》，以享先妣④。乃奏无射，歌夹钟，舞《大武》，以享先祖。凡六乐者，文之以五声，播之以八音。凡六乐者，一变而致羽物及川泽之祇⑤，再变而致裸物及山林之祇，三变而致鳞物及丘陵之祇，四变而致毛物及坟衍之祇，五变而致介物及土祇，六变而致象物及天神。

凡乐，圜钟为宫，黄钟为角，大蔟为徵，姑洗为羽，雷鼓雷鼗，孤竹之管⑥，云和之琴瑟⑦，《云门》之舞。冬日至，于地上之圜丘奏之⑧，若乐六变，则天神皆降，可得而礼矣。凡乐，函钟为宫，大蔟为角，姑洗为徵，南吕为羽，灵鼓灵鼗，孙竹之管，空桑之琴瑟⑨，《咸池》之舞；夏日至，于泽中之方丘奏之⑩，若乐八变，则地祇皆出，可得而礼矣。凡乐，黄钟为宫，大吕为角，大蔟为徵，应钟为羽，路鼓路鼗，阴竹之管，龙门之琴瑟⑪，《九德》之歌，《九韶》之舞，于宗庙之中奏之，若乐九变，则人鬼可得而礼矣。

凡乐事：大祭祀，宿县，遂以展之。王出入则令奏《王夏》，尸出入则令奏《肆夏》，牲出入则令奏《昭夏》。帅国子而舞。大飨，不入牲，其他皆如祭祀。大射，王出入，令奏《王夏》；及射，令奏《驺虞》。诏诸侯以弓矢舞。王大食⑫，三宥，皆令奏钟鼓。王师大献，则令奏恺乐⑬。凡日月食，四镇五岳崩，大傀异灾⑭，诸侯薨，令去乐。大札、大凶、大灾、大臣死，凡国之大忧，令弛县。凡建国，禁其淫声、过声、凶声、慢声。大丧，莅廞乐器；及葬，藏乐器，亦如之。

[注释]

①成均：周代的五所大学之一。这五所大学是：辟雍、成均、上庠、东序、瞽宗。②兴：借用他物来譬喻要说的事。道：通"导"，引导。谓借古论今。讽：背书。言：主动发言。语：回答问题。③六律、六同：即十二律。律是用来定音的竹管或铜管。④先妣（bǐ）：郑玄注："先妣，姜嫄也。姜嫄履大人迹，感神灵而生后稷，是周之先母也。"⑤变：演奏一遍以后从头再来。⑥孤竹：独生之竹。⑦云和：郑玄说是山名。不详所在。⑧圜丘：国都南郊祭天的圆形高丘。⑨空桑：郑玄说是山名。不详所在。⑩方丘：国都北郊祭地的

方形高丘。⑪龙门：山名。在今陕西韩城境内。⑫大食：平常的日子，天子每日的伙食标准是少牢，只有每月的初一和十五，伙食标准提高为太牢，故称大食。⑬恺乐：献功之乐。即凯旋之乐。⑭大傀（guī）异灾：令人心惊胆战的灾异。

[译文]

  大司乐的职责是：掌管大学的法规，以治理国家的教育，把国子们都集中在大学里让他们接受教育。凡是有才能的人、有道德的人，就请他们来大学执教；死后则尊他们为先师，并在瞽宗里祭祀他们。以乐的六种德行教育国子：忠、和、祇、庸、孝、友。以乐的六种达意技巧教育国子：兴、导、讽、诵、言、语。以六代乐舞教育国子：《云门》、《大卷》、《大咸》、《大韶》、《大夏》、《大濩》、《大武》。用六律、六同、五声、八音、六舞进行大规模的联合演奏，以感召天神、地祇、人鬼，以亲善邦国，以和谐万民，以使宾至如归，以使边远的少数民族乐于归附，以使百兽起舞。于是将六代乐舞按其尊卑顺序分而用之，用以祀天神，用以祭地祇，用以享人鬼。于是堂下奏起以黄钟调为基音的乐曲，堂上唱起以大吕调为基音的诗歌，跳起《云门》之舞，用来祭祀天神；堂下奏起以大蔟调为基音的乐曲，堂上唱起以应钟调为基音的诗歌，跳起《咸池》之舞，用来祭祀地祇；堂下奏起以姑洗调为基音的乐曲，堂上唱起以南吕调为基音的诗歌，跳起《大韶》之舞，用来祭祀四望；堂下奏起以蕤宾调为基音的乐曲，堂上唱起以林钟调为基音的诗歌，跳起《大夏》之舞，用来祭祀山川；堂下奏起以夷则调为基音的乐曲，堂上唱起以中吕调为基音的诗歌，跳起《大濩》之舞，用来祭祀国母姜嫄；堂下奏起以无射调为基音的乐曲，堂上唱起以夹钟调为基音的诗歌，跳起《大武》之舞，用来祭祀先祖。上述的六代乐舞在表演时，既有五声的错综变化，又有八音的播扬。上述的六代乐舞，演奏一遍，就感召来了鸟类和川泽之神；演奏两遍，就感召来了短毛的兽类和山林之神；演奏三遍，就感召来了鱼类和丘陵之神；演奏四遍，就感召来了长有细毛的动物和坟衍之神；演奏五遍，就感召来了有甲壳的动物和土神；演奏六遍，就感召来了麟凤龟龙和天神。

凡是演奏，如果以夹钟所定的宫音，以黄钟所定的角音，以大蔟所定的徵音，以姑洗所定的羽音，为演奏定下基调，使用雷鼓雷鼗，使用以独生竹子制成的管乐器，使用以云和山上的良木制成的琴瑟，跳起《云门》之舞。冬至那一天，在国都南郊的圜丘一齐演奏起来，如果演奏六遍，就会吸引天神纷纷下降，这时候就可以向天神行祭祀之礼了。凡是演奏，如果以林钟所定的宫音，大蔟所定的角音，姑洗所定的徵音，南吕所定的羽音，为演奏定下基调，使用灵鼓灵鼗，使用用根部发叉的竹子制成的管乐器，使用以空桑山上的良木制成的琴瑟，跳起《咸池》之舞；夏至那一天，在国都北郊的方丘一齐演奏起来，如果演奏八遍，就会吸引地祇纷纷冒出，这时候就可以向地祇行祭祀之礼了。凡是演奏，如果以黄钟所定的宫音，大吕所定的角音，大蔟所定的徵音，应钟所定的羽音，为演奏定下基调，使用路鼓路鼗，使用以生在山北的竹子制成的管乐器，使用以龙门山上的良木制成的琴瑟，奏起《九德》之歌，跳起《大韶》之舞，在宗庙之中一齐演奏起来，如果演奏九遍，就会吸引人鬼纷纷降临，这时候就可以向人鬼行祭祀之礼了。

凡涉及演奏方面的事：大祭祀时，负责在祭祀的前夜把宫悬悬挂起来，先叩击试听其声，检查有无缺损。天子出入庙门时就下令演奏乐曲《王夏》，尸出入庙门时就下令演奏乐曲《肆夏》，牲出入时就下令演奏《昭夏》，率领国子翩翩起舞。大飨宾客时，没有牲出入的礼节，但其他环节的演奏乐曲都和祭祀一样。举行大射礼时，天子出入辟雍就下令奏乐曲《王夏》，等到天子射箭时则下令奏乐章《驺虞》，告知参加大射的诸侯手持弓矢而舞。每逢初一、十五天子进膳时，三次劝食，都要下令奏乐。王师大捷，在宗庙向列祖列宗呈献战利品时，就下令奏起胜利凯旋的乐曲。每逢日食、月食、四镇、五岳发生山崩，天地奇变，诸侯去世，就下令将乐器撤掉并收藏起来。遇到疾疫流行、荒年、水火灾害、大臣去世，诸如此类的国家不幸，就下令把宫悬暂时取下。不论是建立王国或是诸侯国，一律禁止演奏黄色乐曲，禁止演奏过于哀伤和过于欢乐的乐曲，禁止演奏不祥的亡国之曲，禁止演奏惰慢不恭的乐曲。遇到天子或王后、太子去世，要亲自前去陈列作为明器使用的乐器；等到下棺入圹，须要把这些乐器藏于椁中时，也是这样。

乐师： 掌国学之政①，以教国子小舞。凡舞，有帗舞，有羽舞，有皇舞，有旄舞，有干舞，有人舞。教乐仪，行以《肆夏》，趋以《采荠》，②车亦如之。环拜③，以钟鼓为节。凡射，王以《驺虞》为节，诸侯以《狸首》为节，大夫以《采蘋》为节，士以《采蘩》为节。④凡乐，掌其序事⑤，治其乐政。凡国之小事用乐者⑥，令奏钟鼓。凡乐成，则告备。诏来瞽皋舞⑦；及彻，帅学士而歌彻，令相。飨食诸侯，序其乐事，令奏钟鼓，令相，如祭之仪。燕射，帅射夫以弓矢舞。乐出入，令奏钟鼓。凡军大献，教恺歌，遂倡之。凡丧，陈乐器，则帅乐官；及序哭，亦如之。凡乐官，掌其政令，听其治讼。

[注释]

①国学：指位于都城中王宫左面的小学。小学，对大学而言。国子入小学的年龄是十三岁，入大学的年龄是二十岁。②"教乐仪"三句：郑玄注："教乐仪，教王以乐出入于大寝、朝廷之仪。"③环：通"旋"。指一百八十度的向后转和九十度的左右拐弯。④"王以《驺虞》为节"四句：《驺虞》、《采蘋》、《采蘩》，都是《诗经·召南》篇名。《狸首》，乐曲名，汉时已佚。⑤序事：郑玄注："序事，次序用乐之事。"⑥小事：小祭祀。⑦诏来瞽：郑

玄注:"诏来瞽,诏视瞭扶瞽者来入也。"视瞭,官名,负责搀扶瞽师进进出出。瞽者,即瞽矇,负责演奏乐器和讽诵诗歌。

[译文]

乐师的职责是:掌管小学的事务,以教育国子学习小舞。小舞的种类有六:有帗舞,有羽舞,有皇舞,有旄舞,有干舞,有人舞。负责教天子按照乐曲的节奏走路的礼仪:天子徐徐行走时要合乎《肆夏》的节奏,快步行走时要合乎《采荠》的节奏,乘车出行时也是这样。或向后转,或左右拐弯,或下拜行礼,都要合乎钟鼓的节拍。凡是射箭的场合:天子射箭,要奏《驺虞》为之伴奏;诸侯射箭,要奏《狸首》为之伴奏;卿大夫射箭,要奏《采𬞟》为之伴奏;士射箭,要奏《采蘩》为之伴奏。凡是演奏之事,掌管乐器的布置以及各个演奏环节前后次序的安排,负责处理演奏中出现的问题。凡是国家的小祭祀须要用乐的,就下令奏钟鼓。凡是演奏结束,就要向天子报告演奏完毕。负责通知视瞭,让他扶着负责讽诵诗歌的瞽师进来,还要告诉应该跳舞的国子跳起来。等到祭末撤除祭品时,要率领国子唱歌以使神高兴。然后命令视瞭把瞽师搀扶出去。天子设宴招待诸侯时,负责乐器的具体布置以及演奏各个环节前后顺序的安排,负责指挥奏钟鼓,负责指挥什么时候让把瞽师搀进来,什么时候让把瞽师扶出去,这一切都和祭祀礼仪中的做法一样。天子与群臣燕射时,要率领众射者手持弓矢而舞。凡是吹笙、唱歌、跳舞的演员进场出场时,要下令奏钟鼓为之伴奏。凡是军队取得胜利后向祖庙献捷,要预先教会瞽师唱凯歌,到时候还要负责领唱。每逢王家办理丧事,需要陈设作为明器的乐器时,就要率领乐官前往。等到这些乐器要入圹、代替天子哭泣时,也是这样。凡是音乐系统的官员,他们的政令都由乐师掌管,如果发生争讼,乐师负责听断。

大胥：掌学士之版①，以待致诸子②。春，入学③，舍采④，合舞。秋，颁学⑤，合声。以六乐之会正舞位，以序出入舞者⑥，比乐官，展乐器。凡祭祀之用乐者，以鼓征学士。序宫中之事。

[注释]

①学士：郑众说："学士，谓卿大夫诸子学舞者。"②诸子：即上文的学士。③学：孙诒让说："经凡单言'学'者，并指大学而言。"④舍（shì）采：即释菜。古代学生入学时，以芹藻之类的蔬菜祭祀先师。⑤颁学：颁者，分也，区分学生才艺的高下。⑥"以序"句：郑玄注："以长幼次之，使出入不纰错。"

[译文]

大胥的职责是：掌管学习舞蹈的卿大夫士之子的花名册，以备按此名册召集他们学习舞蹈。春天召集他们入学，举行释菜礼，教导他们练习舞蹈，使之整齐划一，合乎节奏；秋天，分别他们学习成绩的好坏，教导他们练习吹奏，也要使之整齐划一，合乎节奏。以六代乐舞的乐与舞的紧密配合来正定舞位，以长幼为先后安排舞者的出入次序，考校乐官的优劣，随时检查乐器有无损坏缺少。凡是祭祀需要用乐的场合，就击鼓召集学士。负责安排好学官中的教乐之事。

小胥：掌学士之征令而比之，觵其不敬者①，巡舞列而挞其怠慢者。正乐县之位②，王宫县③，诸侯轩县④，卿大夫判县⑤，士特县⑥，辨其声。凡县钟磬，半为堵，全为肆。

[注释]

①觵（gōng）：罚爵。以兽角制成。不敬：郑玄说："谓慢期不时至也。"②乐县（xuán）：郑玄注："乐县，谓钟磬之属悬于笋虡（悬挂钟磬的支架）者。"县，古"悬"字。凡乐悬均设在堂下。③宫县：宫是围绕之义，四面都有乐悬，故称宫县。④轩县：轩是曲折之义，三面有，缺一面，形状像古文

"曲"字，故称轩县。⑤判县：判是一半之义。只两面有，是四面的一半，故称判县。⑥特县：特是独一无二之义。只一面有，故称特县。

[译文]

小胥的职责是：掌管协助大胥召集学习舞蹈的卿大夫之子，考查人数是否到齐，对于迟到的人，用觵爵罚他喝罚酒。巡视舞者的队列，用教鞭抽打那些练习怠慢者。负责校正乐悬的使用等级：天子的乐悬是堂下四面都有，谓之宫悬；诸侯的乐悬是东西北三面都有，谓之轩悬；卿大夫的乐悬只是东西两面设有，谓之判悬；士的乐悬只是东面一面设有，谓之特悬。小胥还负责校正乐悬的声音。凡是悬挂钟磬，如果在一个支架上只悬挂十六枚钟或十六枚磬，只有一样，就叫做堵；如果在一个支架上悬挂十六枚钟，另一个支架上悬挂十六枚磬，二者都有，就叫做肆。

大师：掌六律、六同，以合阴阳之声。阳声：黄钟，大蔟，姑洗，蕤宾，夷则，无射。阴声：大吕，应钟，南吕，函钟，小吕，夹钟。皆文之以五声：宫、商、角、徵、羽；皆播之以八音：金、石、土、革、丝、木、匏、竹。教六诗①：曰风，曰赋，曰比，曰兴，曰雅，曰颂。以六德为之本②，以六律为之音③。大祭祀，帅瞽登歌，令奏击拊④；下管播乐器⑤，令奏鼓朄⑥。大飨亦如之。大射，帅瞽而歌射节。⑦大师，执同律以听军声，而诏吉凶。大丧，帅瞽而廞，作柩，谥。凡国之瞽矇，正焉。

[注释]

①教：谓教导瞽矇。六诗：《诗》的六义，即风、赋、比、兴、雅、颂。②六德：六种德行。孙诒让说就是《大司乐》中的"乐德"，即"中、和、祗、庸、孝、友"。③以六律为之音：郑玄注："以律视其人为之音，知其宜何歌。"盖谓以律吕测定瞽矇的嗓子，看他适宜唱什么样的歌曲。④拊：一种

打击乐器。用皮制成,内填以糠,形如小鼓。大师击柎,瞽矇才开始歌诗。⑤下管:管乐器在堂下吹奏。播乐器:八音中除了管乐器以外的其他乐器也奏起来。⑥鼓朄(yǐn):鼓者,击也。朄是一种小鼓,大师击朄,表示奏乐可以开始。⑦歌射节:歌诗作为射箭的节拍。

[译文]

大师的职责是:掌管审定六律、六吕,以调和阴阳之声。阳声是:黄钟、大蔟、姑洗、蕤宾、夷则、无射。阴声是:大吕、应钟、南吕、函钟、小吕、夹钟。不管是阳声还是阴声,都要分别和宫、商、角、徵、羽五声依次搭配,都要用金、石、土、革、丝、木、匏、竹八类乐器吹奏成动听的乐曲。教导瞽矇掌握《诗》的六义:风、赋、比、兴、雅、颂。受教育者必须以六种德行作为立身之本,施教者必须以六律测定受教者适合唱什么样的声音。每逢大的祭祀,率领手下的瞽矇登堂歌诗,大师击柎,就是命令瞽矇歌诗的信号;然后笙师率领其手下在堂下用管乐器吹奏乐曲,堂下的其他乐器也都奏起来,而大师击朄,就是命令笙师吹奏的信号。天子设宴招待诸侯奏乐时,大师的职责和在大祭祀时一样。天子举行大射礼时,要率领瞽矇在堂下歌诗,作为射箭的伴奏。天子率军出征,大师要吹动律管以听将士的呼声,从而测知出师的吉凶并报告天子。凡是天子或王后、太子去世,要率领瞽矇陈设作为明器使用的乐器;出葬那天起灵时,负责进上谥号。凡是国中的瞽矇,都要听从大师的指挥。

小师:掌教鼓鼗、柷、敔、埙、箫、管、弦、歌。大祭祀,登歌,击柎;下管,击应鼓①;彻,歌。大飨亦如之。大丧,与廞。凡小祭祀、小乐事,鼓朄。掌六乐声音之节与其和。

[注释]

①应鼓:即应鼙。一种小鼓。设在堂下东阶,因为它要与堂下西阶的朔

罄相呼应，故称。

[译文]

小师的职责是：掌管教导瞽矇吹奏鼗、柷、敔、埙、箫、管、琴瑟以及歌诗。大祭祀时，击拊，作为指挥瞽矇登堂歌诗的信号；然后敲击应鼓，作为指挥笙师率领其手下在堂下用管乐器吹奏乐曲的信号；祭毕撤除祭品时，率领瞽矇歌唱《雍》诗。设宴招待来朝诸侯时，也是这样。凡是天子或王后、太子去世，要协助大师陈设作为明器使用的乐器。凡是小祭祀、小型的演奏，负责击棘。负责辨别六代乐舞的音乐节奏并使之与舞蹈的动作协调。

瞽矇：掌播鼗、柷、敔、埙、箫、管、弦、歌。讽诵诗①，世奠系②，鼓琴瑟③。掌《九德》、六诗之歌，以役大师。

[注释]

①讽诵诗：郑众说："讽诵诗，主诵《诗》以刺君过。"②世奠系：俞樾认为当作"奠世系"，今从之。奠者，定也；世系者，帝王之家谱也。奠世系，谓已经编定的帝王家谱。③鼓琴瑟：孙诒让说："是于诵诗及世系时，鼓琴瑟以播其音叹美之。"

[译文]

瞽矇的职责是：掌管吹奏鼗、柷、敔、埙、箫、管、琴瑟以及随着琴瑟的伴奏而歌诗。负责朗诵诗歌以讽刺天子的过失，朗诵帝王家谱以劝诫天子，与此同时，弹着琴奏着瑟以表示对嘉言懿行的赞美。负责演唱《九德》、六诗之歌，以备大师役使。

视瞭：掌凡乐事播鼗，击颂磬、笙磬①。掌大师之县②。凡乐事，相瞽。大丧，廞乐器。大旅亦如之。宾射，皆奏其钟鼓。鼜、恺献，亦如之。

[注释]

①颂磬：悬挂在堂下阼阶西的编磬。笙磬：悬挂在堂下阼阶东的编磬。

②掌大师之县：大师是盲人，所以由视瞭代悬。

[译文]

视瞭的职责是：凡有演奏，就负责摇动鼗鼓，敲击颂磬、笙磬。负责悬挂应当由大师悬挂的乐器。凡有演奏之事，负责搀扶瞽瞍。遇到天子或王后、太子去世，负责陈设作为明器使用的乐器，旅祭上帝时也是这样。天子与来朝诸侯比赛射箭时，负责击奏钟鼓。夜间警戒守备的鼓、向祖庙献捷所奏凯旋乐曲中的钟鼓，也由视瞭负责击奏。

典同：掌六律、六同之和，以辨天地四方阴阳之声，以为乐器。凡声，高声石昆①，正声缓②，下声肆，陂声散③，险声敛，达声嬴，微声韽④，回声衍⑤，侈声筰⑥，弇声郁，薄声甄⑦，厚声石。凡为乐器，以十有二律为之数度，以十有二声为之齐量⑧。凡和乐亦如之⑨。

[注释]

①石昆（gǔn）：形容声音的重浊，不响亮。②正：直也，谓钟的上下口径一样大。③陂（bì）：倾斜。此谓钟形一边偏大。④韽（ān）：声音微弱。⑤回：郑玄注："回，谓其形微圜也。"微者，不也。⑥侈：郑玄注："侈，谓中央约也。"侈，大也。钟体中央狭窄则两头必大也。⑦甄：通"震"，震动。⑧十有二声：指上文的"高声石昆……厚声石"等十二声。齐量（jì liàng）：郑玄注："齐量，侈弇之所容。"⑨和：郑玄注："和，谓调其故器也。"

[译文]

典同的职责是：掌管六律、六同的协调，以辨别天地四方的阴阳之声，以制作乐器。大凡钟声，如果钟的上部口径过大，发出的声音就不响亮；如果钟的口径上部下部同样大，发出的声音就缓慢凝滞；如果钟的下部口径过大，发出的声音就放肆外出而略无余韵；如果钟形一边偏大，发出的声音就离散而不内聚；如果钟口有一边向里歪,发出的声音就内敛而不外扬;如果钟形有点偏大,发出的声音就洪大有余;如果钟形有点偏小,发出的声音就微弱无力;如果钟形不圆,发出的声音就尾声拖长而轻重节奏不明;如果钟的中央部分口径偏小,发出的声音就狭窄细长;如果钟的中央部分口径偏大,发出的声音就抑郁不扬;如果钟壁偏薄,发出的声音就震颤动摇;如果钟壁偏厚,发出的声音就像敲打石头一样。凡制作乐器,以钟的十二律校定其长度宽度,以钟的十二声校定其容纳的剂量是否合乎要求。凡调整旧有的乐器也是这样。

磬师:掌教击磬,击编钟。教缦乐、燕乐之钟磬①。凡祭祀,奏缦乐。

[注释]

①缦乐:杂乐。所谓杂,是说和官方的雅乐相比,没有雅乐纯正。燕乐:天子、诸侯与其臣下及四方宾客宴饮时所用之乐。

[译文]

磬师的职责是:负责教导视瞭敲击特磬及编磬,教导视瞭敲击编钟。教导他们敲击缦乐、燕乐中的钟磬。每逢祭祀,负责演奏缦乐。

钟师:掌金奏①。凡乐事,以钟鼓奏《九夏》②:《王夏》、《肆夏》、《昭夏》、《纳夏》、《章夏》、《齐夏》、《族夏》、《祴夏》、《骜夏》。凡祭祀、飨食,奏燕乐。凡射,王奏《驺虞》,诸侯奏《狸首》,卿大夫奏《采𬞞》,士奏《采蘩》。掌鼙,鼓缦乐。

[注释]

①金奏:郑玄注:"金奏,击金以为奏乐之节。金谓钟及镈。"②九夏:即《王夏》以下九种乐曲。

[译文]

钟师的职责是：负责敲击钟镈，以为演奏的开端。凡有演奏之事，负责用钟鼓演奏《九夏》：《王夏》、《肆夏》、《昭夏》、《纳夏》、《章夏》、《齐夏》、《族夏》、《祴夏》、《骜夏》。每逢祭祀和设宴招待诸侯，负责演奏燕乐。凡举行射礼，天子射箭时为之奏《驺虞》，诸侯射箭时为之奏《狸首》，卿大夫射箭时为之奏《采苹》，士射箭时为之奏《采蘩》。磬师演奏缦乐时，钟师负责击磬以和之。

笙师：掌教吹竽、笙、埙、籥、箫、篪、笛、管，舂牍、应、雅，以教祴乐①。凡祭祀、飨、射，共其钟笙之乐②，燕乐亦如之。大丧，廞其乐器；及葬，奉而藏之。大旅，则陈之。

[注释]

①祴乐：即《钟师》中的《祴夏》。这是送宾乐曲。②钟笙之乐：笙师只管吹笙，不管击钟，这里是说钟笙并奏时，吹出与钟声相应的笙乐。

[译文]

笙师的职责是：负责教导视瞭吹竽、笙、埙、籥、箫、篪、笛、管，教他们以牍、应、雅捣地发声，以配合《祴夏》乐曲。凡举行祭祀、设宴招待宾客、举行射礼，负责提供与钟声相应的笙乐。演奏燕乐时也是这样。遇到天子或王后、太子去世，负责陈设作为明器使用的竽笙等乐器；等到下葬的时候，把这些乐器送到墓地并藏于椁中。旅祭上帝时，则只负责陈设所掌乐器。

镈师：掌金奏之鼓①。凡祭祀，鼓其金奏之乐。飨食、宾射亦如之。军大献，则鼓其恺乐。凡军之夜三鼜②，皆鼓之；守鼜亦如之。大丧，廞其乐器，奉而藏之。

[注释]

①金奏：见《钟师》注。按：《鼓人》云："以晋鼓鼓金奏。"孙诒让说："金奏于乐始作时奏之。盖先击编钟，次击镈，而后以晋鼓和之。"②鼖（qì）：巡夜警戒守备之鼓。

[译文]

镈师的职责是：负责敲击晋鼓以与金奏之声相和。每逢祭祀，均负责在金奏时敲击晋鼓；设宴招待宾客、与宾客比射时也是这样。王师大捷，在宗庙向列祖列宗呈献战利品时，就敲击晋鼓与凯旋乐曲相和。军旅之中，一夜要敲三遍警戒守备的鼓，都由镈师负责敲击；平时王宫中巡夜警戒的鼓，也由镈师如此来敲。遇到天子或王后、太子去世，要将自己所用的乐器制成明器陈设出来，并负责送到墓地藏入椁中。

韎师：掌教韎乐①。祭祀，则帅其属而舞之。大飨亦如之。

[注释]

①韎（mèi）：四夷之乐，东方曰韎。

[译文]

韎师的职责是：掌管教练东夷之乐。遇到祭祀，就率领其部下前去跳东夷之舞。大飨时也是这样。

旄人：掌教舞散乐、舞夷乐①。凡四方之以舞仕者属焉。凡祭祀、宾客，舞其燕乐。

[注释]

①散乐：品位次于雅乐的杂乐。大约来自民间。散乐之中有舞。夷乐：四夷之乐，亦皆有声歌及舞。

[译文]

旄人的职责是：掌管教练如何跳散乐的舞蹈、如何跳少数民族的舞蹈。凡是能够跳四方少数民族舞蹈的人都归他管。每逢祭祀、设宴招待宾客,在演奏燕乐时,就让会跳少数民族舞蹈的舞士跳起来。

籥师:掌教国子舞羽吹籥①。祭祀,则鼓羽籥之舞。宾客、飨食,则亦如之。大丧,廞其乐器,奉而藏之。

[注释]

①舞羽吹籥:郑玄注:"文舞有持羽吹籥者,所谓籥舞也。《诗》云:'左手执籥,右手秉翟。'"

[译文]

籥师的职责是:掌管教导国子跳文舞时右手持羽左手吹籥。每逢祭祀,当舞者跳文舞时,负责击鼓为之节拍。凡设宴招待宾客,也是这样。遇到天子或王后、太子去世,就要将自己所掌管的乐器作为明器陈设出来,并负责送到墓地藏入椁中。

籥章:掌土鼓、豳籥①。中春,昼击土鼓、吹《豳》诗,以逆暑。中秋,夜迎寒亦如之。凡国祈年于田祖②,吹《豳》雅,击土鼓,以乐田畯③。国祭蜡④,则吹《豳》颂,击土鼓,以息老物。

[注释]

①豳籥:即苇籥。早期的籥用苇,后世的籥用竹。②田祖:最初教民稼穑之官。又叫先啬。③田畯:主管农事之神。又叫司啬。④蜡(zhà):祭名。每年的十二月农事结束,把一切和农作物有关的神都找来加以祭祀。

[译文]

籥章的职责是:掌管土鼓与豳籥这两种乐器。每年的仲春,在白天敲击土鼓,用苇籥吹奏《七月》之诗,吹出豳地的乡土之音,以祭祀司暑之神。每年的仲秋,在夜间祭祀司寒之神时也是这样。

每逢国家祭祀田祖以祈求丰年时，要用苇籥吹奏《七月》之诗，吹出王畿的雅正之音，敲击土鼓，使田畯之神感到快乐。每逢国家举行蜡祭时，就要用苇籥吹奏《七月》之诗，吹出宫庙大乐的赞颂之音，敲击土鼓，祭祀那些为助成农事而衰老的万物，同时也使操劳一年的农夫得到暂时的休息。

鞮鞻氏：掌四夷之乐与其声歌[1]。祭祀，则吹而歌之。燕亦如之。

[注释]

①四夷之乐：据郑玄说："四夷之乐，东方曰韎，南方曰任，西方曰株离，北方曰禁。"

[译文]

鞮鞻氏的职责是：掌管四方少数民族的舞蹈及其声歌。祭祀时，就以管籥吹奏之，歌唱之。宴饮时也是这样。

典庸器：掌藏乐器、庸器[1]。及祭祀，帅其属而设筍虡，陈庸器。飨食、宾射亦如之。大丧，廞筍虡。

[注释]

①庸器：从战败国手中得到的重器。

[译文]

典庸器的职责是：掌管收藏乐器和庸器。祭祀的前夕，要率领其部下陈设筍虡，陈设庸器。天子设宴招待来朝诸侯时、与诸侯比射时也是这样。遇到天子或王后、太子去世，陈设筍虡。

司干：掌舞器[1]。祭祀，舞者既陈，则授舞器，既舞则受之。宾飨亦如之。大丧，廞舞器；及葬，奉而藏之。

[注释]

①舞器：舞者跳舞时手中所执。跳文舞使用的羽龠，跳武舞使用的干戚，就是舞器。

[译文]

司干的职责是：掌管舞具。祭祀，舞者已经各就各位，就向舞者发放舞具，舞毕则收回。设宴招待宾客时的跳舞也是这样。遇到天子或王后、太子去世，要陈设作为明器使用的舞具；等到下葬时，要把这些舞具小心地送往墓地并且藏入椁中。

大卜：掌三兆之法①：一曰《玉兆》，二曰《瓦兆》，三曰《原兆》。其经兆之体②，皆百有二十，其颂皆千有二百③。掌三易之法：一曰《连山》，二曰《归藏》，三曰《周易》。其经卦皆八④，其别皆六十有四。掌三梦之法：一曰《致梦》，二曰《觭梦》，三曰《咸陟》。其经运十⑤，其别九十。以邦事作龟之八命⑥：一曰征，二曰象，三曰与，四曰谋，五曰果，六曰至，七曰雨，八曰瘳。以八命者赞三兆、三易、三梦之占，以观国家之吉凶，以诏救政。凡国大贞⑦，卜立君，卜大封，则视高作龟。大祭祀，则视高命龟⑧。凡小事，莅卜。国大迁、大师，则贞龟⑨。凡旅，陈龟⑩。凡丧事，命龟。

[注释]

①三兆：兆是烧灼龟甲所呈现的预示吉凶的裂纹。所谓《玉兆》，是说龟甲上的裂纹与玉的裂纹相似；所谓《瓦兆》，是说龟甲上的裂纹与瓦的裂纹相似；所谓《原兆》，是说龟甲上的裂纹与原田上的裂纹相似。②经兆之体：基本兆象。据《占人》注疏，龟甲烧灼后，其裂纹会呈现金、木、水、火、土五种兆象，这就是所谓"经兆"，经者，基本也；而每种经兆又可分为二十四体，这就是所谓"经兆之体"。③颂：谓繇辞。即兆象的占辞。因为繇辞都是韵语，与诗相似，故亦谓之颂。④经卦：基本卦。也就是乾、坤、震、巽、

坎、离、艮、兑八卦。⑤运：通"员"，犹言篇卷。⑥命：谓命龟。将所卜之事制作成辞，于将卜时以告龟。⑦贞：问。⑧命龟：郑玄注："命龟，告龟以所卜之事。"⑨贞龟：郑玄注："正龟于卜位也。"此"贞"字是端正的意思，不是问的意思。⑩陈龟：此是陈设诸侯作为贡品进献的宝龟。

[译文]

　　大卜的职责是：掌管三种根据兆象以卜问的方法：第一种叫《玉兆》，第二种叫《瓦兆》，第三种叫《原兆》。每种卜问方法的基本兆象，都是一百二十种，而这些兆象的占辞都是一千二百条。掌管三种根据蓍草变易之数以占筮的方法：第一种叫《连山》，第二种叫《归藏》，第三种叫《周易》。每种占筮方法的基本卦象都是八个，在这八个基本卦象的基础上又都派生为六十四卦。掌管三种占梦的方法：第一种叫《致梦》，第二种叫《觭梦》，第三种叫《咸陟》。每种占梦方法的基本篇数都是十篇，在此十篇的基础上又都派生为九十篇。对国家大事进行龟卜时，有八个方面需要制作命辞：一是宜于出师征伐否，二是上天垂象主何吉凶，三是宜于参与其事否，四是谋议可行与否，五是事情的结果如何，六是其人来否，七是下不下雨，八是疾病能否痊愈。以此八个方面的命辞，佐助三兆、三易、三梦的占卜，从而看出国家的吉凶，如果是凶，还要告诉天子在政事上应如何进行补救。每逢国家有大事向龟卜问：卜问立君之事，卜问分封诸侯之事，则负责向大宗伯指出龟的腹甲上高起的当灼之处，并且以火灼之。大祭祀的卜日，则负责向大宗伯指出龟的腹甲上高起的当灼之处，并将所卜之事告龟。凡卜问小的事情，则亲临主持其事。国家如果有大规模的迁徙、大规模的军事行动，则负责把龟甲端正地放在卜位上。每逢旅祭，则负责陈设龟甲。每逢丧事，则负责将所卜之事告龟。

卜师：掌开龟之四兆①：一曰方兆，二曰功兆，三曰义兆，四曰弓兆。凡卜事，视高。扬火以作龟，致其墨②。凡卜，辨龟之上下左右阴阳，以授命龟者而诏相之。

[注释]

①开龟：谓开发龟兆，包括在龟甲上打眼、烧灼等事。四兆：据郑玄说，基本兆象是一百二十种，分为四部，每部有三十种。②墨：龟甲经烧灼之后出现的粗大裂纹。

[译文]

卜师的职责是：掌管开发龟的四兆：一是方兆，二是功兆，三是义兆，四是弓兆。凡有向龟卜问之事，则负责向主持卜问的上级官员指出龟的腹甲上高起的当灼之处，并以猛火烧灼龟甲，以得到粗大的裂纹。凡有用龟卜问之事，辨别龟甲形状的上仰、下俯、左侧、右侧、后长、前长，将该用的龟甲交给命龟的人，并告以命龟之词及命龟的礼仪。

龟人：掌六龟之属①，各有名物。天龟曰灵属，地龟曰绎属，东龟曰果属，西龟曰雷属，南龟曰猎属，北龟曰若属。各以其方之色与其体辨之。凡取龟用秋时②，攻龟用春时③，各以其物入于龟室。上春衅龟④，祭祀先卜。若有祭事，则奉龟以往。旅亦如之，丧亦如之。

[注释]

①六龟：即下文的天龟、地龟、东龟、西龟、南龟、北龟。②取龟：谓取而杀之。③攻龟：谓整治龟甲。④衅龟：杀牲取其血以涂抹龟甲。必须如此处理龟甲才灵。

[译文]

龟人的职责是：掌管六龟之类，这六种龟各自都有它的名称和颜色。天龟叫做灵属，地龟叫做绎属，东龟叫做果属，西龟叫做雷属，南龟叫做猎属，北龟叫做若属。这六种龟都按照各自所在方位的颜色及其体形来辨别。凡宰杀活龟，放在秋天；凡制作龟甲，放在春天；然后按照它们的颜色分别储藏在龟室里。每年的孟春，要杀牲用血涂抹龟甲，祭祀发明占卜的先人。若有祭祀之事，就把龟甲送到进行占卜的地方。旅祭时也是这样，办理丧事时也是这样。

菙氏：掌共燋契①，以待卜事。凡卜，以明火爇燋②，遂吹其焌契，以授卜师，遂役之。

[注释]

①燋（jiāo）契：燋是引火的火炬。也可以说是保存火种的火炬。契是一端尖锐的荆木棍，用以烧灼龟甲。②以明火爇（ruò）燋：用阳燧（类似今日之凹透镜）在日光下取火，将燋点燃，以保存火种。

[译文]

菙氏的职责是：掌管提供引火的火炬和灼龟用的荆木棍，以备用龟卜问时之需。凡是用龟卜问时，先以明火点燃引火的火炬，然后把灼龟用的荆木棍架在火炬上，用嘴吹火使荆木棍燃烧，再把燃烧的荆木棍递给卜师，让他灼龟，而当卜师灼龟时，还要充当其助手。

占人：掌占龟①，以八筮占八颂②，以八卦占筮之八故③，以视吉凶。凡卜筮④，君占体⑤，大夫占色⑥，史占墨，卜人占坼。凡卜筮，既事，则系币以比其命。岁终，则计其占之中否。

[注释]

①掌占龟：占人不仅掌管占龟，而且掌管占筮。这里略而未言。②以八筮占八颂：郑玄注："谓将卜八事，先以筮筮之。"八事，指《大卜》所说的"以邦事作龟之八命"。颂，此谓筮辞。③八故：八事。即《大卜》所说的八个方面的"邦事"。故，事也。④凡卜筮：下文"君占体"四句讲的都是卜，不涉及筮。这里提到"筮"，是连类而及。⑤体：谓兆象。即龟甲上的裂纹意

味着什么。⑥色：谓兆气。郑玄注《大卜》云："体有五色。五色者，《洪范》所谓曰雨、曰济、曰圉、曰蟊、曰剋。"

[译文]

占人的职责是：掌管用龟占卜和用蓍草占筮，在对八个方面的国家大事将要进行占卜之前，要先用蓍草进行占筮，并审视筮辞；如果对这八个方面的国家大事不用占卜而只用占筮，那就还要用八卦来进一步占问，以判断吉凶。每逢用龟占卜，国君负责审视兆象的吉凶，大夫负责审视兆气的善恶，太史负责审视粗大裂纹的大小，卜人负责审视细小裂纹的明显程度。每逢卜筮完毕，史官一定要把命龟之词与兆象记录在简策上，并系上礼神的礼品，以对照命龟之词是否应验。每到年终，就要统计一下占卜灵验的和不灵验的各有多少。

筮人：掌三易，以辨九筮之名：一曰《连山》，二曰《归藏》，三曰《周易》。九筮之名：一曰巫更①，二曰巫咸②，三曰巫式③，四曰巫目④，五曰巫易⑤，六曰巫比⑥，七曰巫祠⑦，八曰巫参⑧，九曰巫环⑨，以辨吉凶。凡国之大事，先筮而后卜。上春，相筮。凡国事，共筮。

[注释]

①巫更：当作"筮更"，"巫"是误字。下同。筮更，谓占筮公卿大夫之迁都。②巫咸：当作"筮咸"。谓占筮民众是否拥护国家的某项举措。③巫式：当作"筮式"。谓占筮国家制定的法式是否妥当。④巫目：当作"筮目"。谓占筮事情的要目妥当与否。⑤巫易：当作"筮易"。谓国家的某项举措不得民心，应当改弦更张，而犹豫不决，就借助于占筮来决定。⑥巫比：当作"筮比"。谓国家有事，欲与民众和好，亦占筮之。⑦巫祠：当作"筮祠"。谓占筮小祭祀所用的牲及其吉日。⑧巫参：当作"筮参"。谓占筮谁来充当驭手和车右最合适。⑨巫环：当作"筮环"。谓占筮可否向敌人进行挑战。

[译文]

筮人的职责是：掌管三种占筮的方法，以辨别九项占筮的名称。三种占筮的方法：第一种叫做《连山》，第二种叫做《归藏》，第三种叫做《周易》。九项占筮的名称：第一项叫做筮更，第二项叫做筮咸，第三项叫做筮式，第四项叫做筮目，第五项叫做筮易，第六项叫做筮比，第七项叫做筮祠，第八项叫做筮参，第九项叫做筮环。用以判断吉凶。每年的初春，要检查一下蓍草有无缺损，及时更换补充。凡国事须要占筮，负责提供蓍草。

占梦：掌其岁时观天地之会，辨阴阳之气，以日月星辰占六梦之吉凶：一曰正梦①，二曰噩梦②，三曰思梦③，四曰寤梦④，五曰喜梦⑤，六曰惧梦⑥。季冬，聘王梦，献吉梦于王，王拜而受之。乃舍萌于四方⑦，以赠恶梦，遂令始难驱疫。

[注释]

①正梦：正常状态下做的梦。无所感动而自梦。②噩梦：因惊愕而得梦。③思梦：因有所思念而得梦。④寤梦：盖即俗所谓白日做梦之梦也。⑤喜梦：因喜悦而得梦。⑥惧梦：因恐惧而得梦。⑦舍萌：即释菜。郑玄说："舍，读为释。舍萌犹释菜也。古书释菜、释奠多作舍字。萌，菜始生也。"

[译文]

占梦的职责是：掌管根据做梦时的年月观察日月所会之次，辨别五行的相生相克，参考日月星辰的运行交会，来判断六梦的吉凶：第一种梦叫做正梦，第二种梦叫做噩梦，第三种梦叫做思梦，第四种梦叫做寤梦，第五种梦叫做喜梦，第六种梦叫做惧梦。冬季的最后一个月，要为天子祈求来年的吉梦，并且把本年度的所有吉梦献给天子，天子则郑重其事地拜而接受。于是在四方举行释菜之礼，以求送走噩梦，于是令方相氏消除不祥，赶走带来疾疫的疠鬼。

视祲：掌十辉之法①，以观妖祥，辨吉凶。一曰祲②，二曰象③，三曰镌④，四曰监⑤，五曰闇⑥，六曰瞢⑦，七曰弥⑧，八曰叙⑨，九曰隮⑩，十曰想。掌安宅叙降。正岁则行事，岁终则弊其事。

[注释]

①辉（yùn）：俗作"晕"。太阳周围的云气。②祲（jìn）：谓阴阳气相侵。③象：谓云气构成某种具体的形象。④镌（xī）：通"镌"。镌是一种锥形的解结工具。谓日旁云气作刺日状。⑤监：谓日之上下和两旁都有云气内向，似监守太阳之状。⑥闇：同"暗"，谓大白天不见太阳，黑暗无光。⑦瞢（méng）：谓虽有太阳而暗淡无光。⑧弥：谓云气贯日。⑨叙：谓云气有次序如山在日上。⑩隮（jī）：谓彩虹。

[译文]

视祲的职责是：掌管十种望气占验之法，以观察善恶的征兆，辨别吉凶。第一种叫做祲，第二种叫做象，第三种叫做镌，第四种叫做监，第五种叫做闇，第六种叫做瞢，第七种叫做弥，第八种叫做叙，第九种叫做隮，第十种叫做想。掌管禳除凶祸，使民宅安宁。每年的正月就开始进行使民宅安宁之事，年底则总结一年所占之事，看看应验了多少。

大祝：掌六祝之辞，以事鬼神祇，祈福祥，求永贞。一曰顺祝①，二曰年祝②，三曰吉祝③，四曰化祝④，五曰瑞祝⑤，六曰策祝⑥。掌六祈以同鬼神祇：一曰类⑦，二曰造⑧，三曰禬⑨，四曰禜⑩，五曰攻⑪，六曰说⑫。作六辞以通上下、亲疏、远近：一曰祠，二曰命，三曰诰，四曰会，五曰祷，六曰诔。辨六号：一曰神号，二曰鬼号，三曰祇号，四曰牲号，五曰齍号，六曰币号。辨九祭：一曰命祭⑬，二曰衍祭⑭，三曰炮祭⑮，四曰周祭⑯，五曰振祭⑰，六曰擩祭⑱，七曰绝祭⑲，八曰缭祭⑳，九曰共祭㉑。辨九拜：一曰稽首，二曰顿首，三曰空首，四曰振动，五曰吉拜，六曰凶拜，七曰奇拜，八曰褒拜，九曰肃拜，以享右祭祀。凡大禋祀、肆享、祭祇，则执明水火而号祝。隋衅，逆牲，逆尸，令钟鼓，右亦如之。来瞽，令皋舞，相尸礼。既祭，令彻。大丧，始崩，以肆鬯涗尸，相饭，赞敛，彻奠，言甸人读祷；付、练、祥，掌国事。国有大故、天灾，弥祀社稷，祷祠。大师，宜于社，造于祖，设军社，类上帝，国将有事于四望，及军归献于社，则前祝。大会同，造于庙，宜于社，过大山川，则用事焉；反行，舍奠。建邦国，先告后土，用牲币。禁督逆祀命者。颁祭号于邦国都鄙。

[注释]

①顺祝：祈祷丰年之祝。②年祝：祈祷年年吉利之祝。③吉祝：祈祷多福之祝。④化祝：祈祷逢凶化吉之祝。⑤瑞祝：祈祷风调雨顺之祝。⑥策祝：祈祷远离犯罪、无病无灾之祝。⑦类：祭名。见《小宗伯》注。⑧造：祭名。造，到也，到祖庙祈祷祖宗保佑之祭。⑨禬（guì）：祭名。祈祷禳除疠疫之祭。⑩禜（yǒng）：祭名。祈祷禳除水旱之灾。⑪攻：祭名。攻，责备，谓责备天神、地祇、人鬼之祭。⑫说：祭名。谓陈说其事以责备天神、地祇、人鬼之祭。⑬命祭：凌廷堪说："命祭，谓堕祭也。堕祭，必祝命之，故曰命祭。"⑭衍祭：即延祭。衍，通"延"，引导也。延祭，即主人引导客人进行食前之祭。⑮炮祭：即包祭。炮，通"包"，兼也。包祭，谓兼祭。既取豆中食品来祭，又取笾中食品来祭。⑯周祭：即遍祭。谓将所有佳肴，按照先后次序，从头到尾，一一祭之。⑰振祭：将肝在盐中蘸一下，然后取出来在手中振动几下，以表示祭祀。⑱擩（ruán）祭：擩是蘸一下的意思。所谓擩祭，就是将笾中的肉脯取出一点，放在醢里蘸一下，然后放在盛脯的笾和盛醢的豆之间。⑲绝祭：谓直接掐断肺的末端以祭。⑳缭祭：也是将肺的末端掐断以祭，但在掐断之前，要用手从肺的底部抚摸至肺的末端，然后掐断。㉑共祭：即供祭。共，通"供"，供给。所谓供祭，就是祭者不亲自取所祭食品，而由他人将所

祭食品递到祭者手里。

[译文]

　　大祝的职责是：掌管六祝的祝辞，以事奉天神、地祇、人鬼，祈求多福，祈求永远吉利：一是顺祝，二是年祝，三是吉祝，四是化祝，五是瑞祝，六是策祝。掌管六种祈祷之祭，以协调人和天神、地祇、人鬼的关系：一是类祭，二是造祭，三是禬祭，四是禜祭，五是攻祭，六是说祭。掌管制作六种文辞，以沟通上下、亲疏、远近之间的人际关系：一是互相交接时的文辞，二是外交辞令，三是以上告下的文告，四是会同盟誓之辞，五是庆贺祝福之辞，六是概括死者生平以表示哀悼之辞。辨别六种事物的美称：一是对天神的美称，二是对人鬼的美称，三是对地祇的美称，四是对牺牲的美称，五是对粢盛的美称，六是对礼币的美称。辨别九种食前之祭：一是命祭，二是延祭，三是包祭，四是周祭，五是振祭，六是擩祭，七是绝祭，八是缭祭，九是共祭。辨别九种跪拜的礼节：一是稽首，二是顿首，三是空首，四是振动，五是吉拜，六是凶拜，七是奇拜，八是褒拜，九是肃拜，用以向列祖列宗进献祭品，用以劝尸进食，用以祭祀天神地祇。凡是祀天神、享人鬼、祭地祇，则手执明水、明火并以祭品的美号向神祝告。当祀天神、享人鬼、祭地祇进行到荐血、迎牲、迎尸等环节时，命令钟师等官敲钟击鼓演奏《九夏》，劝尸进食时也是这样。呼喊升堂唱歌的瞽人进来，呼喊跳舞的学生进来，在尸身旁教导他如何行礼。祭祀结束，下令撤去祭器、祭品。天子去世，刚刚驾崩时，则以郁鬯香酒浴尸，指点辅佐饭含，赞助小殓、大殓，依次撤去始死之奠、小殓之奠与大殓之奠；既殡之后，为死者制作祈祷之辞，并告诉甸人使之宣读；到了祔祭、练祭、大祥时，则帮助指教有关的礼仪。如果国家发生重大变故和天灾，就要祭祀社稷，并举行祈祷之祭，事后则要举行还愿之祭。天子率领大军出征，要告祭于地，要到祖庙去举行告祭，要设立军社，要类祭上帝，国家将遥祭四方的名山大川，以及凯旋班师献捷于社，大祝都要在祭祀这些神灵之前，先以祝辞告之。遇到大会同，天子要到祖庙去举行告祭，要告祭于地，经过大山大川，也要举行祭祀；回来以后，还要举行释奠之礼，大祝也要在祭祀这些神灵之前，先以祝辞告之。天子分封诸侯，大宗伯负责事先告祭后土，而大祝则负责祭祀所用的牲币。负责禁止并纠正诸侯中的违背祀典者。向邦国都鄙颁发祭祀所用的六种美称。

小祝：掌小祭祀将事侯、禳、祷、祠之祝号，以祈福祥，顺丰年，逆时雨，宁风旱，弥灾兵，远罪疾。大祭祀，逆粢盛，送逆尸，沃尸盥，赞隋，赞彻，赞奠。凡事，佐大祝。大丧，赞渳，设熬①，置铭；及葬，设道赍之奠②，分祷五祀。大师，掌衅祈号祝。有寇戎之事，则保郊，祀于社③。凡外内小祭祀、小丧纪、小会同、小军旅，掌事焉。

[注释]

①熬：炒熟的谷物。②道赍之奠：一种路祭。盖出葬之日，举行过大遣奠（送别死者之奠）之后，将牲体包起来载于道车，从柩而行，路上或有停止，就以所包牲体权当祭品来祭奠。③保郊，祀于社：郑玄注："保、祀互文，郊、社皆守而祀之。"

[译文]

小祝的职责是：掌管在小祭祀侯、禳、祷、祠时行六祝六号之事，以祈求多福，祈求丰年，祈求雨顺，消除风旱，消除灾祸兵乱，消除罪戾疾病。大祭祀，协助小宗伯接受粢盛，迎尸、送尸，给尸浇水洗手，协助尸隋祭，协助大祝下令撤去豆笾，协助大祝放置尸用之爵。凡大祝做事，小祝都要在一旁协助。天子去世，要协助大祝浴尸，在棺材旁边放上炒熟的谷物，置铭；等到出葬，要设置路祭，将牲体分为五份以祭五祀。天子率领大军出征，则负责衅鼓，在祈祷仪式上宣读祝辞。如果发生敌寇侵犯之事，就要保卫位于四郊的群神坛域，保卫社，并举行祈祷之祭。凡里里外外的小的祭祀、小的丧事、小的会同以及小的军事活动，皆由小祝负责其事。

丧祝：掌大丧劝防之事。及辟，令启。及朝①，御柩，乃奠②。及祖③，饰棺，乃载，遂御之。及葬，御柩，出宫乃代。及圹，说载④，除饰。小丧亦如之。掌丧祭祝号。王吊，则与巫前。掌胜国邑之社稷之祝号，以祭祀祷祠焉。凡卿大夫之丧，掌事，而敛饰棺焉。

[注释]

①朝：指将要出葬时的朝庙。②奠：谓迁祖奠。因为此奠是为迁柩朝祖而设，故称迁祖奠。③祖：祖奠。灵车出发前的一种祭名。④说：通"脱"。

[译文]

丧祝的职责是：掌管大丧出葬时走在柩车前面，一则劝勉众人引柩用力，二则指挥执披者小心谨慎，防备灵柩倾斜。到了要除去棺外四周堆积的木材时，就下令启殡。到了要迁柩朝庙时，则负责指挥柩车前进，并设置迁祖奠。到了要举行祖奠时，就负责饰棺，将棺装到柩车上，执纛走在前面，指挥柩车前进。到了要出葬时，就负责指挥柩车前进，等到柩车出了祖庙以后丧祝二人才互相换班。到了墓穴，就负责将灵柩从柩车上卸下来，去掉棺饰。遇到小丧事时也是这样。掌管丧祭中的祝辞美称。如果天子到群臣家里去吊丧，就要手执苕帚与手执桃枝的巫一道走在天子的前面，以避免邪气冲撞，扫除不祥。掌管亡国国都的社稷的祝辞和美称，用以春秋祭祀，祈祷福佑和向神还愿。凡是卿大夫的丧事，掌管其小殓、大殓和饰棺等事。

甸祝：掌四时之田表貉之祝号。舍奠于祖庙，祢亦如之。师甸，致禽于虞中，乃属禽。及郊，馌兽①，舍奠于祖祢，乃敛禽②。祷牲、祷马，皆掌其祝号。

[注释]

①及郊，馌（yè）兽：也就是《小宗伯》的"馌兽于郊"。馌，馈赠，进献。详彼处。②敛禽：谓收取百分之三十的所获禽兽送交腊人。腊人将以此为原料，制作干肉。

[译文]

甸祝的职责是：掌管四时畋猎在竖有标杆之处举行祃祭时拟制祝辞及美称。出发之前要在祖庙举行释奠礼，告以将要举行畋猎。对父庙也要举行这样的释奠礼。兴师动众的大规模畋猎，兽人负责让所有参加畋猎的人把所获禽兽交到虞人所竖的旗帜下，甸祝则负责将这些禽兽分门归类。收兵来到四郊，则向四郊的群神进献所获禽兽；回到都城，则在祖庙、父庙中举行释奠礼，进献所获禽兽，并报告已经归来；这时要将所获禽兽的百分之三十送交腊人。在举行祈祷多获禽兽、祈祷马不生病之祭时，其祝辞及美称都由甸祝掌管。

诅祝：掌盟、诅、类、造、攻、说、桧、禜之祝号。作盟诅之载辞，以叙国之信用，以质邦国之剂信①。

[注释]

①质：成也。剂：契约，证券。

[译文]

诅祝的职责是：掌管制作盟、诅、类、造、攻、说、桧、禜的祝辞及美称。负责将盟诅之辞记载到简策上，以表示王国的信用，以促成诸侯国对盟辞的相信就像对契约的相信。

司巫：掌群巫之政令①。若国大旱，则帅巫而舞雩②。国有大灾，则帅巫而造巫恒③。祭祀，则共匰主及道布及蒩馆。凡祭事，守瘗。凡丧事，掌巫降之礼。

[注释]

①群巫：据《叙官》："男巫无数，女巫无数。"所以这里说"群巫"。②雩（yú）：求雨之祭。③巫恒：郑玄说就是"巫久"。而巫久是"先巫之故事"，也就是前辈巫师做事的成例。

[译文]

司巫的职责是：负责对群巫的管理。如果国家大旱，就率领群巫跳舞求雨。国家如果发生了重大灾祸，就率群巫去翻阅记载先辈巫师所作所为的档案而效法之。祭祀，则负责提供盛放神主的匰、供神使用的手巾以及盛放草垫的筐。凡是用埋沉的方法祭祀地祇，负责看守埋在地下的牲玉。凡是丧事，掌管下神之礼。

男巫：掌望祀望衍授号，旁招以茅。冬堂赠，无方无算①。春招弭，以除疾病。王吊，则与祝前。

[注释]

①无方无算：无方，指不分方向。无算，指距离不分远近。

[译文]

男巫的职责是：掌管望祀、望延时接受诅祝所授之神的美号，以茅作旌，招呼四方所望祭之神。每年冬天，从堂上开始，以礼送走种种瘟神和带来不祥之神，神想去哪个方向就送往哪个方向，神想去多远就送多远。每年春天，以礼招来吉祥，消除灾祸，以除疾病。如果天子到群臣家里去吊丧，就手执桃枝，与手执苕帚的丧祝一道作为前导。

女巫：掌岁时祓除、衅浴①。旱暵，则舞雩。若王后吊，则与祝前。凡邦之大灾，歌哭而请。

[注释]

①岁时：曾钊说："岁时，谓岁之良时。"祓（fú）：《说文》云："除恶祭也。"衅浴：郑玄注："谓以香薰草药沐浴。"

[译文]

女巫的职责是：掌管在一年中的吉日良时举行祓除凶恶不祥的祭祀、用掺有香料的温水沐浴以洗掉不洁。遇到干旱，则跳舞以求雨。如果王后出去给外命妇吊丧，就要手执桃枝，与手执苕帚的女祝一道作为前导。凡是国家发生了重大灾祸，就要或者悲歌，或者号哭，藉以感动神灵而消除灾祸。

大史：掌建邦之六典，以逆邦国之治，掌法以逆官府之治，掌则以逆都鄙之治。凡辩法者考焉，不信者刑之①。凡邦国都鄙及万民之有约剂者藏焉②，以贰六官，六官之所登。若约剂乱，则辟法，不信者刑之。正岁年以序事，颁之于官府及都鄙，颁告朔于邦国。闰月，诏王居门终月。大祭祀，与执事卜日③。戒及宿之日，与群执事读礼书而协事。祭之日，执书以次位常，辩事者考焉，不信者诛之。大会同、朝觐，以书协礼事。及将币之日④，执书以诏王。大师，抱天时⑤，与大师同车⑥。大迁国，抱法以前。大丧，执法以莅劝防；遣之日，读诔。凡丧事，考焉。小丧，赐谥。凡射事，饰中⑦，舍算⑧，执其礼事。

[注释]

①不信者：输理的一方，理屈的一方。②约剂：作为凭据的契约文书。③执事：指大卜之属。④将币：即授玉。会同朝觐中的一个礼节。⑤抱：谓占验。⑥大（tài）师：谓通晓天道的瞽官之长。⑦中：盛算器。算，射筹，即用以计算射中次数的筹码。⑧舍算：即释算。舍，通"释"。释算，就是将手中所拿的算放开，放到中内。每释一算，等于记一分。

[译文]

大史的职责是：掌管建立王国的六典，代表天子接受各诸侯国完成本职工作的文书；掌管建立八法，代表天子接受官府完成本职工作的文书；掌管建立八则，代表天子接受都鄙完成本职工作的文书。凡各诸侯国、官府、都鄙因六典、八法、八则发生争执而前来要求裁决者，对于输理的一方要治罪。凡是各诸侯国、都鄙以及万民，相互之间订有契约合同者，皆一式两份，正本送交六官，副本则交给太史收藏；而官府之间的契约合同，其正本皆藏于六官首长的衙署，另由六官写一副本送交太史。如有抵赖契约合同者，就打开收藏契约合同副本的档案库进行按验，看看哪一方说得对，对于理屈的一方要治罪。用置闰的办法来修正岁与年的时差，制定历法，使老百姓知道如何按照节气安排农活，并将此历法颁布于官府及都鄙，又将来年十二个月的朔政布告天下诸侯。每逢闰月，就通知天子整月坐在明堂门下宣布政教。大祭祀，与有关官员一道占卜吉日；在散斋和致斋的日子里，要和众多与祭祀事务有关的官员一道研读礼书，并按照礼书的要求进行演习和校录，以求万无一失。到了祭祀那天，要手执礼书来安排助祭诸臣的位置及其常行职事；如有因职事前来争讼者，则考其是非，断其曲直，对输理的一方要严厉批评。遇到大会同和诸侯朝觐，也要根据礼书进行演习和校录，以求万无一失。到了诸侯向天子献玉时，要手执礼书告诉天子应如何行礼。遇到天子亲自率军出征，要占验天象的吉凶，与通晓天道的太师同乘一车。遇到国家迁都，要抱着营造国都的图纸先走一步。遇到天子去世，要手执办理丧葬的法规亲临督察柩车的牵引及其安全的防护；举行大遣奠时，负责宣读悼辞。凡丧事中有不明白的礼数，都可以到太史那里去咨询。遇到诸侯去世，则根据天子的命令赐予谥号。凡有射箭的事，负责刷洗计分器，计算射中的筹码，掌管有关射箭的礼仪。

小史：掌邦国之志，奠系世，辨昭穆。若有事，则诏王之忌讳。大祭祀，读礼法，史以书叙昭穆之俎簋①。大丧、大宾客、大会同、大军旅，佐大史。凡国事之用礼法者，掌其小事。卿大夫之丧，赐谥，读诔。

[注释]

①俎簋：两种祭器。俎用以盛牲体，簋用以盛黍稷。

[译文]

小史的职责是：掌管王国及畿内诸侯国的史记，确定王室的族谱，辨别其中的昭穆。如果天子有事到宗庙中去祈祷，则要把先王的忌日、名讳告诉天子，以免触犯。遇到宗庙的大祭祀，当太史等人在研读礼法时，小史则要按照礼法的规定排好昭穆的次序，检察俎簋所放的位置。遇到大丧、大宾客、大会同、大军旅，凡有太史所掌礼法之事，小史皆佐助之。凡是使用礼法的国事，如果是小事，就由小史单独掌管。卿大夫去世，则由小史依据天子的命令赐予谥号，宣读悼词。

冯相氏：掌十有二岁、十有二月、十有二辰、十日、二十有八星之位，辨其叙事，以会天位①。冬夏致日，春秋致月，以辨四时之叙。

[注释]

①会天位：郑玄注："会天位者，合此岁、日、月、辰、星宿五者，以为时事之候。"

[译文]

冯相氏的职责是：掌管观测十二岁、十二月、十二辰、十日、二十八宿的位置，辨别四时依次应做的农活，以推算岁、月、辰、日、星在天会合的情况。冬至、夏至那天，立表观测日影，春分、秋分那天，立表观测月影，根据影子的适度或长短来判断四时的到来是否正常。

保章氏：掌天星，以志星辰日月之变动①，以观天下之迁，辨其吉凶。以星土辨九州之地，所封封域，皆有分星，以观妖祥②。以十有二岁之相，观天下之妖祥。以五云之物，辨吉凶、水旱降、丰荒之祲象。以十有二风，察天地之和、命乖别之妖祥。凡此五物者，以诏救政，访序事。

[注释]

①志：记也，谓记之于简策。星：谓五星。即金、木、水、火、土五星。辰：指日月交会的十二辰次。②以观妖祥：据郑玄说，观察妖祥的办法是，看看该分野是否有客星、彗星的出现，有则主凶，无则主吉。

[译文]

保章氏的职责是：掌管占验天上的星象，把星象的变动和日月的交会记录下来，用以观察地上人间的变动，辨别其吉凶。以天上星宿与地上土地的对应关系辨别九州之地，就是所封诸侯国的封域，也都上应列星，用以观察善恶的预兆。根据岁星十二年运行一周天的情况，观察天下的吉凶。根据五种日旁云气的颜色，辨别其吉凶，辨别它是预兆风调雨顺的丰年还是预兆水涝干旱的荒年。根据十二种风来观察天地之气是平和还是乖戾。占验以上这五种事物的总的目的，是用来报告天子，以便天子在政治上采取补救的措施，并谋议本年占验天象的安排。

内史：掌王之八枋之法①，以诏王治。一曰爵，二曰禄，三曰废，四曰置，五曰杀，六曰生，七曰予，八曰夺。执国法及国令之贰②，以考政事，以逆会计。掌叙事之法，受纳访，以诏王听治。凡命诸侯及孤卿大夫，则策命之。凡四方之事书，内史读之。王制禄，则赞为之，以方出之。赏赐亦如之。内史掌书王命，遂贰之。

[注释]

①八枋（bǐng）：即八柄。枋，通"柄"。八柄，天子驾驭臣下的八种手段。②国令：孙诒让说，指先王及当今天子下达到畿内者的政令。

[译文]

内史的职责是：掌管天子驾驭群臣的八柄之法，用以从宫内赞助教告天子的治理：第一是爵位，第二是俸禄，第三是削职为民，第四是提拔重用，第五是处以死刑，第六是赦其死罪，第七是赐予，第八是剥夺。掌管六典、八法、八则以及天子所下命令的副本，以考核邦国、官府、都鄙的政事，以接受其工作汇报，以便根据其政绩的好坏施行诛赏。掌管根据爵位的尊卑安排百官反映情况的规定，接纳百官的谋议，并转告天子作为处理政务的参考。凡是天子册命诸侯和孤卿大夫，则负责拟写加官晋爵的命令。凡是四方诸侯有事请示的奏章，内史负责给天子宣读。天子制定群臣的俸禄，内史负责起草有关文件，写在木板上发出去。天子如有对群臣的赏赐，也是这样。内史掌管书写天子的命令，并留下副本备考。

外史：掌书外令，掌四方之志①，掌三皇五帝之书，掌达书名于四方②。若以书使于四方，则书其令。

[注释]

①四方之志：四方诸侯的史记。例如，鲁国的《春秋》，晋国的《乘》。②书名：谓文字。文字，在古代叫做书，也叫做名。

[译文]

外史的职责是：掌管为天子撰写下达畿外的命令，并保存其副本，则掌管四方诸侯的史记，掌管三皇、五帝时的古书，掌管将文字的正确的形音义传播到四方。如果天子派遣使者携带书信出使于四方诸侯，就负责书写天子的命令，并将它交给使者。

御史：掌邦国都鄙及万民之治令，以赞冢宰。凡治者受法令焉。掌赞书。凡数从政者①。

[注释]

①从政者：谓上自公卿、下至胥徒的所有在官人员。

[译文]

御史的职责是：掌管天子治理邦国、都鄙以及万民的法令，以赞助冢宰提醒天子。凡有关部门来索取涉及该部门的法令条文，就书写一份让其拿走。掌管代天子起草诏书。统计所有从政之人的在职数目和缺员数目。

巾车：掌公车之政令，辨其用与其旗物而等叙之，以治其出入。

王之五路：玉路，锡，樊缨十有再就，建大常①，十有二斿，以祀；金路，钩，樊缨九就，建大旂②，以宾，同姓以封；象路，朱，樊缨七就，建大赤③，以朝，异姓以封；革路④，龙勒，条缨五就，建大白⑤，以即戎，以封四卫；木路⑥，前樊鹄缨，建大麾⑦，以田，以封蕃国。

王后之五路：重翟，锡面朱总；厌翟，勒面缋总；安车⑧，雕面鹥总；皆有容盖；翟车⑨，贝面，组总，有幄；辇车⑩，组挽，有翣，羽盖。

王之丧车五乘⑪：木车⑫，蒲蔽，犬㡛尾囊，疏饰，小服皆疏；素车⑬，棼蔽，犬㡛素饰，小服皆素；藻车⑭，藻蔽，鹿浅㡛，革饰；駹车⑮，萑蔽，然㡛，髹饰；漆车⑯，藩蔽，犴㡛，雀饰。

服车五乘：孤乘夏篆[17]，卿乘夏缦[18]，大夫乘墨车[19]，士乘栈车[20]，庶人乘役车[21]。

　　凡良车、散车不在等者，其用无常。凡车之出入，岁终则会之，凡赐阙之；毁折，入赍于职币。大丧，饰遣车，遂廞之行之；及葬，执盖从车，持旌；及墓，呼启关，陈车。小丧，共柩路与其饰。岁时更续，共其弊车。大祭祀，鸣铃以应鸡人。

[注释]

①大常：旗名。其正幅上画有日月星辰，正幅的下边缀有十二根旒（今谓之飘带），旒上分别画有升龙或降龙。②大旂：旗名。旗上画有交龙（即升龙和交龙）。缀有九根飘带。③大赤：旗名。旗上画有鸟隼。缀有七根飘带。④革路：车上除了蒙有犀牛皮外，再无其他装饰。玉路、金路、象路上面也都蒙有犀牛皮，而且它们分别有玉饰、金饰、象牙饰。⑤大白：旗名。旗上画有熊虎，缀有五根飘带。⑥木路：车上不蒙犀牛皮，只是漆成黑色而已。⑦大麾：旗名。旗上画有龟蛇，缀有四根飘带。即《司常》之旐。⑧安车：车名。郑玄说："安车，坐乘车。凡妇人车皆坐乘。"⑨翟车：车名。郑玄注："翟车，不重不厌，以翟饰车之侧尔。"⑩辇车：车名。靠人力拉行。此车没有什么装饰，只是油漆一下而已。⑪王之丧车：实际上也是王后的丧车。⑫木车：丧车之一。未经油漆的车。这是新天子始遭丧时所乘，因为新天子刚刚即位，人心浮动，所以车上备有兵器。⑬素车：丧车之二。以白土垩车，故称。这是卒哭以后天子所乘的车，因为人心已经比较安定，所以车上不再放长兵器。⑭藻车：丧车之三，以苍土垩车，故称。这是小祥以后天子所乘的车。⑮駹（máng）车：丧车之四。只在车的两旁有漆饰，其他部位没有，故称。这是大祥以后天子所乘的车。⑯漆车：丧车之五。漆以黑漆之车。这是禫时天子所乘的车。⑰夏篆：孤办公所乘车。夏，谓五色；篆，通"瑑（zhuàn）"，指雕刻的隆起装饰纹。盖谓此车车毂雕刻有隆起的装饰纹并有五彩丹漆画文。⑱夏缦：卿办公所乘车。只有五彩丹漆画文，没有雕刻的装饰纹。⑲墨车：大夫办公所乘车。只是黑漆漆一下车厢，车毂也是只漆一下，既无雕刻纹，也无五彩画文。⑳栈车：士办公所乘车。栈车与墨车的主要不同在于，墨车上要蒙以皮

革,而栈车则不蒙。㉑役车:庶人所乘车。有方形车厢,可载运器物,供役使。

[译文]

巾车的职责是:掌管公家车辆的政令,辨别这些车辆的用途与上面所竖的旗帜而按照级别规格来依次使用,掌管车辆的派出和收回。

天子的五路是:一是玉路,马身上的装饰有锡,还有樊和缨,二者均以五彩毛织品缠绕十二圈作为装饰,车上竖着太常旗,旗上缀有十二根飘带,用以祭祀。二是金路,马身上的装饰有钩,还有樊和缨,二者均以五彩毛织品缠绕九圈作为装饰,车上竖着大旂,旂上缀有九根飘带,用以会见宾客,用以赏赐同姓诸侯。三是象路,马身上的装饰有朱勒,还有樊和缨,二者均以五彩毛织品缠绕七圈作为装饰,车上竖着大赤旗,旗上缀有七根飘带,用以每天视朝,用以赏赐异姓诸侯。四是革路,马身上的装饰,有以白黑二色皮革做成的马络头,还有樊和缨,二者均以五彩丝绳缠绕五圈作为装饰,车上竖着太白旗,旗上缀有五根飘带,用以打仗,用以赏赐子男之国。五是木路,马身上的装饰,有以浅黑色皮子装饰的樊和以白色皮子装饰的缨,二者均以五彩丝绳缠绕四圈作为装饰,车上竖着大麾旗,旗上缀有四根飘带,用以畋猎,用以赏赐蕃国的诸侯。

王后的五路是:一是重翟,作为装饰物,马的面部有锡,还有朱色的丝带装饰车马,二是厌翟,作为装饰物,马的面部有勒,还有画有图纹的丝带装饰车马;三是安车,马的面部有雕刻的锡,还有青黑色的丝带装饰车马,车的上边都有盖,车的四周都有帷幕;四是翟车,作为装饰物,马的面部有贝壳装饰的笼头,还有丝带装饰车马,只有四周的帷幕,没有上边的盖子;五是辇车,备有拉车的丝带,有遮挡风尘的翼,有羽毛做的车盖。

天子的丧车有五种：一是木车，有用蒲席做成的蔽，用白犬皮做成的覆笭，用白犬皮尾部制成的盛放长兵器的兵器套，二者都以粗布镶边作为装饰，还有用白犬皮制成的盛放短兵器的兵器套，也都用粗布镶边；二是素车，有用苴麻布制成的蔽，用白犬皮制成的覆笭，还有用白犬皮制的成盛放短兵器的兵器套，二者都以素缯镶边为饰；三是藻车，有用苍色之缯做成的蔽，用夏季的鹿皮制成的覆笭，并以去毛的鹿皮镶边为饰；四是駹车，有用细苇席做成的蔽，用野兽果然的皮做成的覆笭，并以黑多赤少之色的皮子镶边为饰；五是漆车，有用漆席做成的蔽，用北方野狗皮做成的覆笭，并以赤多黑少的皮子镶边为饰。

为公家办事所乘的车辆有五种：孤乘坐车毂雕刻有隆起的装饰纹并有五彩丹漆画文的马车，卿乘坐有五彩丹漆画文装饰的马车，大夫乘坐用黑漆漆过车厢的马车，士乘坐未蒙皮革的黑漆马车，庶人乘坐有方形车厢可载运器物的马车。

无论是制作精细的车还是制作粗糙的车，只要不在上述规定的等级之内，其用途就不固定。每到年终，要统计一下本年度派出去了多少公车，收回了多少公车，有多少是完好的，有多少是损坏的，但用于天子赏赐的则不计在内；对于毁坏的车辆，要向乘坐者征收相当的赔偿费用并将此费用交给职币。天子去世，负责装饰遣车，然后就陈列起来，然后就让人举着送到墓地；到了出葬时，手执车盖，紧跟在柩车后面，并手举铭旌；到了墓地，呼叫开启墓门，陈列五路的副车。遇到小的丧事，负责提供载运灵柩的车以及柩车上的装饰。每年按时更换旧车，更换不堪继续使用的车，把更换下来的破车供给车人。大祭祀，摇动车铃，一方面警众，一方面与鸡人呼喊天明的叫声相呼应。

典路：掌王及后之五路，辨其名物与其用说。若有大祭祀，则出路，赞驾说。大丧、大宾客，亦如之。凡会同、军旅、吊于四方，以路从①。

[注释]

①以路从：郑玄注："王乘一路，典路以其馀路从行，亦以华国。"例如，若是会同，天子应当乘金路，则以玉、象、木、革四路从行；若是军旅之事，天子应当乘革路，则以玉、金、象、木四路从行。

[译文]

典路的职责是：掌管天子的五路和王后的五路，辨别它们的名称颜色以及用时的套车和用过以后的卸车。若有大祭祀，就把天子乘的玉路拉出来，帮助驭者套车和卸车。如果遇到天子或王后去世、遇到设宴招待诸侯，也是这样。每逢会同、军旅、吊四方诸侯之丧，天子乘五路中的一路，其余四路则随行。

车仆：掌戎路之萃①，广车之萃②，阙车之萃③，苹车之萃④，轻车之萃⑤。凡师，共革车⑥，各以其萃；会同，亦如之。大丧，廞革车。大射，共三乏。

[注释]

①戎路之萃：戎路的正车和副车。戎路，天子在军中所乘之车。②广车：纵横陈列以作为防御屏障的车。③阙车：用以补阙的车。以兵车布阵，如有阙漏，即以此车补阙。④苹车：郑玄注："苹犹屏也，所用对敌自隐蔽之车也。"⑤轻车：用以冲锋陷阵的兵车。⑥革车：即上文所说的五种兵车。

[译文]

车仆的职责是：掌管戎路的正车副车，广车的正车副车，阙车的正车副车，苹车的正车副车，轻车的正车副车。凡有军事行动，负责提供革车，每种革车的正车各自率领其副车。遇到会同，也是这样。遇到天子去世，负责陈列作为明器使用的革车。大射，为报靶者提供三个藏身用的乏。

司常：掌九旗之名物，各有属①，以待国事。日月为常，交龙为旂，通帛为旜，杂帛为物，熊虎为旗，鸟隼为旟，龟蛇为旐，全羽为旞，析羽为旌。及国之大阅②，赞司马颁旗物：王建大常，诸侯建旂，孤卿建旜，大夫士建物，师都建旗③，州里建旟，县鄙建旐，道车载旞④，斿车载旌⑤。皆画其象焉：官府各象其事，州里各象其名，家各象其号。凡祭祀，各建其旗。会同、宾客亦如之；置旌门。大丧，共铭旌⑥，建廞车之旌；及葬，亦如之。凡军事，建旌旗；及致民，置旗弊之。甸，亦如之。凡射，共获旌⑦。岁时共更旌。

[注释]

①属：郑玄注："属，谓徽识也。"②国之大阅：按：《夏官·大司马》："中冬教大阅。"③师都：王念孙说，师，当作"帅"，谓军中将帅。王说是。④道车：又叫德车。天子平时在国都内所乘之车，即象路。⑤斿车：又叫游车。天子畋猎和到郊外去所乘的车，即木路。⑥铭旌：又叫明旌。竖立在灵柩前标志死者官职姓名的旗幡。⑦获旌：获者所持旌。获者，相当于今天的射击报靶者。

[译文]

司常的职责是：掌管九种旗子的名称及其所画图像，它们各有区别自己身份的标志，以备国事所需。画有日月的旗子叫做常，画有交龙的旗子叫做旂，縿旒颜色相同的旗子叫做旜，縿旒颜色不同的旗子叫做物，画有熊虎的旗子叫做旗，画有鸟隼的旗子叫做旟，画有龟蛇的旗子叫做旐，旗杆上以全羽为装饰的旗子叫做旞，旗杆上以析羽为装饰的旗子叫做旌。等到国家举行大规模的阅兵时，要协助大司马颁发画有物像的旗子：天子的车上竖立太常，诸侯的车上竖立旂，孤卿的车上竖立画有鸟隼的旜，大夫士的车上竖立画有鸟隼的物，军中将帅和采邑领主的车上竖立旗，六乡官吏的车上竖立旟，公邑官吏的车上竖立旐，道车上的旗杆以全羽为装饰，斿车上的旗杆以析羽为装饰。在旗的縿上都要写上表明身份的文字：是官府则写上各自的官府名称，是州里则写上各自的乡遂名称，是都家则写上各自的姓氏。凡祭祀，各自竖立自己应该竖立的旗子。遇到会同、招待宾客，也是这样。天子途中休息时，负责设置旌门。天子驾崩，负责提供铭旌，为用于陈列的遣车配置旌旗；到了出葬时也是这样。凡有军事行动，负责协助大司马建立旌旗；等到被征调的民众都到齐以后，就把所竖立的旌旗放倒。四时的畋猎，也是这样。凡有射箭比赛，负责提供报靶者所用的旌旗。每年按时供应需要更新的旌旗。

都宗人：掌都祭祀之礼。凡都祭祀，致福于国。正都礼与其服①。若有寇戎之事，则保群神之壝。国有大故，则令祷祠②；既祭，反命于国。

[注释]

①服：指衣服及宫室、车旗。这些东西的使用必须符合自己的身份。②祷祠：祷是祈求福佑之祭，祠是向神还愿之祭。

[译文]

都宗人的职责是：掌管都的祭祀之礼。凡是都有祭祀，都要致福于天子。负责监督并纠正都内违背礼法的现象以及人们穿的衣服、住的宫室、用的车旗是否符合规定。若有贼寇侵犯之事，则负责保护群神的坛域。国家发生了重大灾祸，要根据天子的命令举行祷祠，祷祠之后，要向天子汇报；正常的祭祀举行过以后，也要向天子汇报。

家宗人：掌家祭祀之礼。凡祭祀，致福。国有大故，则令祷祠，反命；祭亦如之。掌家礼与其衣服、宫室、车旗之禁令①。

[注释]

①"掌家礼与其衣服"句：也就是《都宗人》的"正都礼与其服"。

[译文]

家宗人的职责是：掌管大夫采地的祭祀之礼。凡有祭祀，都要致福于天子。国家发生了重大灾祸，则根据天子的命令举行祷祠，祷祠之后，要向天子汇报；正常的祭祀也是这样。掌管大夫采地的礼法及其衣服、宫室、车旗的禁令。

凡以**神仕**者①：掌三辰之法，以犹鬼神祇之居②，辨其名物。以冬日至致天神人鬼，以夏日至致地祇物魅，以禬国之凶荒、民之札丧③。

[注释]

①以神仕者：指出类拔萃的男巫。②犹：图画，图绘。③禬（guì）：杜子春说："禬，除也。"

[译文]

凡是以装神弄鬼的高超本领做官者，掌管根据日月星辰在天上的布位，以图画人鬼、天神、地祇的居止，辨别其名称、特点。在冬至那天招致天神人鬼降临接受祭祀，在夏至那天招致地祇物魅降临接受祭祀，以消除国家的凶年饥岁、百姓的疫病死亡。

夏官司马第四

惟王建国，辨方正位，体国经野，设官分职，以为民极。①乃立夏官司马②，使帅其属而掌邦政③，以佐王平邦国。

政官之属④：

大司马⑤，卿一人；小司马⑥，中大夫二人；军司马⑦，下大夫四人；舆司马⑧，上士八人；行司马⑨，中士十有六人，旅下士三十有二人。府六人，史十有六人，胥三十有二人，徒三百有二十人。

凡制军，万有二千五百人为军⑩。王六军，大国三军⑪，次国二军，小国一军，军将皆命卿⑫。二千有五百人为师，师帅皆中大夫。五百人为旅，旅帅皆下大夫。百人为卒，卒长皆上士。二十有五人为两⑬，两司马皆中士。五人为伍，伍皆有长。一军则二府、六史、胥十人、徒百人。

司勋⑭，上士二人，下士四人；府二人，史四人，胥二人，徒二十人。

马质⑮，中士二人；府一人，史二人，贾四人，徒八人。

量人⑯，下士二人；府一人，史四人，徒八人。

小子⑰，下士二人；史一人，徒八人。

羊人[18],下士二人；史一人，贾二人，徒八人。

司爟[19],下士二人；徒六人。

掌固[20],上士二人，下士八人；府二人，史四人，胥四人，徒四十人。

司险[21],中士二人，下士四人；史二人，徒四十人。

掌疆[22]：中士八人；史四人，胥十有六人，徒百有六十人。

候人[23],上士六人，下士十有二人；史六人，徒百有二十人。

环人[24],下士六人；史二人，徒十有二人。

挈壶氏[25],下士六人；史二人，徒十有二人。

射人[26],下大夫二人，上士四人，下士八人；府二人，史四人，胥二人，徒二十人。

服不氏[27],下士一人；徒四人。

射鸟氏[28],下士一人；徒四人。

罗氏[29],下士一人，徒四人。

掌畜[30],下士二人；史二人，胥二人，徒二十人。

司士[31],下大夫二人，中士六人，下士十有二人；府二人，史四人，胥四人，徒四十人。

诸子[32],下大夫二人，中士四人；府二人，史二人，胥二人，徒二十人。

司右[33],上士二人，下士四人；府四人，史四人，胥八人，徒八十人。

虎贲氏[34],下大夫二人，中士十有二人；府二人，史八人，胥八十人，虎士八百人[35]。

旅贲氏[36],中士二人，下士十有六人；史二人，徒八人。

节服氏[37],下士八人；徒四人。

方相氏[38]，狂夫四人。

大仆[39]，下大夫二人；小臣[40]，上士四人；祭仆[41]，中士六人；御仆[42]，下士十有二人；府二人，史四人，胥二人，徒二十人。

隶仆[43]，下士二人；府一人，史二人，胥四人，徒四十人。

弁师[44]，下士二人；工四人，史二人，徒四人。

司甲[45]，下大夫二人，中士八人；府四人，史八人，胥八人，徒八十人。

司兵[46]，中士四人；府二人，史四人，胥二人，徒二十人。

司戈盾[47]，下士二人；府一人，史二人，徒四人。

司弓矢[48]，下大夫二人，中士八人；府四人，史八人，胥八人，徒八十人。

缮人[49]，上士二人，下士四人；府一人，史二人，胥二人，徒二十人。

槀人[50]，中士四人；府二人，史四人，胥二人，徒二十人。

戎右[51]，中大夫二人，上士二人。

齐右[52]，下大夫二人。

道右[53]，上士二人。

大驭[54]，中大夫二人。

戎仆[55]，中大夫二人。

齐仆[56]，下大夫二人。

道仆[57]，上士十有二人。

田仆[58]，上士十有二人。

驭夫[59]，中士二十人，下士四十人。

校人[60]，中大夫二人，上士四人，下士十有六人；府四人，史八人，胥八人，徒八十人。

趣马^㉑，下士，皂^㉒一人；徒四人。

巫马^㉓，下士二人；医四人，府一人，史二人，贾二人，徒二十人。

牧师^㉔，下士四人；胥四人，徒四十人。

廋人^㉕，下士，闲二人；史二人，徒二十人。

圉师^㉖，乘一人，徒二人。圉人^㉗，良马匹一人，驽马丽一人^㉘。

职方氏^㉙，中大夫四人，下大夫八人，中士十有六人；府四人，史十有六人，胥十有六人，徒百有六十人。

土方氏^㉚，上士五人，下士十人；府二人，史五人，胥五人，徒五十人。

怀方氏^㉛，中士八人；府四人，史四人，胥四人，徒四十人。

合方氏^㉜，中士八人；府四人，史四人，胥四人，徒四十人。

训方氏^㉝，中士四人；府四人，史四人，胥四人，徒四十人。

形方氏^㉞，中士四人；府四人，史四人，胥四人，徒四十人。

山师^㉟，中士二人，下士四人；府二人，史四人，胥四人，徒四十人。

川师^㊱，中士二人，下士四人；府二人，史四人，胥四人，徒四十人。

原师^㊲，中士四人，下士八人；府四人，史八人，胥八人，徒八十人。

匡人^㊳，中士四人；史四人，徒八人。

夏官司马第四　251

撢人[79]，中士四人；史四人，徒八人。

都司马[80]，每都上士二人，中士四人，下士八人；府二人，史八人，胥八人，徒八十人。

家司马[81]，各使其臣，以正于公司马。

[注释]

①"惟王建国"五句：见《天官·叙官》注。②夏官司马：即下文的大司马。因为司马在六官中位居第四，于四时当夏，夏天是整齐万物的季节，而司马也有整齐万民的职责，故称夏官。马，武也。司马者，主管全国军事的长官。③邦政：就是《大宰》六典中的政典。这个"政"是平诸侯、正天下之义。④政官：即夏官。因为夏官掌邦政，故称。⑤大司马：官名。政官的最高长官。⑥小司马：官名。大司马的副手。⑦军司马：官名。政官中的第三把手。⑧舆司马：官名。据易袚、黄度说，舆司马掌管战车，下文的行司马掌管步卒，而上文的军司马则战车、步卒兼掌。⑨行司马：官名。见注⑧。⑩万有二千五百人为军：六乡每乡一万二千五百家，家出一人为卒，恰为一军之人数。⑪大国：上公为大国。⑫军将：军的最高指挥官。犹今言军长。⑬两：同"辆"。孙诒让说："盖两即车一乘之名。在军则以五伍共卫一车，因谓二十五人为两。"⑭司勋：官名。掌管对有功者的赏地之法。⑮马质：官名。掌管公家买马之事。质，谓平定价值。⑯量人：官名。主管度量土地之事。⑰小子：官名。主管祭祀中的小事。⑱羊人：官名。主管为祭祀、招待宾客提供所需的羊牲。⑲司爟（guàn）：官名。掌管行火之政令。⑳掌固：官名。掌管修筑城郭、沟池等防御工事。㉑司险：官名。掌管九州的天然险阻。㉒掌疆：官名。大约掌管疆界之事。㉓候人：官名。掌管迎送宾客，保护其安全。㉔环人：官名。掌管向敌军挑战，以勇力退敌。环，通"还"，退却。㉕挈壶氏：官名。掌管以壶漏计时等事。㉖射人：官名。掌管射箭礼仪。㉗服不氏：官名。掌管驯服野兽等事。㉘射鸟氏：官名。掌管射鸟事。㉙罗氏：官名。掌管以罗网捕鸟等事。㉚掌畜：官名。掌管养鸟事。㉛司士：官名。掌管群臣的名籍，正朝仪之位，等等。㉜诸子：官名。掌管由国子单独编成的队伍。㉝司右：官名。掌管车右的政令。天子乘车，战时居中，其左为驭者，其右为车右；平时则天子居左，驭者居中，车右居右。㉞虎贲氏：官名。掌管天子的警卫。㉟虎

士：其身份是徒，只不过是从徒中挑选出来的有勇力者。㊱旅贲氏：官名。掌管在天子所乘车的两边奔走护卫。㊲节服氏：官名。掌管天子的冕服。㊳方相氏：掌管驱疫辟邪，由狂夫四人担任。㊴大（tài）仆：官名。掌管匡正天子当穿之衣、当立之位，传达天子命令，接受诸侯奏章等事。㊵小臣：官名。大仆的帮手。㊶祭仆：官名。掌管根据天子的指示来处理有关祭祀的事情。㊷御仆：官名。掌管群吏的奏章与庶人的上书等事。㊸隶仆：官名。掌管寝庙的扫除粪洒之事。㊹弁师：官名。掌管天子、诸侯以及孤卿大夫的冠冕。㊺司甲：官名。掌管铠甲。下文的司兵、司戈盾是其部属。㊻司兵：官名。掌管兵器。㊼司戈盾：官名。掌管戈盾的颁发。㊽司弓矢：官名。掌管有关弓矢之事。下文的缮人、槁人是其部属。㊾缮人：官名。掌管提供天子射箭时所用的弓弩、矢箙等物。㊿槁人：官名。掌管弓弩、矢箙的监造等事。51戎右：官名。充当天子戎路、木路之车右。52齐（zhāi）右：官名。主要充当天子金路的车右。金路，天子朝觐会同时所乘。53道右：官名。充当天子象路的车右。象路，又名德车、道车。54大驭：官名。掌管驾驭天子的玉路。55戎仆：官名。掌管驾驭天子的戎路。56齐（zhāi）仆：掌管驾驭天子的金路。57道仆：官名。掌管驾驭天子的象路。58田仆：官名。掌管驾驭天子畋猎时所乘的木路。59驭夫：官名。掌管驾驭贰车、从车、使车。60校（jiào）人：官名。掌管有关国家马匹的政令。此官为马官之长，下文的趣马、巫马、牧师、廋人、圉师、圉人都是其部属。61趣马：官名。掌管有关养马事宜。62皂：厩之小者。十二匹马为一皂。63巫马：官名。掌管给马看病。64牧师：官名。掌管牧地的放牧。65廋（sōu）人：官名。掌管十二闲之马的教练。闲，马棚。天子十二闲。66圉（yǔ）师：掌管教导圉人养马。67圉人：专职养马人。68丽：一对，两匹。69职方氏：官名。掌管天下的地图，辨别九州之地利，掌管四方的职贡。此官为所有掌管四方事务官员的官长，下文的土方氏至撣人，皆其部属。70土（dù）方氏：官名。掌管度量土地以建邦国都鄙。71怀方氏：官名。掌管招徕四方之民及其物。72合方氏：官名。掌管四方的交流沟通。73训方氏：官名。掌管教导四方之民。74形方氏：官名。掌管划定邦国之封疆。75山师：官名。掌管有关山林事宜。76川师：官名。掌管有关川泽事宜。77原师：官名。掌管四方的地名，辨别其丘陵、坟衍、原隰之名物。78匡人：官名。掌管以八法、八则匡正四方诸侯。⑦撢人：官名。掌管向四方诸侯宣布天子的圣德和旨意。⑧都司马：官名。掌管都的军赋。都，包括大都、小都。大都是王子弟以及三公采地，小都是卿的采地。㉛家司马：官名。掌管家的军赋。家，大夫采地。

[译文]

（按：《夏官·叙官》的译文，大体上同于《天官·叙官》的译文。为节省篇幅，此略）

大司马之职：掌建邦国之九法，以佐王平邦国：制畿封国，以正邦国；设仪辨位，以等邦国；进贤兴功，以作邦国；建牧立监，以维邦国；制军诘禁，以纠邦国；施贡分职，以任邦国；简稽乡民，以用邦国；均守平则①，以安邦国；比小事大，以和邦国。以九伐之法正邦国：冯弱犯寡，则眚之②；贼贤害民，则伐之③；暴内陵外，则坛之④；野荒民散，则削之；负固不服，则侵之；贼杀其亲，则正之；放弑其君，则残之；犯令陵政，则杜之；外内乱，鸟兽行，则灭之。

正月之吉，始和布政于邦国都鄙，乃县政象之法于象魏，使万民观政象，挟日而敛之。

乃以九畿之籍，施邦国之政职。方千里曰国畿⑤，其外方五百里曰侯畿⑥，又其外方五百里曰甸畿⑦，又其外方五百里曰男畿⑧，又其外方五百里曰采畿⑨，又其外方五百里曰卫畿⑩，又其外方五百里曰蛮畿⑪，又其外方五百里曰夷畿⑫，又其外方五百里曰镇畿⑬，又其外方五百里曰蕃畿⑭。

凡令赋，以地与民制之。上地食者参之二，其民可用者家三人；中地食者半，其民可用者二家五人；下地食者参之一，其民可用者家二人。

中春，教振旅，司马以旗致民，平列陈⑮，如战之陈。辨鼓铎镯铙之用，王执路鼓，诸侯执贲鼓，军将执晋鼓，师帅执提⑯，旅师执鼖，卒长执铙，两司马执铎，公司马执镯⑰。以教坐作、进退、疾徐、疏数之节。遂以蒐田⑱，有司表貉，誓民⑲；鼓，遂围禁；火弊⑳，献禽以祭社。

中夏，教茇舍㉑，如振旅之陈。群吏撰车徒，读书契，辨号名之用，帅以门名，县鄙各以其名，家以号名，乡以州名，野以邑名，百官各象其事，以辨军之夜事。其他皆如振旅。遂以苗田㉒，如蒐之法，车弊，献禽以享礿。

中秋，教治兵，如振旅之陈。辨旗物之用：王载大常，诸侯载旂，军吏载旗，师都载旜，乡家载物，郊野载旐，百官载旟，各书其事与其号焉。其他皆如振旅。遂以狝田㉓，如蒐之法，罗弊，致禽以祀祊。

中冬，教大阅。前期，群吏戒众庶修战法。虞人莱所田之野，为表，百步则一，为三表，又五十步为一表。田之日，司马建旗于后表之中，群吏以旗物鼓铎镯铙，各帅其民而致。质明，弊旗，诛后至者。乃陈车徒如战之陈，皆坐㉔。群吏听誓于陈前，斩牲，以左右徇陈，曰："不用命者斩之！"中军以鼙令鼓，鼓人皆三鼓，司马振铎，群吏作旗，车徒皆作。鼓行，鸣镯，车徒皆行，及表乃止。三鼓，摝铎，群吏弊旗，车徒皆坐。又三鼓，振铎作旗，车徒皆作。鼓进，鸣镯，车骤徒趋㉕，及表乃止，坐作如初。乃鼓，车驰徒走㉖，及表乃止。鼓戒三阕，车三发，徒三刺。乃鼓退，鸣铙且却，及表乃止，坐作如初。遂以狩田㉗，以旌为左右和之门，群吏各帅其车徒以叙和出，左右陈车徒，有司平之。旗居卒间以分地，前后有屯百步，有司巡其前后。险野，人为主；易野，车为主。既陈，乃设驱逆之车㉘，有司表貉于陈前。中军以鼙令鼓，鼓人皆三鼓，群司马振铎，车徒皆作。遂鼓行，徒衔枚而进。大兽公之，小禽私之，获者取左耳。及所弊㉙，鼓皆駴，车徒皆噪。徒乃弊，致禽馌兽于郊；入，献禽以享烝㉚。

及师，大合军，以行禁令，以救无辜，伐有罪。若大师，则掌其戒令，莅大卜，帅执事莅衅主及军器。及致，建大常，比军众，诛后至者。及战，巡陈，视事而赏罚。若师有功，则左执律、右秉钺以先，恺乐献于社。若师不功，则厌而奉主车㉛。王吊劳士庶子，则相。

大役，与虑事属其植，受其要，以待考而赏诛。大会同，则帅士庶子而掌其政令。若大射，则合诸侯之六耦。大祭祀、飨食，羞牲鱼，授其祭。大丧，平士大夫。丧祭㉜，奉诏马牲。

[注释]

①均守：郑玄注："诸侯有土地者均之，尊者守大，卑者守小。"②眚：通"省"，此谓减少。③伐：师有钟鼓曰伐。④坛之：郑玄注："谓置之空墠，以出其君，更立其次贤者。"按：坛，通"墠"，谓空旷之野地。⑤国畿：《职方氏》叫做王畿。这是天子的直辖领土。⑥侯畿：侯者，候也；主为天子伺候非常，故称。⑦甸畿：甸者，田也；主为天子治田，以出赋贡，故称。⑧男畿：男者，任也（古音"男"与"任"读音相近）；主为天子任事，故称。⑨采畿：采取美物以供天子，故称。⑩卫畿：作为屏障，承担拱卫天子的任务，故称。⑪蛮畿：蛮者，縻也（縻是牛缰绳，此为笼络之义）；对此畿要求较低，只要服从中央的正朔，其他听其自治。⑫夷畿：因为是夷狄之所居，故称。⑬镇畿：因为离中原地区遥远，须要镇守，故称。⑭蕃畿：蕃，通"藩"，屏蔽。因为此畿有屏蔽作用，故称。⑮陈：古"阵"字。下同。⑯提：鼓名。⑰公司马：谓伍长。⑱蒐（sōu）：春季的畋猎。⑲誓民：将违犯畋猎规则所应受到的处罚告诫民众。⑳弊：停止。下同。㉑茇舍：在野地上芟除杂草，而使军队宿营其中。㉒苗：夏季的畋猎叫苗。㉓狝（xiān）：秋季的畋猎。㉔坐：古人席地而坐，坐姿如同今天的跪。㉕车骤徒趋：这比第一节的"车徒皆行"加快了前进速度，因为离敌人越来越近了。㉖车驰徒走：这比第二节的"车骤徒趋"又加快了速度，因为前面就是敌人。㉗狩：冬季的畋猎叫

狩。㉘驱逆之车：乘此车驱赶和堵截禽兽，使其不得逃出围场之外。㉙及所弊：走到应该停止的地方。㉚烝：冬季的宗庙祭祀。㉛厌（yā）：丧冠。㉜丧祭：谓大遣奠。又叫葬奠。

[译文]

大司马的职责是：掌管建立邦国的九法，以辅佐天子安定邦国：一是划定九畿之间、诸侯之间的封域，以明确邦国之间的边界；二是设立诸侯及群臣的礼仪，辨别其尊卑不同之朝位，以表明邦国君臣尊卑之等差；三是进献贤能与举荐功臣，以启发邦国的劝善乐业之心；四是任命管辖一州的州牧，建立统治一国的国君，以维持邦国；五是建立军队，穷究违禁，以匡正邦国；六是施加以应进之贡赋，授之以应尽之职守，以使邦国在能够承受的范围内负担；七是考校核查诸侯各乡民众的数目，以便在用得着时便于征召；八是按照爵位的尊卑平均诸侯的领土，公平其法则，以安定邦国；九是使大国亲小国，小国事大国，以使邦国和睦相处。以九伐之法来匡正违抗王命的诸侯：一是对于以强凌弱、以众欺寡者，就裁减其领土；二是对于杀戮贤臣、残害百姓者，就讨伐他；三是对于对内暴虐百姓、对外欺压邻国者，就幽禁其国君，另立贤者为君；四是对于田野荒芜、百姓离散者，就削减其领土；五是对于负隅顽抗、不服从王命者，就侵袭他；六是对于恣意杀害其无辜亲属者，就将他捉起来治罪；七是对于臣子竟敢将其国君驱逐或杀害者，就剪灭他；八是对于违抗王命、藐视国之政法者，就杜塞其与邻国的交通；九是对于在家庭内外恣行淫乱、行同禽兽者，就诛灭他。

每年的（周历）正月初一，开始向普天下的臣民宣布政典，其方法是把写有政典的木板悬挂到王宫大门的双阙之上，让万民观看，十天以后再把它收藏起来。

于是按照记载九畿礼数差别之书，授予邦国君臣所奉行的政治职事。以王城为中心的四面方千里的地方叫做国畿，国畿外方五百里的地方叫做侯畿，侯畿外方五百里的地方叫做甸畿，甸畿外方五百里的地方叫做男畿，男畿外方五百里的地方叫做采畿，采畿外方五百里的地方叫做卫畿，卫畿外方五百里的地方叫做蛮畿，蛮畿外方五百里的地方叫做夷畿，夷畿外方五百里的地方叫做镇畿，镇畿外方五百里的地方叫做蕃畿。

凡令邦国出军赋，按照其土地之肥瘠、人口的多少来制定章程。如果上等土地每年可以耕种的占三分之二，可供役使的棒劳力每家三人；中等土地每年可以耕种的占二分之一，可供役使的棒劳力每两家五人；下等土地每年可以耕种的占三分之一，可供役使的棒劳力每家两人。

每年仲春，教民演习班师收兵的战法，司马竖起画有熊虎的招军旗，用以集合民众，等到民众到齐以后，整齐其行列，列成阵势，就像实战的阵势那样。教会民众辨别鼓、铎、镯、铙作为指挥信号的作用：天子亲自敲击自己兵车上的路鼓，诸侯亲自敲击自己兵车上的贲鼓，军将亲自敲击自己兵车上的晋鼓，师帅执掌提鼓，旅帅执掌鼙，卒长执掌铙，两司马执掌铎，公司马执掌镯。以教民练习坐下与起立、前进与后退、急速与缓慢、散开与密集的基本动作。接着就率领民众进行春季的畋猎，由有关官员在练兵场上竖起标杆，举行祃祭。由大司徒对民众进行畋猎须知的告诫，然后下令击鼓，开始围猎；等到焚烧野草的火势熄灭以后，就停止畋猎，然后把猎获的禽兽集中起来，选择其中的一部分用来祭祀社神。

每年仲夏，教民演习于野地芟除杂草就地宿营的夜战战法，排列的阵势就像春季演习振旅的阵势那样。阵势摆好以后，各级带兵长官计点其所统领的车上的甲士和车下的步兵，对照簿书核对兵甲器械，教会民众辨别各种徽识的用途：各级带兵长官身上所被的徽识如同其门旁所竖的旌旗，公邑领主身上所被的徽识上各自写着本公邑的名字，三等采地之臣身上所被的徽识上各自写着本采地的名字，六乡的各级官员身上所被的徽识上各自写着本州、本党、本族、本间、本比的名字，六遂的各级官员身上所被的徽识上各自写着本邑的名字，百官身上所被的徽识上各自写着自己所掌之事，夜战中就凭借这些徽识来识别自己人，使内外不相混杂。其他方面都和春季的振旅一样。接着就率领民众进行夏季的苗猎，其做法和春季的苗猎一样，等到驱赶禽兽的车子停了下来，苗猎也就随着停止，然后把猎获的禽兽集中起来，选择其中的一部分用来祭享宗庙。

每年仲秋，教民演习出兵的战法，排列的阵势就像春季演习振旅的阵势那样。教会民众辨别各种旗子的作用：天子的车上竖着画有日月的太常，诸侯的车上竖着画有交龙的旂，六军将吏的车上竖着画有熊虎的旗，六军将帅和大都、小都领主的车上竖着画有熊虎的旜，六乡官员的车上竖着画有鸟隼的物，家邑之长的车上竖着画有熊虎的物，四郊之吏、六遂官员以及公邑大夫的车上竖着画有龟蛇的旐，百官的车上竖着画有鸟隼的旞，各自在自己的旗子上写上自己的职事与名号。其他方面都和春季的振旅一样。接着就率领民众进行秋季的苗猎，其做法和春季的苗猎一样，等到捕捉禽兽的网罗停止使用时，苗猎也就停止，然后把猎获的禽兽集中起来，选择其中的一部分用来祭祀四方之神。

每年仲冬，教民演习大阅。此前数日，乡师以下的各级地方官员要告诫民众做好演习大阅的各种准备工作。虞人芟除猎场的野草，开辟出一块可以布阵的空地，并在空地上竖起标杆，从南往北，每一百步就竖一根，这样地竖起三根标杆之后，又在往北五十步的地方再竖起一根标杆。大阅那天，尚未天亮的时候，大司马命令司常在最后一根标杆与第二根标杆的正中间竖起招军大旗，乡师以下各级地方官员携带旗帜鼓铎镯铙，各自带领其所属民众到招军旗下报到。天亮以后，就命令司常收起招军旗，对于没有按时报到者，处以失期之罪。于是将兵车和步卒摆成阵势，就像实战的阵势那样，所有的人都坐下听候宣誓。各级带兵长官都在士卒之前、面向南方谛听宣誓，由小子斩杀牲畜，并以之走遍阵地每个角落，宣示于众，说："凡是不听命令者，斩之。"宣誓完毕，主帅亲自击鼙以示意鼓人击鼓鼓舞士气，所有的鼓人就都击鼓三通，大司马首先摇动金铎，众多两司马也摇动金铎响应，各级带兵长官举起军旗，兵车准备启动，士卒一齐起立，军帅、师帅、旅帅纷纷击鼓命令前进，伍长敲响金镯以控制节奏，兵车和步卒都向前进，前进到第二根标杆才停止下来；于是鼓人又击鼓三通，大司马在摇动金铎时捂着铎的上部，各级带兵长官都把军旗收起，战车都停了下来，步卒都坐下。然后，鼓人又击鼓三通，大司马摇动金铎，各级带兵长官又扬起军旗，战车又做好启动准备，步卒全都起立，军帅、师帅、旅帅纷纷击鼓命令前进，伍长敲响金镯以控制节奏，这一次，兵车以更快的速度向前进，步卒以更快的步伐向前进，前进到第三根标杆才停止下来；然后，战车的停止和启动，步卒的坐下和起立，都和第一次前进时一样。于是鼓人又击鼓三通，这一次，战车风驰般地向前进，步卒跑步向前进，前进到最南面第四根标杆才停止下来。于是擂起三通作为攻击信号的战鼓，使鼓声不绝于耳，每鼓一通，每辆兵车上的射手就向敌方发射一箭，每个步卒就向敌方猛刺一下，这样地连发三箭，连刺三下，表示已经将敌人制伏。于是主帅击鼓发出退兵的信号，而后卒长敲动铙以控制退却秩序，一直退到出发时的那根标杆为止，而在每一阶段的退军中，兵车的停止和启动、步卒的坐下和起立，都和前进时一样。接着就率领民众进行冬季的畋猎，以旌作为左右两个集团军的军门，各级带兵长官各自率领其兵车和步卒按照次序从军门鱼贯而出，一个集团军在左边摆好兵车和步卒的阵势，另一个集团军在右边摆好兵车和步卒的阵势，乡师坐在军门，负责纠正其出入的行列。卒与卒之间以旗帜划分地域，兵车与步卒各自屯驻，分为前后相距百步的两部，乡师负责巡查其阵列整齐与否。在险阻的地方布阵，步卒在前，兵车在后；在平坦的地方布阵，兵车在前，步卒在后。阵势布好以后，命令畋仆准备好驱赶和堵截禽兽的车，有关官员在阵前竖立标杆的地方举行祃祭。主帅亲自击鼙以示意鼓人击鼓鼓舞士气，所有的鼓人就都击鼓三通，大司马首先摇动金铎，众两司马随着也摇动金铎，兵车准备启动，士卒一齐起立；军帅、师帅、旅帅纷纷击鼓命令前进，步卒于是衔枚前进。猎获的禽兽，大的交给公家，小的可以取为己有。对于猎获的禽兽，要割取其左耳，以便计功。当前进到猎场的边缘时，鼓声敲得震天响，甲士和步卒也都齐声欢呼，这象征战斗取得了胜利。步卒于是停止畋猎，将猎获的禽兽集中起来，收兵的路上，首先用它们祭祀四郊的群神，回到城里还要用它们祭祀宗庙。

每逢天子巡守和会同，大司马就要集合六军随行，以推行禁令，以救助无辜，以讨伐有罪。如果天子亲自率军出征，大司马则掌其戒令，要亲临大卜对出兵吉凶的占卜，要率领有关官员亲临以牲血涂抹迁庙神主、社神神主以及各种军器的仪式。等到乡师以下的各级地方官员率领其部下前来报到时，就竖起天子的太常旗，检点应到的官兵，斩杀那些迟到者。等到交战时，要巡视军阵，根据将士的作战表现来进行赏罚。如果出师有功，旗开得胜，则左手执律管，右手执大斧，威风凛凛地走在班师队伍的前面，下令奏起凯旋乐曲，向社神和宗庙报捷献功。如果出师无功，打了败仗，则头戴厌冠而护送载有迁庙神主的车、载有社神神主的车。当天子亲自去哭吊、慰劳随军死伤的士庶子时，则充当赞礼的人。

国家如有建筑城邑的大工程，就和要筹划工程的官员一道，分派每个单位应筑城墙的丈尺数，计算每个单位完成任务所需的人数,接受他们送来的工程进度统计表,以备考核他们干活的数量和质量,从而进行赏罚。大会同,则率领士庶子随从天子,掌管其政令。如果天子举行大射,则负责将射艺水平相近的诸侯两两配合而组成六耦。如果天子举行大祭祀、设宴招待来朝诸侯,则负责进献鱼俎,并且将鱼牲递给尸或宾客,以便他们进行食前之祭。遇到天子、王后或太子去世,负责纠察公卿大夫士所掌职事与尊卑位次。葬奠举行过以后,负责将葬奠上撤下来的马牲胫骨部分包好,恭敬地送到墓地,告于灵柩,然后藏入椁内棺旁。

小司马之职:掌……凡小祭祀、会同、飨射、师田、丧纪①,掌其事,如大司马之法。

[注释]

①小祭祀:指对风师、雨师、山川、百物一类小神的祭祀。小会同:指王官伯与诸侯会同。小飨射:指诸侯使臣来聘,天子派臣设宴招待、与之比射。小师田:天子派遣卿大夫率师出征谓之小师,没有天子参加的畋猎谓之小田。小丧纪:外则王子弟、内诸侯之丧,内则三夫人以下之丧,统谓之小丧纪。

[译文]

小司马的职责是:掌管……凡是小祭祀、小会同、小飨射、小师田、小丧纪,掌管其事,就如同大司马掌管大祭祀、大会同、大飨射、大师田、大丧纪那样。

军司马:阙。

舆司马:阙。

行司马:阙①。

[注释]

①阙：亡失。以上三官职文的阙落，和《小司马》职文的阙落情况一样。

司勋：掌六乡赏地之法①，以等其功②。王功曰勋③，国功曰功④，民功曰庸⑤，事功曰劳⑥，治功曰力⑦，战功曰多⑧。凡有功者，铭书于王之大常，祭于大烝，司勋诏之。大功，司勋藏其贰。掌赏地之政令。凡赏无常，轻重视功。凡颁赏地，参之一食，唯加田无国正⑨。

[注释]

①赏地：赏田。在远郊之内，属六乡管辖。②等：差别。③王功曰勋：郑玄注："辅成王业，若周公。"④国功曰功：郑玄注："保全国家，若伊尹。"⑤民功曰庸：郑玄注："法施于民，若后稷。"⑥事功曰劳：郑玄注："以劳定国，若禹。"⑦治功曰力：郑玄注："制法成治，若皋繇。"⑧战功曰多：郑玄注："克敌出奇，若韩信、陈平。"⑨正：通"征"，谓税也。

[译文]

司勋的职责是：掌管六乡中的赏地之法，按照功劳的大小，赏给不等的土地。辅佐建成王业的功劳叫做勋，保全国家的功劳叫做功，为百姓树立榜样的功劳叫做庸，以辛劳安定国家的功劳叫做劳，制定刑法使国家得到治理的功劳叫做力，战场立功叫做多。凡是有功之人，活着的时候将他的名字写在天子的太常旗上，死了以后配享孟冬的宗庙祭祀，司勋负责将其功劳告知有关官员以便他们措辞。建立大功的档案，正本藏于天府，司勋藏其副本。掌管赏地徭役赋税的征收。凡赏赐土地，没有一定之规，赏多赏少，看其功劳大小。凡是颁赐的赏地，其税收的三分之一交给国家，三分之二归受赏者所有，只有赏地之外又加赐的田地可以不向国家交税。

马质：掌质马。马量三物，一曰戎马，二曰田马，三曰驽马，皆有物贾。纲恶马。凡受马于有司者①，书其齿毛与其贾。马死，则旬之内更，旬之外入马耳，以其物更，其外否。马及行，则以任齐其行。若有马讼，则听之。禁原蚕者②。

[注释]

①有司：此谓马质。②原蚕：每年第二次养的蚕，俗称"二蚕"。

[译文]

马质的职责是：掌管以公道的价钱为公家买马。买的马有三种，一是戎马，二是田马，三是驽马，都有不同的毛色和价钱。对于恶马，用大绳拴牢它，逐渐使其驯服。凡从马质这里领走马匹饲养者，马质要将马的牙口、毛色和价钱登记下来。如果马在十天之内死了，领养者就要按照原来的马的牙口、毛色、价钱买马赔偿；如果是在十天之外死的，领养者只需按照原来的马的毛色买马赔偿就行，牙口与价钱可以不论；如果是在二十天之外死的，就不要求领养者赔偿。如果要用领养的马驾车远行，就要根据马的能力合理使用。如果有因为马的交易而打官司的，则负责听断。禁止养育二蚕。

量人：掌建国之法，以分国为九州，营国城郭，营后宫，量市朝、道巷、门渠①。造都邑亦如之②。营军之垒舍③，量其市朝、州涂、军社之所里。邦国之地与天下之涂数，皆书而藏之。凡祭祀、飨宾，制其从献脯燔之数量④。掌丧祭奠竁之俎实。凡宰祭，与郁人受斝历而皆饮之。

[注释]

①市朝：市场和朝廷。据《考工记·匠人》，市在王宫的后面，朝在王宫的前面。②都邑：孙诒让说，此都邑，包括采邑、公邑。③垒舍：垒，军营周边的壁垒；舍，军营中的房舍。④从献：随着献酒而献上肉肴，谓之从献。

[译文]

量人的职责是：掌管建立国家的固有法式，将天下的诸侯国分散为九州，丈量国都的内城和外城，丈量王后居住的六宫，丈量王宫后面的市场和王宫前面的朝廷，丈量国都中的大道与小巷，丈量城郭、宫室、官府的门户与藩篱。建造都邑时也是这样。如果天子亲自率军出征，则负责丈量六军的军营壁垒和垒内房舍，丈量营垒中的市场与朝廷、环绕营垒的道路以及军社的地点和面积。各诸侯国的自然地理情况与普天下的干道支道的远近里数，统统记录在案而收藏起来。凡是祭祀和设宴招待宾客，负责按照规定的数量切割从献所用的脯燔。掌管大遣奠时所用而后又藏于墓穴的俎实。凡是冢宰辅佐天子祭祀或是代替天子祭祀，与郁人一道接受冢宰赐予的斝中之酒并把它饮干。

小子：掌祭祀羞羊肆、羊肴、肉豆。而掌珥于社稷①，祈于五祀②。凡沈辜、侯禳③，饰其牲。衅邦器及其军器。凡师田，斩牲以左右徇陈。祭祀，赞羞，受彻焉。

[注释]

①珥（ěr）：通"衈"，杀牲取血。②祈（jī）：通"刉"，杀牲，割牲。③沈辜：沈，即《大宗伯》中"貍沈"的沈；辜，即《大宗伯》中"疈辜"的辜。

[译文]

小子的职责是：负责祭祀时进献分割为七体的大羊排骨、分割为二十一体的小羊排骨、盛在豆中的羊肉。社稷、五祀的坛壝落成时，掌管其衅礼。凡是用将牲币沉入水中的办法祭祀地祇或用肢解牲体的办法祭祀地祇、举行祈求福祥之祭和禳除灾祸之祭，负责洗刷所用的牺牲。邦器与军器刚刚造成，负责其衅礼。凡军旅、畋猎之事，在当众宣誓时，负责斩杀牲畜，并以之左右巡行宣示全军。

祭祀，负责赞助进献祭品；祭毕，接受撤下来的俎豆。

羊人：掌羊牲。凡祭祀，饰羔。祭祀，割羊牲，登其首。凡祈珥①，共其羊牲。宾客，共其法羊②。凡沈辜、侯禳、衅、积③，共其羊牲。若牧人无牲，则受布于司马，使其贾买牲而共之。

[注释]

①祈珥（jī ěr）：即刉衈。②法：即《天官·宰夫》中的"牢礼之法"，是接待宾客时供给宾客牲牢的礼数。③积：谓积柴。包括禋祀、槱燎、实柴。这都是祭天神开始时吸引天神下降的方法。其共同点是，点燃堆积的木柴，使其冒烟。天神嗅到烟味，就会降临。

[译文]

羊人的职责是：掌管祭祀、招待宾客所需的羊牲。凡祭祀，负责把用做牺牲的羊羔刷洗干净。祭祀时，负责分割羊的牲体，将羊头升置于室内。凡举行衅礼，负责提供所需羊牲。招待宾客，负责供给按照礼数应该供给的羊。凡举行沈辜、侯禳、衅礼、积柴之祭，负责供给所需羊牲。如果牧人那里没有符合要求的羊牲，就从大司马那里领来钱，让手下的贾去采购羊牲而供给之。

司爟：掌行火之政令，四时变国火，以救时疾。季春出火，民咸从之；季秋内火，民亦如之。时则施火令①。凡祭祀，则祭爟②。凡国失火，野焚莱，则有刑罚焉。

[注释]

①时：郑玄注："焚莱之时。"②爟：指最先用火的人。

[译文]

司爟的职责是：掌管用火的政令，随着四季的变换改变国中炊爨取火所用的树木，以免人们因感染时气而生病。季春，国家可以用火烧制陶器冶炼金属，老百姓也可以跟着这样做；季秋，国家禁止用火烧制陶器冶炼金属，老百姓也不例外。到了可以焚烧野草的时候，就下达可以用火的命令。凡祭祀，都要祭祀最先用火的人。凡是国中的官府民居失火，擅自放火焚烧野草者，则要受到刑罚。

掌固：掌修城郭、沟池、树渠之固，颁其士庶子及其众庶之守①，设其饰器，分其财用，均其稍食②。任其万民，用其材器。凡守者受法焉，以通守政。有移甲与其役财用，唯是得通，与国有司帅之，以赞其不足者。昼三巡之，夜亦如之。夜三鼜以号戒③。若造都邑，则治其固④，与其守法。凡国都之竟⑤，有沟树之固⑥，郊亦如之。民皆有职焉。若有山川，则因之。

[注释]

①士庶子：此士庶子谓县鄙公邑贵族子弟来协助守御者，与宫伯所掌士庶子为国中公卿大夫士子弟宿卫王宫者不同。②稍食：没有爵位而在官府服务者的月薪。③鼜（qī）：鼓名。用以巡夜警戒守备。④固：谓城郭、沟池、树渠。⑤竟：古"境"字。⑥沟树：沟池和树渠。

[译文]

掌固的职责是：掌管修筑城郭、沟池、屏障之类的险阻，向士庶子及普通百姓分派守卫险阻的任务。给守卫者配备带有装饰的盔甲武器，给他们分发守卫的财物，给他们调整薪金，按照百姓的承受力去使用他们，征用百姓修筑险阻的器材。凡是参加守卫的人员都要接受掌固颁发的守卫法规，以便全盘规划守卫事宜。有的地方守卫任务重而人员不足器材缺乏，掌固可以与司险、掌疆等官员一道率领其他地方多余的人员器材前去支援，除此之外，人员一概不得擅离岗位，器材一概不得擅自挪用。白天要三遍巡视守卫人员，夜间也是这样。夜间还要敲击三遍鼜鼓，以警戒夜间的守卫。如果初建都邑，就要负责其险阻的修筑，并将守卫险阻的法规授给他们。凡王国国都、三等都邑的边界都有沟池、屏障作为险阻，近郊远郊也是这样。城郭及险要之处的居民，都有承担修筑与守卫险阻的义务。如果境内有山川之险，就乘势利用之。

司险：掌九州之图，以周知其山林、川泽之阻，而达其道路。设国之五沟五涂①，而树之林，以为阻固，皆有守禁，而达其道路。国有故②，则藩塞阻路而止行者，以其属守之，唯有节者达之。

[注释]

①五沟五涂：五沟，即遂、沟、洫、浍、川。五涂，即径、畛、涂、道、路。②有故：谓发生了天子去世、水火灾害以及兵祸等事。

[译文]

司险的职责是：掌管九州的地图，根据地图以全面了解九州的山林川泽的险阻，遇到山林则开道，遇到川泽则架桥，从而使道路畅通。利用田间的五种沟渠和五种道路，在沟旁路旁种上树木，以为险阻，都有人守卫，从而使道路畅通。国家有了变故，就封闭道路，禁止通行，让部下把守着，只有持有通行证的人才可以通行。

掌疆：阙。

候人：各掌其方之道治与其禁令①，以设候人②。若有方治，则帅而而致于朝；及归，送之于竟。

[注释]

①各掌其方：孙诒让说：此官分方设之，可能是东南西北四方每方各上士一人，下士二人，国中上士二人，下士四人。道治：即治道。这个"治道"是指维护道路治安。②候人：此候人不是官名，而是候人从乡遂的羡卒中挑选出来的巡警游卒。

[译文]

候人的职责是：各自掌管其所辖方向边境道路的治理以及盘查行人的禁令，挑选士卒往来巡查。如果所辖方向的诸侯国遣使前来向天子请示或报告国事，就给他们带路，把他们领到朝廷；等到他们回国的时候，又把他们送到边境。

环人：掌致师，察军慝①，环四方之故②。巡邦国，搏谍贼，讼敌国，扬军旅，降围邑。

[注释]

①慝（tè）：隐蔽为奸。②环四方之故：郑玄注："所谓折冲御侮。"按：环者，使退却也；故，借口也。

[译文]

环人的职责是：掌管向敌军挑战，揭露自己队伍中的搞阴谋者，挫败四方敌人的侵略借口。巡视王畿，捉拿奸细和企图造反的人，孤身入敌营责备敌军的师出无名，显示我军的威武，接受被包围城邑的投降。

挈壶氏：掌挈壶以令军井，挈辔以令舍，挈畚以令粮。①凡军事，县壶以序聚柝②。凡丧，县壶以代哭者③。皆以水火守之④，分以日夜。及冬，则以火爨鼎水而沸之，而沃之。

[注释]

①"掌挈壶以令军井"三句：因为壶是盛水的器具，所以可用来表示水井之所在；辔是驾车所用的马缰绳，宿营时则不用，所以可用来表示宿营之所在；畚是盛粮的器具，所以可用来表示粮库之所在。②壶：指壶漏。③代哭：轮流号哭，更换号哭。④以水火守之：之所以要用水来守候，是要不断往壶漏中加水，否则就会或者干涸，或者水少压力不足，以至影响刻度准确。之所以要用火来守候，是为了照明看刻度。

[译文]

挈壶氏的职责是：掌管在有水井的地方悬挂水壶以向军中将士表示此处有井，在可以宿营的地方悬挂缰绳以表示此处可以宿营，在储藏粮食的地方悬挂畚箕以表示此处可以领粮造饭。凡有军事活动，负责悬挂壶漏计时以便使击柝巡夜的人轮流值班。凡有丧事，在大殓以前，悬挂壶漏计时，以便孝子们轮流而哭。准备好足够的水火守候着，分别出白天和黑夜。到了冬天，因为水要结冰，就用火先把鼎中的水烧开，然后再舀到壶漏中去。

射人：掌国之三公、孤、卿、大夫之位①，三公北面，孤东面，卿、大夫西面。其挚，三公执璧，孤执皮帛，卿执羔，大夫执雁。诸侯在朝，则皆北面。诏相其法。若有国事②，则掌其戒令，诏相其事。掌其治达③。

以射法治射仪：王以六耦，射三侯④，三获三容⑤，乐以《驺虞》⑥，九节五正；诸侯以四耦，射二侯⑦，二获二容，乐以《狸首》，七节三正；孤、卿、大夫以三耦，射一侯⑧，一获一容，乐以《采蘋》，五节二正；士以三耦，射豻侯，一获一容，乐以《采蘩》，五节二正。若王大射⑨，则以狸步张三侯⑩。王射，则令去侯，立于后，以矢行告，卒，令取矢。

祭侯，则为位。与大史数射中，佐司马治射正。祭祀，则赞射牲⑪，相孤、卿、大夫之法仪。会同、朝觐，作大夫介⑫，凡有爵者。大师，令有爵者乘王之倅车⑬。有大宾客，则作卿大夫从，戒大史及大夫介。大丧，与仆人迁尸，作卿大夫掌事，比其庐，不敬者苛罚之⑭。

[注释]

①位：谓治朝之朝位。②国事：郑玄注："谓王有祭祀之事，诸侯当助其荐献者也。"③治：谓臣下的奏事与天子的旨意。④三侯：三个箭靶。指虎

侯、熊侯、豹侯。⑤获：射中目标谓之获。这里指报告射箭成绩的人。容：唱获者的防身器。⑥乐以《驺虞》：按《春官·乐师》："凡射，王以《驺虞》为节，诸侯以《狸首》为节，大夫以《采蘋》为节，士以《采蘩》为节。"⑦二侯：两个箭靶。谓熊侯、豹侯。⑧一侯：一个箭靶。谓麋侯。⑨若：及也。⑩狸步：据敖继公说，狸步是量器名，长六尺，因为上面画有狸形，故名。⑪射牲：祭礼中的一个仪节。⑫作：挑选。下同。介：随从。上介则为副使。⑬倅（cuì）车：副车。此谓戎车之副车。⑭苛：通"呵"，呵斥。

[译文]

射人的职责是：掌管国家三公、孤、卿、大夫初被任命时朝见天子的朝位：三公面向北，孤面向东，卿、大夫面向西。其见面礼：三公手执璧，孤手执皮帛，卿手执羊羔，大夫手执鹅。来朝诸侯在治朝的朝位，都是面向北。射人要辅导他们朝见的礼仪。如果天子有祭祀之事，就负责将斋戒与祭日通知他们，辅导他们助祭的礼仪。掌管将诸侯的奏章上达天子，将天子的命令下达诸侯。

按照射人的官法来演习大射之仪。天子的大射，将参赛的诸侯两两配合分成六组，射向三个靶子，安排三个报靶员，设置三个报靶员的隐身屏障，以《驺虞》作为伴奏乐曲，奏乐九节，射前正乐有五；诸侯的大射，将参赛的卿大夫两两配合分成四组，射向两个靶子，安排两个报靶员，设置两个报靶员的隐身屏障，以《狸首》作为伴奏乐曲，奏乐七节，射前正乐有三；孤卿大夫的大射，将参赛的下属两两配合分成三组，射向一个靶子，安排一个报靶员，设置一个报靶员的隐身屏障，以《采蘋》作为伴奏乐曲，奏乐五节，射前正乐有二；士的大射，将参赛的下属两两配合分成三组，射箭的靶子用犴侯，安排一个报靶员，设置一个报靶员的隐身屏障，以《采蘩》作为伴奏乐曲，奏乐五节，射前的正乐有二。天子大射的前三天，以狸步来测量射程，张设三个靶子。天子射箭的时候，就命令服不氏离开靶子到隐身屏障后面去准备报靶，射人自己则立在天子身后注意观察，将天子射箭不中目标的原因及时相告，天子射毕，就令人取回射出的箭。

当服不氏即将祭祀箭靶时，指出服不氏接受献酒的位置。与太史一道计算射者射中靶子的筹码，辅佐大司马演习射礼的规矩。祭祀有射杀牺牲之礼，射人则帮助天子射杀牺牲，并指点孤卿大夫在这种场合应行的礼数。会同朝觐，诸侯到来，天子派遣公卿前去慰劳、礼赐，射人则以王命选派有大夫以上爵位者作为上介随往。天子亲自率军出征，则令有大夫以上爵位者乘天子戎车的副车。有接待诸侯级别的宾客之事，就选派卿大夫随同天子前往，并告诫随行的太史以及作为介的大夫。天子驾崩，与大仆一道负责移动尸体，使卿大夫各司其职，检点倚庐中的人数，纠察他们是否遵守礼仪，发现有不严肃者，就予以呵斥处罚。

服不氏：掌养猛兽而教扰之①。凡祭祀，共猛兽。宾客之事，则抗皮②。射则赞张侯③，以旌居乏而待获④。

[注释]

①扰：驯服。②抗：举起，拾起。③射：包括大射、宾射、燕射。④旌：谓报靶用的小旗。乏：也就是《射人》中的容。

[译文]

服不氏的职责是：掌管饲养猛兽而调教之、驯服之。凡祭祀，提供能做成美味的猛兽。宾客前来朝聘，其所献猛兽之皮，由服不氏从地上拾起来加以收藏。天子举行射箭比赛，负责帮助射人张设箭靶，手持小旗隐蔽到乏的后面准备举旗报分。

射鸟氏：掌射鸟①。祭祀，以弓矢驱乌鸢②。凡宾客、会同、军旅，亦如之。射则取矢；矢在侯高，则以并夹取之。

[注释]

①鸟：指能够制成美味的鸟类。②驱乌鸢：驱赶乌鸦老鹰。

[译文]

射鸟氏的职责是：掌管射鸟。祭祀时，以弓矢驱赶乌鸦和老鹰。凡宾客、会同、军旅，也是这样。天子举行射箭比赛，负责将天子射到箭靶上的箭取回，如果箭在靶子的上部高处，手够不着，就用钳箭的夹子把它取下来。

罗氏：掌罗乌鸟①。蜡则作罗襦。中春，罗春鸟②，献鸠以养国老③，行羽物。

[注释]

①乌：郑玄注："乌谓卑居，鹊之属。"卑居，鸟名。乌鸦的一种。②春鸟：春天的鸟处于万象更新之际，用来作庶馐，适宜保养老人身体，增添生气。③国老：退休的卿大夫。

[译文]

罗氏的职责是：掌管用罗网捕捉乌鸟。每年十二月的蜡祭，就可以使用细密的罗网捕鸟。每年的仲春二月，要用罗网捕捉春鸟，进献鸠鸟以供招待国老的宴会使用，向群臣颁赐飞鸟。

掌畜：掌养鸟而阜蕃教扰之。祭祀，共卵鸟①。岁时贡鸟物，共膳献之鸟②。

[注释]

①卵鸟：会下蛋的鸟。②膳献：谓庶馐。即以飞禽走兽为原料制成的众多美味。

[译文]

掌畜的职责是：掌管养鸟，使其繁殖，加以调教，使其驯服。祭祀时，供给能够下蛋的鸟。每年按时进献候鸟，供给可以制作庶馋的鸟。

司士：掌群臣之版，以治其政令。岁登下其损益之数，辨其年岁与其贵贱，周知邦国、都家、县鄙之数，卿、大夫、士庶子之数，以诏王治：以德诏爵，以功诏禄，以能诏事，以久奠食①，唯赐无常。

正朝仪之位②，辨其贵贱之等。王南乡，三公北面东上，孤东面北上，卿大夫西面北上；王族故士、虎士在路门之右，南面东上；大仆、大右、大仆从者在路门之左③，南面西上。司士摈：孤卿特揖④，大夫以其等旅揖⑤，士旁三揖⑥，王还揖门左⑦，揖门右。大仆前。王入，内朝皆退。

掌国中之士治，凡其戒令。掌摈士者，膳其挚。凡祭祀，掌士之戒令，诏相其法事；及赐爵⑧，呼昭穆而进之。帅其属而割牲，羞俎豆。凡会同，作士从，宾客亦如之。作士适四方使，为介。大丧，作士掌事，作六军之士执披。凡士之有守者，令哭无去守。国有故，则致士而颁其守。凡邦国，三岁则稽士任，而进退其爵禄。

[注释]

①食：稍食。即不命之士与庶人在官府服务者的月给口粮。与命士以上所领的俸禄不一样。②朝仪之位：谓治朝的朝仪之位。③大仆从者：谓太仆的属官小臣、祭仆、御仆、隶仆。④特揖：一一向其作揖，以人为单位向其作揖。⑤旅揖：不管人数多少，向对方总地作揖。⑥旁：犹面也，方位也。士贱，不可人人揖之，故不管人数多少，每一面总地三揖。⑦还（xuàn）：旋转。谓扭脸，转身。⑧赐爵：宗庙之祭进行到旅酬阶段，天子赐给助祭者的酒。

[译文]

司士的职责是：掌管群臣的版籍，以实施有关群臣的政教戒令。每年按时将群臣中新任命的、因功晋级的和病故退休的、因过降级的进行登录或注销，辨别他们的年龄大小和爵位高低，全面掌握邦国、都家、县鄙的卿大夫与士庶子的人数，从而向天子提出升迁降免的建议。按照德行提出授予爵位的建议，按照功劳提出授予俸禄的建议，按照能力提出授予差事的建议，表明能够胜任而后确定其报酬，只有天子的赐予没有固定的标准。

负责整饬治朝的朝位，辨别朝位的贵贱差别。天子当宁而立，面向南；三公站在治朝的南面，面向北，以东边为上位；卿大夫站在治朝的东面，面向西，以北边为上位；王族故士、虎士站在路门的右侧，面向南，以东边为上位；太仆、司右、太仆的属官站在路门的左侧，面向南，以西边为上位。司士导引天子向来朝的群臣作揖行礼：对于孤卿，逐个地一一作揖；对于大夫，按照其所属等级向他们总地作揖；对于士，不管其人数多少，只是向他们所站的那一面总地作三个揖即可；然后略微扭脸向后，向站在路门左侧的大夫士作揖，向站在路门右侧的大夫士作揖。太仆从路门左侧的本位走到天子跟前，察看天子视朝之位是否站好；视朝完毕，天子退入路门，治朝的百官也都退回各自的办公处。

掌管对王城内所有士的治理，以及一切有关士的戒令。掌管把新被任命为士的人引见给天子，将他们拿的见面礼送到膳夫那里。凡祭祀，掌管士的戒令，指点他们在礼仪上应注意的事情；等到天子向同族的子孙辈赐酒时，司士负责按照他们的辈分呼喊他们上前。负责率领其下属分割牲体，进献俎豆。凡有会同之事，负责选派士随同天子前往；如果天子有招待宾客之事，也是这样。选派士作为天子专使出访四方，如果大夫出使，则选派士作为随从。天子驾崩，使士各司其职，选派六军之士执披。凡是有职守的士，命令他们，可以哭泣，但不能因此而擅离职守和影响工作。如果国家发生了兵灾，就把士召集起来，给他们分配任务。所有各诸侯国，每三年都要考核一次士的履行职责情况,从而决定他们的爵位俸禄是升还是降。

诸子:掌国子之倅①,掌其戒令与其教治,辨其等,正其位。国有大事,则帅国子而致于大子,唯所用之。若有兵甲之事,则授之车甲,合其卒伍,置其有司,以军法治之。司马弗正。凡国正,弗及。大祭祀,正六牲之体②。凡乐事,正舞位,授舞器。大丧,正群子之服位。会同、宾客,作群子从。凡国之政事③,国子存游倅④,使之修德学道。春合诸学,秋合诸射,以考其艺而进退之。

[注释]

①倅:故书作"卒",孙诒让说:当从故书作"卒",而"卒"又是"萃"的假借字。萃是聚集之义。此国子之萃,萃即聚集部队之名。因为国子入学及备宿卫,皆群聚曹辈,自为部分。②正:郑玄注:"正,谓匕载之。"按:匕,古代的取食工具,曲柄浅斗,类似今天的羹匙。③国之政事:孔颖达说:此国之政事,既不是大事,也不是兵甲之事,而是国之寻常政事,如力役、土功、胥徒之类,不需要国子参加。④游倅:孙诒让说:"此倅亦当读为萃。游,即《师氏》所谓'贵游'。游倅,谓贵游子弟自相与为部队也。"

[译文]

诸子的职责是:掌管由国子组成的特种部队,掌管有关国子的戒令与修养品德学习道艺之事,辨别其贵贱等级,正定其在朝廷所立之位。国有大事,则率领国子到太子那里报到,太子想怎样指挥就怎样指挥。如果有战斗之事,就发给他们兵车盔甲,编成军队,配备各级军官,按照军法进行管理。因为他们直属于太子,大司马就不再对他们进行征调。举凡国家的力役之征,一概豁免。大祭祀,负责用匕将牲体从鼎中捞出来并规规矩矩地放到俎上。凡有跳舞之事,负责安排好每个舞者所在的舞列舞位,向每个舞者分发舞器。天子、王后或太子去世,负责安排好群子应穿的孝服和哭丧的位置。有会同、宾客之事,则选派群子随同天子前往。举凡国家的平常政事,因其与国子无关,就把国子单独编成部队,使他们修养品德,学习道艺。春天把他们集合在大学,学习诗书礼乐;秋天把他们集合在射宫,学习射箭,考查他们的成绩,以决定晋升还是斥退。

司右:掌群右之政令①。凡军旅、会同,合其车之卒伍②,而比其乘,属其右。凡国之勇力之士能用五兵者属焉,掌其政令。

[注释]

①群右:天子六军,拥有戎车三千乘,每乘车右一人,则计有车右三千人。②卒伍:此卒伍不是步兵的卒伍,而是戎车的卒伍。戎车五十乘谓之卒,一百二十五乘谓之伍。

[译文]

司右的职责是:掌管管理众多车右的政令。凡是出兵征伐和会同,则集合戎车,编成车队,为每辆戎车配备车右。凡是国内的勇敢有力之士,只要他能够使用五种兵器作战,就将他吸收为车右的候补队员,掌管对他们的管理。

虎贲氏:掌先后王而趋以卒伍①。军旅、会同亦如之。舍则守王闲②。王在国,则守王宫。国有大故,则守王门;大丧亦如之。及葬,从遣车而哭。适四方使,则从士大夫。若道路不通,有征事,则奉书以使于四方。

[注释]

①卒伍:此谓步兵之卒伍,即五人为伍,百人为卒。②闲:楗柅。又叫行马。今谓之栅栏。

[译文]

虎贲氏的职责是：天子出外时，掌管率领手下的虎士在天子的车前车后列队趋走护卫。天子率军出征、与诸侯会同时也是这样。天子在途中宿营，则负责守卫行宫门前的栅栏。天子在都城之内，则负责在王宫周围站岗守卫。国家发生了重大变故，则负责守卫王宫之门；天子驾崩时也是这样。到了出葬时，跟在遣车的后面哭泣。天子派遣士大夫出使四方，则作为士大夫的随从。如果道路不通而又有紧急征调兵员民工之事，就带着征调公文出使四方。

旅贲氏：掌执戈盾夹王车而趋，左八人，右八人，车止则持轮。凡祭祀、会同、宾客，则服而趋①。丧纪，则衰葛执戈盾。军旅，则介而趋。

[注释]

①服：此谓穿上斋戒之服。

[译文]

旅贲氏的职责是：掌管手执戈盾在天子所乘车的两旁奔走护卫，左边八个人，右边八人，车停则站立在车轮的两旁。凡祭祀、会同、宾客，则身穿斋服在天子乘车的两旁奔走护卫。天子或王后去世，则身穿斩衰葛绖、手执戈盾夹卫新天子所乘之车。天子率军出征时，则身披铠甲在天子所乘车的两旁奔走护卫。

节服氏：掌祭祀、朝觐衮冕，六人维王之大常。诸侯则四人，其服亦如之。郊祀裘冕①，二人执戈，送逆尸从车。

[注释]

①裘冕：天子的礼服之一。祀昊天上帝、五帝时穿。也就是《春官·司服》的"大裘而冕"。

[译文]

节服氏的职责是：掌管天子参加祭祀、朝觐时所穿的衮冕，由六个人捧着天子大常旗的十二根飘带，不使曳地。诸侯祭祀、朝觐时，则用四个人捧着旗的飘带，不使曳地，其服装也由节服氏经管。掌管天子南郊祀天时所穿的裘冕，由两个人执戈，跟在迎尸送尸的车子后面。

方相氏：掌蒙熊皮，黄金四目，玄衣朱裳，执戈扬盾，帅百隶而时难①，以索室驱疫。大丧，先柩②；及墓，入圹，以戈击四隅，驱方良③。

[注释]

①百隶：即司隶所掌管的五隶之民。时难（nuó）：四时驱除疫鬼。难，通"傩"，驱除疫鬼。②先柩：走在柩车的前面。③方良（wǎng liáng）：也作"罔两"。今多作"魍魉"。

[译文]

方相氏的职责是：头蒙熊皮，脸上戴着以黄金铸为四目的假面具，上身穿着玄色之衣，下身穿着朱色之裳，一只手执着戈，另一只手举着盾，率领众多在官府服役的贱民四时驱除疫鬼，搜索室内各个角落以驱逐疫鬼。遇到天子、王后或太子去世，出葬时，方相氏要走在柩车的前面；到了墓地，要跳进墓穴里，用戈猛击墓穴的四个角落，驱走魍魉。

大仆：掌正王之服位，出入王之大命。掌诸侯之复逆①。王视朝②，则前正位而退；入亦如之。建路鼓于大寝之门外，而掌其政，以待达穷者与遽令③。闻鼓声，则速逆御仆与御庶子。祭祀、宾客、丧纪，正王之服位，诏法仪，赞王牲事④。王出入，则自左驭而前驱。凡军旅、田役，赞王鼓⑤。救日月亦如之。大丧，始崩，戒鼓传达于四方，窆亦如之。县丧首服之法于宫门。掌三公、孤卿之吊劳。王燕饮，则相其法。王射，则赞弓矢。王视燕朝⑥，则正位，掌摈相。王不视朝，则辞于三公及孤卿。

[注释]

①复逆：孙诒让说："全经'复逆'之文四见，并为告请之义。"②视朝：此谓视路门外的治朝。③穷者：郑玄等人认为就是《秋官·朝士》中的"穷民"，盖即有冤而无处申告的平民。遽令：由驿站传车一站一站传递过来的军事文书。④赞王牲事：郑玄注："牲事，杀割匕载之属。"杀，谓杀牲；割，谓分割牲体；匕，谓用匕将煮熟的牲体从鼎中取出；载，谓将从鼎中取出的牲体放到俎上。⑤"凡军旅、田役"二句：孙诒让说："窃疑太仆于军旅田役，当别乘副车，不与王同车，其'赞王鼓'者，亦谓别自击鼓，佐王号令诸军帅，非与王同击一鼓也。"译文从之。⑥燕朝：天子三朝（外朝、治朝、燕朝）之一。

[译文]

大仆的职责是：掌管留心天子一举一动应当穿什么戴什么以及站在什么地方才对，负责将天子的教令传达下去，并将群臣奉行天子教令的奏章接受上来。掌管接受诸侯的报告请示。天子视朝，则上前观察天子是否站在正确的位置，然后退就本位；天子退入路寝办公时也是这样。在天子路寝的门外建立一面路鼓，平时，掌管什么时候应该敲，应该敲几下。非常情况下，利用此鼓将穷而无告击鼓喊冤者的冤情与经由驿站传递上来的紧急军事文书禀报天子。一听到击鼓的声音，太仆就要迅速地迎着在鼓旁值班的御仆和御庶子走上前去，听他们细诉击鼓的原委，然后禀告天子。每逢祭祀、宾客、丧祭之事，也要留心天子在这些场合的穿戴是否合乎规矩、行礼的位置是否正确，提醒天子应该注意的大大小小的礼节，帮助天子做一些处理牲体之事。天子为了一些大事而出入宫门、国门，小臣太仆就应亲自驾驶着天子的副车作为前导，而且是站在左边的驾驶位置上。凡是天子亲自率军征伐、畋猎，天子亲自击鼓时，太仆要击鼓响应。救日食、救月食时也是这样。天子去世，刚一驾崩，太仆要擂响警众之鼓，用鼓声将天子的死讯传达到四方；到了下葬时也是这样。负责将丧冠的规格写成告示悬挂在宫门前面。掌管奉王命前往三公孤卿之家吊丧和慰劳。天子与群臣燕饮，则负责赞礼。天子射箭，则负责将弓矢递给天子和从天子手中接过弓矢。天子临燕朝与臣下议事，则负责检视天子的朝位是否有误，充当傧相。如果天子不视朝，则负责向等候的三公和孤卿讲明原因。

小臣：掌王之小命，诏相王之小法仪。掌三公及孤卿之复逆，正王之燕服位①。王之燕出入，则前驱。大祭祀、朝觐，沃王盥。小祭祀、宾客、飨食、宾射，掌事如大仆之法②。掌士大夫之吊劳。凡大事，佐大仆。

[注释]

①燕：谓燕居时。退朝而处曰燕居。燕居，即闲居。②如大仆之法：也就是像太仆那样"正王之服位，诏法仪"。

[译文]

小臣的职责是：掌管将天子对小事的命令传达下去，并将群臣奉行此命令的奏章接受上来，指点天子在礼仪的细节上应注意的事项。掌管接受三公以及孤卿给天子的报告请示，留心天子在休闲时的穿戴是否合乎规矩、站或坐的位置是否正确。天子在休闲时出入官门、国门，小臣就应驾驶天子的副车作为前导。大祭祀、大朝觐，负责为天子倒水洗手。小祭祀、小宾客、小飨食、小宾射，掌管的事情就如同太仆在大祭祀、大宾客、大飨食、大宾射中所做的那样。掌管奉王命前往士大夫之家吊丧或慰劳。凡大的礼仪，做太仆的助手。

祭仆：掌受命于王以视祭祀，而警戒祭祀有司，纠百官之戒具①。既祭，帅群有司而反命；以王命劳之，诛其不敬者。大丧，复于小庙②。凡祭祀，王之所不与，则赐之禽③，都家亦如之。凡祭祀致福者，展而受之。

[注释]

①纠：郑玄注："纠，谓校录所当供之牲物。"牲，牺牲。物，盖谓其他祭品。②复：招魂。③禽：此谓牺牲。

[译文]

祭仆的职责是：掌管奉天子之命视察祭祀，告诫在祭祀中承担任务的官员，使其恪尽职守，纠察百官应当提供牲物是否合乎要求。祭过以后，率领参与祭祀的众多官员向天子汇报；以天子的名义向他们表示慰劳，处分其中的不严肃者。天子去世，负责到四亲庙中去招魂。凡祭祀，如果是畿外同姓诸侯而立有先王之庙的，天子不可能亲自参加，那就由祭仆赐给他们牺牲，对于都家的祭祀也是这样。凡群臣祭祀，祭毕将余肉进献天子者，祭仆则负责打开验看一下并接受下来。

御仆：掌群吏之逆及庶民之复，与其吊劳。大祭祀，相盥而登①。大丧，持翣②。掌王之燕令。以序守路鼓。

[注释]

①相盥：帮助洗手。②翣（shà）：一种棺饰。

[译文]

御仆的职责是：掌管接受大夫士写给天子的报告请示以及庶民的上书，掌管以天子的名义前往大夫士以及庶民之家进行吊丧或慰劳。大祭祀，帮助天子洗手和将牲体升之于俎。天子去世，负责在柩车周围举翣。掌管向外传达天子休闲时的命令。按照顺序值班守卫路鼓。

隶仆：掌五寝之扫除粪洒之事。祭祀，修寝。王行，洗乘石。掌跸宫中之事。大丧，复于小寝、大寝①。

[注释]

①小寝、大寝：这是天子生前居住之寝。小寝，谓燕寝；大寝，谓路寝。

[译文]

隶仆的职责是：掌管五寝的清理洒扫之事。祭祀之前，要把五寝好生打扫一番。天子乘车出行，负责清洗天子上车所登之石。宫中有事则负责清道，禁止行人来往。天子去世，负责到小寝、大寝去招魂。

弁师：掌王之五冕，皆玄冕，朱里，延①，纽，五采缫十有二就，皆五采玉十有二，玉笄②，朱纮③。诸侯之缫斿九就④，瑉玉三采⑤，其馀如王之事。缫斿皆就，玉瑱⑥，玉笄。王之皮弁，会五采玉璂，象邸，玉笄。王之弁绖，弁而加环绖。诸侯及孤卿大夫之冕、韦弁、皮弁、弁绖，各以其等为之，而掌其禁令。

[注释]

①延：又写作"綖"。这是冕最上部的一块平板，长一尺六寸，宽八寸，外包麻布，表是玄色，里是纁色。延的下部，就是冠圈，谓之武。②玉笄：玉制之笄。笄的作用主要是固冠，即使冠固定。③纮（hóng）：起帽带作用的丝带。④斿：俗作"旒"。用五彩丝绳穿成的玉串。⑤瑉玉三采：瑉玉，美石之似玉者。三采，朱色、白色、苍色。比天子少了玄黄二色。⑥瑱（tiàn）：垂在冠冕两侧用以塞耳的玉坠。

[译文]

弁师的职责是：掌管天子的五冕，五冕都是用玄色的布作表，用纁色的布作里，另外还有延，有纽，冕的前端都垂挂着五彩丝绳十二条，而每条五彩丝绳上都穿有五彩玉十二颗，还都有一根固冠的玉笄，一条朱色的帽带。诸侯所戴的冕，其前端垂挂着的五彩丝绳是九条，每条丝绳上所穿的玉是璓玉，而且只有三种颜色，除此之外都和天子的冕一样。五等诸侯之冕，凡丝绳皆一斿而备彩一就，另外还有玉瑱、玉笄。天子的皮弁，上面有十二道针脚，每道针脚上都缀有五彩玉，皮弁下部的冠圈以象牙做成，也有固冠的玉笄。天子的弁绖，是在爵弁上面再绕上一圈麻绳就成了。诸侯及孤卿大夫所戴的冕、韦弁、皮弁、弁绖，分别按照其爵位的高低制成，弁师掌管这方面的禁令，禁止攀比僭越。

司甲：阙。

司兵：掌五兵、五盾，各辨其物与其等，以待军事。及授兵[1]，从司马之法以颁之；及其受兵输[2]，亦如之；及其用兵[3]，亦如之。祭祀，授舞者兵。大丧，廞五兵[4]。军事，建车之五兵。会同亦如之。

[注释]

[1]授兵：授予兵器，发放兵器。[2]兵输：郑玄注："兵输，谓师还，有司还兵也。"[3]用兵：郑玄注："用兵，谓出给卫守。"[4]廞（xīn）：陈列。

[译文]

司兵的职责是：掌管五种兵器、五种盾牌，辨别每一种的名称及其制造质量上的差别，以备军事所需。到了给士卒发放兵器时，按照大司马的法令来向他们颁发；等到班师接受有关官员归还兵器时，也是这样；等到向警卫人员发放兵器时，也是这样。祭祀时，向舞者分发作为舞具使用的兵器。天子、王后或太子去世，陈列作为明器使用的五种兵器。如有军事行动，就为每辆兵车配备五种兵器。会同时也是这样。

司戈盾：掌戈盾之物而颁之。祭祀，授旅贲殳、故士戈盾①；授舞者兵亦如之。军旅、会同，授贰车戈盾，建乘车之戈盾，授旅贲及虎士戈盾②。及舍，设藩盾，行则敛之。

[注释]

①故士：即王族故士。②虎士：虎贲氏的部下。详《叙官》注。

[译文]

司戈盾的职责是：掌管戈盾之类兵器，并在需要时发放。祭祀时，发给旅贲氏殳，发给王族故士戈盾；发给舞者作为舞具使用的兵器时也是这样。有军旅、会同之事，向革路、金路副车的车右发放戈盾，为天子所乘之车配备戈盾，向护卫天子的旅贲氏及虎士分发戈盾。等到天子宿营时，负责设置大盾作为屏藩，开拔时则将大盾收敛起来。

司弓矢：掌六弓、四弩、八矢之法①，辨其名物，而掌其守藏与其出入。中春献弓弩，中秋献矢箙。及其颁之：王弓、弧弓，以授射甲革、椹质者；夹弓、庾弓，以授射犴侯、鸟兽者；唐弓、大弓，以授学射者、使者、劳者。其矢箙皆从其弓②。凡弩，夹、庾利攻守，唐、大利车战、野战。③凡矢，枉矢、絜矢利火射，用诸守城、车战；杀矢、鍭矢，用诸近射、田猎；矰矢、茀矢，用诸弋射；恒矢、庳矢，用诸散射。天子之弓合九而成规，诸侯合七而成规，大夫合五而成规，士合三而成规，句者谓之弊弓。凡祭祀，共射牲之弓矢。泽④，共射椹质之弓矢。大射、燕射，共弓矢如数并夹⑤。大丧，共明弓矢。凡师役、会同，颁弓弩各以其物，从授兵甲之仪。田弋，充笼箙矢⑥，共矰矢⑦。凡亡矢者，弗用则更。

[注释]

①六弓：即王弓、弧弓、夹弓、庾弓、唐弓、大弓。四弩：即夹弩、庾弩、唐弩、大弩。弩，有臂之弓。八矢：即枉矢、絜矢、杀矢、鍭矢、矰矢、茀矢、恒矢、痺矢。均详下。②其矢箙皆从其弓：发放多少弓，就发放多少箙（箭袋）。而每一箙中装有百矢。③"夹、庾利攻守"二句：因为攻城与守城，双方距离迫近，而夹弩、庾弩势弱，发射速度快，所以使用之；车战、野战，进退驰骤，必须强弩才能射得远，所以使用唐弩、大弩。④泽：泽宫。泽者，择也。天子在祭祀之前，通过在泽宫习射，从士中选择可以参加祭祀的候选人。⑤共弓矢如数：按照射者的人数供给弓和箭。⑥笴：竹制的箭筒。⑦共矰矢：因为矰矢的箭杆上拴有丝绳，如果装到箙中或笴中，就会互相绕乱，所以不装到箙中和笴中，而是在临用时供给之。

[译文]

司弓矢的职责是：掌管六种弓、四种弩、八种矢的制造法式，辨别其名称和种类，平时掌管其守藏，需要时掌管其发放与收回。每年仲春二月，向国家交纳做成的弓弩；每年仲秋八月，向国家交纳做成的箭和盛箭的皮袋。等到颁发弓矢时，遵循的原则是：王弓、弧弓，用来发给试图射穿革甲和砧板的人；夹弓、庾弓，用来发给射犴侯和鸟兽的人；唐弓、大弓，用来发给学习射箭的人、出使的人、辛劳王事的人。箭和箭袋的颁发，都按照弓的数量一道颁发。四种弩中，夹弩、庾弩，适合用来攻城和防守，唐弩、大弩，适合用来车战和野战。八种矢中：枉矢、絜矢，利于发射燃烧物，用于守城和车战；杀矢、鍭矢，用于近射和畋猎；矰矢、茀矢，用于发射系有绳子的箭来射飞鸟；恒矢、痺矢，用于礼射和习射。天子的弓，九张弓合起来成为一个圆；诸侯的弓，七张弓合起来成为一个圆；大夫的弓，五张弓合起来成为一个圆；士的弓，三张弓合起来成为一个圆，由于其弧度太大，叫做恶弓。每逢祭祀，负责供给天子射杀牺牲的弓矢。泽宫习射，负责供给射砧板的弓矢。大射、燕射，负责按照射者的人数供给弓矢和钳箭的夹子。天子、王后或太子去世，负责供给作为明器使用的弓矢。凡有师役、会同之事，则负责颁发弓、弩、箭、箭袋等物，其做法就像颁发兵器和颁发铠甲那样。畋猎弋射，负责供给竹制的箭筒和皮制的箭袋，其中都装满了箭，还负责随时供给矰矢。对于箭的消耗，如果不是用到了攻守弋猎之类的正经地方，要赔偿。

缮人：掌王之用弓、弩、矢、箙、矰、弋、抉、拾①。掌诏王射，赞王弓矢之事。凡乘车，充其笼箙，载其弓弩。既射，则敛之，无会计。

[注释]

①弋：此谓拴在箭上的丝绳。抉：射箭时套在右手大拇指上的象骨套子，用以保护钩弦的大拇指。后世谓之扳指。拾：皮制的臂套，射箭时套在左臂上，以防袖子碍事。又叫遂、射韝。

[译文]

缮人的职责是：掌管提供天子所用的弓、弩、矢、箙、矰、弋、抉、拾。天子射时，掌管诏告礼仪，协助太仆把弓箭递到天子手里和从天子手里接过来。凡是天子乘车出行，负责将车上的箭袋装满箭，将弓弩装到车上。天子射罢，就将天子所用的弓矢收藏起来。天子所用的弓矢，无论消耗多少，概不统计。

槀人：掌受财于职金①，以赍其工②。弓六物为三等，弩四物亦如之。矢八物皆三等，箙亦如之。春献素③，秋献成。书其等以飨工。乘其事④，试其弓弩，以下上其食而诛赏。乃入功于司弓矢及缮人。凡赍财与其出入，皆在槀人，以待会而考之，亡者阙之。

[注释]

①职金：官名。属秋官。②赍（jī）：通"资"，资金，钱财。这里是作

动词，给资金之义。③素：一件物品的坯子已成，但尚未经过最后的精加工，谓之素。④乘：计算。

[译文]

槀人的职责是：掌管从职金那里领来钱财，将这些钱财发给工匠，让他们去购买制造弓弩矢箙的原材料。弓有六种，分为三等；弩有四种，也分为三等；矢有八种，也分为三等；箙也分为三等。春天，要拿出矢箙的半成品来；秋天，要拿出矢箙的成品来。将每个工匠所制成品的质量等级记录在案，并按照其质量等级发给不同的酒肴以示慰劳。统计他们做成的弓弩矢箙的数量和等级，测试他们做成的弓弩，如果测试结果好，就增加他们的薪金，如果测试结果特别好，还要奖赏他们；反之，就要减少他们的薪水，甚至处罚他们。然后将制成的弓弩矢箙送交司弓矢及缮人。凡是发给工匠的钱财以及弓弩矢箙的收进和上交，所有这些账本都由槀人负责，以备统计核查，而损耗的弓弩矢箙可以不在账面上显示。

戎右：掌戎车之兵革使，诏赞王鼓，传王命于陈中。会同，充革车；盟，则以玉敦辟盟①，遂役之。赞牛耳、桃茢②。

[注释]

①玉敦（duì）：饰有珠玉的敦。敦，一种食器。会盟时内装牲血。辟：开启。此谓打开玉敦的盖子。此孙诒让说。②桃茢：用桃枝编成的笤帚。

[译文]

戎右的职责是：作为天子戎车的车右，掌管执行天子有所诛杀的命令，不但告诉天子何时应当击鼓，而且帮助天子击鼓，将天子的命令高声宣布，使阵中将士都能听到。天子参加会同时，天子自乘金路，戎右要站在革路的左边乘革路随行；到了歃血为盟时，则手执盛有牲血的玉敦，打开玉敦盖子，从主盟者开始，让每一个与盟者依次歃血。天子在割牛耳取血时，在用桃茢扫除不祥时，戎右都要搭把手。

齐右：掌祭祀、会同、宾客前齐车①，王乘则持马，行则陪乘②。凡有牲事，则前马。

[注释]

①齐（zhāi）车：谓金路。②陪乘（shèng）：即参乘。又叫车右。

[译文]

齐右的职责是：掌管祭祀、会同、宾客时，站在金路的前面等候天子上车，天子上车以后则牵牢马笼头不使乱动，金路开动以后则作为车右与天子同车。天子在路上遇到供祭祀用的牛要凭轼致敬，每逢这种情况，齐右就要下车在马的前面倒退而行，防止马惊奔。

道右：掌前道车。王出入则持马陪乘，如齐车之仪。自车上谕命于从车，诏王之车仪。王式①，则下，前马；王下，则以盖从。

[注释]

①式：通"轼"。此谓凭轼行礼。

[译文]

道右的职责是：掌管站在象路的前面等候天子上车。天子乘象路出出进进，上车以后则牵牢马笼头不使乱动，车子开动以后则作为车右与天子同车，就像齐右所做的那样。把天子在象路上所下的命令晓谕给随从臣子所乘之车，告诉天子乘象路时的礼仪。凡是天子凭轼致敬的时候，道右就要下车，在马的前面倒退而行；凡是天子下车，就要手举车盖紧随天子。

大驭：掌驭玉路以祀。及犯軷①，王自左驭；驭下，祝，登，受辔，犯軷，遂驱之。及祭，酌仆②，仆左执辔，右祭两轵，祭轨，乃饮。凡驭路，行以《肆夏》，趋以《采荠》。凡驭路仪，以鸾和为节③。

[注释]

①軷（bá）：乘车出行时对路神的祭祀叫做軷。②酌仆：谓祭过路神以后，天子感到仆（即大驭）在保证旅途平安中的作用很重要，就让人给大驭斟酒。③鸾和：两种金属铃铛。

[译文]

大驭的职责是：掌管驾驭天子所乘的玉路以便天子前去祭祀。等到在城外要举行軷祭时，天子从左边暂代大驭执辔驾驭；大驭则下车，向路神祝告一通，然后上车，从天子手里接过辔，从车前的土堆和碌犬上碾压而过，就长驱而去。在祭祀路神的时候，天子让人给大驭斟酒，大驭接过酒以后，左手执辔，右手用酒先祭左轵，接着祭右轵，接着又祭车轨之前，然后自己一饮而尽。凡驾驭天子所乘的车，在从路寝到路门这一段路徐行时，要合着《肆夏》乐曲的节拍；在从路门到应门这一段路急趋时，要合着《采荠》乐曲的节拍。凡是在应门以外驾驭天子所乘的车的快慢规矩，是以前后呼应的鸾铃和铃的响声作为节拍。

戎仆：掌驭戎车①。掌王倅车之政，正其服。犯軷，如玉路之仪。凡巡守及兵车之会，亦如之。掌凡戎车之仪②。

[注释]

①戎车：此谓天子自乘的革路。②戎车：此戎车指一般的兵车，为将士所乘。

[译文]

戎仆的职责是：掌管驾驭天子的戎车。掌管天子戎车副车的政令，使所有乘副车者的服装整齐划一。出行时也要举行軷祭，其仪式就像天子乘玉路出行时那样。凡天子巡守以及有征讨之事而聚合诸侯，也是这样。掌管所有兵车的礼仪。

齐仆：掌驭金路以宾。朝觐、宗遇飨食①，皆乘金路，其法仪各以其等为车送逆之节。

[注释]

①朝觐、宗遇：谓诸侯四时的常朝。

[译文]

齐仆的职责是：掌管驾驭天子自乘的金路以便天子接待宾客。天子凡因诸侯之朝觐、宗遇而在宗庙设宴招待，都要乘金路迎宾送宾，其礼仪是按照宾客爵位的等级来决定车子迎送的距离。

道仆：掌驭象路，以朝夕、燕出入①，其法仪如齐车。掌贰车之政令。

[注释]

①朝夕：早晨接见群臣议事曰朝，晚上接见群臣议事曰夕。

[译文]

道仆的职责是：掌管驾驭天子自乘的象路，好让天子早晚上朝和负责游玩观赏的出入，其礼仪与驾驭齐车一样。掌管象路副车的政令。

田仆：掌驭田路①，以田以鄙。掌佐车之政，设驱逆之车②，令获者植旌，及献，比禽。凡田，王提马而走③，诸侯晋，大夫驰。

[注释]

①田路：即天子五路中的木路。②驱逆之车：驱，谓将禽兽从隐藏的地方驱赶出来；逆，谓将要逃出围场的禽兽拦截回来。③提马而走：让人牵着

马,使马首昂起。提,举也。这是为了防止马奔驰。

[译文]

　　田仆的职责是:掌管驾驭天子自乘的畋路,以便天子畋猎,以便天子巡行畿内。掌管畋路副车的政令。天子畋猎时,畋仆负责设置驱逆之车,竖起旌旗,使人们知道在什么地方缴纳猎获的禽兽;等到猎获者交来禽兽时,要把猎获的禽兽分类,清点一下数目。凡畋猎,为天子驾车追赶禽兽时,要使人牵着马,使马首昂起而缓行;为诸侯驾车追赶禽兽时,要使人牵着马,使马首微垂而疾行;为大夫驾车追赶禽兽时,就不需要使人牵着马而要任其奔驰。

驭夫:掌驭贰车、从车、使车[①]。分公马而驾治之。

[注释]

　　[①]贰车:分开来说,象路的副车叫贰车,戎路的副车叫倅车,田路的副车叫佐车;总的来说,天子五路的副车各十二乘,共六十乘,统称贰车。

[译文]

　　驭夫的职责是:掌管驾驭天子五路的所有副车、随行群臣所乘之车以及奉王命出使者所乘之车。每个驭夫都要分一部分公家的马以训练其驾车。

校人:掌王马之政[①]。辨六马之属,种马一物,戎马一物,齐马一物,道马一物,田马一物,驽马一物。凡颁良马而养乘之:乘马一师四圉[②];三乘为皂,皂一趣马;三皂为系,系一驭夫;六系为厩,厩一仆夫;六厩成校,校有左右[③]。驽马三良马之数;丽马一圉,八丽一师,八师一趣马,八趣马一驭夫[④]。天子十有二闲[⑤],马六种;邦国六闲,马四种;家四闲,马二种[⑥]。凡马,特居四之一[⑦]。春祭马祖[⑧],执驹;夏祭先牧[⑨],颁马,攻特[⑩];秋祭马社[⑪],臧仆[⑫];冬祭马步[⑬],献马,讲驭夫。凡大祭祀、朝觐、会同，毛马而颁之⑭。饰币马，执扑而从之。凡宾客，受其币马。大丧，饰遣车之马；及葬，埋之。田猎，则帅驱逆之车。凡将事于四海、山川，则饰黄驹。凡国之使者，共其币马。凡军事，物马而颁之。等驭夫之禄、宫中之稍食。

[注释]

①王马：犹今云公家的马。②乘（shèng）：四匹马曰乘。师：圉师。圉：圉人。专职养马人。③校有左右：据郑玄统计，良马一种，计有四百三十二匹；良马共有五种，合计二千一百六十匹。④"丽马一圉"四句：丽，偶也，一对。"八丽""八师""八趣马"，当作"六丽""六师""六趣马"，否则，得数就不正确。⑤闲：有遮阑的养马之所。也是厩的别名。⑥马二种：畋马、驽马。⑦特居四之一：四马共驾一车，其中雄马一，雌马三。⑧马祖：神名。谓天驷星。⑨先牧：神名。郑玄注："先牧，始养马者，其人未闻。"⑩攻特：将雄马阉割。⑪马社：神名。开始教人用马驾车者。⑫臧仆：臧，善也；仆，驾驭天子五路者。⑬马步：神名。能为马带来灾害。⑭毛马：郑玄注："毛马，齐其色也。"即一辆车上套四匹马，毛色必须相同。

[译文]

校人的职责是：掌管王马的挑选、饲养、调教等事。辨别六种马匹的类别：种马为一类，戎马为一类，齐马为一类，道马为一类，畋马为一类，驽马为一类。凡是向自己的部下分发良马并责成部下养好它们、教会它们驾车时，其办法是：四匹马为一乘，每乘设置一个圉师、四个圉人来负责；三乘为一皂，每皂设置一个趣马来负责；三皂为一系，每系设置一个驭夫来负责；六系为一厩，每厩设置一个仆夫来负责；六厩为一校，校又分为左校、右校。驽马的数目是良马的三倍，一对驽马为一丽，每丽设置一个圉人来负责；六丽驽马，设置一个圉师来负责；六个圉师所养的驽马，设置一个趣马来负责；六个趣马所养的驽马，设置一个驭夫来负责。天子的马厩有十二个，有马六种；诸侯的马厩是六个，有马四种；大夫之家的马厩是四个，有马两种。凡是驾车的马，雄马总是占四分之一。春天要祭祀马祖，发情期间把幼驹看管起来；夏天要祭祀先牧，将马驹分发给卿大夫，阉割雄马；秋天要祭祀马社，教练驾驭五路的仆夫，使皆技艺娴熟；冬天要祭祀马步，进献已经调教好的马匹，挑选并训练驭夫。凡大祭祀、大朝觐、大会同，配齐相同颜色的四马，分发给应当套车的人，刷洗干净作为馈赠礼品的马匹，手执马鞭跟在后面。凡有宾客前来朝聘，负责接受他们进献的作为礼品的马匹。遇到天子、王后或太子去世，负责装饰拉遣车的马匹；等到下葬的时候，将这些用草扎成的马埋入墓中。遇到畋猎，则率领驱逆之车。凡是天子巡守四方祭祀途经的大山大川，则负责刷洗用作牺牲的黄驹。凡是奉王命出使的人，供给其用作礼品的马匹。凡有军事行动，负责把套在一辆车上的四匹马配得毛色相同、力量相同、脚力相同，然后分发出去。负责调整仆夫、驭夫、趣马的俸禄，调整圉师、圉人等负责养马者的月薪。

趣马：掌赞正良马，而齐其饮食，简其六节。掌驾说之颁①。辨四时之居治②，以听驭夫。

[注释]

①说：通"脱"，此谓不驾车。②四时之居治：四时之居，谓二月以前，八月以后，在厩养马；二月以后，八月以前，在牧地养马。

[译文]

趣马的职责是：掌管帮助校人养好良马，调理良马的饮食，挑选王马以为六等。掌管哪些马该驾车、哪些马该休息的次序。辨别四时之中养马的不同地点以及对马的处置，以听从驭夫的指挥。

巫马：掌养疾马而乘治之，相医而药攻马疾，受财于校人。马死，则使其贾粥之①，入其布于校人。

[注释]

①粥：通"鬻"，卖也。

[译文]

巫马的职责是：掌管饲养生病的马，牵着病马遛遛转转，观察症状所在，然后对症治疗，帮助手下的医者用药治疗马疾，从校人那里领取所需钱财。如果马死了，就让手下的贾将马皮、马骨卖掉，所得的钱上交校人。

牧师：掌牧地，皆有厉禁而颁之。孟春焚牧，中春通淫，掌其政令。凡田事，赞焚莱①。

[注释]

①赞焚莱：因为《山虞》说："若大畋猎，则莱山田之野。"《泽虞》说："若大畋猎，则莱泽野。"故知此"赞"是赞山虞、泽虞。

[译文]

牧师的职责是：掌管牧地，从中划出牧马的区域，皆设置栅栏，禁止闲人出入，而后将马分给圉人使其放牧。孟春正月，焚烧牧地的陈草，使新草生长；仲春二月，使雄马雌马交配。掌管牧地的政令。凡有畋猎之事，就帮助山虞、泽虞焚烧草莱。

廋人：掌十有二闲之政教，以阜马、佚特、教駣、攻驹①，及祭马祖、祭闲之先牧，及执驹、散马耳、圉马②。正校人员选。马八尺以上为龙，七尺以上为騋，六尺以上为马。

[注释]

①佚：通"逸"。郑玄说："逸者，用之不使甚劳，安其血气也。"駣（táo）：马三岁曰駣。攻驹：马二岁曰驹。騬其踶啮者。②散马耳：散，散乱。郑众说：用散乱的声音故意聒噪马耳，使其养成习惯，听到噪声而不惊。

[译文]

廋人的职责是：掌管天子十二厩马匹的政令教治，以使马匹盛壮，用之不使过劳，马长到三岁就开始教它练习驾车，将喜欢乱踢乱咬的马驹骟一下，祭祀马祖、祭祀先牧，将发情期间幼驹看管起来，用聒噪的声音训练马耳使其养成遇到噪声也不震惊的习惯，教导圉人养马。审定圉师、圉人的后备人选。马高八尺以上谓之龙，马高七尺以上谓之騋，马高六尺以上谓之马。

圉师：掌教圉人养马。春除蓐，衅厩，始牧；夏庌马[1]，冬献马。射则充椹质，茨墙则剪阖[2]。

[注释]

①庌（yǎ）：廊庑。②阖：通"盖"，此谓房顶上的草苫。

[译文]

圉师的职责是：掌管教导圉人养马。春天，除去马厩中的草蓐子，如果是新建的马厩则举行衅礼，开始放牧；夏天，为马建造凉棚；冬天，进献已经调教好的马匹。有习射之事则提供用做箭靶的砧板，用草箔盖房子则修剪房顶。

圉人：掌养马刍牧之事，以役圉师。凡宾客、丧纪，牵马而入陈。[1]廞马亦如之。

[注释]

①"凡宾客、丧纪"二句：招待宾客时所牵之马，是天子所赐之马，要牵到宾客下榻的宾馆的庭院中陈列；办丧事时所牵之马，要牵引灵车的马，是牵到祖庙的庭院中陈列。

[译文]

圉人的职责是：掌管在厩在牧养马之事，听候圉师的使令。凡有招待宾客之事、丧事，负责将马牵进来陈列。陈列作为明器的遣车的马，也是这样。

职方氏：掌天下之图，以掌天下之地。辨其邦国、都鄙、四夷、八蛮、七闽、九貉、五戎、六狄之人民，与其财用、九谷、六畜之数要，周知其利害①。

乃辨九州之国，使同贯利：东南曰扬州，其山镇曰会稽②，其泽薮曰具区③，其川三江，其浸五湖④，其利金锡竹箭，其民二男五女，其畜宜鸟兽，其谷宜稻。正南曰荆州，其山镇曰衡山，其泽薮曰云瞢⑤，其川江、汉，其浸颍、湛，其利丹银齿革，其民一男二女，其畜宜鸟兽，其谷宜稻。河南曰豫州，其山镇曰华山，其泽薮曰圃田⑥，其川荥、雒，其浸波、溠，其利林漆丝枲，其民二男三女，其畜宜六扰⑦，其谷宜五种⑧。正东曰青州，其山镇曰沂山，其泽薮曰望诸⑨，其川淮、泗，其浸沂、沭，其利蒲鱼，其民二男二女，其畜宜鸡狗，其谷宜稻麦。河东曰兖州，其山镇曰岱山，其泽薮曰大野⑩，其川河、泲，其浸卢、维，其利蒲鱼，其民二男三女，其畜宜六扰，其谷宜四种。正西曰雍州，其山镇曰岳山⑪，其泽薮曰弦蒲⑫，其川泾、汭，其浸渭、洛，其利玉石，其民三男二女，其畜宜牛马，其谷宜黍稷。东北曰幽州，其山镇曰医无闾⑬，其泽薮曰貕养⑭，其川河、泲，其浸菑、时，其利鱼盐，其民一男三女，其畜宜四扰，其谷宜三种。河内曰冀州，其山镇曰霍山，其泽薮曰杨纡⑮，其川漳，其浸汾、潞，其利松柏，其民五男三女，其畜宜牛羊，其谷宜黍稷。正北曰并州，其山镇曰恒山，其泽薮曰昭馀祁⑯，其川虖池、呕夷，其浸涞、易，其利布帛，其民二男三女，其畜宜五扰，其谷宜五种。

乃辨九服之邦国：方千里曰王畿，其外方五百里曰侯服，又其外方五百里曰甸服，又其外方五百里曰男服，又其外方五百里曰采服，又其外方五百里曰卫服，又其外方五百里曰蛮服，又其外方五百里曰夷服，又其外方五百里曰镇服，又其外方五百里曰藩服。

凡邦国千里，封公以方五百里，则四公；方四百里，则六侯；方三百里，则七伯⑰；方二百里，则二十五子；方百里，则百男。以周知天下。凡邦国，小大相维⑱。王设其牧，制其职，各以其所能；制其贡，各以其所有。王将巡守，则戒于四方，曰："各修平乃守⑲，考乃职事⑳，无敢不敬戒，国有大刑！"及王之所行，先道，帅其属而巡戒令。王殷国亦如之㉑。

[注释]

①利害：利，指各地的土特产。害，盖谓各地的自然灾害。②山镇：某一州内的名山。③具区：古泽薮名。即今江苏太湖。④浸：有调节川泽水势的功能、有灌溉之利的湖泊、水道。⑤云瞢：通作"云梦"。泽名。⑥圃田：古泽薮名。在今河南郑州东。⑦六扰：六种家畜。家畜曰扰。扰，驯服。⑧五种：郑玄注："五种、黍、稷、菽、麦、稻。"种，盖谓谷物之种类。⑨望诸：古泽薮名。在今河南商丘东北、虞城西北。⑩大野：古泽薮名。又叫巨野、钜野。在今山东巨野县北。⑪岳山：王引之说"山"是衍字，是。岳，吴岳，又叫吴山。《禹贡》谓之岍山。在今陕西陇县西南。⑫弦蒲：古泽薮名。在今陕西陇县西四十里蒲谷镇。⑬医无闾：山名。也作医巫间。在今辽宁北镇县西，人呼为广宁山。⑭貕(xī)养：古泽薮名。在今山东莱阳东，后湮废。⑮杨纡：古泽薮名。⑯昭馀祁：古泽薮名。在今山西祁县西南、介休市东北。⑰七伯：据郑玄注，当作"十一伯"。因为实际运算的结果是十一。⑱"凡邦国"二句：贾公彦引《王制》说："五国以为属，属有长；十国以为连，连有帅；三十国以为卒，卒有正；二百一十国以为州，州有伯。"这样看来，所谓"相维"，是建立一套对邦国的监控系统。⑲守：郑玄注："守，谓国境之内。"⑳职事：谓天子至其国，诸侯所当供应，譬如饔饩、委积之类。㉑殷国：天子十二年一巡守，在巡守途中，如因故不能继续巡守，就在所至诸侯国征召众多诸侯前来行朝会之礼，谓之殷国。

[译文]

职方氏的职责是：掌管天下的地图版籍，用以掌握天下的地理。了解邦国、都鄙、四夷、八蛮、七闽、九貉、五戎、六狄的人民与其财用、九谷、六畜的统计报表，周知各地的利害。

辨别九州的地域，使各州居民在同样的土地上劳作、得到同样的好处：九州的东南是扬州，其名山是会稽，其大泽是具区，其大川是三江，其大浸是五湖，其特产是金、锡、竹、箭，其男女人口比例是二比五，其地适宜畜养的动物是鸟兽，其地适宜种植的谷物是稻子。九州的正南是荆州，其名山是衡山，其大泽是云梦，其大川是江水、汉水，其大浸是颍水、湛水，其特产是丹砂、银子、象牙、犀兕之革，其地的男女人口比例一比二，其地适宜畜养的动物是鸟兽，其地适宜种植的谷物是稻子。河水的南边是豫州，其名山是华山，其大泽是圃田，其大川是荥泽、雒水，其大浸是波水、溠水，其土特产是林、漆、丝、麻，其地的男女人口比例是二比二，其地适宜畜养的动物是马、牛、羊、猪、犬、鸡，其地适宜种植的谷物是黍、稷、菽、麦、稻。九州的正东是青州，其名山是沂山，其大泽是望诸，其大川是淮河、泗水，其大浸是沂水、沭水，其土特产是蒲柳、海鱼，其地的男女人口比例是二比二，其地适宜畜养的动物是鸡、狗，其地适宜种植的谷物是稻子、麦子。河水的东边是兖州，其名山是泰山，其大泽是大野，其大川是河水、济水，其大浸是卢水、潍水，其土特产是蒲柳、海鱼，其地的男女人口比例是二比三，其地适宜畜养的动物是马、牛、羊、猪、犬、鸡，其地适宜种植的谷物是黍、稷、稻、麦。九州的正西是雍州，其名山是岳山，其大泽是弦蒲，其大川是泾水、汭水，其大浸是渭水、洛水，其土特产是玉石，其地的男女人口比例是三比二，其地适宜畜养的动物是牛、马，其地适宜种植的谷物是黍、稷。九州的东北是幽州，其名山是医无闾，其大泽是貕养，其大川是河水、济水，其大浸是淄水、时水，其土特产是海鱼、海盐，其地的男女人口比例是一比三，其地适宜畜养的动物是马、牛、羊、猪，其地适宜种植的谷物是黍、稷、稻。河水以北是冀州，其名山是霍山，其大泽是杨纡，其大川是漳水，其大浸是汾水、潞水，其土特产是松、柏，其地的男女人口比例是五比三，其地适宜畜养的动物是牛、羊，其地适宜种植的谷物是黍、稷。九州的正北是并州，其名山是恒山，其大泽是昭馀祁，其大川是滹沱河、呕夷水，其大浸是涞水、易水，其土特产是布帛，其地的男女人口比例是二比三，其地适宜畜养的动物是马、牛、羊、犬、豕，其地适宜种植的谷物是黍、稷、菽、麦、稻。

然后辨别九服的封域：以王城为中心的方千里之地叫做王畿，王畿外方五百里之地叫做侯服，侯服外方五百里之地叫做甸服，甸服外方五百里之地叫做男服，男服外方五百里之地叫做采服，采服外方五百里之地叫做卫服，卫服外方五百里之地叫做蛮服，蛮服外方五百里之地叫做夷服，夷服外方五百里之地叫做镇服，镇服外方五百里之地叫做藩服。

凡封域千里之地，如果按照方五百里的标准分封公爵，可以分封四个公爵；如果按照方四百里的标准分封侯爵，可以分封六个侯爵；如果按照方三百里的标准分封伯爵，可以分封十一个伯爵；如果按照方二百里的标准分封子爵，可以分封二十五个子爵；如果按照方百里的标准分封男爵，可以分封一百个男爵。按照这个比例就可以周知天下邦国的总数。所有的诸侯国，要使小的诸侯和大的诸侯互相维系。天子为每一州设立一个州牧，按照每一州牧之所能，制定其职责；按照每一州的物产，制定其应进的贡物。天子将要巡守，则事先以文书告诫四方诸侯说："你们要各自搞好各自的国境之内，考校一下天子到达时你们将怎样接待，如果对天子的巡守不严肃慎重地对待，必杀无赦！"等到天子出发的时候，要在前边做前导，率领自己的部属检查当地对事先发出的告诫文书的落实情况。遇到天子在畿外会见众多诸侯时也是这样。

土方氏：掌土圭之法，以致日景，以土地相宅①，而建邦国都鄙。以辨土宜、土化之法，而授任地者②。王巡守，则树王舍。

[注释]

①土地：即度地。土，通"度"，度量。②任地者：谓载师之属。因为载师掌管任土之法。

[译文]

土方氏的职责是：掌管土圭的使用方法，以测量日影，以度量土地的方位，观察是否可以作为居住之地，从而建立邦国、都鄙。以辨别什么土壤适合种植什么谷物并掌握改造土壤的方法，授给负责合理使用土地的官员。天子巡守，则负责在天子住处周围设置藩篱。

怀方氏：掌来远方之民，致方贡①，致远物，而送逆之，达之以节②。治其委积、馆舍、饮食。

[注释]

①方贡：指蛮服以内诸侯的贡品。②节：作证明使用的符节，起通行证作用。

[译文]

怀方氏的职责是：掌管招徕四夷的民众，让九州之内的诸侯进献当地的贡品，让九州之外的少数民族进献当地的宝物，他们来时负责迎接，走时负责送行，发给通行证使之畅通无阻。负责解决他们沿途的生活用品、住宿、饮食问题。

合方氏：掌达天下之道路，通其财利，同其数器，壹其度量，除其怨恶，同其好善。

[译文]

合方氏的职责是：掌管使天下的道路畅通无阻，交流各地的物资，统一其计量轻重的标准，统一其计量长短、容积的标准，消除邦国之间的怨恶，使好的风俗得到普遍认同。

训方氏：掌道四方之政事与其上下之志①，诵四方之传道。正岁，则布而训四方，而观新物。

[注释]

①四方、上下：郑玄注："四方，诸侯也。上下，君臣也。"

[译文]

训方氏的职责是：掌管为天子讲说诸侯的政事及君臣的思想动态，为天子陈说四方世代相传的往古之事。每年正月，将为天子所讲说、所陈说的内容布告天下，使世人知道何者为善何者为恶；四时向民众展示新物，藉以探察民心之好恶。

形方氏：掌制邦国之地域，而正其封疆，无有华离之地①。使小国事大国，大国比小国。

[注释]

①华（kuā）离：华，通"诿"，歪斜，不正。此谓邻国之间领土互相深入，犬牙交错。离，离绝。此谓一国领土为另一国领土所包围，今称飞地。

[译文]

形方氏的职责是：掌管划定邦国之间的地域，整齐其边界，不使出现领土犬牙交错和飞地。使小国服事大国，大国亲近小国。

山师：掌山林之名，辨其物与其利害，而颁之于邦国，使致其珍异之物。

[译文]

山师的职责是：掌管山林的名称，辨别各个山林都有哪些物产，其中的哪些物产是可以被人利用的，山林中又有什么害人的虫兽，将这些情况颁布于各诸侯国，使他们进献其珍异之物。

川师：掌川泽之名，辨其物与其利害，而颁之于邦国，使致其珍异之物。

[译文]

川师的职责是：掌管川泽的名称，辨别各个川泽都有哪些物产，其中的哪些物产是可以被人利用的，川泽中又有什么害人的虫兽，将这些情况颁布于各诸侯国，使他们进献其珍异之物。

原师：掌四方之地名，辨其丘陵、坟衍、原隰之名物之可以封邑者①。

[注释]

①坟衍、原隰（xí）：四种土壤的名称。

[译文]

原师的职责是：掌管四方的地名，辨别什么地方是丘陵，什么地方是坟衍，什么地方是原隰，这些地方都分别有哪些物产，以及哪些地方可以作为封邑。

匡人：掌达法则，匡邦国而观其慝①，使无敢反侧②，以听王命。

[注释]

①慝（tè）：奸伪，邪恶。②反侧：违背法度。法度，即八法、八则。

[译文]

匡人的职责是：掌管向邦国传达八法、八则，匡正邦国，观察他们有无邪恶，使他们不敢违背法度，而听从天子的命令。

撢人：掌诵王志，道国之政事，以巡天下之邦国而语之，使万民和说而正王面①。

[注释]

①说：古"悦"字。正：真诚。王面：即面王。面，向也。

[译文]

撢人的职责是：掌管陈说天子的志虑所在，讲说王国的施政情况，在巡行天下邦国时将这些内容通报诸侯，使万民中心和悦，从而真诚地归心天子。

都司马：掌都之士庶子及其众庶、车马、兵甲之戒令。以国法掌其政学①，以听国司马②。家司马亦如之。

[注释]

①政学：即政教。②国司马：王国的各级司马，包括大司马、小司马等。

[译文]

都司马的职责是：掌管都的贵族子弟从军者及其应征入伍的平民、车马、兵甲的戒令。按照国家的法规对这些人进行军事上的管理和学业上的教育，以听命于王国的各级司马。

家司马：各使其臣，以正于公司马①。

[注释]

①公司马：即国司马。参看《都司马》注。

[译文]

家司马的职责是：各自派遣其部下，以听命于王国的各级司马。

秋官司寇第五

惟王建国，辨方正位，体国经野，设官分职，以为民极。① 乃立秋官司寇②，使帅其属而掌邦禁③，以佐王刑邦国④。

刑官之属⑤：

大司寇⑥，卿一人；小司寇⑦，中大夫二人；士师⑧，下大夫四人；乡士⑨，上士八人，中士十有六人，旅下士三十有二人。府六人，史十有二人，胥十有二人，徒百有二十人。

遂士⑩，中士十有二人；府六人，史十有二人，胥十有二人，徒百有二十人。

县士⑪，中士三十有二人；府八人，史十有六人，胥十有六人，徒百有六十人。

方士⑫，中士十有六人；府八人，史十有六人，胥十有六人，徒百有六十人。

讶士⑬，中士八人；府四人，史八人，胥八人，徒八十人。

朝士⑭，中士六人；府三人，史六人，胥六人，徒六十人。

司民⑮，中士六人；府三人，史六人，胥三人，徒三十人。

司刑⑯，中士二人；府一人，史二人，胥二人，徒二十人。

司刺⑰，下士二人；府一人，史二人，徒四人。

司约[18]，下士二人；府一人，史二人，徒四人。

司盟[19]，下士二人；府一人，史二人，徒四人。

职金[20]，上士二人，下士四人；府二人，史四人，胥八人，徒八十人。

司厉[21]，下士二人；史一人，徒十有二人。

犬人[22]，下士二人；府一人，史二人，贾四人，徒十有六人。

司圜[23]，中士六人，下士十有二人；府三人，史六人，胥十有六人，徒百有六十人。

掌囚[24]，下士十有二人；府六人，史十有二人，徒百有二十人。

掌戮[25]，下士二人；史一人，徒十有二人。

司隶[26]，中士二人，下士十有二人；府五人，史十人，胥二十人，徒二百人。

罪隶[27]，百有二十人。

蛮隶[28]，百有二十人。

闽隶[29]，百有二十人。

夷隶[30]，百有二十人。

貉隶[31]，百有二十人。

布宪[32]，中士二人，下士四人；府二人，史四人，胥四人，徒四十人。

禁杀戮[33]，下士二人；史一人，徒十有二人。

禁暴氏[34]，下士六人；史三人，胥六人，徒六十人。

野庐氏[35]，下士六人；胥十有二人，徒百有二十人。

蜡氏[36]，下士四人；徒四十人。

雍氏[37]，下士二人；徒八人。

萍氏㊳，下士二人；徒八人。

司寤氏㊴，下士二人；徒八人。

司烜氏㊵，下士六人；徒十有二人。

条狼氏㊶，下士六人；胥六人，徒六十人㊷。

修闾氏㊸，下士二人；史一人，徒十有二人。

冥氏㊹，下士二人；徒八人。

庶氏㊺，下士一人；徒四人。

穴氏㊻，下士一人；徒四人。

翨氏㊼，下氏二人；徒八人。

柞氏㊽，下士八人；徒二十人。

薙氏㊾，穴氏二人；徒二十人。

硩蔟氏㊿，下士一人；徒二人。

翦氏㉛，下士一人；徒二人。

赤犮氏㉜，下士一人；徒二人。

蝈氏㉝，下士一人；徒二人。

壶涿氏㉞，下士一人；徒二人。

庭氏㉟，下士一人；徒二人。

衔枚氏㊱，下士二人；徒八人。

伊耆氏㊲，下士一人；徒二人。

大行人㊳，中大夫二人；小行人㊴，下大夫四人；司仪㊵，上士八人，中士十有六人；行夫㊶，下士三十有二人。府四人，史八人，胥八人，徒八十人。

环人㊷，中士四人；史四人，胥四人，徒四十人。

象胥㊸，每翟上士一人，中士二人，下士八人；徒二十人。

掌客㊹，上士二人，下士四人；府一人，史二人，胥二人，徒二十人。

掌讶⑥⑤，中士八人；府二人，史四人，胥四人，徒四十人。

掌交⑥⑥，中士八人；府二人，史四人，徒三十有二人。

掌察⑥⑦，四方中士八人；史四人，徒十有六人。

掌货贿⑥⑧，下士十有六人；史四人，徒三十有二人。

朝大夫⑥⑨，每国上士二人，下士四人；府一人，史二人，庶子八人，徒二十人。

都则，中士一人，下士二人；府一人，史二人，庶子四人，徒八十人。

都士⑦⑩，中士二人，下士四人；府二人，史四人，胥四人，徒四十人。家士亦如之⑦⑪。

[注释]

①"惟王建国"五句：见《天官·叙官》注。②秋官司寇：即下文的大司寇。因为司马在六官中位居第五，于四时当秋，秋天是万物肃杀的季节，而司寇主管刑禁诛杀，二者有相通之处，故称秋官。寇，害也。司寇是主管全国刑罚的长官。③邦禁：即《大宰》中的"刑典"。禁是防止人们犯罪作恶的法律。④刑：郑玄注："刑，正人之法。"意谓对已经触犯律条的人绳之以法。⑤刑官：即秋官。⑥大司寇：官名。刑官的最高长官。⑦小司寇：官名。大司寇的副手。⑧士师：官名。刑官的第三把手。郑玄注："士，察也，主察狱讼之事者。"按：凡刑官中之称"士"者，皆取此义。⑨乡士：官名。主管六乡的狱讼。⑩遂士：官名。主管六遂的狱讼。⑪县士：官名。主管四等公邑的狱讼。⑫方士：官名。主管都家的狱讼。⑬讶士：官名。主管四方诸侯的狱讼。⑭朝士：官名。掌管天子外朝之法。⑮司民：官名。掌管万民户口的统计。⑯司刑：官名。掌管五刑。⑰司刺：官名。掌管三刺、三宥、三赦之法。⑱司约：官名。掌管契约方面的纠纷。⑲司盟：官名。掌管盟载之法。⑳职金：官名。掌管金、玉、锡、石、丹、青之戒令。兼管接受罚金、罚款。㉑司厉：官名。掌管惩治盗贼。㉒犬人：官名。掌管犬牲。㉓司圜：官名。掌管劳动教养罢（pí）民。罢民，怙恶不悛，为百姓所痛恨，但尚未触犯五刑条款的人。㉔掌囚：官名。掌管看守盗贼和所有在押犯。㉕掌戮：官名。掌管对死刑犯人

的斩杀和戮尸。㉖司隶：官名。掌管从事劳役的犯人。统领下文的罪隶、蛮隶、闽隶、夷隶、貉隶。㉗罪隶：罪人家属之没为官奴者。㉘蛮隶：征伐南蛮所获俘虏。㉙闽隶：征伐闽蛮所获俘虏。闽蛮，南蛮的分支。㉚夷隶：征伐东夷所获俘虏。㉛貉（mò）隶：征伐东北夷所获俘虏。㉜布宪：官名。掌管悬挂公布国家的刑禁。㉝禁杀戮：官名。掌管伺察吏民互相杀戮等情况，报告司寇，追究当事人的责任。㉞禁暴氏：官名。掌管禁止百姓的暴力行为。㉟野庐氏：官名。掌管畿内道路的畅通。㊱蜡（qū）氏：掌管掩埋死于道路者的尸骨。㊲雍氏：官名。掌管水利设施的正确使用。㊳萍氏：官名。掌管国家的水禁。㊴司寤氏：官名。掌管辨别夜晚的时间，以便警夜。㊵司烜（huǐ）氏：官名。掌管用阳燧（犹如今之凹透镜）在阳光下取火。㊶条（dí）狼氏：官名。天子出行，负责驱赶道上行人使躲避。㊷下士六人、胥六人、徒六十人：沈彤认为，三个“六”字都应当改作“八”，理由是：“其职云：‘王出入则八人夹道。’此下士属王，当八人也。下士之夹道者八，则随而涤狼之胥亦当八；胥为什长，胥八则徒当八十也。”按：沈说是。㊸修闾氏：官名。掌管王城中里门的守禁。㊹冥（mì）氏：官名。掌管设置弓弩、网罗、陷阱、蹄夹以捕捉鸟兽。㊺庶（zhǔ）氏：官名。掌管除去毒蛊。㊻穴氏：官名。掌管捕捉蛰藏于洞穴的野兽。㊼翨（chì）氏：官名。掌管捕捉鹰隼一类猛鸟。㊽柞（zhà）氏：官名。掌管砍伐林木。㊾薙氏：官名。掌管除草。㊿硩（chè）蔟氏：官名。掌管捣毁妖鸟的鸟巢。(51)翦氏：官名。掌管消灭蠹虫。(52)赤犮氏：官名。掌管除去室内害虫。(53)蝈氏：官名。掌管除去蛙黾。(54)壶涿氏：官名。掌管除去水中毒虫。(55)庭氏：官名。掌管射杀妖鸟，使王城之中清洁如宫庭。(56)衔枚氏：官名。掌管禁止喧哗。(57)伊耆氏：官名。掌管为天子提供赐予老人的拐杖。(58)大行人：官名。掌管接待前来朝聘的诸侯及其孤卿的礼仪，以亲善诸侯。(59)小行人：官名。掌管邦国宾客的礼籍（名位尊卑之书），以接待四方的使者。(60)司仪：官名。在接待宾客的九等礼仪中掌管傧相之礼。(61)行夫：官名。掌管出使向诸侯传达天子交代的小事。(62)环人：官名。掌管环围宾客及其用器，为之守卫。(63)象胥：官名。此官主管翻译之事。(64)掌客：官名。掌管接待四方宾客的牢礼、饩献、饮食的不同规格。(65)掌讶：官名。掌管迎接宾客。(66)掌交：官名。掌管联系诸侯，与之交好。(67)掌察：官名。本职文阙。盖掌管督察邦国之事。⑱掌货贿：官名。本职文阙，职掌不详。⑲朝大夫：官名。三公、王子弟、卿大夫采地派驻朝廷的代表。掌管都家文书的上传和朝廷文书的下达。⑳都士：官名。本职文阙。据郑玄注可知，盖掌管大都、小都吏民的狱讼。㉑家士亦如之：谓每家亦中士二人，下士四人，府二人，史四人，胥四人，徒四十人。家士，官名。其本职文阙。盖掌管大夫采地吏民的狱讼。

[译文]

（按：《秋官·叙官》的译文，大体上同于《天官·叙官》的译文。为节省篇幅，此略）

大司寇之职：掌建邦之三典，以佐王刑邦国，诘四方：一曰刑新国用轻典，二曰刑平国用中典，三曰刑乱国用重典。以五刑纠万民：一曰野刑①，上功纠力；二曰军刑，上命纠守②；三曰乡刑，上德纠孝；四曰官刑，上能纠职；五曰国刑，上愿纠暴。以圜土聚教罢民③。凡害人者，置之圜土而施职事焉，以明刑耻之；其能改者，反于中国，不齿三年。其不能改而出圜土者，杀。以两造禁民讼④，入束矢于朝⑤，然后听之。以两剂禁民狱，入钧金，三日乃致于朝，然后听之。以嘉石平罢民⑥，凡万民之有罪过而未丽于法⑦，而害于州里者，桎梏而坐诸嘉石，役诸司空：重罪，旬有三日坐，期役；其次九日坐，九月役；其次七日坐，七月役；其次五日坐，五月役；其下罪三日坐，三月役。使州里任之，则宥而舍之。以肺石达穷民⑧，凡远近茕独老幼之欲有复于上而其长弗达者，立于肺石三日，士听其辞，以告于上，而罪其长。

正月之吉，始和布刑于邦国都鄙，乃县刑象之法于象魏，使万民观刑象，挟日而敛之。凡邦之大盟约，莅其盟书而登之于天府，大史、内史、司会及六官皆受其贰而藏之。凡诸侯之狱讼，以邦典定之。凡卿大夫之狱讼，以邦法断之。凡庶民之狱讼，以邦成弊之。

　　大祭祀，奉犬牲。若禋祀五帝⑨，则戒之日，莅誓百官，戒于百族⑩。及纳亨⑪，前王；祭之日亦如之。奉其明水火。凡朝觐、会同，前王；大丧亦如之⑫。大军旅，莅戮于社。凡邦之大事，使其属跸。

[注释]

　　①野：谓甸地、稍地、县地、都地。即王城外二百里至五百里之地。②守：郑玄注："守，不失部伍。"盖谓将不失兵，而兵不掉队也。③罢（pí）民：此谓游手好闲之民。罢，通"疲"。④造：至也。禁民讼：应理解为禁民不实之讼。⑤束矢：一束矢可能是一百根。⑥嘉石：放在外朝门左的一块有纹理的巨石。⑦丽：附也。今言触犯。⑧肺石：放在外朝门外右边的一块赤色石头。⑨禋（yīn）祀：祭祀开始时，为了降神，在堆积的木柴上面先放上玉帛，然后点燃，使烟气上升，天神闻到气味，就会降临。⑩百族：指参加祭祀的天子亲属。⑪纳亨（pēng）：即纳牲。时间在祭日将明时。亨，同"烹"。此时只是将牺牲牵进来，尚未杀，也尚未烹。⑫大丧亦如之：这个"大丧"如果是指天子去世，那么所谓"亦如之"，就是走在嗣王的前面。

[译文]

　　大司寇的职责是：掌管建立王国的三种法典，以辅佐天子用刑法治理天下，禁止四方诸侯为非作歹：第一种法典叫轻典，用于刚刚建立的国家；第二种法典叫中典，用于承平守成的国家；第三种法典叫重典，用于发生叛乱篡杀的国家。用五种刑法来纠察万民：第一种是适用于野地的刑法，提倡好好种地，惩治懒惰不力；第二种是适用于军中的刑法，提倡服从命令，惩治失去部伍；第三种是适用于六乡的刑法，提倡遵守六德，惩治不孝父母；第四种是适用于官府的刑法，提倡精通业务，惩治玩忽职守；第五种是适用于城中的刑法，提倡诚实谨慎，惩治凶恶残暴。利用圜土把好吃懒做的人集中起来加以劳动改造。凡因过失伤人而触犯法律者，也收容到圜土之内，强迫他们从事力所能及的劳动，并将其罪恶写在一块大方板上，挂在他们的背后，让他们感到羞耻；如能改过自新者，释放出来，令其回归乡里，但在三年之内不得与平辈的人序齿；如不能改过自新，还想逃出圜土，抓住就杀掉。百姓因小事而打官司，为防止诬陷，就让双方当事人都来，各自先向法庭交纳一束箭，表明自己是理直的一方，然后才开始审理。百姓因大事而打官司，为防止诬陷，就不仅要让双方当事人都到，而且要让双方写出诉状具结，并向法庭交纳三十斤金作为保证金，为了慎重其事，还要给双方三天时间认真考虑，然后才开始审理。用嘉石来感化有种种恶习的人，凡百姓中犯有罪过而尚未触犯法律，而又为州里所痛恶者，就要让他戴上脚镣手铐，跪在嘉石前面，跪够一定的天数以后，还要罚他在司空服一定时间的劳役。如果是重罪，就罚他在嘉石前面跪十二天，在司空服一年的劳役；比较轻点的，就罚他跪九天，服九个月的劳役；再轻点的，就罚他跪七天，服七个月的劳役；更轻点，就罚他跪五天，服五个月的劳役；最轻的，就罚他跪三天，服三个月的劳役。服劳役的期限满了以后，还要让州里的人担保他改恶从善，这才赦免释放。用肺石来接受鳏寡孤独而求告无门者的上访，不论居住远近，凡是没有兄弟没有子孙的幼童老人想向天子与六卿反映情况而其地方长官又不予转达者，就可以立在肺石旁边，立上三天，朝士就会前来听取他们反映的情况，并将情况报告给天子与六卿，处分其地方长官。

每年的正月初一，开始向普天之下的臣民宣布刑典，其方法是将写有刑典的木板悬挂到王宫大门的双阙之上，让万民观看，十天以后再把它收藏起来。凡天子与诸侯因大会同而订立盟约，大司寇都要亲临监视盟书的制作，并将盟书的正本上交天府保管，太史、内史、司会以及六官首长都接受盟书的副本而收藏起来。凡是诸侯之间打官司，就根据六典来审断。凡是卿大夫之间打官司，就根据八法来审断。凡是百姓之间打官司，就根据八成来裁决。

大祭祀，负责进献作为牺牲使用的犬。如果禘祀五帝，就要在斋戒的那一天，亲临监督对百官的告诫，对天子亲属的告诫。等到天子将牺牲牵进来时，大司寇要走在天子前面做前导；天亮以后举行正祭时也是这样。负责进奉明水、明火。凡朝觐、会同，都要走在天子前面做前导；遇到大丧也是这样。在天子亲自参与的军事活动中，当在军社处死不遵守命令的将士时，要亲临监斩。凡是王国的大事，都要派遣其部属清道，禁止行人来往。

小司寇之职：掌外朝之政①，以致万民而询焉②。一曰询国危，二曰询国迁，三曰询立君。其位：王南乡，三公及州长、百姓北面，群臣西面，群吏东面。小司寇摈以叙进而问焉，以众辅志而弊谋。

以五刑听万民之狱讼，附于刑，用情讯之。至于旬，乃弊之，读书则用法。凡命夫命妇，不躬坐狱讼。③凡王之同族有罪，不即市。以五声听狱讼④，求民情：一曰辞听⑤，二曰色听⑥，三曰气听⑦，四曰耳听⑧，五曰目听⑨。以八辟丽邦法，附刑罚：一曰议亲之辟，二曰议故之辟，三曰议贤之辟，四曰议能之辟，五曰议功之辟，六曰议贵之辟，七曰议勤之辟，八曰议宾之辟。以三刺断庶民狱讼之中：一曰讯群臣，二曰讯群吏，三曰讯万民。听民之所刺宥，以施上服下服之刑。

及大比⑩，登民数，自生齿以上，登于天府。内史、司会、冢宰贰之，以制国用。小祭祀，奉犬牲。凡禘祀五帝，实镬水，纳亨亦如之。大宾客，前王而辟，后、世子之丧亦如之。小师，莅戮。凡国之大事，使其属跸。孟冬祀司民，献民数于王，王拜受之，以图国用而进退之。岁终，则令群士计狱弊讼，登中于天府⑪。正岁，帅其属而观刑象，令以木铎，曰："不用法者，国有常刑！”令群士[12]，乃宣布于四方，宪刑禁。乃命其属入会，乃致事。

[注释]

①外朝：天子三朝：外朝、治朝、内朝。外朝在皋门之内，库门之外。②万民：这个“万民”，实际上也包括百官。③“凡命夫命妇”二句：爵位是大夫以上的男子为命夫，大夫之妻为命妇。命夫命妇本人可以不亲自到庭受审，但要让他的部属或子弟去代替。④五声：又叫五听。五种察言观色的听审方法。⑤辞听：郑玄注：“观其出言，不直则烦。”不直，犹言理屈。⑥色听：郑玄注：“观其颜色，不直则赧然。”⑦气听：郑玄注：“观其气息，不直则喘。”⑧耳听：郑玄注：“观其听聆，不直则惑。”⑨目听：郑玄注：“观其眸子视，不直则眊然。”⑩大比：全国性的人口调查统计。每三年一次。⑪中：案卷，文书。⑫群士：郑玄说是指“遂士以下”的群士，不包括士师和乡士。

[译文]

小司寇的职责是：掌管外朝的政事，以聚集万民而征求他们对国家大事的意见。第一，当国家处于危险之中时，征求他们有什么意见；第二，当国家要迁都时，征求他们有什么意见；第三是，当国家在立新君时遇到了麻烦，征求他们有什么意见。外朝的朝位是：天子面向南，三公、州长以及百姓面向北，群臣面向西，群吏面向东。小司寇按照爵位的尊卑一个一个地将他们请到前面征求意见，以众人的意见补充完整天子的考虑而促使其作出决断。

按照五种刑罚来审理万民的官司，凡是触犯刑法将要判刑的，要以能宽则宽的态度将案子再加审讯，审讯得实以后，为慎重起见，还要等候十天才下判决，宣读犯人罪状时则应依法定罪。凡是命夫命妇打官司，可以不亲自出庭跪地受审。凡是天子的同族犯罪，不在闹市上行刑。用察言观色等五种手段来审理案件，以判断当事人所讲是否属实：第一种叫做辞听，即观察他出言是否吞吞吐吐哆哆嗦嗦；第二种叫做色听，即观察他脸上是否有羞赧之色；第三种叫做气听，即观察他的气息是否急促；第四种叫做耳听，即观察他听别人讲话是否感到迷惑不解；第五种叫做目听，即观察他的眸子是明亮还是昏暗。对于某些特殊人物的犯罪，以八议之法作为国法的补充，附着于刑罚：一是集议天子的亲属犯罪如何从轻处置之法，二是集议天子的故旧犯罪如何从轻处置之法，三是集议德行高尚者犯罪如何从轻处置之法，四是集议有卓越才能者犯罪如何从轻处置之法，五是集议立过大功者犯罪如何从轻处置之法，六是集议显贵犯罪如何从轻处置之法，七是集议长期勤劳国事者犯罪如何从轻处置之法，八是集议国宾犯罪如何从轻处置之法。用向三个方面征求意见的办法使审理平民的官司得到公正的判决：一是征求群臣的意见，二是征求群吏的意见，三是征求万民的意见。三方面的意见都说杀，就杀；都说宽免，就宽免，该重判的就重判，该轻判的就轻判。

等到大比之年，负责登记人口数目，自生出牙齿的婴儿算起，都要登记，登记的正本送交天府收存，内史、司会和冢宰都拥有其副本，冢宰将根据副本来制定国家的财政预算。小祭祀，负责进献作为牺牲使用的犬。凡禋祀五帝，负责给镬中添满水；烹煮牲体时也是这样。遇到朝觐、会同一类事情，负责为天子前导并戒严。遇到王后、太子去世，也是这样。遇到小规模军事行动，就亲临监视。凡是王国的大事，都要派遣其部属清道，禁止行人来往。每年孟冬祭祀司民之神，祭过以后，将当年的全国人口数献给天子，天子拜而接受之，并根据人口的增加或减少来考虑国家财政预算是应该增加还是应该减少。每到年终，就命令所有的法官统计一下本年内一共审结了多少案件，并将案卷上交天府备查。每年正月，率领其部下在司寇官署内观看刑法条文，手摇木铎，告诫他们说："如果不依法办事，将根据国法的相应条款加以惩处。"命令遂士以下的法官们将此意宣布于四方，悬挂公布刑禁。每到年终，命令其部属呈报工作总结，而后呈交天子。

士师之职：掌国之五禁之法，以左右刑罚①：一曰宫禁，二曰官禁，三曰国禁，四曰野禁，五曰军禁。皆以木铎徇之于朝，书而县于门闾。以五戒先后刑罚，毋使罪丽于民：一曰誓，用之于军旅；二曰诰，用之于会同；三曰禁，用诸田役；四曰纠②，用诸国中；五曰宪③，用诸都鄙。掌乡合州党族闾比之联④，与其民人之什伍，使之相安相受，以比追胥之事，以施刑罚庆赏。掌官中之政令。察狱讼之辞，以诏司寇断狱弊讼，致邦令。掌士之八成⑤：一曰邦汋⑥，二曰邦贼⑦，三曰邦谍，四曰犯邦令，五曰挢邦令⑧，六曰为邦盗，七曰为邦朋⑨，八曰为邦诬。

若邦凶荒，则以荒辩之法治之⑩，令移民、通财、纠守、缓刑。凡以财狱讼者，正之以傅别、约剂。若祭胜国之社稷⑪，则为之尸。王燕出入，则前驱而辟。祀五帝，则沃尸及王盥，洎镬水⑫。凡刉珥，则奉犬牲。诸侯为宾，则帅其属而跸于王宫；大丧亦如之。大师，帅其属而禁逆军旅者与犯师禁者，而戮之。岁终，则令正要会。正岁，帅其属而县禁令于国及郊野。

[注释]

①左右刑罚：辅助刑罚禁民为非。因为刑罚是对已经犯罪的人惩罚，而五禁则是为了防止犯罪，所以说"左右刑罚"。②纠：纠察。其具体内容，郑玄注："未有闻焉。"③宪：一种可以悬挂公布的戒令。其具体内容，郑玄注："未有闻焉。"④联：即《地官·族师》："五家为比，十家为联。四闾为族，八闾为联。"⑤成：成例，先例。此谓案例。⑥汋：通"酌"，斟酌。斟酌有求取之义，引申为窃取。⑦贼：贼的古义是目无王法，犯上作乱者。⑧挢：假托，诈称。⑨朋：朋党，结党营私。⑩辩：通"贬"，贬损。此谓在刑罚、国事上，暂时降低标准。⑪胜国：亡国，被本朝灭亡的前朝之国。对于周来说，其胜国就是殷。⑫洎（jì）：向锅中添水。

[译文]

士师的职责是：掌管作为国家法律之一的五种禁令，以辅助刑罚禁民为非：一是王宫中的禁令，二是官府中的禁令，三是城中的禁令，四是野地的禁令，五是军中的禁令。这五种禁令，士师不但要手摇木铎在外朝遍告民众，而且要写到木板上，悬挂到城门、里门上。以五戒辅助刑罚，使民众避免犯罪：一是誓，用之于军旅；二是诰，用之于会同；三是禁，用之于畋猎和劳役；四是纠，用之于城中；五是宪，用之于都鄙。掌管将六乡中各级行政区划的住户结合成大大小小的联合体，并将其居民按照军队编制组织起来，使他们平时相安无事，有事可以互相托付，用以点验追逐敌寇、伺捕盗贼时人员是否到齐，用以施行祸福相连的刑罚与庆赏。掌管大司寇官署中的政令。审阅疑难案件的诉状与答辩状，将判决的参考意见告诉司寇，并提供罪名成立的法令根据。掌管法官判案的八种案例：一是窃取国家机密者，二是犯上作乱者，三是为异国做间谍者，四是冒犯天子教令者，五是假冒天子名义发布命令者，六是窃取国家宝藏者，七是朋比为奸结党营私者，八是欺上瞒下歪曲事实者。

如果国家发生了凶年饥荒，就采取救荒贬损的措施来处理：让受灾地区的民众迁移到粮食便宜的地区，对于无法迁移的民众则运去救灾粮，加强纠察守备，防止盗窃发生，对犯罪的人宽大处理。凡是由于财货纠纷而引发的官司，要根据合同、契约来裁决。如果祭祀前代亡国之社稷，则充当尸。天子在休闲时出入官门、国门，就充当前驱开道，让过往行人避开。祭祀五帝，则负责为尸及天子浇水洗手，向镬中不断续水。凡举行衅礼，则进奉作为牺牲使用的犬。诸侯前来朝见天子，则率领自己的部下在王宫中警戒；大丧时也是这样。天子亲自率师出征，则率领自己的部下查禁那些违犯将令者与扰乱军队行列者，查出之后即杀之。每到年终，则命令所属刑官写出工作总结。每年年初，率领自己的部下在王城中以及郊野悬挂公布禁令。

乡士：掌国中①。各掌其乡之民数而纠戒之②。听其狱讼，察其辞，辨其狱讼，异其死刑之罪而要之，旬而职听于朝。司寇听之，断其狱、弊其讼于朝；群士、司刑皆在，各丽其法以议狱讼。狱讼成，士师受中③；协日刑杀④，肆之三日⑤。若欲免之，则王会其期。大祭祀、大丧纪、大军旅、大宾客，则各掌其乡之禁令，帅其属夹道而跸。三公若有邦事，则为之前驱而辟；其丧亦如之。凡国有大事，则戮其犯命者。

[注释]

①掌国中：实际上，乡士的主要职责是掌管六乡的狱讼，掌管国中的狱讼是其兼职。②各：因为乡士八人，每四人分管三乡，故曰各。③中：成也。相当于二审判决书。④协日：配合干支成为一个吉日。⑤肆之：谓陈尸。

[译文]

乡士的职责是：掌管王城内与六乡的狱讼。各自掌管其所辖之乡的民众数目，督察乡民遵守戒令。审理乡民的官司，审阅他们的诉状与答辩状，辨别其案件的大小，对于分别被判为死刑、墨刑、劓刑、刖刑、宫刑的罪犯，将其罪状、证词以及适用的法律条款摘要制成文书上报司寇，十天以后，依其职责参加外朝的会审；届时，大司寇主持会审，无论官司大小，均当庭予以判决；所有的法官与司刑也都在场，各人根据罪犯所触犯的法律发表自己的量刑意见。会审判决作出以后，士师接受判决书；乡士选择可以行刑的日期，死刑犯人被处死以后，要暴尸三天。如果要赦免罪犯的罪行，天子就要在大司寇主持外朝会审的那天亲自前去参加合议。大祭祀、大丧纪、大军旅、大宾客，则各自掌管其所辖之乡民众的禁令，率领其部属夹道戒严。三公如因国事下乡，就为他们充当前驱而喝道；三公去世时也是这样。凡国有大事，则惩罚那些违犯禁令者。

遂士：掌四郊①。各掌其遂之民数②，而纠其戒令。听其狱讼，察其辞。辨其狱讼，异其死刑之罪而要之，二旬而职听于朝③。司寇听之，断其狱、弊其讼于朝；群士、司刑皆在，各丽其法以议狱讼。狱讼成，士师受中。协日就郊而刑杀，各于其遂，肆之三日。若欲免之，则王令三公会其期。若邦有大事，聚众庶，则各掌其遂之禁令，帅其属而跸。六卿若有邦事，则为之前驱而辟；其丧亦如之。凡郊有大事，则戮其犯命者。

[注释]

①掌四郊：此所谓"四郊"，实谓郊里，即除去六乡以外的四郊之地。郊里，详《地官·县师》注。据郑玄注，六遂之狱在四郊。②各：因为遂士十二人，每二人分管一遂，故曰各。③二旬：比乡士多了一旬。原因是六遂距离王城较远，担心有冤假错案，所以多上一旬，允许当事人在此期间翻供。

[译文]

遂士的职责是：掌管六遂的狱讼，兼管四郊的狱讼。各自掌管其所辖之遂的民众数目，督察遂民遵守戒令。审理遂民的官司，审阅他们的诉状与答辩状，辨别其案件的大小，对于分别被判为死刑、墨刑、劓刑、刖刑、宫刑的罪犯，将其罪状、证词以及适用的法律条款摘要制成文书上报司寇，二旬以后，依其职责参加外朝的会审；届时，大司寇主持会审，无论官司大小，均当庭予以判决；所有的法官与司刑也都在场，各人根据罪犯所触犯的法律发表自己的量刑意见。会审判决作出以后，士师接受判决书；遂士选择可以行刑的日期，将犯人押往郊狱所在之市行刑，死刑犯人被处死以后，将其尸体移到犯人所居之遂的市上暴尸三天。如果要赦免罪犯的罪行，天子就要命令三公在大司寇主持外朝会审的那天前去参加合议。如果国有大事，需要征集民众，则各自掌管其所辖之遂民众的禁令，率领其部属夹道戒严。六卿如因公事到六遂去，就为他们充当前驱而喝道;六卿去世时也是这样。凡六遂之民被征调为国家大事服役,如有违犯禁令者,则惩罚之。

县士:掌野①。各掌其县之民数②,纠其戒令。而听其狱讼,察其辞。辨其狱讼,异其死刑之罪而要之,三旬而职听于朝。司寇听之,断其狱、弊其讼于朝;群士、司刑皆在,各丽其法以议狱讼。狱讼成,士师受中。协日刑杀,各就其县,肆之三日。若欲免之,则王命六卿会其期。若邦有大役,聚众庶,则各掌其县之禁令。若大夫有邦事,则为之前驱而辟;其丧亦如之。凡野有大事,则戮其犯命者。

[注释]

①野:自王城外二百里至五百里的甸地、稍地、县地、都地的总称。这里是指设在甸地、稍地、县地、都地的公邑,即所谓四等公邑。②县:谓公邑。

[译文]

县士的职责是:掌管四等公邑的狱讼。各自掌管其所辖公邑的民众数目,督察公邑的民众遵守戒令。审理公邑之民的官司,审阅他们的诉状与答辩状,辨别其案件的大小,对于分别被判为死刑、墨刑、劓刑、刖刑、宫刑的罪犯,将其罪状、证辞以及适用的法律条款摘要制成文书上报司寇,三旬以后,依其职责参加外朝的会审。届时,大司寇主持会审,无论官司大小,均当庭予以判决;所有的法官与司刑也都在场,各人根据罪犯所触犯的法律发表自己的量刑意见。会审判决作出以后,士师接受判决书。县士选择适宜行刑的日期,将犯人押往公邑的市上行刑,死刑犯人被处死以后,还要暴尸三天。如果要赦免罪犯的罪行,天子就要命令六卿在大司寇主持外朝会审的那天前去参加合议。如果国家有大规模的劳役,需要征集民众,则各自掌管其所辖公邑民众的禁令。如果大夫因公事下到公邑，就为他们充当前驱而喝道；大夫去世时也是这样。凡公邑之民被征调为国家大事服役，如有违犯禁令者，则惩罚之。

方士：掌都家。听其狱讼之辞，辨其死刑之罪而要之，三月而上狱讼于国①。司寇听其成于朝②，群士、司刑皆在，各丽其法以议狱讼。狱讼成，士师受中，书其刑杀之成与其听狱讼者③。凡都家之大事，聚众庶，则各掌其方之禁令④。以时修其县法，若岁终，则省之而诛赏焉。凡都家之士所上治⑤，则主之。

[注释]

①国：指大司寇主持会审的外朝。②成：指都士、家士上报的一审判决书。③书其刑杀之成与其听狱讼者：这样做的用意是，如果此案有反复，便于追查责任。④各掌其方：方士十六人，每四人分管一方。⑤都家之士：即都士、家士。详《秋官·叙官》注。治：谓疑狱，难断的官司。

[译文]

方士的职责是：掌管都家的狱讼。审理都家吏民的官司，审阅他们的诉状与答辩状，对于分别被判为死刑、墨刑、劓刑、刖刑、宫刑的罪犯，将其罪状、罪证以及适用的法律条款摘要制成文书，三个月以后，将此文书上报司寇。大司寇在外朝审理上报的判决文书，所有的法官与司刑也都在场，各人根据罪犯所触犯的法律发表自己的量刑意见。会审判决作出以后，士师接受判决书，在上面写明一审、会审的判决结果和一审、会审的法官姓名。凡国家有大事，需要征集都家的民众，就各自掌管其所辖之方民众的禁令。按时贯彻都家之法，每到年终，考察都家之吏的贯彻情况，根据情况，或给予处分，或给予奖赏。凡都士、家士所上报的疑难案件，负责转呈司寇，由司寇审理判决。

讶士：掌四方之狱讼，谕罪刑于邦国。凡四方之有治于士者①，造焉。四方有乱狱，则往而成之。邦有宾客，则与行人送逆之。入于国，则为之前驱而辟；野亦如之。居馆，则帅其属而为之跸，诛戮暴客者。客出入则道之，有治则赞之②。凡邦之大事，聚众庶，则读其誓禁。

[注释]

①治：郑玄注："谓谳疑辩事。"谳疑，谓请示疑难案件的审理；辩事，谓辩论法律之事。②治：孙诒让说："此'治'谓咨问陈请之事，与上'士治'不同。"

[译文]

讶士的职责是：掌管四方诸侯的狱讼，向各个诸侯国晓谕定罪制刑的本意。凡四方诸侯有难断的官司和不清楚的法律条文派人前来请示士师者，先到讶士那里接洽，再由讶士通报士师。如果四方诸侯本人也陷入了大逆不道的官司，就亲自前往审断。王国来了国宾，就和小行人一道负责迎送。国宾进入王城以后，就为国宾充当前驱而喝道；进入郊野时也是这样。对于国宾下榻的宾馆，则率领其部下禁止闲人走动，诛杀以暴力施加国宾者。国宾出出进进则在前导引，国宾有事要咨询陈请则帮助转达天子。凡国家的大事，需要聚集民众，则宣读誓词与禁令。

朝士：掌建邦外朝之法。左九棘①，孤、卿、大夫位焉，群士在其后②；右九棘，公、侯、伯、子、男位焉，群吏在其后；面三槐，三公位焉，州长众庶在其后。左嘉石，平罢民焉；右肺石，达穷民焉。帅其属而以鞭呼趋且辟③，禁慢朝、错立、族谈者④。凡得获货贿、人民、六畜者⑤，委于朝，告于士，旬而举之：大者公之，小者庶民私之。凡士之治有期日：国中一旬，郊二旬，野三旬，都三月，邦国期。期内之治听，其外不听。凡有责者⑥，有判书以治，则听。凡民同货财者，令以国法行之；犯令者，刑罚之。凡属责者⑦，以其地傅而听其辞。凡盗贼军乡邑及家人⑧，杀之无罪。凡报仇雠者，书于士，杀之无罪。若邦凶荒、札丧、寇戎之故，则令邦国、都家、县鄙虑刑贬。

[注释]

①棘：酸枣树。②群士：此谓上、中、下士，不是指众法官。③呼趋且辟：呼是吆喝，趋是巡行，辟是避开。④族：丛集，聚集。⑤人民：指在逃的在押犯和官私奴婢。⑥责：古"债"字。⑦属责：委托他人收回债务。⑧军：作动词用，手持兵器劫掠之义。

[译文]

朝士的职责是：掌管建立天子外朝的有关规矩。外朝的左边种有九棵酸枣树，表明这是孤、卿、大夫的朝位，众多的上士、中士、下士立在他们的身后；右边也种有九棵酸枣树，表明这是公、侯、伯、子、男的朝位，众多的乡遂、公邑、都鄙的官吏立在他们的身后；正南面种有三棵槐树，表明这是三公的朝位，州长和民众的代表立在他们的身后。外朝的左边放有一块嘉石，用来感化邪恶之民；右边放有一块肺石，用来接受鳏寡孤独而又求告无门者的上访。每逢外朝集会时，朝士要率领他的部下手执皮鞭巡行外朝，吆喝闲杂人等走开，禁止参加朝会者吊儿郎当、站错位置、扎堆说话。凡拾到财物或获得逃亡的犯人、奴婢以及走失的牲口者，要送交外朝，报告朝士，等待认领；十天之内无人认领就予以没收，大的物件充公，小的物件由拾到的人据为己有。所有法官的受理案件都有一定的期限：王城之中是十天，四郊是二十天，野地是三十天，都家是三个月，诸侯是一年。期限以内来告的、来申诉的予以受理，期限以外则不予受理。凡属借贷纠纷，持有借券来告，则受理。凡富人囤积财货者，当他们乘市场缺乏而抛售或放贷时，命令他们按照国家规定的利率行事；其违犯命令者，轻者罚款，重者判刑。凡受债权人委托向债务人讨债而发生纠纷者，必须有居住相近的知情者作证，才予以受理。凡盗贼手持武器劫掠乡遂公邑以及平民之家者，被劫掠者杀死他们是无罪的。凡报复是杀人凶手的仇人者，只要先到法官那里备案，杀死仇人就无罪。如果国家发生了荒灾、疾疫流行、敌寇侵犯之事，就下令邦国、采邑、公邑、乡遂考虑采取宽缓刑罚和减少开支的措施。

司民：掌登万民之数，自生齿以上皆书于版。辨其国中与其都鄙及其郊野，异其男女，岁登下其死生。及三年大比，以万民之数诏司寇。司寇及孟冬祀司民之日，献其数于王，王拜受之，登于天府。内史、司会、冢宰贰之，以赞王治。

[译文]

司民的职责是：掌管登记万民的数目，从长了牙的婴儿开始都要登记到户籍上。在户籍上注明他们的住地在什么地方：是王城之中，还是六乡与郊里、六遂、三等采地、四等公邑；注明其性别；每年死了多少，生了多少，都要登记清楚。等到每隔三年举行全国性的人口调查统计时，将万民的数目上报司寇。司寇在每年孟冬祭祀司民之神的那天，将万民的数目献给天子，天子拜而接受之，将正本送交天府收存。内史、司会和冢宰都拥有其副本，以帮助天子做好国家财政预算。

司刑：掌五刑之法，以丽万民之罪。墨罪五百①，劓罪五百②，宫罪五百③，刖罪五百④，杀罪五百。若司寇断狱弊讼，则以五刑之法诏刑罚，而以辨罪之轻重。

[注释]

①墨罪：五刑之一。先在罪人的额头上刺字，然后用墨染黑。五百：是

个约数。周代刑书不存，难知其详。下同。②劓罪：五刑之一。割掉罪人鼻子。③宫罪：五刑之一。男子则割掉生殖器，女子则幽禁于宫中。④刖罪：五刑之一。割掉双足。

[译文]

司刑的职责是：掌管五刑的刑法，用于惩治万民中的犯罪者。五刑之中，计有墨罪五百条，劓罪五百条，宫罪五百条，刖罪五百条，死罪五百条。如果大司寇在外朝审断案件，就根据五刑的刑法提出适用的刑罚条款，以辨别罪犯罪行的轻重。

司刺：掌三刺、三宥、三赦之法①，以赞司寇听狱讼。一刺曰讯群臣②，再刺曰讯群吏③，三刺曰讯万民。一宥曰不识，再宥曰过失，三宥曰遗忘。壹赦曰幼弱，再赦曰老旄④，三赦曰蠢愚。以此三法者求民情，断民中，而施上服下服之罪，然后刑杀⑤。

[注释]

①三宥：详下。宥，宽宥。今言从宽处理。三赦：详下。赦，赦免。今言不予追究法律责任。②群臣：谓孤、卿、大夫、士等在朝官员。③群吏：谓乡遂、都鄙、公邑等地方官员。④旄：通"耄"。七十以上方可称耄。⑤刑杀：刑，指墨刑、劓刑、宫刑、刖刑；杀，指死刑。

[译文]

司刺的职责是：掌管三刺、三宥、三赦的法令，以协助大司寇审理好案件。所谓一刺，就是征求群臣的意见；所谓再刺，就是征求群吏的意见；所谓三刺，就是征求万民的意见。所谓一宥，就是宽宥那些由于认错了人而误杀人的罪犯；所谓再宥，就是宽宥那些由于过失而误杀人的罪犯；所谓三宥，就是宽宥那些由于遗忘而误杀人的罪犯。所谓一赦，就是七岁以下的幼童犯罪，不予追究法律责任；所谓再赦，就是七八十以上的老人犯罪，不予追究法律责任；所谓三赦，就是傻子白痴犯罪，不予追究法律责任。用这三种方法求得当事人犯罪的真实动机，把官司断决得公正，该重判的就重判，该轻判的就轻判，然后执行刑杀。

司约：掌邦国及万民之约剂。治神之约为上①，治民之约次之②，治地之约次之③，治功之约次之④，治器之约次之⑤，治挚之约次之⑥。凡大约剂，书于宗彝；小约剂，书于丹图。若有讼者，则珥而辟藏，其不信者服墨刑。若大乱，则六官辟藏，其不信者杀。

[注释]

①治：据郑玄注，谓治理契约券书的假冒伪造。神之约：主要是指按照自己的身份，该祭哪些神灵和不该祭哪些神灵的有关契约。②民之约：指向民众征税、民众迁移户口、民众之间达成的调解等民事契约。③地之约：犹如后世之地契，上面写有四至八到。④功之约：犹如后世之立功证书、奖状。⑤器之约：有关什么样的身份可以使用什么样的礼器、乐器以及吉凶车服的契约。⑥挚之约：见面礼要与身份相称的契约。

[译文]

司约的职责是：掌管天子与诸侯及万民，以及诸侯与诸侯、万民与万民之间的契约券书。在这些契约券书当中，处理好神约的纠纷最重要，其次是处理好民约的纠纷，其次是处理好地约的纠纷，其次是处理好功约的纠纷，其次是处理好器约的纠纷，其次是处理好挚约的纠纷。凡是诸侯之间订立的契约券书，要雕刻在宗庙的礼器上；百姓之间订立的契约券书，要刻写在竹简木板之上。如果契约双方对契约文本的内容产生争执，司约就先杀鸡取血涂抹档案库的门户，然后打开库门，取出所藏契约正本与双方所执的契约核对，哪一方所执的契约与正本内容不一致，就是欺骗行为，要服墨刑。如果契约双方对重要的契约文本内容产生争执，那就敦请六官首长都打开各自的档案库，取出所藏副本一齐核对，哪一方所执契约与六官所藏的副本不一致，就是欺骗行为，要处死。

司盟：掌盟载之法①。凡邦国有疑会同，则掌其盟约之载及其礼仪，北面诏明神②；既盟，则贰之③。盟万民之犯命者，诅其不信者亦如之。凡民之有约剂者，其贰在司盟。有狱讼者，则使之盟诅。凡盟诅，各以其地域之众庶共其牲而致焉。既盟，则为司盟共祈酒脯。

[注释]

①盟载之法：签订盟约的礼仪。②诏：告。明神：谓上下四方（也就是天地东西南北）之神明。③贰之：谓抄写副本。

[译文]

司盟的职责是：掌管签订盟约的礼仪。凡诸侯之间由于互不信任而举行会同订立盟约时，则掌管盟约的记载及其签订的礼仪，面向北方，向天地四方之神明宣读盟辞；盟约签订之后，要抄写若干副本。与违犯天子教令的万民盟誓，诅咒违犯盟约的一方，也是这样。凡是百姓之间订有契约凭证者，其副本要存放到司盟那里。有来打官司的，就让双方先在神前聆听盟誓诅咒。凡举行百姓之间的盟誓诅咒，各由其当地的民众提供歃血所用之牲，以招来民众进行盟誓诅咒。盟誓诅咒之后，还要为司盟提供祈祷神明降祸违约一方所需的酒脯。

职金：掌凡金、玉、锡、石、丹、青之戒令。受其入征者，辨其物之美恶与其数量，楬而玺之，入其金锡于为兵器之府，入其玉石、丹青于守藏之府，入其要。掌受士之金罚、货罚①，入于司兵。旅于上帝，则共其金版②，飨诸侯亦如之。凡国有大故而用金石③，则掌其令。

[注释]

①金罚：罪犯依法交纳的赎金。金，铜也。货罚：犹如今日之罚款。货，泉贝（古代的货币）。②金版：一种饼状金属块。③用金石：谓用金石制造武器。

[译文]

职金的职责是：掌管凡是有关金、玉、锡、石、丹、青的戒令。接受征收上来的金、玉、锡、石、丹、青，辨别这些东西的质量好坏及其数量多少，然后贴上标签，盖上官印，然后将其中的金、锡转交给制造兵器的官府，将其中的玉、石、丹、青转交给负责收藏的官府。将上项物资的收支情况制成账簿，送交大府。掌管接受法官依法责令罪犯交纳的赎金和罚款，并将这些赎金和罚款转交给司兵。旅祭上帝，则提供所需的金版，设宴招待诸侯时也是这样。凡国家有敌寇侵犯而须用金石，则掌管签发拨付的命令。

司厉：掌盗贼之任器、货贿①，辨其物，皆有数量，贾而楬之，入于司兵。其奴，男子入于罪隶②，女子入于舂、槀。凡有爵者与七十者与未龀者③，皆不为奴。

[注释]

①任器、货贿：郑众云："谓盗贼所用伤人兵器及所盗财物也。"②罪隶：机构名。成员都是从坐的罪人家属（男性），负责执贱役。③有爵者：谓命士以上。龀（chèn）：小孩儿换牙。

[译文]

司厉的职责是：掌管没收盗贼用来伤人的兵器以及盗窃的财物，辨别这些兵器和财物都是些什么东西，每样东西有多少，值多少钱，然后制成标签，贴在上面，转交给司兵。罪人家属没入为奴的，男子拨归罪隶，女子拨归舂人、槀人。凡是有爵位的人、七十岁以上的人与尚未换牙的小孩儿，都不没入为奴。

犬人：掌犬牲。凡祭祀，共犬牲，用牷物；伏、瘞亦如之①。凡几、珥、沈、辜，用駹可也②。凡相犬、牵犬者属焉，掌其政治。

[注释]

①伏、瘞：伏，指軷祭。因为举行軷祭时，要把犬放在象征小山的土堆上，让车轮从其上碾过，故称"伏"。瘞，就是《春官·大宗伯》中的"埋"，谓祭地祇时，将牲体埋到地里，地祇便会循气味而至。②駹（máng）：此谓杂色。

[译文]

犬人的职责是：掌管作为牺牲使用的犬。凡祭祀，负责提供作为牺牲所用之犬，选用毛色纯一之犬；举行軷祭、瘞埋之祭时所用的犬，也是这样的要求。凡是举行衈礼、用沉牲于水的办法祭祀川泽、用肢解牲体的办法祭祀地祇，用杂色的犬是可以的。负责相看挑选犬的、负责牵犬呈献的，都归犬人领导，犬人掌管对他们的管理。

司圜：掌收教罢民①。凡害人者，弗使冠饰而加明刑焉②，任之以事而收教之。能改者，上罪三年而舍，中罪二年而舍，下罪一年而舍。其不能改而出圜土者，杀。虽出，三年不齿。凡圜土之刑人也，不亏体③；其罚人也，不亏财。

[注释]

①罢（pí）民：据郑玄说，此罢民指过失害人已触犯法律者。②弗使冠饰：不许戴帽子，令以墨巾蒙头。③不亏体：只有"明刑"，没有皮肉之苦。

[译文]

司圜的职责是：掌管收容劳教罢民。凡属害群之马，不许他们戴帽子，而将其罪状和姓名写在一块木版上，挂在他们的背后，藉以示众，强迫他们服劳役，从而收容改造他们。如果能改过自新，罪恶重的，劳教三年而后释放，罪恶中等的，劳教二年而后释放，罪恶轻的，劳教一年而后释放。如果不能改过自新，还想逃出圜土，抓住就杀掉。虽然被释放回乡，三年之内还不得与平辈的人序齿。对于收容在圜土中的罢民的用刑，只有精神上的，没有肉体上的；对于他们的处罚，只是强迫服劳役，不会让他们破财。

掌囚：掌守盗贼，凡囚者。上罪梏拲而桎①，中罪桎梏，下罪梏，王之同族拲，有爵者桎，以待弊罪②。及刑杀，告刑于王，奉而适朝士，加明梏，以适市而刑杀之。凡有爵者与王之同族，奉而适甸师氏，以待刑杀。

[注释]

①梏拲（gǒng）而桎：三种木制的刑具。②弊：审断。

[译文]

掌囚的职责是：掌管看守盗贼和所有在押的囚犯。对于重罪囚犯，给他们戴上双料手铐并外加脚镣；对于中罪囚犯，给他们戴上脚镣和手铐；对于轻罪囚犯，只给他们戴上手铐；囚犯如果是天子的同族，表示优待，只戴手铐，囚犯如果是有爵位者，表示优待，只戴脚镣，囚犯们戴着这些刑具等待定罪。等到执行刑杀的时候，要将行刑的日期和所刑者的姓名禀告天子，然后把囚犯带到朝士那里，由朝士给囚犯戴上手铐，并且在手铐上写上其姓名和罪状，然后将囚犯押到市上执行刑杀。囚犯凡是有爵位者或是天子的同族，就把他们带到郊外甸师那里，以待执行刑杀。

掌戮：掌斩杀贼谍而搏之①。凡杀其亲者②，焚之；杀王之亲者，辜之③。凡杀人者，踣诸市④，肆之三日。刑盗于市。凡罪之丽于法者，亦如之。唯王之同族与有爵者，杀之于甸师氏。凡军旅田役斩杀刑戮⑤，亦如之。墨者使守门，劓者使守关，宫者使守内，刖者使守囿，髡者使守积⑥。

[注释]

①斩杀：斩，腰斩；杀，砍头。②亲：郑玄注："亲，缌服以内也。"下同。③辜之：磔之，分解肢体。④踣：向前跌倒。引申为处死。⑤田役：畋猎、征发徒役。⑥髡（kūn）：剃去男子头发的刑罚。

[译文]

掌戮的职责是：掌管斩杀犯上作乱者、充当间谍者，并暴其尸体。凡是杀害五服以内亲属者，处死之后还要焚烧其尸体；杀害天子的亲属者，处死之后还要将其尸体大卸八块。凡杀人者，杀之于市，并陈尸三日。处决大盗于市。凡所犯罪行够得上依法判处死刑者，也都处决于市。唯独天子的同族与有爵位者，杀之于郊外。凡军旅、畋役中的斩、杀、刑、戮，也都由掌戮执行。受过墨刑的人，可以让他们把守城门；受过劓刑的人，可以让他们把守边关；受过宫刑的人，可以让他们在王宫内服务；受过刖刑的人，可以让他们把守天子的动物园；受过髡刑的人，可以让他们看管仓库。

司隶：掌五隶之法①，辨其物而掌其政令。帅其民而搏盗贼②，役国中之辱事，为百官积任器，凡囚执人之事。邦有祭祀、宾客、丧纪之事，则役其烦辱之事。掌帅四翟之隶③，使之皆服其邦之服，执其邦之兵，守王宫与野舍之厉禁④。

[注释]

①五隶：谓罪隶、蛮隶、闽隶、夷隶、貉隶。②民：五隶之民。五隶中的每一隶都是限额一百二十人，限额以外的五隶，谓之民。③四翟之隶：即蛮隶、闽隶、夷隶、貉隶。④厉禁：设置藩篱屏障，禁止闲人接近。

[译文]

司隶的职责是：掌管对五隶的管理，辨别五隶所穿的衣服、所持的兵器，掌管五隶的政令。率领五隶之民协助捕捉盗贼，干国中无人愿干的脏活儿累活儿，为百官积聚用具，捉拿一应罪人之事。国家有祭祀、宾客、丧纪之事，就指令五隶之民去干又重又脏的活儿。负责率领四狄的奴隶，让他们各自穿着本民族的服装，拿着本民族的兵器，守卫王宫与担当天子行宫的警卫。

罪隶：掌役百官府与凡有守者，掌使令之小事。凡封国若家①，牛助为牵傍。其守王宫与其厉禁者，如蛮隶之事。

[注释]

①家：大夫采地。这里没有说到大都（王子弟与三公采地）、小都（卿采地），是省文。

[译文]

罪隶的职责是：接受百官官府以及一切有职守的部门的役使，负责听候使唤，为他们做些小事。凡是分封诸侯和都家，若王子出封，则从罪隶中选取奴隶，带去以备使唤。

蛮隶：掌役校人养马①。其在王宫者，执其国之兵以守王宫。在野外，则守厉禁。

[注释]

①校人：官名。掌管养马。属地官。

[译文]

蛮隶的职责是：接受校人的役使负责养马。岗位在王宫的蛮隶，负责手执本国的兵器以守卫王宫。天子在野外止宿，则担任警卫。

闽隶：掌役畜养鸟，而阜蕃教扰之。掌子则取隶焉。

[译文]

闽隶的职责是：接受掌畜的役使负责养鸟，使鸟儿繁殖增多，得到调教驯化,掌管与鸟儿对话。其负责守卫王宫与其担当天子行宫警卫的工作,和蛮隶的做法一样。

夷隶:掌役牧人养牛马①,与鸟言②。其守王宫者与其守厉禁者,如蛮隶之事。

[注释]

①牧人:官名。掌管养牛。属地官。②与鸟言:王引之说,此三字应在《闽隶》;而《罪隶》的"助为牵傍"四字应当移此处。王说是。总之,校正后的本节经文应当是:"夷隶:掌役牧人养牛,助为牵傍。其守王宫者与其守厉禁者者,如蛮隶之事。"

[译文]

夷隶的职责是:接受牧人的役使负责养牛,大车运输时,对于不驾辕的牛,或者在前边牵着,或者在旁边跟着。其负责守卫王宫与其担当天子行宫警卫的工作,和蛮隶的做法一样。

貉隶:掌役服不氏而养兽①,而教扰之。掌与兽言。其守王宫者与其守厉禁者,如蛮隶之事。

[注释]

①服不氏:官名。掌管饲养猛兽,属夏官。

[译文]

貉隶的职责是:接受服不氏的役使负责饲养猛兽,并对猛兽进行调教驯化。掌管与猛兽对话。其负责守卫王宫与其担当天子行宫警卫的工作,和蛮隶的做法一样。

布宪:掌宪邦之刑禁。正月之吉,执旌节以宣布于四方,而宪邦之刑禁,以诘四方邦国及其都鄙①,达于四海②。凡邦之大事合众庶③,则以刑禁号令。

[注释]

①诘：郑玄注："诘，谨也，使四方谨行之。"都鄙：谓大都、小都、家邑三等采邑。②四海：《尔雅·释地》："九夷、八狄、七戎、六蛮，谓之四海。"孙诒让说："四海，谓夷、镇、蕃三服在九州之外者也。"③邦之大事：凡有天子参与的大祭祀、大丧纪、大军旅、大宾客等事，都是邦之大事。

[译文]

布宪的职责是：掌管悬挂公布国家的刑禁。每年的正月初一，就开始手执旌节将刑禁宣布于四方，悬挂公布国家的刑禁，以使四方诸侯与都鄙，甚至于九州之外的少数民族，都要小心在意地遵守。凡国家有集合民众的大事，就以刑禁号令民众。

禁杀戮：掌司斩杀戮者、凡伤人见血而不以告者①，攘狱者②，遏讼者，以告而诛之。

[注释]

①司：通"伺"，伺察。斩杀戮：斩指腰斩，杀指砍头，戮指戮尸，即将尸体焚烧、大卸八块，等等。②攘狱：郑玄注："攘犹却也，却狱者，言不受也。"

[译文]

禁杀戮的职责是：掌管伺察吏民中间擅自斩人、杀人、戮人以及伤人见血而受害一方被迫忍气吞声者，拒绝受理百姓诉状者，阻挠受害一方告状者，将这些情况报告给司寇，以追究当事人的责任。

禁暴氏：掌禁庶民之乱暴力正者①、挢诬犯禁者②、作言语而不信者，以告而诛之。凡国聚众庶，则戮其犯禁者以徇。凡奚隶聚而出入者，则司牧之③，戮其犯禁者。

[注释]

①乱暴力正：郑玄释为"侵陵"；又特地解释"力正，以力强得正也"。

按："以力强得正",犹今言以力服人。②挢：俗作"矫",假托。③司：通"伺",观察。牧：《方言》云："牧,察也。"

[译文]

禁暴氏的职责是：掌管禁止百姓中的恃强凌弱以力服人者、托名欺骗违犯禁令者、言语浮夸虚妄者,将这三种人报告给司寇,以追究当事人的责任。凡国家有聚集民众之事,则惩罚那些违犯禁令者以示众。凡是女奴男奴成群结队地出入,则负责监督他们,惩罚其违犯禁令者。

野庐氏：掌达国道路,至于四畿①。比国郊及野之道路、宿息、井、树②。若有宾客,则令守涂地之人聚柝之③,有相翔者则诛之④。凡道路之舟车馨互者⑤,叙而行之。凡有节者及有爵者至⑥,则为之辟⑦。禁野之横行径逾者。凡国之大事,比修除道路者。掌凡道禁。邦之有大师⑧,则令扫道路,且以幾禁行作不时者、不物者⑨。

[注释]

①四畿：王畿的四周边界。②国郊及野：贾公彦说："国郊,谓近郊、远郊。野,谓百里外至畿。"③聚柝(tuò)：击柝,敲打更梆子。聚,通"掫",敲击。④相翔：徘徊。此谓徘徊观望。⑤馨互：车辆拥挤。⑥节：符节。其作用犹如今日之证明,介绍信。⑦辟：通"避",躲避。⑧大师：谓天子亲自率师征伐。⑨幾禁：盘查禁止。

[译文]

野庐氏的职责是：掌管从国都到四畿的所有道路的畅通。考查近郊、远郊以及野地的道路、夜晚投宿的宾馆、白天歇脚的客店、提供饮食的水井、作为路标的树木的状况。如果有宾客在馆舍止宿,则令馆舍附近负责守护此段道路的居民为之击柝巡夜,如果发现有在馆舍周围徘徊观望意欲乘机盗窃者就抓起来予以惩处。凡道路狭窄而舟车拥挤造成交通堵塞时，要指挥疏通，使舟车有秩序地通过。凡是持有官方介绍信者以及有爵位者过路，就让守护该段道路的居民为之喝道。禁止在野地里不走正道随便穿越者和贪近求快不由桥梁而翻越堤渠者。凡国有大事，需要修补清理道路，则督促民夫，使有功效。掌管一切有关道路的禁令。国家有重大的军事行动，则下令清扫道路，并且盘查禁止那些起早摸黑赶路者、衣服打扮不一般者。

蜡氏：掌除骴①。凡国之大祭祀②，令州里除不蠲③，禁刑者、任人及凶服者④；以及郊野，大师、大宾客亦如之。若有死于道路者，则令埋而置楬焉，书其日月焉，县其衣服、任器于有地之官，以待其人。掌凡国之骴禁。

[注释]

①骴（cī）：骨之尚有肉者。②大祭祀：谓郊祭天地。③州里：也叫乡里。即六乡七万五千家所居之里。④刑者：指墨刑、劓刑、刖刑、宫刑犯人。

[译文]

蜡氏的职责是：掌管掩埋无主的腐尸枯骨。凡国家举行大祭祀，就下令六乡清除不洁之物，禁止正在服刑的犯人、正在劳改的罢民以及身穿孝服的人露面；如果国家有重大的军事行动、诸侯前来朝觐，则不仅六乡，而且郊野也是这样。如果发现有死于道路者，则下令掩埋，并在掩埋处竖立标牌，上面写上月日，将死者的衣服、用器悬挂在当地官员的办公处，以待死者家属前来认领。掌管国家一切有关掩埋腐尸枯骨的禁令。

雍氏：掌沟、渎、浍、池之禁①，凡害于国稼者。春令为阱擭沟渎之利于民者②，秋令塞阱杜擭。禁山之为苑、泽之沈者③。

[注释]

①沟、渎、浍、池：沟、浍，都是田间水道，只是宽度、深度不同。渎，也是田间水道。池，有灌溉之利的池塘。②阱擭：阱，陷阱。用于捕捉野兽。擭，古称"柞鄂"，是一种捕兽机关，常置于浅阱之内。③禁山之为苑：在山中建苑囿（动物园），就地捕杀必多，故禁之。

[译文]

雍氏的职责是：掌管禁止对沟、渎、浍、池等水利设施的破坏，凡有害于农作物的行为皆禁之。春天，农事将兴，就下令整修陷阱、柞鄂、沟渎等有利于民的设施；秋天，收割季节，就下令填塞陷阱，关闭柞鄂。禁止百姓在山中设置苑囿、在水泽中下毒药。

萍氏：掌国之水禁①。幾酒②，谨酒，禁川游者。

[注释]

①水禁：水禁的内容，据郑玄注，谓水中有危险之处，禁人蹚涉。②幾酒：郑玄注："苛察酤买过多及非时者。"所谓"非时"，谓不是喜庆的日子也买酒来饮。

[译文]

萍氏的职责是：掌管国家的水禁。稽查民间酒的买卖是否超过规定的数量和时间，使百姓饮酒有节；禁止在大河里游泳，以防意外。

司寤氏：掌夜时。以星分夜，以诏夜士夜禁①。御晨行者②，禁宵行者、夜游者③。

[注释]

①夜士：王城中的巡夜官员。②御：禁止，阻止。③宵：黄昏之后。

[译文]

司寤氏的职责是：掌管报告夜间的时辰。根据天上星斗的位置区分夜的早晚,以告诉巡夜的官员实行夜禁。禁止天不亮就上路的,禁止天黑以后还行路的,禁止夜半三更出来游逛的。

司烜氏:掌以夫遂取明火于日①,以鉴取明水于月②,以共祭祀之明粢、明烛③,共明水④。凡邦之大事,共坟烛庭燎⑤。中春,以木铎修火禁于国中。军旅,修火禁。邦若屋诛⑥,则为明窒焉⑦。

[注释]

①夫遂:即阳燧。盖铜制之凹透镜,放在日光下可以聚焦取火。②明水:用铜镜在月光下承接的露水。③明粢:郑众说:"明粢,谓以明水淅涤(即淘洗)粢盛黍稷。"④明水:用作玄酒。所谓玄酒,就是水。⑤坟烛庭燎:坟烛和庭燎,都是照明用的大火把。⑥屋诛:谓不是在闹市而是在郊外偏僻之处死罪犯。⑦明窒(cuì):窒,墓穴。此谓掩埋。明,明刑,谓竖立一块标牌,上写其罪状、罪名。

[译文]

司烜氏的职责是:掌管用阳燧在日光下聚焦取得火种,用铜镜在月光下承接露水,以便用此露水淘洗祭祀时敬神所用的黍稷,用此火种点燃火炬,提供充当玄酒的明水。凡有国家的大事,负责提供插在门口地上的粗大火炬和插在庭中地上的粗大火炬。每年的中春时节,摇动木铎,提醒城中所有的居民严防火灾。遇到军旅之事,更要提醒注意防火。国家如果在郊外的屋中处决罪犯,则负责掩埋,竖立标牌,上写其罪状及其罪名。

条狼氏:掌执鞭以趋辟①。王出入则八人夹道,公则六人,侯伯则四人,子男则二人。凡誓,执鞭以趋于前,且命之②:誓仆右曰"杀"③,誓驭曰"车轘"④,誓大夫曰"敢不关,鞭五百",誓师曰"三百",誓邦之大史曰"杀",誓小史曰

"墨"。

[注释]

①趋辟：巡行喝道。②且命之：郑玄注："有司读誓辞，则大言其刑以警所誓也。"盖强调誓辞中的惩罚语句以引起人们的高度重视。③仆右：仆，谓大驭、戎仆、齐仆、道仆、田仆；右，谓戎右、齐右、道右。皆地官官名。④车轘（huàn）：车裂。用车分裂人体的一种酷刑。

[译文]

条狼氏的职责是：掌管手执鞭子驱赶行人让路。天子出入则八人在车驾两边护卫，公爵出入则六人在车驾两边护卫，侯伯出入则四人在车驾两边护卫，子男出入则二人在车驾两边护卫。凡主管官员当众宣读誓辞时，就手执鞭子站在队伍的前面，高声重复誓辞中的惩罚语句：对仆右高声重复说："如不听从命令，杀！"对驭夫高声重复说："如不听从命令，车裂！"对大夫高声重复说："该请示的事情不请示，抽五百皮鞭！"对乐官们高声重复说："如不听从命令，抽三百皮鞭！"凡因国之大事举行宣誓时，就对所有参加宣誓的人高声重复说："如不听从命令，杀！"凡因国之小事举行宣誓时，则对所有参加宣誓的人高声重复说："如不听从命令，施以墨刑！"

修闾氏：掌比国中宿互柝者与其国粥①，而比其追胥者而赏罚之②。禁径逾者，与以兵革趋行者，与驰骋于国中者。邦有故，则令守其闾互，唯执节者不几。

[注释]

①互：通"枑"，谓梐枑（bì hù）。梐枑，又叫行马。用木条交叉制成的栅栏。②追胥：追，谓逐寇；胥，谓伺捕盗贼。

[译文]

修闾氏的职责是：掌管考核城内百官官府中负责设置梐枑击柝

巡夜的宿卫者以及由国家供养的羡卒，考核他们追逐敌寇、伺捕盗贼的成绩而予以赏罚。禁止人们大路不走偏走小路、有桥不走偏要翻越堤渠，禁止带着武器急走，禁止在城中超速驾车。如果国家有事，则下令闾胥召集闾民守卫闾门，在闾门前设置梐枑，除了持有证明、介绍信者以外，盘查一切行人。

冥氏：掌设弧张①。为阱攫以攻猛兽，以灵鼓驱之。若得其兽，则献其皮、革、齿、须、备②。

[注释]

①弧张：弧，谓机弩之类。张，谓网罗之类。②备：指兽爪。

[译文]

冥氏的职责是：掌管设置机弩、网罗，以捕捉禽兽。设置陷阱、机关，以捕捉猛兽，敲响灵鼓，以惊动猛兽，使其落入陷阱，触动机关。如果捕得猛兽，就献出猛兽的皮、革、牙齿、胡须、脚爪。

庶氏：掌除毒蛊，以攻说禬之①，以嘉草攻之②。凡驱蛊，则令之比之。

[注释]

①攻说：两种祈祷之祭的祭名。②攻之：此谓熏之。

[译文]

庶氏的职责是：掌管驱除害人的蛊，一方面祈祷神灵除掉它，一方面点燃嘉草烟熏它。凡驱除害人的蛊，事前负责发布命令，事后负责检查。

穴氏：掌攻蛰兽，各以其物火之。以时献其珍异、皮革。

[译文]

穴氏的职责是：掌管捕捉冬季蛰伏的野兽，先将其爱吃的食物在洞口火烧，引诱其出洞，然后才好捕捉。按时进献难得的野味和皮草。

翨氏：掌攻猛鸟①，各以其物为媒而掎之②。以时献其羽翮。

[注释]

①猛鸟：谓鹰隼之属。②掎（jǐ）：拖住，牵制。

[译文]

翨氏的职责是：掌管捕捉猛鸟，先将其爱吃的小鸟作为诱饵放在罗网下面，等猛鸟下来取食时，将其脚绊住，然后捕捉。按时进献猛鸟的羽翮。

柞氏：掌攻草木及林麓。夏日至，令刊阳木而火之①；冬日至，令剥阴木而水之②。若欲其化也，则春秋变其水火。凡攻木者，掌其政令。

[注释]

①阳木：长在山南边的树木。②阴木：长在山北边的树木。

[译文]

柞氏的职责是：掌管砍伐天然生长的林木和山脚的人造林木。砍伐的时候，如果是夏至之月，就下令先行砍去山南之树的靠近树根的树皮，砍倒之后，焚烧树墩，使其不再发芽生枝；如果是冬至之月，就下令先行剥掉山北之树的靠近树根的树皮，砍倒之后，浸泡树墩，使其不再发芽生枝。如果要把砍伐过的林区变成耕地，就将冬至之月用水浸泡过的林区在来年春天用火焚烧，而将夏至之月用火烧过的林区在秋天用水浸泡，如此则土地和美。凡涉及砍伐树木的政令，由柞氏掌管。

薙氏：掌杀草。春始生而萌之①，夏日至而夷之，秋绳而芟之②，冬日至而耜之。若欲其化也，则以水火变之。掌凡杀草之政令。

[注释]

①萌之：郑玄注："萌之者，以兹其斫其生者。"按：兹其，即锄头。②绳：此字左旁当作"月"，即古"孕"字。此谓草结籽。

[译文]

薙氏的职责是：掌管除草。春天杂草开始出生，就用锄头锄掉它；夏至之月，就用镰刀挨着地皮割掉它；秋天杂草已经结籽，就用大镰刀割掉它；冬至之月，天寒地冻，就用犁地的办法铲除它。如果想把杂草变成肥料，就将锄掉割掉的草先用火烧，然后用水浸泡即可。掌管所有涉及除草的政令。

硩蔟氏：掌覆夭鸟之巢①。以方书十日之号，十有二辰之号，十有二月之号，十有二岁之号，二十有八星之号，县其巢上，则去之。②

[注释]

①夭鸟：即妖鸟。夭，通"妖"。妖鸟是猫头鹰一类的鸟，夜间的叫声很难听，听到的人将遭到不幸。②"县其巢上"二句：郑玄注："夭鸟见此五者而去，其详未闻。"

[译文]

硩蔟氏的职责是：掌管捣毁妖鸟的鸟巢。在木板上写上十日的名称，十二辰的名称，十二月的名称，十二岁的名称，二十八宿的名称，将此木板悬挂到妖鸟的鸟巢上，妖鸟看到，就会躲开。

翦氏：掌除蠹物①，以攻禜攻之②，以莽草熏之③，凡庶蛊之事④。

[注释]

①蠹物：蛀食衣物、书籍的虫子。②攻禜：两种祈祷之祭的祭名。③莽草：郑玄注："莽草，药物杀虫者，以熏之则死。"④庶蛊：谓各种蠹虫。

[译文]

翦氏的职责是：掌管除去蠹虫，一方面祈祷神灵驱除它，一方面点燃莽草熏死它，掌管除去各种蠹虫之事。

赤犮氏：掌除墙屋，以蜃炭攻之，以灰洒毒之。凡隙屋，除其貍虫。

[译文]

赤犮氏的职责是：掌管清除藏在墙屋中的虫豸，将蛤蜊壳捣成碎末撒到墙屋上面可以将虫豸赶跑，将这种碎末和成灰汁洒到墙屋上面可以将虫豸毒死。凡是有缝隙的老屋，掌管清除藏在孔穴中的虫子。

蝈氏：掌去蛙黾①，焚牡蘜②，以灰洒之，则死。以其烟被之，则凡水虫无声。

[注释]

①黾：《尔雅·释鱼》郭璞注："黾，耿黾也，似青蛙，大腹，一名土鸭。"②牡蘜：不开花的菊花。

[译文]

蝈氏的职责是：掌管除去叫声聒耳的青蛙耿黾，将不结籽的菊花烧成灰，兑水拌成灰汁，洒在水里，就可将其毒死。如果将焚烧牡蘜的烟播散到水面上，就会使水中所有的虫子停止鸣叫。

壶涿氏：掌除水虫，以炮土之鼓驱之①，以焚石投之。若欲杀其神②，则以牡橭午贯象齿而沈之③，则其神死，渊为陵。

[注释]

①炮土之鼓：瓦鼓，瓦制之鼓。鼓的框架用土烧成，两面蒙以皮革。②神：谓龙与罔象。《国语·鲁语下》："丘闻之：水之怪曰龙、罔象。"③牡橭（gū）：木名。即山榆。

[译文]

壶涿氏的职责是：掌管除去水中的毒虫，以敲击瓦鼓的声音驱赶它，以烧红的石头投入水中发出声响来吓走它。如果要杀死水中毒虫之神，就用榆木，上面打眼，以象牙交叉贯穿，沉于水中，则其神立死，深谷变为丘陵。

庭氏：掌射国中之夭鸟①。若不见其鸟兽②，则以救日之弓与救月之矢夜射之③。若神也④，则以大阴之弓与枉矢射之⑤。

[注释]

①夭鸟：即妖鸟。②兽：谓狐狼之类。③救日之弓与救月之矢：因为日食是月亮挡住了太阳，所以救日之弓是用来射月亮的；而月食是太阳挡住了月亮，所以救月之矢是用来射太阳的。④神：谓神在夜间发出的声音。⑤大（tài）阴之弓：即救月之弓。

[译文]

庭氏的职责是：掌管射杀王城中的妖鸟。如果在夜间只听见妖鸟妖兽的骇人叫声而看不到其形状，就用救日之弓与救月之矢循声射之。如果是神怪发出的声音，就用救月之弓与枉矢循声射之。

衔枚氏：掌司嚣①。国之大祭祀，令禁无嚣。军旅、田役，令衔枚。禁叫呼叹鸣于国中者，行歌哭于国中之道者。

[注释]

①司（sì）嚣：伺察喧哗。

[译文]

衔枚氏的职责是：掌管伺察朝会上的喧哗者。国家举行大祭祀的时候，下令禁止喧哗。在军事行动中、因畋猎而征调徒役时，下令衔枚。禁止在王城内大呼大叫高声吟叹，禁止在王城内的街道上走着唱着和走着哭着。

伊耆氏：掌国之大祭祀共其杖咸①。军旅，授有爵者杖②。共王之齿杖③。

[注释]

①杖咸：存放拐杖的盒子。②有爵者：谓命士以上。③王之齿杖：据郑司农说，老臣到了七十岁，天子就要赐予拐杖。

[译文]

伊耆氏的职责是：掌管国家举行大祭祀时为老臣提供临时存放拐杖的匣子。遇到军事行动，向有爵位者授杖。供给天子赐给老臣用的拐杖。

大行人：掌大宾之礼及大客之仪①，以亲诸侯。春朝诸侯而图天下之事，秋觐以比邦国之功，夏宗以陈天下之谟，冬遇以协诸侯之虑，时会以发四方之禁，殷同以施天下之政，时聘以结诸侯之好，殷覜以除邦国之慝，间问以谕诸侯之志，归脤以交诸侯之福②，贺庆以赞诸侯之喜，致禬以补诸侯之灾③。

以九仪辨诸侯之命④，等诸侯之爵，以同邦国之礼而待其宾客。上公之礼：执桓圭九寸⑤，缫藉九寸⑥，冕服九章，建常九斿，樊缨九就⑦，贰车九乘，介九人，礼九牢⑧；其朝位，宾主之间九十步，立当车轵⑨；摈者五人⑩；庙中将币，三享；王礼再祼而酢，飨礼九献，食礼九举，出入五积⑪，三问三劳⑫。诸侯之礼⑬：执信圭七寸，缫藉七寸，冕服七章，建常七斿，樊缨七就，贰车七乘，介七人，礼七牢；朝位，宾主之间七十步，立当前疾；摈者四人；庙中将币，三享；王礼壹祼而酢⑭，飨礼七献，食礼七举，出入四积，再问再劳。诸伯：执躬圭，其他皆如诸侯之礼。诸子：执谷璧五寸，缫藉五寸，冕服五章，建常五斿，樊缨五就，贰车五乘，介五人，礼五牢；朝位，宾主之间五十步，立当车衡；摈者三人；庙中将币，三享；王礼壹祼不酢，飨礼五献，食礼五举，出入三积，壹问壹劳。诸男：执蒲璧，其他皆如诸子之礼。

凡大国之孤，执皮帛以继小国之君⑮，出入三积，不问，壹劳，朝位当车前，不交摈，庙中无相，以酒礼之⑯。其他皆视小国之君。凡诸侯之卿，其礼各下其君二等以下；及其大夫士，皆如之。

邦畿方千里，其外方五百里谓之侯服，岁壹见，其贡祀物。又其外方五百里谓之甸服，二岁壹见，其贡嫔物。又其外方五百里谓之男服，三岁壹见，其贡器物。又其外方五百里谓之采服，四岁壹见，其贡服物。又其外方五百里谓之卫服，五岁壹见，其贡材物。又其外方五百里谓之要服，六岁壹见，其贡货物。九州之外谓之蕃国，世壹见，各以其所贵宝为挚。

王之所以抚邦国诸侯者，岁遍存；三岁遍覜；五岁遍省；七岁属象胥⑰，谕言语，协辞命；九岁属瞽史⑱，谕书名⑲，听声音；十有一岁达瑞节，同度量，成牢礼，同数器，修法则；十有二岁王巡守、殷国。凡诸侯之王事，辨其位，正其等，协其礼，宾而见之。若有大丧，则诏相诸侯之礼。若有四方之大事，则受其币，听其辞。凡诸侯之邦交，岁相问也，殷相聘也⑳，世相朝也。

[注释]

①大宾：谓要服以内的诸侯。换言之，即九州以内的诸侯。大客：作为

使者的诸侯的孤卿。②脤（shèn）：祭祀社稷的肉。此为泛指。③糙（guì）：救济物资。④九仪：九等不同规格的接待礼仪。⑤桓圭：上公所执瑞玉。⑥缫（zǎo）藉：瑞玉的彩色衬垫。⑦樊缨：马身上的两件装饰物。⑧礼：谓天子馈赠客人的饔饩。牢：三牲备（牛、羊、豕各一）为一牢。⑨轵：车轴顶端。⑩摈者五人：摈者，即傧相，主人派出的接待官员。五人之中，由大宗伯任上摈（首席接待），其余四人分别担任承摈、绍摈、末摈。⑪积：沿途可为宾客提供牲牢、米禾、刍薪的客栈。⑫三问三劳：上公入境以后，天子派人问候三次、慰劳三次。第一次是在入境时，第二次是在远郊，第三次是在近郊。⑬诸侯：此谓侯爵之诸侯。⑭壹裸：只有王之一裸，没有王后之亚裸。⑮皮帛：在束帛外面包上虎豹之皮。⑯酒：谓未经过滤的酒。⑰象胥：翻译官。⑱瞽史：瞽，指太师、小师等乐官；史，指太史、小史。⑲书名：书与名，都是文字的别称。⑳殷：中也。盖谓隔上几年。

[译文]

　　大行人的职责是：掌管接待来朝诸侯的礼仪以及接待诸侯所派来聘的孤卿的礼仪，以亲善诸侯。春天接见来朝的诸侯以谋划天下之事，秋天接见来朝的诸侯以考查诸侯的政绩，夏天接见来朝的诸侯以陈述治理天下的大计，冬天接见来朝的诸侯以协调诸侯的谋虑，不定期地会见诸侯以发布对四方诸侯的禁令，会见六服齐来朝见的诸侯以实施治理天下的政令。按时派遣卿大夫访问诸侯以建立与诸侯友好的关系，每隔一年就派遣卿大夫对诸侯进行一次普遍访问以除去诸侯的恶行，每隔一年就派遣使者访问一次诸侯以晓谕诸侯使之安心，将祭神剩下的肉馈赠诸侯以使诸侯也得到福佑，派遣使者送去贺礼以赞助诸侯的喜事，派遣使者送去救济物资以弥补诸侯因战败而受到的损失。

　　以九等不同规格的接待礼仪来区别来朝诸侯命数的高低，以及诸侯所派使臣爵位的贵贱，以统一邦国的接待规格，从而接待来朝的诸侯以及来聘的诸侯的使者。上公的礼数是：手执九寸长的桓圭，桓圭的彩色衬垫长度也是九寸，身穿有九种图案的礼服，车上竖立的旗子缀有九根飘带，马身上的樊缨都以五彩毛织品缠绕九圈，随从的副车有九辆，携带的副手有九名，天子馈赠的饔饩是九牢，大门外贵宾下车和主人出门迎接的位置相距九十步，上公立在靠近车轵的地方，天子派出五个傧相负责迎接导引；上公在天子的始祖庙中朝见天子，首先将瑞玉呈送天子，而后向天子行三次享礼；礼毕，天子向上公敬献两次郁鬯香酒，然后上公酌酒回敬天子；天子举行盛大的宴会招待上公，行九献之礼；在招待上公的食礼上九次为客人布菜；在从来到去的路上，为上公安排五次牲牢粮草的补给；上公入境以后，天子派人在路上问候三次，慰劳三次。诸侯的礼数是：手执七寸长的信圭，信圭的彩色衬垫长度也是七寸，身穿有七种图案的礼服，车上竖立的旗子缀有七根飘带，马身上的樊缨都以五彩毛织品缠绕七圈，随从的副车有七辆，携带的副手有七名，天子馈赠的饔饩是七牢，大门外贵宾下车和主人出门迎接的位置相距七十步，诸侯立在车辆的弯曲部分，天子派出四个傧相负责迎接导引；诸侯在天子的始祖庙中朝见天子，首先将瑞玉呈送天子，而后向天子行三次享礼；礼毕，天子向诸侯敬献一次郁鬯香酒，然后诸侯酌酒回敬天子；天子举行盛大的宴会招待诸侯，行七献之礼；在招待诸侯的食礼上七次为客人布菜；在从来到去的路上，为诸侯安排四次牲牢粮草的补给；诸侯入境以后，天子派人在路上问候两次，慰劳两次。诸伯的礼数是：手执七寸长的躬圭，其他礼数都和诸侯的礼数一样。诸子的礼数是：手执直径五寸的谷璧，谷璧的彩色衬垫直径也是五寸，身穿有五种图案的礼服，车上竖立的旗子缀有五根飘带，马身上的樊缨都以五彩毛织品缠绕五圈，随从的副车有五辆，携带的副手有五名，天子馈赠的饔饩是五牢，大门外贵宾下车和主人出门迎接的位置相距五十步，诸子立在靠近车衡的地方，天子派出三个傧相负责迎接导引；诸子在天子的始祖庙中朝见天子，首先将瑞玉呈送天子，而后向天子行三次享礼；礼毕，天子向诸子敬献一次郁鬯香酒，诸子不须回敬；天子举行盛大的宴会招待诸子，行五献之礼；在招待诸子的食礼上五次为客人布菜；在从来到去的路上，为诸子安排三次牲牢粮草的补给；诸子入境以后，天子派人在路上问候一次，慰劳一次。诸男的礼数是：手执直径五寸的蒲璧，其他礼数都和诸子一样。

凡是大国的孤衔命来聘，就以皮帛作为见面礼，朝见天子的顺序排在小国之君的后面；在从来到去的路上，为大国之孤安排三次牲牢粮草的补给；入境之后，不须派人问候，只须派人在近郊慰劳一次即可；大门外孤下车和上傧出门迎接的位置也是相距五十步，孤立在车前；大门外不行交傧之礼；在天子的始祖庙中行礼时，不用副手帮忙；礼毕，天子向孤敬献一次醴齐。其他方面的礼数都比照小国之君。凡是诸侯的卿衔命来聘，其礼数各自比照其国君降低二等；其大夫，则比照其卿降低二等；其士，则比照其大夫降低二等。

天子直辖领土的面积是方千里，其外方五百里的地方叫做侯服，侯服的诸侯每年朝见一次天子，同时进贡祭祀所用之物。侯服之外方五百里的地方叫做甸服，甸服的诸侯每两年朝见一次天子，同时进贡招待宾客所用之物。甸服之外方五百里的地方叫做男服，男服的诸侯每三年朝见一次天子，同时进贡尊彝之类的器物。男服之外方五百里的地方叫做采服，采服的诸侯每四年朝见一次天子，同时进贡可供穿着之物。采服之外方五百里的地方叫做卫服，卫服的诸侯每五年朝见一次天子，同时进贡玉石珠象等原材料。卫服之外方五百里的地方叫做要服，要服的诸侯每六年朝见一次天子，同时进贡龟贝之类的货物。九州之外的地方叫做蕃国，蕃国的诸侯只需要在新君即位的时候来朝见一次天子，同时各自以其所宝贵的东西作为见面礼即可。

天子用来安抚邦国诸侯的办法是，从巡守的次年开始，第一年,派使者对所有的诸侯进行普遍问候;第三年,派使者对所有的诸侯进行普遍看望;第五年,派使者对所有的诸侯进行普遍探视;第七年,聚集各诸侯国的翻译官,晓谕其语言,协调其辞令;第九年,聚集各诸侯国的乐师、太史、小史,晓谕其文字,审听其音律;第十一年,统一各诸侯国的瑞玉和使节,统一其计量长短、容积的标准,统一其牢礼标准,统一其计量轻重的标准,完善其法则;第十二年,天子亲自巡守天下,或在所至之国召集众多诸侯前来朝见。凡诸侯有朝见天子之事,就负责辨别其朝位,确定其尊卑等级,妥善处理其接待礼数,充当傧相而使其朝见天子。如有国丧,则负责告诉、指点诸侯如何行礼。如果四方诸侯遭到兵寇而前来告急,则负责接受其礼品,听取其要求,并将情况转达天子。凡诸侯之间的邦交,每年都要派遣大夫互相聘问,每间隔几年要派遣卿互相聘问,新君即位时要互相朝见。

小行人:掌邦国宾客之礼籍①,以待四方之使者。令诸侯春入贡,秋献功,王亲受之,各以其国之籍礼之。凡诸侯入王②,则逆劳于畿③。及郊劳、视馆、将币,为承而摈。凡四方之使者,大客则摈,小客则受其币而听其辞④。使适四方,协九仪宾客之礼。朝、觐、宗、遇、会、同,君之礼也;存、𬉹、省、聘、问,臣之礼也。

达天下之六节:山国用虎节,土国用人节,泽国用龙节,皆以金为之;道路用旌节,门关用符节,都鄙用管节⑤,皆以竹为之。成六瑞⑥:王用瑱圭⑦,公用桓圭,侯用信圭,伯用躬圭,子用谷璧,男用蒲璧。合六币:圭以马,璋以皮,璧以帛,琮以锦,琥以绣,璜以黼。此六物者,以和诸侯之好故。

若国札丧⑧,则令赗补之⑨;若国凶荒,则令赒委之;若国师役,则令犒襘之⑩;若国有福事,则令庆贺之;若国有祸灾,则令哀吊之。凡此五物者,治其事故。及其万民之利害为一书,其礼俗、政事、教治、刑禁之逆顺为一书,其悖逆、暴乱、作慝、犹犯令者为一书,其札丧、凶荒、厄贫为一书,其康乐、和亲、安平为一书。凡此五物者,每国辨异之,以反命于王,以周知天下之故。

[注释]

①礼籍:郑玄注:"礼籍,名位尊卑之书。"按:既然此书载有名位尊卑,那么该用九仪中的哪一等礼数予以接待也就不言而喻。②入王:谓前来朝见天子。③逆劳于畿:享受逆劳于畿待遇的只有上公,侯伯子男并无此种待遇。④大客:谓要服以内诸侯的孤卿。小客:蕃国之君为小宾,其臣为小客。⑤管节:盖截竹为节,装如乐器之管。⑥六瑞:六种瑞玉。实际上是一种身份证明。⑦瑱圭:即镇圭。⑧国:此谓诸侯。下同。⑨赙(fù):用钱财帮助别人办理丧事。⑩犒襘(kào guì):邻国凑集财物支援遭到兵寇蹂躏的国家。犒,犒劳。

[译文]

小行人的职责是:掌管载有各诸侯国国君及其卿大夫名位尊卑之书,据以接待来自四方诸侯的使者。命令诸侯,春天交纳贡品,秋天汇报政绩,天子亲自接受其交纳的贡品和汇报的政绩,并按照载有各国国君名位尊卑之书来安排其接待规格。凡诸侯来朝见天子,就负责到王畿的边界上迎接慰劳;等到对来朝的诸侯进行郊劳时、为其安排下榻的宾馆时、诸侯在庙中向天子呈送瑞玉时,都作为承摈而进行接待。对于四方诸侯的使者的接待,如果是要服以内诸侯的孤卿,就作为傧相安排他们晋见天子,以便面谈;如果是蕃国诸侯的使臣,就径自接受其礼品,听取其要求,然后转告天子。如果奉命被派到四方充当使者,则妥善处理九种不同规格的接待宾客的礼数。朝、觐、宗、遇、会、同,是邦国之君应做到的礼数;

存、覜、省、聘、问，是臣子应做到的礼数。

统一天下的六种符节：多山之国的使臣出聘，沿途要使用虎节；平地多的国家的使臣出聘，沿途要使用人节；水乡泽国的使臣出聘，沿途要使用龙节，这三种节都是用铜制成。道路通行要使用旌节，进出城门关卡要使用符节，都鄙之内通行要使用管节，这三种节都是用竹制成。统一六种瑞玉，不得僭越使用：天子使用镇圭，公爵使用桓圭，侯爵使用信圭，伯爵使用躬圭，子爵使用谷璧，男爵使用蒲璧。统一享礼所用的六套礼品：圭与马配成一套，璋与虎豹之皮配成一套，璧与束帛配成一套，琮与束锦配成一套，琥与五彩齐备的帛配成一套，璜与织有黑白二色的帛配成一套。这六套礼物，是用来和诸侯建立亲善关系用的。

如果某个诸侯国因发生疾疫而造成人民死亡，就让其他诸侯国捐献钱财以帮助办理丧事；如果某个诸侯国遭到凶年饥荒，就让其他诸侯国开仓救济它；如果某个诸侯国遭到兵寇蹂躏，就让其他诸侯国捐献财物以弥补其损失；如果某个诸侯国有了喜庆之事，就让其他诸侯国都去庆贺；如果某个诸侯国遭到了水灾火灾，就让其他诸侯国都去哀悼慰问。上述五种情况，由小行人予以妥善处理。在奉命出使四方的时候，要留心考察，将各个诸侯国人民认为是有利的事情和有害的事情编为一书，将各个诸侯国的礼俗、政事、教治、刑禁的违背和遵守的情况编为一书，将各个诸侯国的悖逆、暴乱、作恶和图谋不轨的情况编为一书，将各个诸侯国发生的疾疫死人、凶年饥荒、困苦贫穷的情况编为一书，将各个诸侯国人民生活得康乐、和睦、平安的情况编为一书。上述的五种情况，以每一个诸侯国为单位条列清楚，用以回头向天子汇报，用以使天子周知天下之事。

司仪：掌九仪之宾客摈相之礼，以诏仪容、辞令、揖让之节。将合诸侯，则令为坛三成①，宫②，旁一门。诏王仪：南乡见诸侯，土揖庶姓③，时揖异姓，天揖同姓④。及其摈之，各以其礼：公于上等，侯伯于中等，子男于下等。其将币亦如之，其礼亦如之。王燕，则诸侯毛⑤。

凡诸公相为宾：主国五积，三问，皆三辞，拜受，皆旅摈；再劳，三辞，三揖，登，拜受⑥，拜送⑦。主君郊劳，交摈，三辞，车逆，拜辱，三揖，三辞，拜受，车送，三还，再拜。致馆亦如之⑧。致飧，如致积之礼。及将币，交摈，三辞；车逆，拜辱；宾车进，答拜；三揖，三让，每门止一相⑨，及庙，唯上相入⑩；宾三揖三让；登，再拜，授币；宾拜送币，每事如初，宾亦如之。及出，车送，三请三进⑪，再拜；宾三还三辞，告辞。致饔饩，还圭，飧食，致赠，郊送，皆如将币之仪。宾之拜礼：拜饔饩，拜飧食。宾继主君，皆如主国之礼。诸侯、诸伯、诸子、诸男之相为宾也，各以其礼；相待也，如诸公之仪。

诸公之臣相为国客，则三积，皆三辞，拜受。及大夫郊劳，旅摈，三辞，拜辱；三让，登，听命；下拜，登受；宾使者，如初之仪。及退，拜送。致馆，如初之仪。及将币，旅摈，三辞；拜逆，客辟；三揖；每门止一相，及庙，唯君相入；三让，客登；拜，客三辟；授币，下，出。每事如初之仪。及礼⑫，私面⑬，私献，皆再拜稽首，君答拜。出，及中门之外，问君；客再拜，对；君拜，客辟而对；君问大夫，客对；君劳客，客再拜稽首；君答拜，客趋辟。致饔饩，如劳之礼。飧食、还圭，如将币之仪。君馆客，客辟，介受命；遂送，客从拜辱于朝。明日，客拜礼赐，遂行，如入之积。凡侯伯子男之臣，以其国之爵相为客而相礼，其仪亦如之。

凡四方之宾客，礼仪、辞命、饔牢、赐献⑭，以二等从其爵而上下之。凡宾客，送逆同礼。凡诸侯之交，各称其邦而为之币⑮，以其币为之礼。凡行人之仪，不朝不夕⑯，不正其主面，亦不背客。

[注释]

①三成：三层，三重。②宫：环绕。此谓土坛四周的矮墙。③庶姓：犹言众姓。谓没有婚姻关系的异姓。④异姓：谓有婚姻关系的诸侯。古代同姓不婚。⑤毛：头发和胡须。⑥拜受：凡是在接受礼物之前先行拜礼，谓之拜受。⑦拜送：凡是在送出礼物之后又行拜礼，谓之拜送。⑧馆：宾馆，客舍。实际上是家庙。⑨每门：诸侯之宫三门：大门叫库门，中门叫雉门，内门叫路门。⑩上相：谓上摈和上介。上摈是主人的首席接待官，上介是客人的第一随从。⑪三请三进：郑玄注："三请三进，请宾就车也。主君每一请，车一进，欲远送之也。"⑫礼：向客人敬献郁鬯叫做礼，向客人敬献醴酒也叫做礼。区别在于前者用于尊者，后者用于卑者。⑬私面：即私觌。觌，见也。聘使以个人的名义求见主国国君。⑭饩牢：谓馈赠饔饩之类。赐献：谓礼赐、进献时新食品之类。⑮币：这个"币"，不是将币的币，而是三享中所用的币，也就是进献的礼品。⑯不朝不夕：朝，谓正东；夕，谓正西。

[译文]

司仪的职责是：在接待宾客的九等礼仪中掌管摈相之礼，将接待宾客时应有的仪态、恰当的辞令以及如何作揖和谦让等礼节告诉天子。天子因为有事要集合诸侯，就下令在城外建筑一个三层的土坛，坛的四面有土墙围绕，每一面土墙设置一门。告诉天子礼数：登坛，面向南接见诸侯，对庶姓诸侯施以土揖，对异姓诸侯施以时揖，对同姓诸侯施以天揖。等到让上摈传见五等诸侯时，各自按照他们应享受的礼数：上公在坛的最上层晋见，侯伯在坛的中间一层晋见，子男在坛的最下层晋见。五等诸侯向天子呈交瑞玉时也是这样，天子向五等诸侯敬献郁鬯时也是这样。如果天子在路寝设宴招待诸侯，则诸侯的座次只按照年龄大小而不按照爵位高低。

凡是上公之间互相到对方做客，则主国在从来到去的路上为客人安排五次粮草的补给；客人入境以后，主国派遣卿大夫沿途问候三次；对于主国的这种盛情，都是由客人的上介在客舍门外三次表示辞谢，不得已，然后才由客人亲自拜谢表示接受；在举行补给、问候仪式时，主客双方都要在客舍的大门外把自己所带的摈介一字儿摆开；主国还要派遣卿大夫携带礼品前往途中的客舍迎着客人慰劳两次，客人则由上介在门外三次表示辞谢，不得已，乃将主国使者迎进门，宾主双方在庭中互相作了三次揖，然后使者登堂，向客人转达主国国君的慰劳之意，客人于是拜受慰劳品；礼毕，客人拜送使者出门。客人到达近郊，主国国君要亲自前往慰劳，双方将各自的摈介在门外一字儿摆开，宾主并不直接对话，而是由双方的摈介传辞，通过这种方式，主人一方三次表示慰劳之意，客人一方三次表示不敢当；传辞之后，客人乘车出门迎接主国国君，拜谢其屈尊前来慰劳，而后宾主一同进门，在庭中行进时互相作了三次揖，来到堂阶前，双方三次互相谦让谁先登阶升堂，结果是客人率先升堂，主国国君随着升堂，于是客人行再拜礼，表示接受主国国君的慰劳礼品；等到主国国君离去时，客人又乘车送行；主国国君看到客人为自己送行，就三次转过身来辞谢，客人于是就以再拜之礼和主国国君告别。客人到达主国国都后，为客人安排下榻的宾馆的礼仪也是这样。客人安顿下来以后，为客人安排便宴的礼数，如同途中为客人补给粮草的礼数。等到客人向主国国君呈送瑞玉时，宾主双方都将各自的摈介在大门外一字儿摆开，宾主并不直接对话，而是通过双方的摈介传词来沟通意思：客人一方三次表示要呈交瑞玉，主人一方则三次表示不敢当；在答应了客人的要求之后，主国国君就乘车出门迎接客人，见到客人的车子以后就首先下车，拜谢客人的枉驾来访，而客人也驱车向前，下车答拜；宾主双方在门外互相作了三次揖，在进入大门时又互相谦让了三次；每经过一道门，双方都各自留下一个摈介，等走到始祖庙的庙门时，只有主人的上摈与客人的上介随着进去。进入庙门以后，宾主在庭中互相作了三次揖，来到堂阶前，双方又三次互相谦让谁先登堂；主人先登，客人继登，主人行再拜礼，表示对客人来访的欢迎，并接受客人呈交的瑞玉；客人则在瑞玉呈交之后向主人行拜送礼。此后的三享之礼以及三享之后客人的有事要说之礼，其礼数如同呈交瑞玉之礼。主人向客人敬献郁鬯香酒时的礼数也是这样。等到客人告辞退出时，主国国君在门外乘车相送，主国国君三次请客人上车，每请一次，主人的车子就前进一点，以示意将要远送；而客人对主人的每一次敦请上车，都要转过身来辞谢一次，这样地连续辞谢三次；而对于主人的再拜送别，客人告以不敢当而避开。此后的主人向客人馈赠饔饩之礼，向客人归还瑞玉之礼，为客人安排飧食之礼，临别时向客人赠送财物之礼，将客人送至近郊之礼，其礼数都和呈交瑞玉时的礼数一样。客人在回国上路之前，要到主国的外朝行拜谢之礼：拜谢其馈赠饔饩，拜谢其安排飧食。客人对于入境以后主国国君给予的种种盛情款待，要反宾为主地予以回报，回报的礼品大体上都和主国赠予的礼品相等。诸侯之间互相到对方做客，诸伯之间互相到对方做客，诸子之间互相到对方做客，诸男之间互相到对方做客，也都各自按照其应享受的礼数行事，而互相接待的具体礼仪则与上公之间互访的礼仪无别。

　　上公的臣子互相到对方国家聘问，则主国在从来到去的路上要为聘使安排三次粮草的补给，聘使则三次表示辞谢，而后拜谢接受。聘使到达近郊，主国国君则派遣大夫携带礼品前往慰劳，宾主双方在客舍门外将自己所带的摈介一字儿摆开，聘使一而再再而三地辞谢，不得已，乃拜谢大夫枉驾惠顾；宾主进入郊舍之门，分别走到堂下的东阶、西阶前，聘使三次谦让请大夫先登阶，大夫则三次辞谢，而后聘使领先登堂，聆听大夫转达主国国君的慰劳之命；为表示尊敬主国国君的慰劳之命，聘使下堂，面向北，行再拜稽首礼,然后升堂,接受慰劳礼品。此后,聘使又反宾为主,把作为主国使者的大夫当做客人而向他回赠礼物,回赠使者礼物的礼仪和大夫郊劳聘使的礼仪一样。等到使者退出客舍时,聘使行再拜礼,将大夫送出门外。为聘使安排下榻宾馆的礼仪也和郊劳的礼仪一样。等到聘使向主国国君呈交作为信使的瑞玉时,宾主双方都要把自己带的摈介在大门外一字儿摆开,对聘使的来访,主人一方三次表示不敢当;然后主国国君在大门内迎接聘使,拜谢其奉君命枉驾惠顾,聘使则左右躲闪,表示不敢当,所以也不答拜;进门以后,宾主在庭中行进时互相作揖三次;每经过一道门,宾主双方都各自留下一个摈介,等走到始祖庙的庙门时,只有主国国君的上摈随着进去。进入庙门以后,宾主来到堂阶前,双方又三次互相谦让谁先登堂;主人先登,客人继登;聘使转达己君对主国国君的友好问候之词,主国国君行再拜礼表示感谢,聘使则向后退了三次,以躲避主君的拜礼;聘使向主国国君呈交瑞玉以后,走下堂去,出庙。此后的三享之礼以及三享之后聘使的有事要说之礼,其礼仪都如同呈交瑞玉之礼。当主国国君请聘使接受醴礼时,当聘使以个人名义晋见主国国君时,当聘使将个人的礼品以国君的名义献给主国国君时,聘使都要行再拜稽首的大礼,而主国国君则答以再拜之礼。礼毕,主国国君把聘使送出庙门,等走到中门之外时,主君问聘使:"贵国国君身体好吧?"聘使向主君行再拜礼表示感谢,并做了肯定的回答,主君则行再拜礼表示欣慰,聘使则避开主君的再拜,进一步回答己君的近况;主国国君又问聘使:"贵国卿大夫的身体怎样?"聘使也作了肯定的回答;主国国君又慰劳聘使说:"路途遥远,一路辛苦。"聘使行再拜稽首礼以表示感谢。主国国君答拜,聘使则连忙跑着避开。主国国君向聘使馈赠饔饩之礼的礼数,如同郊劳之礼。主国为聘使安排飨食之礼,退还瑞玉之礼,其礼数都和呈交瑞玉时的礼数一样。在聘使动身回国的前一天,主国国君到到宾馆去看望聘使,聘使认为不敢当,所以避而不见,而让自己的上介到宾馆门外聆听主君的送别之词;之后,主国国君行再拜礼,珍重道别;聘使则跟从主君到朝,拜谢其屈尊来馆看望。第二天,聘使到库门外的外朝拜谢主君在访问期间每天额外供给乘禽。接着就上路回国,归途上的粮草补给和来的时候一样。凡是侯、伯、子、男的臣子互相到对方国家访问,就按照其在本国爵位的尊卑而以礼相待,其具体仪式则和接待上公之臣的仪式一样。

凡是来自四方诸侯的宾客,对于接待他们的礼仪、辞令、饩牢、赐献,可以在以其爵位为标准的基础上,或者提高两个档次,或者降低两个档次。凡是宾客,来的时候都要以礼相迎,走的时候都要以礼相送。凡是诸侯之间的交往,朝聘一方所带礼品的多少要和自己的国家相称,而主人一方则根据朝聘一方所送礼品的多少而决定回赠的多少。凡是大行人、小行人作为摈相传辞时的仪态:脸不能正向东,也不能正向西,不能正对着主人,也不能正背着客人。

行夫:掌邦国传遽之小事、美恶而无礼者。凡其使也,必以旌节。虽道有难而不时,必达。居于其国①,则掌行人之劳辱事焉,使则介之。

[注释]

①居于其国:此谓行夫随大、小行人居所使之国。

[译文]

行夫的职责是:诸侯有了值得庆贺或者值得慰问而又不须携带礼品的小事,就由行夫负责乘驿站的传车前往。行夫的每次出使,必以旌节为凭证。即使由于道路难走而不能及时到达,但最终一定要到达目的地。在诸侯国停留期间,则负责完成大、小行人指令干的重活儿脏活儿,大、小行人出使则行夫充当他们的介。

环人：掌送逆邦国之通宾客，以路节达诸四方。舍则授馆，令聚柝①；有任器，则令环之。凡门关无几，送逆及疆。

[注释]

①聚柝（tuò）：击柝，敲打更梆子。聚，通"撖"，敲击。

[译文]

环人的职责是：掌管迎送诸侯的由于平常事务而来往的宾客，凭着旌节将他们送到王畿的四境。路上，宾客需要止宿时，负责为之安排馆舍，并令野庐氏组织民众为之击柝巡夜；对于宾客所带的用具，也组织人员围绕看守。对于有环人伴迎伴送的宾客，所有的城门和关卡都免于盘查，宾客来时在边境相迎，走时也送到边境。

象胥：掌蛮、夷、闽、貉、戎、狄之国使，掌传王之言而谕说焉，以和亲之。若以时入宾，则协其礼，与其辞，言传之。凡其出入送逆之礼节、币帛、辞令而宾相之①。凡国之大丧，诏相国客之礼仪而正其位②。凡军旅、会同，受国客币而宾礼之。凡作事：王之大事，诸侯；次事，卿；次事，大夫；次事，上士；下事，庶子③。

[注释]

①宾：通"摈"，主人一方的接待人员。②客：郑玄注："谓诸侯使臣来吊者。"③庶子：尚未得到册命而在官服务的公卿大夫之子。

[译文]

象胥的职责是：掌管蛮、夷、闽、貉、戎、狄等少数民族国家派来觐聘的使者，负责将天子所说的话翻译成他们能听懂的话而晓谕他们，以建立和睦相亲的关系。如果是蕃国的国君按时来朝，则妥善处理接待他们的礼数，将他们所说的话，翻译成汉语传达给天子。凡是有关他们出出进进、送往迎来的礼节、币帛、辞令，统统由象胥以摈的身份指教其礼仪。凡有国丧，对于前来吊唁的诸侯使者，负责指教其礼仪，明确其行礼的位置。凡军旅、会同之事，负责接受诸侯使者带来的礼品，并以宾客之礼接待他们。凡作事：天子的大事，使诸侯来做；次一等的事，使卿来做；次一等的事，使大夫来做；次一等的事，使士来做；最不要紧的事，使庶子来做。

掌客：掌四方宾客之牢礼、饩献、饮食之等数与其政治①。王合诸侯而飨礼②，则具十有二牢③，庶具百物备；诸侯长，十有再献④。王巡守、殷国，则国君膳以牲犊⑤，令百官百姓皆具。从者，三公视上公之礼，卿视侯伯之礼，大夫视子男之礼，士视诸侯之卿礼，庶子壹视其大夫之礼。

凡诸侯之礼⑥：上公五积，皆视飧牵，三问皆脩⑦。群介、行人、宰、史皆有牢。飧五牢，食四十⑧，簋十，豆四十⑨，铏四十有二，壶四十⑩，鼎、簋十有二，牲三十有六⑪，皆陈。饔饩九牢，其死牢如飧之陈，牵四牢，米百有二十筥⑫，醯醢百有二十瓮，车皆陈。车米视生牢，牢十车，车秉有五籔⑬，车禾视死牢，牢十车，车三秅⑭，刍薪倍禾，皆陈。乘禽日九十双，殷膳大牢⑮；以及归，三飧、三食、三燕；若弗酌，则以币致之。凡介、行人、宰、史，皆有飧、饔饩，以其爵等为之牢礼之陈数，唯上介有禽献。夫人致礼⑯：八壶，八豆，八笾，膳大牢，致飧大牢，食大牢。卿皆见以羔，膳大牢。

侯伯四积，皆视飧牵，再问皆脩。飧四牢，食三十有二，簋八，豆三十有二，铏二十有八，壶三十有二，鼎、簋十有二，腥二十有七，皆陈。饔饩七牢，其死牢如飧之陈，牵三牢，米百筥，醯醢百瓮，皆陈。米三十车，禾四十车，刍薪倍禾，皆陈。乘禽日七十双，殷膳大牢，三飧、再食、再燕。凡介、行人、宰、史，皆有飧、饔饩，以其爵等为之礼，唯上介有禽献。夫人致礼：八壶，八豆，八笾，膳大牢，致飧大牢。卿皆见以羔，膳特牛。

子男三积，皆视飧牵，壹问以脩。飧三牢，食二十有四，簠六，豆二十有四，铏十有八，壶二十有四，鼎、簋十有二，牲十有八，皆陈。饔饩五牢，其死牢如飧之陈，牵二牢，米八十筥，醯醢八十罋，皆陈。米二十车，禾三十车，刍薪倍禾，皆陈。乘禽日五十双，壹飧、壹食、壹燕。凡介、行人、宰、史，皆有飧、饔饩，以其爵等为之礼，唯上介有禽献。夫人致礼：六壶，六豆，六笾，膳视致飧。亲见卿，皆膳特牛。

凡诸侯之卿、大夫、士为国客，则如其介之礼以待之。凡礼宾客，国新杀礼⑰，凶荒杀礼，札丧杀礼，祸灾杀礼，在野在外杀礼。凡宾客死，致礼以丧用。宾客有丧，唯刍稍之受。遭主国之丧，不受飧食，受牲礼。

[注释]

①牢礼：接待宾客的牲牢之礼。接待宾客，必有牲牢，故称。饩（xì）献：饩，指下文的饔饩；献，指下文的禽献。饮食：即下文的飧、食、燕之类。②飧礼：此飧礼是最高规格的宴会，因为下文的"十有二牢"等都是天子之礼。③牢：太牢。即牛一、羊一、豕一三牲具备为一牢。十二牢，即十二太牢。此一节中的"牢"，均作此解。④十有再献：十二献。这是以殊礼待方伯，因为上公才九献。⑤牲犊：牛犊。牛犊尚幼，不晓牝牡之情，一团诚实，故用之。⑥凡诸侯之礼：此谓五等诸侯自相朝聘，主国接待聘君之礼。⑦脩：加入姜桂等调料而制成的干肉。⑧食：谓庶羞。因为庶羞味美可食，故称"食"。⑨豆：盛放菹醢一类濡湿之物的食器。⑩壶四十：此四十壶酒，据郑玄说，十六壶陈放堂上，东夹、西夹各十二。⑪牲：当作"腥"，生肉。此谓盛放生肉的鼎。⑫米：这里是稻、粱、黍、稷的总称。筥（jǔ）：竹编的圆形容器。可容半斛（即五斗）。⑬秉有五籔（shǔ）：即二百四十斗，也即二十四斛。秉与籔都是容量单位。一秉合十籔，一籔合十六斗。⑭秅（chá）：古代

的计禾单位。四百秉为一秅。此秉，今言一把，即一手能握住的量。⑮殷膳：在客人逗留期间，主人在正常的牢礼之外又不定期地致送膳食，以表示念宾之意无倦。殷，中也。⑯夫人致礼：据《聘礼》郑玄注，此夫人致礼，实为国君所使，只不过是以夫人的名义罢了。⑰杀（shài）：降低，减少。

[译文]

掌客的职责是：掌管接待四方宾客的牢礼、饩献、饮食的规格及特殊情况的处理。天子因为有事集合诸侯而举行规格最高的宴会，则备办十二太牢，庶羞应有尽有，对于一方诸侯之长行十二献之礼。天子巡守或者殷国，所到之处，当地的国君招待天子进膳是用一头牛犊，命令当地诸侯供给随行百官的牲牢无不具备。对天子随行百官的接待规格是：接待三公，比照上公的礼数；接待卿，比照侯伯的礼数；接待大夫，比照子男的礼数；接待士，比照诸侯之卿的礼数；接待庶子，比照诸侯之大夫的礼数。

凡诸侯自相朝聘，主国接待的礼数是：接待上公的礼数是：在从来到去的路上，主国要为聘君安排五次牲牢粮草的补给，每次补给的牲牢都是牵去的活牲口而其数量则比照到达后的接风便宴牢数；沿途派卿慰问三次，每次慰问都是以干肉为礼品。聘君刚到，主君要派卿为聘君安排接风便宴，便宴的规格是：牲肉总共五牢，庶羞四十种，稻粱十筥，菹醢四十豆，羹汤三十二铏，酒四十壶，熟肉十二鼎，黍稷十二簋，生肉三十六鼎，这些食品都陈放在一定的地方。聘君行过正式聘礼之后，主君要派卿到宾馆向聘君馈赠饔饩，其规格是：牲肉总共九牢，其中，宰杀过的牲牢的数量与便宴上陈设的牢数一样，牵去的活牲口是四牢，送去的米有一百二十筥，送去的醯醢有一百二十瓮，这些食品都陈放在宾馆的门内。送去的载米之车的数目比照馈赠活牲口的牢数，每馈赠活牲口一牢，就配上馈赠的米十车，而每车载米二十四斛；送去的载禾之车的数目比照馈赠宰杀过的牲口牢数，每馈赠宰杀过的牲口一牢，就配上馈赠的禾十车,而每车载禾一千二百把;送去的饲草和烧柴都是禾的两倍,这些载米、载禾、载饲草、载烧柴的车辆都陈列在宾馆的门外。聘君逗留期间,主国每天供应聘君乘禽九十双,隔三差五地还要送去用作膳食的太牢;一直到聘君归国之前,主君要为聘君先后举行三次飨礼、三次食礼、三次燕礼;如果主君因故未能亲自举行飨礼、食礼、燕礼,就要派卿带上礼品将飨礼、食礼、燕礼的席面送到宾馆并代表主君致意。对于聘君的所有随员:介、行人、宰、史,主君都要派人为之安排接风便宴和馈赠饔饩,当然是按照他们的爵位级别安排其牢礼的规格,只有上介才有资格接受禽献。夫人派下大夫向聘君赠送的礼物有:八壶酒,八豆菹醢,八笾果脯,一具太牢用于膳食,一具太牢用作飨礼,一具太牢用作食礼。主国的卿都要到宾馆去拜见聘君,以羊羔作为见面礼,并馈赠一具太牢用于膳食。

接待侯伯的礼数是:在从来到去的路上,主国要为聘君安排四次牲牢粮草的补给,每次补给的牲牢都是牵去的活牲口而其数量则比照到达后的接风便宴牢数;沿途派卿慰问两次,每次慰问都是以干肉为礼品。聘君刚到,主君要派卿为聘君安排接风便宴,其规格是:牲肉总共四牢,庶馐三十二种,稻粱八筥,菹醢三十二豆,羹汤二十四铏,酒三十二壶,熟肉十二鼎,黍稷十二筥,生肉二十七鼎,都陈放在一定的地方。聘君行过正式聘礼之后,主君要派卿到宾馆向聘君馈赠饔饩,其规格是:牲肉总共七牢,其中,宰杀过的牲牢数量与便宴上陈设的牢数一样,牵去的活牲口则是三牢,送去的米有一百筥,送去的醯醢有一百瓮,这些食品都陈放在宾馆的门内。送去的载米车子三十辆,载禾的车子四十辆,载饲草的车子和载烧柴的车子都是载禾车子的二倍,这些车辆都陈列在宾馆的门外。聘君逗留期间,主国每天供应聘君乘禽七十双,隔三差五地还要送去用作膳食的太牢,在此期间,主君要为聘君先后举行三次飨礼、两次食礼、两次燕礼，如果主君因故未能亲自举行飨礼、食礼、燕礼，就要派卿带上礼品将飨礼、食礼、燕礼的席面送到宾馆并代表主君致意。对于聘君的所有随员：介、行人、宰、史，主君都要派人为之安排接风便宴和馈赠饔饩，当然也是按照他们的爵位级别来确定安排规格，只有上介才有资格接受禽献。夫人派下大夫向聘君赠送的礼物有：八壶酒，八豆菹醢，八笾果脯，一具太牢用于膳食，一具太牢用作飨礼。主国的卿都要到宾馆去拜见聘君，以羊羔作为见面礼，并馈赠一头牛用于聘君的膳食。

接待子男的礼数是：在从来到去的路上，主国要为聘君安排三次牲牢粮草的补给，每次补给的牲牢都是牵去的活牲口而其数量则比照到达后的接风便宴牢数；沿途派卿慰问一次，以干肉作为慰问礼品。聘君刚到，主君要派卿为聘君安排接风便宴，其规格是：牲肉总共三牢，庶馐二十四种，稻粱六簋，菹醢二十四豆，羹汤十六铏，酒二十四壶，熟肉十二鼎，黍稷十二簋，生肉十八鼎，都陈放在一定的地方。聘君行过正式聘礼之后，主君要派卿到宾馆向聘君馈赠饔饩，其规格是：牲肉总共五牢，其中，宰杀过的牲牢数量与便宴上陈设的牢数一样，牵去的活牲口则是二牢，送去的米是八十筥，送去的醯醢是八十瓮，这些食品都陈放在宾馆的门内。载米的车子二十辆，载禾的车子三十辆，载饲草的车子和载烧柴的车子都是载禾车子的二倍，这些车辆都陈列在宾馆门外。聘君逗留期间，主国每天要供应聘君乘禽五十双，主君要亲自为聘君举行一次飨礼、一次食礼、一次燕礼。对于聘君的所有随员：介、行人、宰、史，主君都要派人为之安排接风便宴和馈赠饔饩，当然也是按照其爵位级别来确定规格，只有上介才有资格接受禽献。夫人派下大夫向聘君赠送的礼物有：六壶酒，六豆菹醢，六笾果脯，比照飨礼的规格送去一次膳食。凡是到宾馆拜见聘君的卿，都馈赠一头牛用于聘君的膳食。

凡诸侯之卿、大夫、士作为专使来聘，则主国对他们的接待礼数如同他们作为诸侯的介随同访问时一样。凡接待宾客的礼数，如果主国是新建的国家，可以降低规格；如主国正赶上荒年，可以降低规格；如果主国正赶上疾疫流行，死亡甚众，可以降低规格；如果主国正赶上兵寇水火之灾，可以降低规格；如果是在郊野、在畿外的路上偶然相遇，可以降低规格。凡是客人在主国访问期间去世，主国馈赠的礼物要改为适合办理丧事的所需之物。如果客人在访问期间忽然得到父母去世的噩耗，就不再接受主国的任何宴会邀请，而只接受赠予的最基本的生活资料：牛马的草料和人吃的粮食。客人在访问期间，如果碰上了主国的丧事，那就不再接受其飨礼、食礼的邀请，但可以接受其按照礼数送来的生肉。

掌讶：掌邦国之等籍，以待宾客。若将有国宾客至，则戒官修委积①，与士逆宾于疆②，为前驱而入。及宿，则令聚柝。及委，则致积。至于国，宾入馆；次于舍门外③，待事于客。及将币④，为前驱。至于朝⑤，诏其位，入复；及退，亦如之。凡宾客之治，令讶，讶治之。凡从者出，则使人道之。及归，送亦如之。凡宾客，诸侯有卿讶，卿有大夫讶，大夫有士讶，士皆有讶。凡讶者，宾客至而往，诏相其事而掌其治令。

[注释]

①官：指牛人、羊人、舍人、委人之属。因为这些官员都和"修委积"有关。②士：谓讶士。讶士有迎送宾客的职责。③次：临时搭建的帐篷。④将币：将币是朝聘那天的主要礼节，所以用来指代朝聘之日。⑤朝：凡天子、诸侯的外朝皆在大门内，大门外的空地也叫做朝。天子的大门是皋门，这里就指皋门外。

[译文]

掌讶的职责是：掌管载有各诸侯国国君及其卿大夫名位尊卑之

书,用以接待前来朝聘的宾客。如果将有宾客到达,则首先申饬有关官员做好沿途宾客吃住的物资准备,然后与讶士一道前往边境迎接,接到宾客以后,作为前驱引导宾客入境。沿途每逢止宿,就令野庐氏组织民众为宾客击柝巡夜。每到一个牢礼粮草供应站,就以天子的名义按规格供给牢礼粮草。来到国都,宾客在宾馆安顿下来以后,就在宾馆门外搭建帐篷作为临时办公处,以处理宾客提出的种种需求。等到宾客要行朝聘大礼时,掌讶要乘车前导;来到大门外以后,要告诉宾客应站的位置,进门向天子报告宾客已经来到;朝聘礼毕,当宾客返回宾馆时,也要乘车前导。凡宾客提出的国务交涉,都要先告诉掌讶,由掌讶入朝报告天子,请示处理办法。宾客的随员外出,掌讶要派部下引路。等到宾客回国的时候,沿途相送的礼数也像来时那样。宾客要行朝聘大礼的那天,天子派往宾馆迎宾的讶,如果宾客是诸侯,就派卿做讶;如果宾客是卿,就派大夫做讶;如果宾客是大夫,就派士做讶;如果宾客是士,也都有讶。凡是充当讶的人,只要宾客一到,就要立即前往宾馆,为宾客的事提供咨询帮助,并掌管其接待。

掌交:掌以节与币巡邦国之诸侯及其万民之所聚者①,道王之德意志虑,使咸知王之好恶,辟行之②。使和诸侯之好,达万民之说。掌邦国之通事而结其交好,以谕九税之利③,九礼之亲④,九牧之维⑤,九禁之难⑥,九戎之威⑦。

[注释]

①节与币:节,旌节,路上通行的凭证。币,见诸侯的见面礼。②辟行之:天子所厌恶者,避而不为;天子所喜好者,则为之。③九税:九种土地税。④九礼:即《大行人》、《小行人》、《司仪》的九仪之礼。⑤九牧:天下分为九州,一州设立一个诸侯长,谓之牧。⑥九禁:郑玄注:"九禁,九法之禁。"九法,即《大司马》的"掌建邦国之九法"。⑦九戎:即《大司马》的

"九伐"。

[译文]

掌交的职责是：掌管手持旌节携带着礼品巡行诸侯的国都以及其他人口集中的都邑，宣讲天子的天威盛德与志趣所在，使人们都知道天子喜好什么、厌恶什么，从而好天子之所好，恶天子之所恶。诸侯之间有希望亲善友好的，从中牵合促成。将百姓感到高兴的事转达给天子及其国君。掌管诸侯之间的互相朝觐聘问，使他们友好相处。向诸侯晓谕九税制度带来的利益，九仪之礼带来的彼此亲近，九牧制度对诸侯之间正常关系的维护，九禁制度使诸侯有所畏惮，九伐制度体现天子威严。

掌察：阙。

掌货贿：阙。

朝大夫：掌都家之国治[1]。日朝，以听国事故[2]，以告其君长[3]。国有政令，则令其朝大夫。凡都家之治于国者，必因其朝大夫，然后听之；唯大事弗因[4]。凡都家之治有不及者，则诛其朝大夫[5]；在军旅，则诛其有司。

[注释]

①都家：王子弟、公卿之采地谓之都；大夫之采地谓之家。②国事故：王国的重大举措。③君长：君，谓拥有采地的三公及王子弟；长，谓拥有采地的卿大夫。④唯大事弗因：因为，如有大事，则非一纸文书所能了事，即当派专使前往朝廷请示。⑤诛其朝大夫：因为朝大夫催促不力。

[译文]

朝大夫的职责是：掌管都家文书的上达朝廷与朝廷文书的下达都家。每天上朝，打听朝廷的重大举措，以报告其君长。朝廷如有专门针对都家的政令，则命令朝大夫将此政令通报其君长。凡都家上报朝廷的文书，一定要通过朝大夫转达，然后才予以受理；只有大事可以不通过朝大夫。凡都家执行朝廷命令有不及时者，则惩罚其朝大夫；如果是在军旅之中，则惩罚其都司马、家司马。

都则：阙。

都士：阙。

家士：阙。

冬官考工记第六

国有六职①,百工与居一焉。或坐而论道;或作而行之;或审曲面势②,以饬五材,以辨民器;或通四方之珍异以资之;或饬力以长地财③;或治丝麻以成之。坐而论道,谓之王公;作而行之,谓之士大夫;审曲面势,以饬五材,以辨民器,谓之百工;通四方之珍异以资之,谓之商旅;饬力以长地财,谓之农夫;治丝麻以成之,谓之妇功。

粤无镈,燕无函,秦无庐,胡无弓车。粤之无镈也,非无镈也,夫人而能为镈也;燕之无函也,非无函也,夫人而能为函也;秦之无庐也,非无庐也,夫人而能为庐也;胡之无弓车也,非无弓车也,夫人而能为弓车也。知者创物,巧者述之,守之世,谓之工。百工之事,皆圣人之作也。烁金以为刃,凝土以为器,作车以行陆,作舟以行水,此皆圣人之所作也。

天有时,地有气,材有美,工有巧。合此四者,然后可以为良。材美、工巧,然而不良,则不时、不得地气也。橘逾淮而北为枳④,鸲鹆不逾济⑤,貉逾汶则死,此地气然也。郑之刀,宋之斤,鲁之削⑥,吴越之剑,迁乎其地,而弗能为良,地气然也。燕之角,荆之干,妢胡之笴,吴粤之金锡,此材之美者也。

天有时以生，有时以杀；草木有时以生，有时以死；石有时以泐；水有时以凝，有时以泽，此天时也。

凡攻木之工七⑦，攻金之工六，攻皮之工五，设色之工五⑧，刮摩之工五，搏埴之工二⑨。攻木之工：轮、舆、弓、庐、匠、车、梓。攻金之工：筑、冶、凫、栗、段、桃。攻皮之工：函、鲍、韗、韦、裘。设色之工：画、缋、钟、筐、㡛。刮摩之工：玉、楖、雕、矢、磬。搏埴之工：陶、瓬。

有虞氏上陶，夏后氏上匠，殷人上梓，周人上舆。故一器而工聚焉者，车为多。车有六等之数⑩：车轸四尺⑪，谓之一等；戈柲六尺有六寸，既建而迤，崇于轸四尺，谓之二等；人长八尺⑫，崇于戈四尺，谓之三等；殳长寻有四尺⑬，崇于人四尺，谓之四等；车戟常⑭，崇于殳四尺，谓之五等；酋矛常有四尺，崇于戟四尺，谓之六等。车谓之六等之数。

凡察车之道，必自载于地者始也，是故察车自轮始。凡察车之道，欲其朴属而微至⑮。不朴属，无以为完久也；不微至，无以为戚速也⑯。轮已崇⑰，则人不能登也；轮已庳⑱，则于马终古登阤也⑲。故兵车之轮六尺有六寸，田车之轮六尺有三寸，乘车之轮六尺有六寸。六尺有六寸之轮，轵崇三尺有三寸也⑳；加轸与轐焉㉑，四尺也。人长八尺，登下以为节。

[注释]

①国有六职：上自天子，下至庶民，共有六等职事。按：从此句开始，到"人长八尺，登下以为节"止，为《考工记总叙》。②审曲面势：审其曲，面其势。此谓因材之宜以制器。③饬：通"敕"。《尔雅·释诂》："敕，劳也。"地财：谓五谷。④枳：落叶灌木或小乔木，果味酸苦，不堪食。也叫枸橘。⑤鸲鹆（qú yù）：八哥。⑥削：削刀。汉人谓之书刀。⑦攻木之工七：加上辀人，实际上攻木之工不是七，而是八。攻，治理，加工。⑧设色：在素物上面涂以彩色。⑨搏埴：拍打黏土。谓制坯，烧制陶器。⑩车有六等之数：

此车谓兵车。⑪轸：本义是舆后横木。此谓车厢的底板。⑫人长八尺：如果按周尺来算，周尺一尺合二十三点一厘米，八尺则为一百八十四点八厘米。⑬寻：长度单位。八尺曰寻。⑭常：长度单位。倍寻曰常。即十六尺。⑮朴属(pú zhǔ)：零件结合紧密牢固的样子。⑯戚：通"促"，快也。⑰已：太，过分。⑱庳(bēi)：低，矮。⑲终古：郑玄说是齐国方言，意思是经常。登陁(zhì)：爬坡。陁，斜坡。⑳轵：车轴的顶端。此谓车轴。车轴的高度恰是车轮的二分之一。㉑轸：此谓车厢底板。軹(bú)：车厢底板下边的两条半月形方木，用以衔住车轴。也叫伏兔。

[译文]

国家有六等职事，百工是其中之一。这六等职事是：有的人坐在那里议论治国的方针大计；有的人起来贯彻执行这些方针大计；有的人审度原材料的具体情况，对金、木、皮、玉、土等五种原材料进行加工，以制造各种器具；有的人将四方的珍异物品加以流通，从中牟利；有的人勤劳种地，以生产粮食；有的人缫丝绩麻，以生产布帛。那些坐在那里议论治国方针大计的人，谓之天子、诸侯；那些起来贯彻执行方针大计的人，谓之士大夫；那些审度原材料的具体情况对金、木、皮、玉、土五种原材料进行加工以制造各种器具的人，谓之百工；那些将四方的珍异物品加以流通而从中牟利的人，谓之商旅；那些勤劳种地以生产粮食的人，谓之农夫；那些缫丝绩麻以生产布帛的人，谓之妇功。

越国没有设置专门制造锄头的工匠，燕国没有设置专门制造铠甲的工匠，秦国没有设置专门制造矛戟之柄的工匠，匈奴没有设置专门制造弓箭、车辆的工匠。越国的没有设置专门制造锄头的工匠，并不是因为那里没有人能够制造锄头，而是因为在那里人人都能够制造锄头；燕国的没有设置专门制造铠甲的工匠，并不是因为那里没有人能够制造铠甲，而是因为在那里人人都能够制造铠甲；秦国的没有设置专门制造矛戟之柄的工匠，并不是因为那里没有人能够制造矛戟之柄，而是因为在那里人人都能够制造矛戟之柄；匈奴的没有设置专门制造弓箭车辆的工匠，并不是因为那里没有人能够制造弓箭车辆，而是因为在那里人人都能够制造弓箭车辆。聪明绝顶的人发明创造了器物之后，能工巧匠可以如法炮制，他们父子世代相传，这就叫做工匠。百工制造的种种器物，都是源自圣人的发明创造。熔化金属以为兵器，凝结泥土以为陶器，发明车子用来在陆地上行走，发明舟船用来在水上行驶，这都是圣人的发明创造。

天的四时有寒温，地的水土有刚柔，原材料有好有坏，工匠有巧有拙，这四个方面的因素都符合要求，然后才可以制造出精良的器物。原材料很好，工匠的手艺也很巧，然而制造出来的器物却不精良，那就是不得天时、不得水土的原因。举例来说，橘树过了淮河以北栽种就变成了枳，八哥从来不飞过济水以北，狗獾渡过岷江就会死掉，这都是由于水土不同才造成这种结果。郑国铸造的刀，宋国铸造的斧斤，鲁国铸造的削刀，吴国、越国铸造的剑，都是质地精良的产品，如果换个地方来生产，质量就大大降低，这也是由于水土不同的原因才造成的。燕国的牛角，荆州的柘木，妢胡的箭杆，吴国、越国的金、锡，这都是原材料中的上等货。天有时是阳气盛，有时是阴气盛；草木有时是生长，有时是枯萎；石头有时崩裂；水有时凝固，有时消融。这就是天时。

总计，治理木材的工匠有七类，治理金属的工匠有六类，治理皮革的工匠有五类，从事设色的工匠有五类，从事刮磨的工匠有五类，从事制坯的工匠有二类。治理木材的工匠是：轮人、舆人、弓人、庐人、匠人、车人、梓人。治理金属的工匠是：筑氏、冶氏、凫氏、栗氏、段氏、桃氏。治理皮革的工匠是：函人、鲍人、韗人、韦人、裘氏。从事设色的工匠是：画人、缋人、钟氏、筐人、慌氏。从事刮磨的工匠是：玉人、楖人、雕人、矢人、磬氏。从事制坯的工匠是：陶人、瓬人。

有虞氏崇尚制造陶器的工匠，夏后氏崇尚建造沟渠水利的工匠，殷人崇尚制造乐器、礼器的工匠，周人崇尚制造车服的工匠。因为周人崇尚制造车服的工匠，所以制造一件器物而需要聚集的工匠门类，以造车为多。凡兵车都有六等差数：车轸离地面的高度是四尺，这是第一等；戈身连柄的长度是六尺六寸，斜插在车舆上，则高于车轸四尺，这是第二等；人的身长是八尺，站在车厢里，又高于戈四尺，这是第三等；殳长一丈二尺，直插在车舆上，又高于人四尺，这是第四等；车舆上直插的戟，其长度是一丈六尺，就比殳又高了四尺，这是第五等；直插在车舆上的酋矛，其长度是二丈，就比戟又高了四尺，这是第六等。这就是兵车的六等差数。

观察车子好坏与否的方法，必自车子接触地面的部件开始，所以，观察车子的好坏，要从轮子开始。而观察轮子的方法，是要看组成轮子的零件是否结合得牢固和轮子与地面的接触面积是否最小。零件结合得不牢固，车子就不可能经久使用；与地面接触的面积不是最小，车子就不可能快速行进。轮子如果离地面太高，则人的上上下下就不方便；轮子如果离地面太低，则马拉的时候就像总是在爬坡，非常吃力。所以兵车车轮的直径是六尺六寸，田车车轮的直径是六尺三寸，乘车车轮的直径是六尺六寸。六尺六寸的车轮，其车轴的高度就是三尺三寸，加上轸与軓的高度，一共是四尺。对于身高八尺的人来说，上上下下就会感到非常方便。

轮人为轮。斩三材必以其时。三材既具，巧者和之。毂也者，以为利转也。辐也者，以为直指也。牙也者，以为固抱也。轮敝，三材不失其职①，谓之完。望而视其轮②，欲其帱尔而下迤也③；进而视之，欲其微至也；无所取之，取诸圜也。望其辐，欲其掣尔而纤也④；进而视之，欲其肉称也；无所取之，取诸易直也。望其毂，欲其眼也；进而视之，欲其帱之廉也⑤；无所取之，取诸急也。视其绠，欲其蚤之正也⑥。察其菑蚤不齵⑦，则轮虽敝不匡。

凡斩毂之道，必矩其阴阳。阳也者，稹理而坚；阴也者，疏理而柔。是故以火养其阴，而齐诸其阳，则毂虽敝不藃⑧。毂小而长，则柞⑨；大而短，则挚⑩。是故六分其轮崇，以其一为之牙围。参分其牙围而漆其二，椁其漆内而中诎之，以为之毂长，以其长为之围，以其围之阞捎其薮。五分其毂之长⑪，去一以为贤，取三以为轵。容毂必直⑫，陈篆必正，施胶必厚，施筋必数，帱必负干。既摩，革色青白，谓之毂之善。

参分其毂长，二在外，一在内，以置其辐。凡辐，量其凿深以为辐广。⑬辐广而凿浅，则是以大扤⑭，虽有良工，莫之能固。凿深而辐小，则是固有馀而强不足也。故竑其辐广以为之弱⑮，则虽有重任，毂不折。参分其辐之长而杀其一，则虽有深泥，亦弗之溓也⑯。参分其毂围，去一以为骹围。揉辐必齐⑰，平沈必均⑱。直以指牙，牙得，则无槷而固⑲；不得，则有槷必足见也。

六尺有六寸之轮，绠参分寸之二，谓之轮之固。凡为轮，行泽者欲杼，行山者欲侔。杼以行泽，则是刀以割涂也⑳，是故涂不附。侔以行山，则是抟以行石也，是故轮虽敝，不甐于凿㉑。凡揉牙，外不廉而内不挫㉒，旁不肿，谓之用火之善。是故规之以视其圜也，萭之以视其匡也㉓，县之以视其辐之直也，水之以视其平沈之均也，量其薮以黍，以视其同也，权之以视其轻重之侔也。故可规、可矩、可水、可县、可量、可权也，谓之国工㉔。

轮人为盖，达常围三寸㉕。桯围倍之㉖，六寸。信其桯围以为部广，部广六寸。部长二尺㉗。桯长倍之，四尺者二㉘。十分寸之一谓之枚㉙，部尊一枚。弓凿广四枚，凿上二枚，凿下四枚。凿深二寸有半，下直二枚，凿端一枚。弓长六尺谓之庇轵，五尺谓之庇轮，四尺谓之庇轸。参分弓长而揉其一。参分其股围㉚，去一以为蚤围㉛。参分弓长，以其一为之尊㉜。上欲尊而宇欲卑㉝。上尊而宇卑，则吐水疾而霤远㉞。盖已崇则难为门也㉟，盖已卑，是蔽目也，是故盖崇十尺㊱。良盖弗冒弗纮㊲，殷亩而驰，不队，谓之国工。

[注释]

①三材不失其职：毂不失其利转之职，辐不失其直指之职，牙不失其固抱之职。②轮：谓牙。③幂（mì）尔而下迤（yǐ）：均匀地下斜。实指牙的弧度均匀。④掔（xiāo）尔而纤：逐渐变细的样子。⑤帱（chóu）：鞔在毂端的皮革。廉：廉隅，棱角。⑥蚤（zhǎo）：通"爪"。谓辐条插入牙中的榫头。⑦菑（zì）：辐条插入毂中的榫头。齵（ǒu）：参差不齐。⑧薉（hào）：因变形而造成的不平。⑨侧（zé）：通"迮"，狭窄。谓辐间的距离狭窄。⑩挚（niè）：通"槷"，倾危不安。⑪五分其毂之长：这里说的是毂长，实际上是在讲毂围。据上文可知，毂长与毂围都是三尺二寸，毂的直径是一尺零三分之二寸。将一尺零三分之二寸分为五等份，每一等份是二寸强。⑫容毂：犹言治毂。⑬"凡辐"二句：已知辐宽是三寸五分，则毂上卯眼的深度（即凿深）也是三寸五分。⑭扤（wù）：摇动，摇晃。⑮紘（hóng）：量度，计量。弱：通"蒻"，谓辐菑。也就是插入毂中的辐条榫头。⑯㸰（nián）：通"黏"，粘上，粘着。此谓辐条上不粘泥。⑰揉：通"煣"。辐条所用的木料未必都直，对于那些弯曲的木料要在用火烤过以后将其拉直，这就叫煣。⑱沈（chén）：即沉。谓将辐条沉没水中。⑲槷（xiè）：木楔儿。⑳涂：泥，泥巴。㉑齻（lìn）：损坏，破敝。㉒外：指轮牙着地一面。内：指轮牙的插辐一面。㉓萭（jǔ）：通"矩"，曲尺。匡：扭曲，高低不平。㉔国工：技术水平为全国第一流的工匠。㉕达常：伞盖的柄分作两截，达常是其上边一截（下边一截叫做桯，见下）。达常之围三寸，则径一寸。㉖桯（yíng）：盖柄的下边一截。桯围是六寸，则径二寸。桯，也叫盖杠。桯上凿有直径为一寸的卯眼，以便将达常插入桯中。㉗部长二尺：这个"二尺"，是部与达常加在一起的长度。部与达

常是用同一根木棍制成。㉘程长倍之，四尺者二：也就是说程长八尺。加上二尺长的达常，车上伞盖的高度就是一丈。㉙枚：一分。一寸的十分之一。㉚股围：弓近部的部分（也就是上文"揉其一"的部分）叫做股。股围也就是弓凿的周长，即一寸六分。一寸六分的三分之一是五分三厘三不尽。㉛蚤围：即爪围。爪是弓的末端。爪围是股围的三分之二，即一寸六厘六不尽。㉜尊：高也。这个高是指弓爪末端低于部的垂直距离。㉝上：伞盖近部的平直部分。宇：伞盖四周的倾斜部分。㉞霤：本义是屋檐上的流水。此谓伞盖上的流水。㉟已：太，甚。㊱盖崇十尺：即盖高十尺。其中部长二尺，程长八尺，合计十尺。㊲纮（hóng）：绳子。此谓用绳子将所有的弓连接起来。

[译文]

　　轮人制造车轮。在砍伐制造毂、辐、牙这三个部件所需要的木材时，一定要按照时令。毂、辐、牙这三个部件造好之后，由能工巧匠将它们装配在一起，就成为一个轮子。对于毂，要求它能够灵活旋转；对于辐，要求它能够笔直地插入毂与牙的凿孔；对于牙，要求它能够牢固地互相合抱。轮子尽管破旧了，而组成轮子的三个部件却仍然保持着各自的功能，这就叫做制造工艺高超。这种制造工艺高超的轮子，从远处看它的牙，赞美它的均匀的弧度；走到跟前去看，又赞美它与地面接触的面积非常之少，原因不是别的，而是由于牙造得很圆。从远处看它的辐条，赞美它根根都是从一头粗变成一头细；走到跟前去看，又赞美它粗的一头说多粗都是多粗、细的一头说多细都是多细，原因不是别的，而是由于辐条造得又平又直。从远处看它的毂，赞美它的均匀整齐；走到跟前去看，又赞美它的鞔革之处棱角隐约可见，原因不是别的，而是由于皮革裹得太紧。近看轮牙虽然外偏，却赞美辐条细的一端的榫头都端正地插入轮牙。只要看到辐条两端的榫头都插得整整齐齐，那么，轮子即便破旧了，辐条也不会歪歪扭扭。

　　凡是砍伐用来造毂的木材，其要诀是，一定要在木材的向阳一面和背阴一面分别刻上记号。因为向阳一面的木材，其纹理密致而且坚固，而背阴一面的木材，其纹理稀疏而且柔软，所以要用火来焙烤背阴的一面，使其硬度和向阳一面的木材相等，这样制造出来的毂，即便是用破了也不会收缩或者鼓疙瘩。毂小而长，辐条之间的距离就狭窄；毂大而短，辐条的榫头就插不牢固。所以将轮子的高度分为六等份，以其中的一份作为牙围的长度。再将牙围的长度分成三份，对其中的二份加以油漆。量得牙围油漆部分的直径而取其一半，用来作为毂长，又以毂长作为毂的围长。以毂的围长的三分之一作为薮的周长来剜空毂心。将毂长分为五等份，去掉其中的二等份，以其中的三等份作为贤的直径；去掉其中的三等份，以其中的二等份作为轵的直径。做成的毂身一定要直，毂上转圈雕刻的花纹一定要正，涂上的胶一定要厚，缠上的筋一定要密，鞔上的皮革一定要紧贴毂身，然后抹上泥子，泥子干了之后再用石头打磨，这时，如果鞔上的皮革显出青白色，就表示此毂是毂中的上品。

将毂长分为三等份，二等份在外边，一等份在里边，这里外交会的地方就是安装辐条的位置。凡是辐条，毂上所凿卯眼的深度就是辐条的宽度。如果辐条的宽度足够而卯眼的深度不够，这样装配起来的辐条就会剧烈摇晃，即使有技术高超的工匠，也没人能使其坚固；如果卯眼的深度足够而辐条比较细小，其结果就是坚固有余而承重的能力太差。所以要量度辐条的宽度，以为毂上辐蓄的深度，这样装配起来的辐条，即便是装载很重，毂也不会折断。将辐条长度分为三等份而将其靠近轮牙的那一份宽度减小，这样一来，即便是在深泥中行进，辐条上也不会粘上泥土。将辐条的股围分成三份，去掉一份，以剩下的二份作为骸围。三十根辐条一定要煣得一样直，放到水里它们的吃水深度也一定是一样的。辐条骸端的榫头笔直地插入轮牙的卯眼里，轮牙的卯眼也不大不小正好容下榫头，这样一来，就是不用楔子也很牢固；如果轮牙的卯眼和辐条的榫头对不上号，那么，就是加上楔子也不牢固。

六尺六寸高的轮子，绠宽三分之二寸，这样装配起来的轮子在车行时就不会摇摇晃晃。凡制造车轮，在泽地中行进的需要将轮牙着地一面削薄，在山地中行进的需要使轮牙的着地一面与插入辐条一面的厚度相等。削薄的轮牙行进在泽地上，简直就是用刀来切割泥巴，所以泥巴就不会粘到轮牙上；上下厚度相等的轮牙行进在山地上，简直就是以厚实的轮牙在石头上滚动，所以即使轮牙被石头啃坏了，也不会伤及牙上的卯眼。凡用火煣牙，能够做到牙的外圈不断裂，牙的里圈不打褶，牙的两侧不鼓疙瘩，这就叫做掌握火候掌握得好。所以，当轮子造好以后，就用圆规来测量它的牙是否很圆，用曲尺来测量牙的两侧是否平整，悬根绳子来测量上下对称的两根辐条是否在一条直线上，把两个轮子放到水里以测量其吃水的深浅是否一样，用黍米来测量两个轮子的薮的直径是否相同，用秤来测量两个轮子的重量是否相等。所以，如果造出的轮子，用规来测量，用矩来测量，放到水里来测量，悬根绳子来测量，用黍米来测量，用秤来测量，六种测量结果统统符合要求，有这样技术水平的造轮工匠就叫做国工。

轮人制作车上的伞盖，伞盖的柄分作上下两截，上边的一截叫做达常，其围长是三寸；下边的一截叫做桯，其围长是达常的二倍，即六寸。将柄的桯围伸展开来作为柄最上端的部的直径，部的直径就是六寸。部与达常连在一起的长度是二尺，桯的长度则是它的二倍，但分作两节，一节四尺。一寸的十分之一叫做枚。部顶上加高一枚，插弓的卯眼，其长宽都是四枚，卯眼的上面留有二枚长的余地，卯眼的下面留有四枚长的余地；卯眼的深度是二寸五分，其下侧平直，到了卯眼的底部，长度就成了二枚，宽度就成了一枚。伞盖的大小有三种：如果伞盖的弓长是六尺，覆盖的面积大，就叫做庇轵；如果伞盖的弓长是五尺，覆盖的面积略小，就叫做庇轮；如果伞盖的弓长是四尺，覆盖的面积最小，就叫做庇轸。将弓长分为三等份，而将其中近部的一份煣直。将弓的股围分成三等份，以其中的二份作为蚕围。将弓长分为三等份，以其中的一份作为弓的末端与部的垂直高度。伞盖的中央部分要高而其四周的边沿部分要低。中央部分高而边沿部分低，雨水落在上面就流得快而泻得远。伞盖太高的话，过门就不方便；伞盖太低的话，就会遮挡乘车人的视线。所以伞盖的高度以十尺为准。好的伞盖，不用在弓的上面蒙布，不用将二十八根弓都用绳子连接起来，任凭车子横驰于田野，弓也不会脱落，技术达到这个水平的工匠就叫做国工。

舆人为车①。轮崇、车广、衡长，参如一②，谓之参称③。参分车广，去一以为隧。④参分其隧，一在前，二在后，以揉其式。⑤以其广之半，为之式崇⑥。以其隧之半，为之较崇⑦。六分其广，以一为之轸围⑧。参分轸围，去一以为式围⑨。参分式围，去一以为较围⑩。参分较围，去一以为轵围⑪。参分轵围，去一以为轛围⑫。

圜者中规⑬，方者中矩⑭，立者中县，衡者中水，直者如生焉⑮，继者如附焉⑯。凡居材，大与小无并⑰，大倚小则摧，引之则绝。栈车欲弇，饰车欲侈⑱。

[注释]

①舆人为车：制造车厢的工匠谓之舆人。这里的"车"，谓舆，即车厢。下文的轼、较、轸、轵、轛，都是车厢的部件。②参（sān）如一：轮崇、车广、衡长，三者都是六尺六寸。衡是辕前驾马的横木，详《辀人》。③参称：三者相等。④"参分车广"二句：车广是六尺六寸，以其三分之二作为车隧（即车厢的长度，纵深。隧，通"遂"），然则车厢的长度就是四尺四寸。这里说的是兵车、乘车。下同。⑤"参分其隧"四句：意思是说，将车厢的长度分为三等份，前边的一等份作为轼的深度，后边的二等份作为轸（即车厢两旁）的深度。已知车厢的长度是四尺四寸，然则轼的深度就是一尺四寸六分

六厘六不尽。式,通"轼"。⑥式崇:即轼崇。轼高是车厢宽度的一半,即三尺三寸。按:这里所说的高,是指距车厢底板的高,不是距地面之高。⑦较(jué):郑玄注:"较,两輢上出轼者。"把郑玄的话扩展开来就是:"较,两輢上端高出于轼的部分。"⑧轸围:既然说轸围是车厢宽度的六分之一,那么轸围便是一尺一寸。轸,车厢后边的、连接两輢底部的横木。轸的长度与车厢宽度相等,也是六尺六寸。⑨式围:即轼围。轼以圆木为之,故此轼围是圆围。⑩较围:较以圆木为之,所以此较围也是圆围。⑪轵围:轵以方木为之,所以轵围是方围。⑫轛(zhuì)围:轛以方木为之,所以轛围也是方围。⑬圜者中规:圜者,指组成车厢的圆形的部件,如轼与较。中规,合乎规(测量圆的工具)的要求。此以下六句是说,对车厢部件的加工和处理如能达到这六句话的标准,才算质量上乘。⑭方者:指组成车厢的方形部件,如轵与轛。⑮如生:郑玄注:"如生,如木从地生。"⑯继者:江永说:"版之相连,与轵、轛横直之相交,皆为继。"如附:郑玄注:"如附,如附枝之弘杀(犹言大小)也。"⑰大与小无并:大的材料与小的材料不能掺杂使用。⑱"栈车欲弇"二句:栈车,士所乘车,栈车无饰,即不用皮革鞔车厢。饰车,大夫以上所乘之车,因为其车厢鞔有皮革,故名饰车。

[译文]

　　舆人制造车厢。轮子的高度、车厢的宽度、衡的长度,三者的尺寸一样,谓之三称。将车厢的宽度分为三等份,去掉一份,以其中的二份作为车厢的纵深长度。将车厢的纵深长度分为三等份,一份在车厢的前边,二份在车厢的后边,并将前边的一份煣作车轼。以车厢宽度的一半作为轼的高度,以车厢纵深长度的一半作为较的高度。将车厢的宽度分为六等份,以其中的一等份作为轸围。将轸围分为三等份,以其中的二等份作为轼围。将轼围分为三等份,以其中的二等份作为较围。将较围分为三等份,以其中的二等份作为轵围。将轵围分为三等份,以其中的二等份作为轛围。

　　车厢上的部件,该圆的都很圆,该方的都很方,该直立的都垂直如线,该横放的都平直如水,直着的就如长在地上的树木那样不可动摇，纵横交叉的就如树干生出的枝条。凡是处理制造车厢的材料，大的材料与小的材料不能掺杂使用，大的材料如果用小的材料支撑，小的材料吃不动，就会折断；小的材料如果用大的材料支撑，则不敢在小的材料上用劲，拉引时就会与大的材料脱开。栈车车厢的两较要向内收敛，饰车车厢的两较要向外伸张。

辀人为辀①。辀有三度②，轴有三理。国马之辀③，深四尺有七寸。田马之辀④，深四尺。驽马之辀⑤，深三尺有三寸。轴有三理：一者以为美也⑥，二者以为久也，三者以为利也。軓前十尺⑦，而策半之⑧。

凡任木：任正者⑨，十分其辀之长⑩，以其一为之围⑪。衡任者⑫，五分其长，以其一为之围。小于度，谓之无任。五分其轸间，以其一为之轴围⑬。十分其辀之长，以其一为之当兔之围⑭。参分其兔围⑮，去一以为颈围⑯。五分其颈围，去一以为踵围⑰。

凡揉辀，欲其孙而无弧深⑱。今夫大车之辕挚⑲，其登又难；既克其登，其覆车也必易。此无故，唯辕直且无桡也。是故大车平地既节轩挚之任⑳，及其登阤㉑，不伏其辕，必缢其牛。此无故，唯辕直且无桡也。故登阤者，倍任者也，犹能以登；及其下阤也，不援其邸㉒，必緧其牛后㉓。此无故，唯辕直且无桡也。是故辀欲颀典㉔。辀深则折，浅则负。辀注则利准，利准则久㉕，和则安。辀欲弧而无折，经而无绝㉖。进则与马谋，退则与人谋；㉗终日驰骋，左不楗㉘；行数千里，马不契需㉙；终岁御，衣衽不敝㉚。此唯辀之和也。劝登马力，马力既竭，辀犹能一取焉。

良辀环灂㉛，自伏兔不至軓七寸，軓中有灂，谓之国辀㉜。轸之方也㉝，以象地也；盖之圜也，以象天也；轮辐三十，以象日月也；盖弓二十有八，以象星也。龙旂九斿，以象大火也㉞；鸟旟七斿㉟，以象鹑火也㊱；熊旗六斿，以象伐也㊲；龟蛇四斿㊳，以象营室也㊴；弧旌枉矢，以象弧也㊵。

[注释]

①辀（zhōu）人：工匠名。以制辀为业。辀，笼统地说，就是车辕。具体地说，辀与辕有别。辀是马车（又叫小车）的辕，形状是弯曲的；辕是牛车的辕，形状是直的。辀只有一根，辀的前端有衡，衡的左右各有一轭，两匹服马各套一轭；而辕是平行的两根，驾车的牛就套在两辕中间。准确地说，辀人负责制造的是辀，不是辕。②辀有三度：郑玄注："度，深浅之数。"辀之所以有三种深度不同的尺寸，是由于驾车的马有三种高度。这也可以叫做量体裁衣。③国马：谓种马、戎马、齐马、道马，这四种马的身高都是八尺。④田马：用以驾田车的马。⑤驽马：用以给百官官府拉车服役的马。⑥美：郑玄注："美，无节目。"即轴体光滑，上面没有疙里疙瘩的东西。⑦轨前十尺：轨，郑玄说："谓舆下三面材，輢軾之所树。"其意盖谓，车厢底部是正方形，有四个边，其充当前面、左面、右面这三面边长的木条就叫做軌（后面的横木叫做轸）。前軌用来竖立軾，左右軌用来竖立輢。这里所说的"軌前"，是指前軌之前。这里所说的"十尺"，是指辀在軌前的直线长度。⑧策：车夫的马鞭。所谓"半之"，是说其长五尺。⑨任正：郑玄注："任正者，谓舆下三面材，持车正者也。"实指軌而言。所谓车正，指车厢；因为车厢是正方形，故名车正。而车厢的重量，主要由軌来承受，故名任正。任者，承受重量之谓。⑩辀之长：辀的总长是一丈四尺四寸，除了軌前十尺外，另外还有四尺四寸（这恰是车厢的长度）在车厢底板下面。⑪以其一为之围：以辀长的十分之一作为軌的围长。然则軌的围长是一尺四寸四分。⑫衡任：郑玄注："衡任者，谓两轭之间也。"⑬"五分其轸间"二句：已知左右轸之间的长度与车厢的宽度相等，即六尺六寸。六尺六寸的五分之一是一尺三寸二分，这就是轴围。轴围与衡围等长。⑭当兔：辀在舆下正中的一段，长约一尺四寸六分强，厚三寸六分，上面隆起，以嵌入舆底所凿的方孔。车厢能够与辀连为一体，正在于此。因为这一段辀正对着一左一右的伏兔，故名当兔。当兔的围长是辀长的十分之一，即一尺四寸四分，与軌的围长相等。⑮兔围：谓伏兔之围。伏兔

之围与当兔之围相等，都是辀长的十分之一，即一尺四寸四分。⑯颈围：颈，辀颈，即辀最前端的持衡部分。颈围是兔围的三分之二，即九寸六分。⑰踵围：踵，辀踵，即辀最后端的承受轸的部分。踵围是颈围的五分之四，即七寸六分八厘。⑱孙：通"逊"，谓顺着木的纹理。弧：本义是木弓，段玉裁说："引申之，为凡纡曲之称。《辀人》曰：'凡揉辀，欲其孙而无弧深。'"⑲大车：运载货物的牛车，直辕。挚：通"轾"，低。⑳轩挚：即轩轾。轻重不均。㉑阤（zhì）：斜坡。㉒邸：通"柢"，车的尾部，车后。㉓緧（qiū）：拴在驾辕牲口屁股周围的皮带。㉔顉典（kěn tiǎn）：坚韧的样子。㉕辀注则利准，利准则久：注，谓弯度适中。这是指軏前的辀而言。准，谓平如水。这是指辀之在舆下者而言。㉖经：与上文的"孙"同义，也是顺着木的纹理。㉗"进则与马谋"二句：郑玄注："言进退之易，与人马之意相应。"㉘左：谓尊者在左。棬：通"卷"，即"倦"的古字。㉙契需（nuò）：马因伤蹄而怯懦。契，开也。马蹄受伤则开坼。需，通"懦"。㉚衽：郑玄注："衽，谓裳也。"㉛环灂（jiào）：环形纹理。㉜国辀：国内第一流的辀。㉝轸：此谓车厢。㉞大火：东方苍龙七宿中的心宿。但心宿只有三星，与九斿的取象不合；而苍龙七宿中的尾宿，有九星，与九斿的取象一致。所以这里说的"象大火"，实际上是象尾。㉟鸟旟：即《司常》之"旟"，因其縿上画有隼鸟，故名。㊱鹑火：南方朱鸟七宿中的柳宿。但柳八星，与七斿的取象不合。而朱鸟七宿中的星宿，有七星，与七斿的取象一致。所以这里说的"象鹑火"，实际上是象星。㊲伐：星名，由三星组成。《史记·天官书》作"罚"。在西方白虎七宿中，伐与参星连体而有六星。㊳龟蛇：王引之校作"龟旐"，是。龟旐，即《司常》之"旐"，因其縿上画有龟蛇，故名。㊴营室：星名，由二星组成。在北方玄武七宿中，营室与东壁连体而有四星。㊵弧：此是星名，属西方参宿。《史记·天官书》："下有四星曰弧。"《正义》曰："弧九星，在狼东南，天之弓也。以伐叛逆，又主备贼盗之知奸邪者。"

[译文]

　　辀人造辀。辀有三种深度不同的尺寸，轴有三个治理的标准。国马驾车所用的辀，其深度是四尺七寸；田马驾车所用的辀，其深度是四尺；驽马驾车所用的辀，其深度是三尺三寸。轴有三个治理的标准：一是要光滑美观，二是要经久耐用，三是要插入毂中粗细适度，旋转灵活。辀在軓前的长度十尺，而车夫的马鞭长度是它的一半。

凡是车上承受重量的木材，都要合乎尺寸的要求：位于车厢下面正前方与两旁的軓，以辀长的十分之一作为它的围长；两軹之间承重的衡，是以衡本身的长度的五分之一作为它的围长。軓与衡的围长如果小于这个尺寸，那就叫做无法胜任它所承担的重量。将左右軫之间的距离分为五等份，以其中的一份作为轴围的长度。将辀长分为十等份，以其中的一份作为当兔的围长。将伏兔的围长分为三等份，以其中的二等份作为辀颈的围长。将辀颈的围长分为五等份，以其中的四等份作为辀踵的围长。

凡是用火煣辀，要顺着木材的纹理而不要使弯曲的程度太深。再看今天的大车，因为用的是直辕，所以前头较低，上坡就很困难；即便是能够上坡，也很容易翻车。这不是由于别的什么原因，纯粹是由于辕是直的而不向上弯曲。所以大车在平地上行走时，还能够通过调节其装载以避免前轻后重或前重后轻，可是等到大车爬坡时，如果没有人帮忙把辕往下压，由于车的后部太重，势必把驾辕的牛给吊起来。这不是由于别的什么原因，纯粹是由于辕是直的而不向上弯曲。所以牛在拉车爬坡时，用的是加倍的力气，但总算还能上得去；等到下坡的时候，如果没有人拉着车的尾部以降低车速，缁就会兜着牛的屁股迫使它留不住步，以至把牛压趴在地。这不是由于别的什么原因，纯粹是由于辕是直的而不向上弯曲。所以马车要用辀，而辀的木质要坚韧。辀如果弯曲得太深就会经不起用力，容易折断；辀如果弯曲得程度不够，就会摩压马背。辀在軓前的弯曲部分如果弯曲适中就利于马的拉车，辀在的车厢下面的平直部分如果平直如水就能使用长久，辀的弯曲部分与平直部分搭配得好，人乘之就感到安稳。辀要煣得有一定的弯度而又不能煣得弯度太大，太大就会折断；辀要顺着木材的纹理去煣，不要破坏其纹理。如果车辀的弯曲部分与平直部分搭配得好，车子的进退就会不但尽如马意，而且也尽如人意；即便终日驰骋，站在车左的尊者也不会感到疲倦；即便走了几千里的路，马也不会因伤蹄而害怕走路；即便一年到头地赶车，车夫的衣裳也不会磨破。这都是辀的弯曲部分与平直部分搭配得好的缘故啊。辀的弯曲部分与平直部分搭配得好，无形中等于是帮助马用力，所以马在收住脚步以后，趁着辀的这种力量，车子还能继续向前行进几步。

良辀上的环形纹理，在軓内七寸的辀上能够始终完好无损，达到这样高质量的辀堪称国辀。车厢之所以做成方形，是用来象征地；车盖之所以做成圆形，是用来象征天；辐条之所以有三十根，是用来象征太阳和月亮三十天就交会一次；车盖上的弓之所以有二十八根，是用来象征天上的二十八宿。龙旂上缀有九根飘带，是用来象征大火星；鸟旟上缀有七根飘带，是用来象征鹑火星；熊旗上缀有六根飘带，是用来象征伐星；龟旐上缀有四根飘带，是用来象征营室星；用弓来撑开各种旗子的正幅，在弓袋上画上枉矢，是用来象征弧星。

攻金之工①：筑氏执下齐②，冶氏执上齐③，凫氏为声，栗氏为量，段氏为镈器，桃氏为刃。金有六齐：六分其金而锡居一，谓之钟鼎之齐；五分其金而锡居一，谓之斧斤之齐；四分其金而锡居一，谓之戈戟之齐；参分其金而锡居一，谓之大刃之齐；五分其金而锡居二，谓之削杀矢之齐④；金锡半，谓之鉴燧之齐⑤。

筑氏为削⑥。长尺博寸，合六而成规⑦。欲新而无穷，敝尽而无恶⑧。

[注释]

①金：指青铜合金。②下齐（jì）：青铜合金中，锡占的比例较大（占三

分之一以下），谓之下齐。齐，通"剂"，谓合金的配制比例。③上齐：青铜合金中，锡占的比例较小（占四分之一以上），谓之上齐。④削、杀矢：书刀、畋猎所用的矢。详《筑氏》《冶氏》。⑤鉴燧：鉴，用以取得明水的铜镜。燧，即《秋官·司烜氏》的夫遂，用以取得明火的铜制凹透镜。⑥筑氏：工匠名。筑，捶打也。削在锻造过程中要经过捶打，故名。削：当笔来用的刀。汉人叫做书刀。⑦合六而成规：将六个一尺长的削合起来围成一个圆。⑧敝尽而无恶：郑玄注："刃也，脊也，其金如一，虽至敝尽，无瑕恶也。"

[译文]

用合金制造器物的工匠：筑氏用锡多铜少的合金作原料，冶氏用铜多锡少的合金作原料，凫氏用合金制造声乐乐器，栗氏用合金制造量器，段氏用合金制造畋器，桃氏用合金制造刀剑。合金有六种配制的比例：含铜六分之五、含锡六分之一的合金，是制造钟鼎的配制比例；含铜五分之四、含锡五分之一的合金，是制造斧斤的配制比例；含铜四分之三、含锡四分之一的合金，是制造戈戟的配制比例；含铜三分之二、含锡三分之一的合金，是制造刀剑的配制比例；含铜五分之三、含锡五分之二的合金，是制造削和杀矢的配制比例；铜锡各占一半，是制造鉴燧的配制比例。

筑氏制造当笔用的削。削的长度是一尺，宽度是一寸，弯度是六十度。要永远锋利，就像刚刚磨过一样，即使刀刃和刀背都用没了，也挑不出什么毛病。

冶氏为杀矢①。刃长寸，围寸，铤十之②，重三垸③。戈广二寸④，内倍之⑤，胡三之⑥，援四之⑦。已倨则不入，已句则不决，长内则折前，短内则不疾。是故倨句外博⑧。重三锊⑨。戟广寸有半寸⑩，内三之，胡四之，援五之，倨句中矩，与刺重三锊。

[注释]

①冶氏：工匠名。负责制造杀矢、戈、戟。②铤：通"茎"，此谓箭头后

部插入箭杆的部分。③锾（huán）：通"镮"。镮，古代的重量单位。④戈：上古兵器。它不是直刺的兵器，而是横击的兵器。⑤内：通"枘"。枘，戈的金属榫头。将戈安到柄上时，就要用它来横穿戈柄（即柲）上的卯眼。⑥胡：援下边的部分。胡，喉也。正因为胡在援的下面，像人的喉咙，故名。⑦援：戈的主体部分。其基部就是枘。戈在安上长柄以后，就像人伸出手臂去援引（即拉引）东西，故名。⑧倨句（gōu）：角度的锐钝。此谓由援与胡形成的角度。外博：向外扩大。⑨锊（luè）：古代重量单位。据郑玄注，一锊约合六两零大半两，三锊则是一斤四两（古代是一斤十六两）。⑩戟：上古兵器。和戈相比，二者大体相似，都有内、有胡、有援；所不同者，戟除了有内、胡、援之外，又多了一个刺。刺的位置与胡相对应。戟，像是一个不规则的"十"字，其上端是刺，左端是援，右端是枘，下端是胡。

[译文]

冶氏制造杀矢。杀矢的箭头长一寸，箭头最宽处的周长一寸，箭头后部插入箭杆的铤长十寸，箭头的重量是三锾。戈的枘、胡、援的宽度都是二寸，枘的长度是其宽度的二倍（即四寸），胡的长度是其宽度的三倍（即六寸），援的长度是其宽度的四倍（即八寸）。援如果向上斜得太厉害，用来啄人就啄不进去；如果向下斜得太厉害，虽然啄得进去，但不能致敌死命。枘如果过于长，就会使援折断；枘如果过于短，就会使援啄人虽入而缓慢。所以，援与胡之间的弯度以略大于九十度为宜。戈的重量是三锊。戟的枘、胡、援、刺的宽度都是一寸半，枘的长度是其宽度的三倍（即四寸半），胡的长度是其宽度的四倍（即六寸），援的长度是其宽度的五倍（即七寸半）。援与胡之间的弯度恰为九十度。加上刺的重量，戟的重量是三锊。

桃氏为剑①。腊广二寸有半寸②，两从半之③。以其腊广为之茎围④，长倍之⑤。中其茎，设其后。⑥参分其腊广，去一以为首广而围之。⑦身长五其茎长，重九锊，谓之上制，上士服之；

身长四其茎长,重七锊,谓之中制,中士服之;身长三其茎长,重五锊,谓之下制,下士服之。

[注释]

①桃氏:工匠名,负责造剑。②腊:谓两刃之间。③两从:剑身的中央有脊,将腊一分为二,就是两从。④茎:谓剑柄。⑤长倍之:剑柄长度是腊广的二倍。⑥"中其茎"二句:将剑柄的后半截逐渐加粗,以便握着有劲。⑦"参分其腊广"二句:谓以腊广的三分之二作为剑首的直径。首,谓剑首。在剑柄的末端。

[译文]

桃氏制造剑。剑的两刃之间的宽度是二寸半,两从的宽度是两刃之间宽度的一半。以两刃之间的宽度作为剑柄的周长,而剑柄的长度则是两刃之间宽度的二倍。从剑柄的正中间往后,使其逐渐变粗。将两刃之间的宽度分为三等份,以其中的二等份作为剑首的直径,剑首为圆形。剑身的长度是剑柄长度的五倍,其重九锊,这样的剑叫做大号,由身材高大的勇士佩带;剑身的长度是剑柄长度的四倍,其重七锊,这样的剑叫做中号,由身材中等的勇士佩带;剑身的长度是剑柄长度的三倍,其重五锊,这样的剑叫做小号,由身材较低的勇士佩带。

凫氏为钟①。两栾谓之铣②,铣间谓之于③,于上谓之鼓④,鼓上谓之钲,钲上谓之舞⑤,舞上谓之甬⑥,甬上谓之衡⑦。钟县谓之旋⑧,旋虫谓之干⑨。钟带谓之篆,篆间谓之枚,枚谓之景。于上之攠谓之隧⑩。

十分其铣,去二以为钲,以其钲为之铣间⑪,去二分以为之鼓间⑫。以其鼓间为之舞修⑬,去二分以为舞广⑭。以其钲之长为之甬长,以其甬长为之围;参分其围,去一以为衡围。参分其甬长,二在上,一在下,以设其旋。

薄厚之所震动，清浊之所由出，侈弇之所由兴，有说。钟已厚则石，已薄则播，侈则柞，弇则郁，长甬则震。是故大钟十分其鼓间，以其一为之厚；小钟十分其钲间，以其一为之厚。钟大而短，则其声疾而短闻；钟小而长，则其声舒而远闻。为遂，六分其厚，以其一为之深而圜之。

[注释]

①凫氏：工匠名。负责铸钟，兼铸鼎。钟：古代乐器。悬挂在筍虡（即乐器架）上，以椎叩击发声。②两栾：钟口的两个角。钟口呈椭圆形，所以才有两角。③于：钟唇，钟口的边沿。④鼓：于上边的一截钟体。按：钟体有两个侧面，每个侧面被分作上下两部分：下边是叩击部位，所以叫做鼓；上边叫做钲。⑤舞：钟顶。⑥甬：钟柄。钟柄铸在钟顶上。钟柄和钟体一样，都是下边宽大，上边则趋于狭小。⑦衡：谓钟柄上端的圆形平面。因为平，故名衡。⑧旋：钟柄上的铜环，用来悬挂钟。上古时"旋"与"环"读音相同。⑨虫：谓野兽。干：衔着铜环的钮鼻儿。⑩攠（mí）：磨灭，磨损。指鼓部所叩击之处，年深日久，磨损为一个凹坑。⑪铣间：两铣之间。也就是钟口的两角之间。这恰是椭圆形钟口的大的直径。⑫鼓间：钟口的两鼓之间。实际上就是椭圆形钟口的小的直径。⑬舞修：椭圆形钟顶的长度。也就是钟顶的大直径。⑭舞广：椭圆形钟顶的宽度。也就是钟顶的小直径。

[译文]

凫氏铸钟。钟口的两角叫做铣，两铣之间的钟口边沿叫做于，于上边的一截钟体叫做鼓，鼓上边的一截钟体叫做钲，钲上边的钟顶叫做舞。舞的上边是钟柄，叫做甬；甬的顶端叫做衡。悬挂钟的铜环叫做旋，铸成野兽头部形状的衔着铜环的钮鼻儿叫做干。钲上隆起的纵横线条叫做篆，篆与篆之间的乳头状隆起物叫做枚，枚也叫做景。于上因撞击而磨损成凹坑的地方叫做遂。

假设钟体的长度是十分，去掉二分以后，以其余的八分作为钲的长度；再以钲的长度作为两铣之间的长度（实际上就是钟口的大直径）；再将两铣之间的长度去掉二分，以其余的六分作为两鼓之间的长度（实际上就是钟口的小直径）；再以两鼓之间的长度作为舞的长度（实际上就是钟顶的大直径），去掉二分，还剩四分，用来作为舞的宽度（实际上就是钟顶的小直径）。以钟体上钲的长度作为甬的长度。又以甬的长度作为甬的围长。将甬的围长分为三份，以其三分之二作为衡围。将甬的长度分为三份，以其中的二份作为甬的上半截，其中的一份作为甬的下半截，旋的位置就设在上下半截的衔接处。

钟壁的厚薄会给震动带来什么影响，发出的声音为什么有清有浊，钟口的大小会引起什么样的后果，这都是有说道的。如果钟壁太厚，就会像敲击石头一样不出声音；如果钟壁太薄，发出的声音就会震颤飘忽；如果钟口偏大，发出的声音就狭窄细长；如果钟口偏小，发出的声音就抑郁不扬；如果钟柄过长，发出的声音就摇摆不定。所以，对于大号的钟，以其两鼓之间长度的十分之一作为钟壁的厚度；对于小号的钟，以其两钲之间长度的十分之一作为钟壁的厚度。钟体宽大而短小，就会导致发出的声音急速但却戛然而止；钟体细小而狭长，就会导致发出的声音舒缓但却传播遥远。在造遂的时候，以钟壁厚度的六分之一作为它凹下去的圆坑的深度。

栗氏为量①。改煎金锡则不耗②，不耗然后权之，权之然后准之，准之然后量之。量之以为鬴③，深尺，内方尺而圜其外④，其实一鬴。其臀一寸，其实一豆⑤；其耳三寸，其实一升。重一钧⑥。其声中黄钟之宫。概而不税⑦。

其铭曰："时文思索，允臻其极。嘉量既成，以观四国。永启厥后，兹器维则⑧。"

凡铸金之状⑨：金与锡黑浊之气竭，黄白次之；黄白之气竭，青白次之；青白之气竭，青气次之。然后可铸也。

[注释]

①栗氏：工匠名。负责铸造升、豆、区、釜等量器。②改煎：谓反复冶炼。不耗：谓杂质除净。③鬴（fǔ）：古代量器名。一鬴等于六斗四升。④内：古"纳"字，容纳。⑤豆：古代容量单位。四升为一豆，四豆为一区（"瓯"的假借字），四区为一鬴，十鬴为一钟。⑥钧：古代重量单位。三十斤为一钧。⑦概：刮平量器的木棍。梲：通"脱"，脱落。按：概而不梲，极力形容量器铸造得合乎标准。⑧"时文思索"六句：这六句是韵语，韵脚"极"、"国"、"则"，属于上古音的职部字。时，是也，此也。允，犹用也。臻，达到。极，最高境界。⑨凡铸金之状：此以下是针对所有的攻金之工来说的。因为栗氏讲到了"改煎"金属，所以就缀于此节。

[译文]

栗氏铸造量器。铸造之前，要将铜锡矿石反复地冶炼，直到炼出纯粹的铜锡为止。炼出纯粹的铜锡之后，用秤称出铸造量器所需铜锡的重量；得出重量之后，用水来测出所需铜锡的体积与轻重之比例；得出体积与轻重的比例之后，将适量的铜锡熔汁注入铸造量器的模具中。注入模具中以铸造鬴，鬴深一尺，容积为一尺见方，而外呈圆形，其容量即为一鬴。鬴的底座深一寸，其容量为一豆。鬴的两耳，各深三寸，其容量为一升。鬴的重量是一钧。敲击鬴所发出的声音，与黄钟律的宫声相应。鬴中盛满粮食以后，用概来刮平它，竟然刮不掉一粒粮食。

铸鬴的模具上刻写着如下的铭文："这位文德之君思索着铸造量器，用来达到高度的精确。现在此标准量器已经铸成，特颁示四方各国。永远地开导你们的后代，这个量器就是样板。"

凡是在冶炼金属的时候，要注意观察火候：冶炼铜与锡时，由于杂质的原因，一开始会产生黑色浓烟，黑色浓烟消失后接着会产生黄白色烟雾，黄白色烟雾消失后接着会产生青白色的烟雾，青白色烟雾消失后接着会产生青色烟雾，青色烟雾消失后，表示杂质已经没有了，这时就可以浇铸了。

段氏[1]：阙。

[注释]

①段氏：工匠名。负责锻造农具。段，通"锻"，锻造。其职文阙。

函人为甲[1]。犀甲七属[2]，兕甲六属，合甲五属[3]。犀甲寿百年，兕甲寿二百年，合甲寿三百年。凡为甲，必先为容，然后制革。权其上旅与其下旅[4]，而重若一。以其长为之围[5]。凡甲，锻不挚则不坚[6]，已敝则挠。凡察革之道：视其钻空，欲其惌也[7]；视其里，欲其易也[8]；视其朕[9]，欲其直也；橐之[10]，欲其约也；举而视之，欲其丰也；衣之，欲其无齘也[11]。视其钻空而惌，则革坚也；视其里而易，则材更也；视其朕而直，则制善也；橐之而约，则周也；举之而丰，则明也；衣之无齘，则变也。

[注释]

①函人：工匠名。负责用革制甲。函，铠甲。②犀甲：用犀牛皮制成的甲。七属（zhǔ）：甲的上衣、下裳（即上旅、下旅。详下）均由七叶革片连缀而成。③合甲：用两层皮革（犀革或兕革）贴合在一起制成的甲。④上旅：郑众云："上旅谓要以上，下旅谓要以下。"要，古"腰"字。按：旅，通"膂"。膂的本义是脊骨。上旅，谓膂以上，即腰以上，指甲的上衣。下旅，谓膂以下，即腰以下，指甲的下裳。⑤以其长：以甲的长度。⑥挚：通"致"，精致。⑦惌（wǎn）：郑众云："惌，小孔貌。"即针眼很小的样子。⑧易：平坦光滑。⑨朕（zhèn）：衣缝。⑩橐（gāo）：收藏铠甲的袋子。⑪齘（xiè）：本义是牙齿相切。此谓革片互相摩擦。

[译文]

函人制甲。犀甲的上衣、下裳都是由七块革片连缀而成，兕甲的上衣、下裳都是由六块革片连缀而成，合甲的上衣、下裳都是由五块革片连缀而成。犀甲可以使用一百年，兕甲可以使用二百年，合甲可以使用三百年。凡制甲，一定要首先根据将士的身材设计出几种大小长短不同的型号，然后裁制革片。要称一称上衣的革片与下裳的革片，二者的重量要务必相等。以甲的长度作为甲的腰围。凡甲，如果革片锻椎得不够精致就不坚固，如果革片锻椎过份损伤革理就会弯曲不平。观察甲的质量好坏的要领是：看看连缀革片的针眼怎样，针眼越小越好；看看革片的里面怎样，里面越光滑越好；看看甲缝怎样，甲缝越直越好；看看卷到包里怎样，占的地方越小越好；再把它举起来看看，展开得越丰满越好；再穿上试试，革片不互相摩擦者为好。看到针眼很小，就说明革片坚固；看到革里很光滑，就说明革的质地优良；看到甲缝笔直，就说明做工精良；卷起来占的地方很小，就说明革片连缀紧密；举起来显得丰满，就说明甲表熠熠生辉；穿起来革片不互相摩擦，就说明它能够适应人体的各种姿势的变换。

鲍人之事①：望而视之，欲其荼白也②；进而握之，欲其柔而滑也；卷而抟之③，欲其无迆也；视其著，欲其浅也；④察其线，欲其藏也。革欲其荼白，而疾浣之⑤，则坚；欲其柔滑，而腃脂之⑥，则需⑦。引而信之⑧，欲其直也。信之而直，则取材正也。信之而枉，则是一方缓、一方急也。若苟一方缓、一方急，则及其用之也，必自其急者先裂。若苟自急者先裂，则是以博为帴也⑨。卷而抟之而不迆，则厚薄序也。视其著而浅，则革信也。察其线而藏，则虽敝不甐⑩。

[注释]

①鲍（páo）人：工匠名。负责制革。②荼（tú）：茅草的白花。③抟（zhuàn）：通"缚"，卷束。④"视其著"二句：江永说："言缝合两皮相著之处，浅缘其边也。"著，盖两革边缘缝合在一起的重叠部分。⑤疾浣

(huàn)之：浣，洗也。洗是为了去掉革上的不洁，使其白；但又不能在水中久泡，久泡就会损害革的韧性，所以要洗得快一点儿。⑥脝（wò）：厚。⑦需：当作"耎"。耎，同"软"，柔软。⑧信：通"伸"，伸展。⑨帴（jiǎn）：狭窄。⑩瓬（lìn）：损坏，破敝。

[译文]

鲍人所鞣制的皮革：从远处望去，要求它像是茅草开的白花那样的白；走到跟前去抚摸，要求它使人感到柔软而又光滑；把皮革伸展开来，要求皮面平直；把皮革卷紧，要求皮面不得歪斜；看看两张皮革的压边缝合之处，要求它尽量地窄一些；观察缝合皮革的针脚，要求它尽量藏而不露。对于皮革，要求它像是茅草开的白花那样白，而快速洗涤它，就会坚固；要求它柔软光滑，而厚厚地涂上一层油脂，就会柔软；伸展开的皮革是平直的，就说明在裁剪时注意到了皮革腠理的齐整；伸展开以后是弯曲的，就说明皮革是一边紧一边松。如果皮革是一边紧一边松，等到使用的时候，一定会从紧的一边首先断裂。如果是从紧的一边首先断裂，这简直是把一块宽大的皮革当做狭窄的皮条来用了。把皮革卷紧而皮面不歪斜，就说明皮子的厚薄均匀；看到皮革的压边缝合之处很窄，就说明皮革不会伸缩变形；观察到缝合皮革的针脚藏而不露，就说明皮子破了线也不会断。

韗人为皋陶①。长六尺有六寸②，左右端广六寸③，中尺④，厚三寸⑤。穿者三之一。上三正。鼓长八尺，鼓四尺，中围加三之一，谓之鼖鼓⑥。为皋鼓⑦，长寻有四尺，鼓四尺，倨句，磬折⑧。凡冒鼓，必以启蛰之日⑨。良鼓瑕如积环⑩。鼓大而短，则其声疾而短闻；鼓小而长，则其声舒而远闻。

[注释]

①韗（yùn）人：工匠名。负责造鼓。皋陶：郑众说是鼓的木框，也就

是鼓身。②长：这个"长"，是指鼓框的屈折长度，不是指鼓的两面的直线距离。下同。③左右端广六寸：一个完整的鼓框由二十块木板拼成，这里所说的左右端，就是指每块木板的两头。六寸乘以二十，得一丈二尺，此即鼓面的周长。④中：指每块木板的中间隆起部分。⑤厚三寸：谓每块木板中间隆起部分厚三寸。⑥鼖（fén）鼓：鼓名。用在军事行动中。⑦皋鼓：鼓名。用于指挥劳役。⑧磬折：磬是古代乐器，状如曲尺。此谓形成像磬折那样的角度。只有两折的木板才能形成磬折之形。鼖鼓的鼓框是三折，所以，形不成磬折之形。⑨启蛰：即惊蛰。⑩瑕如积环：瑕是鼓皮漆过以后的痕迹。由于鼓皮绷得很紧，鼓皮上的毛孔被放大，就形成了无数的小圆圈。

[译文]

韗人制造鼓框。鼓框的长度是六尺六寸，一个鼓框由二十块木板拼成，每块木板的左右两头的宽度是六寸，中间的宽度是一尺，厚三寸，鼓框中央鼓肚部分的隆起高度是鼓面直径的三分之一。构成鼓框的每块木板为三折，每折之上，板面平直。鼓框的长度是八尺，鼓面的直径是四尺，鼓框中央鼓肚部分的周长比鼓面的周长增加三分之一，这样的鼓叫做鼖鼓。制作皋鼓，其鼓框的长度是一丈二尺，鼓面的直径是四尺，构成鼓框的每块木板为两折，其中央鼓肚部分弯曲，呈钝角之形。凡是用皮革蒙鼓，一定要选择惊蛰那一天。好鼓的鼓皮漆过之后，其纹理如同布满了环形图案。如果鼓面宽大而鼓框短小，就会导致发出的声音急速但却戛然而止；如果鼓面短小而鼓框狭长，就会导致发出的声音舒缓但却传播遥远。

韦氏[①]：阙。

[注释]

①韦氏：工匠名。负责治理熟皮。其职文阙。

裘氏[①]：阙。

[注释]

①裘氏：工匠名。负责制裘。其职文阙。

画缋之事①：杂五色②。东方谓之青，南方谓之赤，西方谓之白，北方谓之黑，天谓之玄，地谓之黄。青与白相次也，赤与黑相次也，玄与黄相次也。③青与赤谓之文④，赤与白谓之章，白与黑谓之黼⑤，黑与青谓之黻⑥，五采备谓之绣。土以黄，其象方；天时变，火以圜，山以章，水以龙；鸟，兽，蛇。杂四时五色之位以章之⑦，谓之巧。凡画缋之事，后素功⑧。

[注释]

①画缋（huì）：工匠名。负责绘画和刺绣。缋，通"绘"，刺绣。《考工记·总序》以画缋为两种工匠，即画人和缋人。②五色：即下文的东南西北天地六种方色：青、赤、白、黑、黄。天的颜色是玄色，北方的颜色是黑色，玄色与黑色，大同小异，视作一色，故云五色。③"青与白相次也"三句：郑玄注："此言布采之第次。"布采，即着色；第次，即次第、顺序。④青与赤谓之文：此以下五句是说刺绣所用的彩色。⑤黼：一种斧形两两相背的图案，盖斧刃为白色而斧身为黑色。⑥黻：一种弓形两两相背的图案，盖一半黑色一半青色。⑦四时五色：依据《礼记·月令》所记，即春季的青色、夏季的赤色、秋季的白色、冬季的黑色和季夏（六月）的黄色。⑧后素功：据郑玄注，素指白色，因为白色容易被其他颜色污染，所以最后才着白色。

[译文]

画缋的工作，就是调配五种颜色以形成种种图案。东方的颜色谓之青，南方的颜色谓之赤，西方的颜色谓之白，北方的颜色谓之黑，天的颜色谓之玄，地的颜色谓之黄。着色的顺序是，先青色而后白色，先赤色而后黑色，先玄色而后黄色。刺绣所用的色彩：青色与赤色搭配谓之文，赤色与白色搭配谓之章，白色与黑色搭配谓之黼，黑色与青色搭配谓之黻，五种颜色齐备谓之绣。如果画土，就用黄色，象征地方；如果画天，所用的颜色要随季节变化而变化；如果画火，就用圆形来表示；如果画山，就用赤色与白色搭配；如果画水，就用画龙来表示；画鸟，画兽，画蛇。无论是绘画或者刺绣，能够把五种颜色调配得当，使图案鲜明，就叫做巧。凡是绘画之事，都是最后再着白色。

钟氏染羽①。以朱湛丹秫②，三月而炽之③，淳而渍之④。三入为纁⑤，五入为緅⑥，七入为缁。

[注释]

①钟氏：工匠名。负责为羽毛染色。这些染色的羽毛用来装饰旌旗以及天子、王后的乘车。②朱：朱砂。湛：通"渐"，浸泡。丹秫（shú）：郑众说是"赤粟"，程瑶田说是"北方谓之高粱，或谓之红粱"。然则即今之红高粱。③炽：通"饎"，炊也，蒸也。④淳而渍之：郑玄注："淳，沃也。以炊下汤沃其炽，蒸之以渍羽。渍犹染也。"⑤纁（xūn）：浅绛色。⑥緅（zōu）：青赤色。

[译文]

钟氏负责为羽毛染色。事先将朱砂和丹秫用水浸泡起来，三个月以后再放到笼上去蒸，蒸过一遍以后，将蒸汤水浇灌到被蒸的朱砂和丹秫上，然后再蒸，这样得出的浓汁就可以用来染羽毛了。在这样的浓汁中浸染三次就会得到纁色，浸染五次就会得到緅色，浸染七次就会得到缁色。

筐人①：阙。

[注释]

①筐人：工匠名。此工文阙，其职事无考。学者怀疑是加工丝枲布帛的工匠。

慌氏湅丝①，以涗水沤其丝②，七日，去地尺暴之。昼暴诸日，夜宿诸井，七日七夜，是谓水涑。涑帛③，以栏为灰④，渥淳其帛⑤，实诸泽器，淫之以蜃⑥。清其灰而盝之⑦，而挥之；而沃之，而盝之；而涂之，而宿之。明日，沃而盝之。昼暴诸日，夜宿诸井，七日七夜，是谓水涑。

[注释]

①慌（máng）氏：工匠名。负责涑丝涑帛。涑（liàn）丝：将丝帛煮熟漂白。涑丝有灰涑、水涑二法。详下。②涗（shuì）水：经过过滤的灰水。灰，指楝木灰，能去污。③涑帛：涑帛也有灰涑、水涑二法，详下。④栏（liàn）：木名。今作"楝"。⑤渥：厚也。淳（zhūn）：浇灌。⑥淫之以蜃：薄薄地涂上一层蜃灰，目的是让帛洁白。⑦盝：沥掉水分。

[译文]

慌氏涑丝时，先把丝浸泡在过滤后的灰水中，沤上七天，然后离地面一尺悬挂起来，在阳光下暴晒。这叫做灰涑。白天在阳光下暴晒，夜里吊在井里让井水浸泡，一连七天七夜都是这样。这叫做水涑。涑帛时，用楝树的灰加水搅拌成汁，厚厚地浇灌在帛上，盛放在光滑的容器中，薄薄地涂上一层蜃灰。然后将帛放在清水中将帛上的灰洗掉，再将帛上的水分沥掉晾干，然后抖落帛上的蜃灰；然后再用灰汁浇灌，浇灌以后再沥掉水分晾干；然后再涂上一层蜃灰，并放在光滑的容器中过夜。第二天早晨，再用灰汁浇灌，到了夜晚，再沥去水分晾干。这样的连着七天七夜，这叫做帛的灰涑。白天在阳光下暴晒，夜里吊在井里让井水浸泡，一连七天七夜都是这样，这叫做帛的水涑。

玉人之事①：镇圭尺有二寸②，天子守之；命圭九寸③，谓之桓圭④，公守之；命圭七寸，谓之信圭⑤，侯守之；命圭七寸，谓之躬圭⑥，伯守之。天子执冒⑦，四寸，以朝诸侯。天子用全，上公用龙，侯用瓒，伯用将。继子男，执皮帛。

天子圭中必。四圭尺有二寸⑧，以祀天。大圭长三尺⑨，杼上终葵首⑩，天子服之。土圭尺有五寸⑪，以致日，以土地。裸圭尺有二寸，有瓒，以祀庙。琬圭九寸而缫⑫，以象德。琰圭九寸⑬，判规，以除慝，以易行。璧羡度尺，好三寸⑭，以为度。圭璧五寸⑮，以祀日月星辰。

璧琮九寸，诸侯以享天子。谷圭七寸⑯，天子以聘女。大璋、中璋九寸⑰，边璋七寸，射四寸⑱，厚寸。黄金勺⑲，青金外⑳，朱中。鼻寸㉑，衡四寸。有缫。天子以巡守，宗祝以前马㉒。大璋亦如之，诸侯以聘女。瑑圭璋八寸，璧琮八寸，㉓以覜聘㉔。牙璋、中璋七寸㉕，射二寸，厚寸，以起军旅，以治兵守。驵琮五寸㉖，宗后以为权。大琮十有二寸㉗，射四寸，厚寸，是谓内镇㉘，宗后守之。驵琮七寸，鼻寸有半寸，天子以为权。两圭五寸，有邸㉙，以祀地，以旅四望。瑑琮八寸，诸侯以享夫人。案十有二寸㉚，枣、栗十有二列，诸侯纯九㉛，大夫纯五，夫人以劳诸侯。璋邸射㉜，素功，以祀山川，以致稍饩。

[注释]
①玉人：工匠名。以治玉为业。②镇圭：天子的瑞玉。③命圭：天子在册命诸侯时赐予诸侯的圭。平时珍藏起来，朝觐时则手执之。④桓圭：公爵的瑞玉。⑤信（shēn）圭：侯爵的瑞玉。⑥躬圭：伯爵的瑞玉。⑦冒：通"瑁"。按：瑁是四寸见方的一块玉，但其下部的一寸半被掏空成钝角形。⑧四圭：即四圭有邸。一种玉名。将一块玉的中央部分雕成璧形，再以此璧为出发点，在东南西北四个方向各雕出一个圭。⑨大圭：天子的玉笏。长三尺，宽三寸。⑩终葵：即椎。⑪土圭：玉名。长一尺五寸，其宽度、厚度以及顶端，与桓圭同。⑫琬圭：一种玉名。长九寸，上端为隆起的半圆形。是天子使臣传达王命时所持之瑞节。⑬琰圭：一种玉名。长九寸，上端锐如锋芒。⑭好：璧中央的孔。⑮圭璧：一种玉名。在直径六寸的璧上雕出一个五寸长的圭，即得。⑯谷圭：一种玉名。长七寸，上面刻有五谷图纹。天子派遣使臣去

做好事,就授予使臣谷圭作为瑞节。⑰大璋、中璋:包括下文的边璋,这三璋都是以璋为柄的舀郁鬯香酒的勺子,礼书谓之璋瓒。⑱射:指璋上端的锐出部分。⑲黄金:黄铜。⑳青金:铅。㉑鼻:勺子前端锐出的流嘴。㉒马:这是用作牺牲的马。此马谓黄驹。㉓"琢圭璋"二句:琢(zhuàn),在玉器上雕刻的隆起装饰纹。所谓琢圭,就是刻有隆起花纹的圭。琢璋、琢璧、琢琮,可以类推。㉔觐(tiào)聘:都是聘问。二者的区别是,众多诸侯的大夫定期来聘叫觐,天子有事才特地前来,不定期,这叫聘。㉕牙璋、中璋:两种玉名。其上端锐出部分的边缘刻为锯齿状,故称。㉖驵:通"组",绶,丝带。㉗大琮十有二寸:这"十有二寸"包括了下文的"射四寸"。琮本来是八边形的玉,直径八寸,现在两旁各增加射二寸,即得十有二寸。㉘内镇:此大琮相当于天子的镇圭,但平时由王后珍藏,故称内镇。㉙两圭五寸,有邸:即《典瑞》的"两圭有邸"。其形状,是将一块玉的中央部分先雕成直径六寸的琮形,然后以此琮为出发点,在相对的两个方向上各雕出一个五寸长的圭,即得。这个邸,是指中央的琮。㉚案:谓有玉饰的盛放食品的盘子。㉛纯(quán):一双,一对。因为是两两并列陈放,故曰纯。㉜璋邸射:一种玉名。其形状是一璋一琮的联合体,只不过琮的八个钝角被削成了锐角。

[译文]

玉人的工作是雕琢玉器:一尺二寸长的镇圭,平时由天子珍藏;九寸长的命圭,谓之桓圭,平时由公爵级别的诸侯珍藏;七寸长的命圭,谓之信圭,平时由侯爵级别的诸侯珍藏;七寸长的命圭,谓之躬圭,平时由伯爵级别的诸侯珍藏。天子所执的瑁四寸见方,用来接受诸侯的朝见。玉饰的用玉规格是:天子使用纯粹的玉;上公使用的玉,石的成分占百分之二十;侯爵使用的玉,石的成分占百分之四十;伯爵使用的玉,石的成分占一半。上公的孤朝见天子的顺序排在子爵男爵诸侯的后面,手执皮帛作为见面礼。

天子所执的圭,圭的中部要系上丝带。一尺二寸长的四圭有邸,用来祭天。三尺长的大圭,其上半截的宽度略有削减,而最上端呈方椎形,天子将它插在腰带上。一尺五寸长的土圭,用来测量日影，用来度量土地。一尺二寸长的裸圭，其前端有勺，用来祭祀宗庙。九寸长的琬圭加上其衬垫，用来象征诸侯的有德。九寸长的琰圭，其上半截呈锐角形，其下半截刻有凸起的纹饰，用来除去有邪恶的诸侯，用来责令有恶行的诸侯改弦易辙。长度延长为一尺、宽度缩减为八寸的璧，其中央圆孔的直径为三寸，用来作为计算长度的标准。五寸长的圭璧，用来祭祀日月星辰。

直径九寸的璧与直径九寸的琮，诸侯朝觐时用来献给天子和王后。七寸长的谷圭，天子用来作为提亲的聘礼。大璋的长度也和谷圭一样，诸侯用来作为提亲的聘礼。九寸长的大璋、中璋，七寸长的边璋，其上端锐出部分都是长四寸，整体厚度都是一寸，璋的末端安勺，勺内镀以黄铜，勺外镀以铅，勺内漆以朱漆，勺前端有流嘴，勺的直径为四寸，有衬垫，天子巡守时用来祭祀路过的山川，大祝在杀马以前用来行裸礼。刻有隆起花纹的圭，其长八寸；刻有隆起花纹的璋，其长八寸；刻有隆起花纹的璧，其直径八寸；刻有隆起花纹的琮，其直径八寸。以上四玉，上公之臣用来觌聘天子。七寸长的牙璋、中璋，其上端锐出部分都是长二寸，整体厚度都是一寸，用来调动部队，用来调兵防守。系有丝带的琮，其直径为五寸者，王后用作秤锤。大琮，其直径为一尺二寸，锐出部分为四寸，厚一寸，这样的大琮叫做"内镇"，平时由王后珍藏。系有丝带的琮，其直径为七寸，钮鼻长一寸半者，天子用作秤锤。五寸长的两圭有邸，用来祭地，用来旅祭四方的名山大川。刻有隆起花纹的琮，其直径为八寸，诸侯用来献给所朝聘国君的夫人。玉饰的案，高一尺二寸；陈放枣子的玉案有十二列，陈放栗子的玉案有十二列，这是王后郊劳来朝二王后裔的礼数；陈放枣子的玉案有九列，陈放栗子的玉案有九列，这是王后郊劳来朝诸侯的礼数；陈放枣子的玉案有五列，陈放栗子的玉案有五列，这是王后郊劳来朝诸侯大夫的礼数。璋邸射这种玉，上面没有任何纹饰，用来祭祀山川，用来作为到宾客下榻的宾馆馈赠生熟食品的信物。

梱人①：阙。

[注释]

①梱人：即栉人。梱，同"栉"。工匠名，盖以制作梳子、篦子为业。其职文阙。

雕人①：阙。

[注释]

①雕人：工匠名。盖以雕琢骨角为业。其职文阙。

磬氏为磬①。倨句一矩有半②。其博为一③，股为二，鼓为三。参分其股博，去一以为鼓博；参分其鼓博，以其一为之厚。已上则摩其旁④，已下则摩其端⑤。

[注释]

①磬氏：工匠名。以制磬为业。磬的整体形状，像鞠躬四十五度的人。其用于悬挂的倾斜部分叫做股，其用于敲击的垂直部分叫做鼓。②倨句（gōu）一矩有半：倨句，此谓股与鼓之间的夹角。一矩是九十度，一矩有半就是一百三十五度。③其博为一：假设股的宽度是一。④已上：谓声音太清。已，太也。摩其旁：将股与鼓的两边磨薄。⑤摩其端：将股的上端与鼓的下端磨短。磨短以后声音就可以变清。

[译文]

磬氏制做磬。磬的股与鼓之间的夹角是一百三十五度。假设股的宽度是一，那么，股的长度就是二，鼓的长度就是三。将股的宽度分作三等份，去掉其中的一等份，以剩下的二等份作为鼓的宽度；再将鼓的宽度分作三等份，以其中的一等份作为磬的厚度。磬制成以后，如果发出的声音太清，就将磬的两旁磨薄，以期纠正；

如果发出的声音太浊，就将磬的两端磨短，以期纠正。

矢人为矢①。鍭矢参分，茀矢参分，一在前，二在后②。兵矢、田矢五分，二在前，三在后。杀矢七分，三在前，四在后。参分其长而杀其一③，五分其长而羽其一④，以其笴厚为之羽深⑤。水之以辨其阴阳⑥，夹其阴阳以设其比⑦，夹其比以设其羽，参分其羽以设其刃，则虽有疾风，亦弗之能惮矣⑧。刃长寸，围寸，铤十之，重三垸。前弱则俯，后弱则翔；中弱则纡，中强则扬⑨；羽丰则迟，羽杀则趮⑩。是故夹而摇之，以视其丰杀之节也；桡之，以视其丰杀之称也。凡相笴⑪，欲生而抟⑫；同抟，欲重；同重，节欲疏；同疏，欲栗⑬。

[注释]

①矢人：工匠名。以造箭为业。《考工记》中的箭由两部分组成。一是刃，即金属箭头，长二寸；二是笴，即木质的箭杆，一般的长度为三尺。②一在前，二在后：这是为了保持箭杆重量的前后均衡，前后均衡则箭道正常。③参分其长而杀（shài）其一：长，谓箭杆的长度。箭杆的长度通常为三尺。杀其一，指将箭杆前端的一尺由后向前逐渐削细，细到和箭头的粗细一致。④五分其长而羽其一：按照三尺长的箭杆来计算，其五分之一是六寸。也就是在箭杆末端的六寸部位插上羽毛。⑤笴（gān）：箭杆。⑥阴阳：箭杆的阴面和阳面。阴面，背阳的一面；阳面，向阳的一面。⑦比：又叫栝。即在箭杆末端的横截面上刻一道槽，槽的两边不应该是一边全是阴面，一边全是阳面，而应该是每一边都是一半阴面、一半阳面。⑧惮：掉也，今云摇摆。⑨"前弱则俯"四句：这四句都是说箭杆不符合要求带来的弊病。⑩"羽丰则迟"二句：这二句是说箭杆上羽毛偏多偏少带来的弊病。⑪相：相看，选择。⑫抟：圆也。⑬欲栗：郑众云："欲栗，欲其色如栗也。"栗，谓栗木，栗木质地坚实。

[译文]

矢人造箭。将鍭矢的箭杆分作三等份，将杀矢的箭杆分作三等份，使其箭杆前面的一等份与箭杆后面的二等份轻重相等。将兵矢、田矢的箭杆分作五等份，使其箭杆前面的二等份与箭杆后面的三等份轻重相等。将茀矢的箭杆分作七等份，使其箭杆前面的三等份与后面的四等份轻重相等。将箭杆的长度分作三等份，使箭杆前面的一等份逐渐变细。将箭杆的长度分作五等份，在箭杆最后面的一等份安上羽毛。箭杆的厚度，也就是羽毛插进箭杆的深度。将箭杆放入水里，以辨别出箭杆的阴面和阳面；然后在箭杆末端的阴阳两面的垂直平分线上刻出一道扣弦的槽，然后在此槽的两旁设置羽毛。将安上羽毛的那段箭杆分作三等份，以其中的一等份作为箭头的长度。这样造成的箭，即使有大风的干扰，射出去以后也不会摇摇摆摆。箭头长一寸，箭头最宽处的周长一寸，箭头后部插入箭杆的铤长十寸，箭头的重量是三垸。如果箭杆的前端较弱，箭在飞行时就会下俯；如果箭杆的后端较弱，箭在飞行时就会上仰；如果箭杆的中部较弱，箭在飞行时就会线路不直；如果箭杆的中部较强，箭在飞行时就会飘忽不定；箭杆上的羽毛如果太多，箭的飞行速度就会减慢；箭杆上的羽毛如果不足，箭在飞行时就会由于速度太快而摇摆不定。所以，在箭造成以后，要用手指夹住箭上下左右地挥舞，以检查箭杆上羽毛的多少是否合乎要求；还要将箭杆的前后中部都弯弯试试，以检查箭杆各个部分的强弱是否匀称。凡是选择做箭杆的材料，首先要选择生来就是圆形的；同样是生来就是圆形的，就要选择其中较重的；重量相同，就要选择其中节目稀疏的；节目稀疏的程度一样，就要选择其中的颜色像是栗色的。

陶人为甗[①]，实二鬴[②]，厚半寸，唇寸[③]。盆，实二鬴，厚半寸，唇寸。甑[④]，实二鬴，厚半寸，唇寸，七穿。鬲[⑤]，实五觳[⑥]，厚半寸，唇寸。庾[⑦]，实二觳，厚半寸，唇寸。

[注释]

①陶人：工匠名。以制造陶器为业。甗（yǎn）：陶制炊具。用来蒸熟食品。分两层：上层似透底的甑，用时加上有孔的箅，下层似鬲，用以盛水。②鬴（fǔ）：古代量器名。一鬴等于六斗四升。③唇：口的边缘。唇比壁厚，今天的炊具犹然。④甑：陶制炊具。其形制与甗相似，所不同者，其底部有个七孔的箅。⑤鬲（lì）：陶制炊具。用以煮熟食品。其形状像鼎。⑥觳（hú）：容量单位。合一斗二升。⑦庾：今瓮之类。

[译文]

陶人制造甗，甗的容量是一鬴二斗八升，壁厚半寸，甗口边缘的厚度是一寸。陶人制造的盆，其容量也是一鬴二斗八升，壁厚半寸，盆口边缘的厚度是一寸。陶人制造的甑，其容量也是一鬴二斗八升，壁厚半寸，甑口边缘的厚度是一寸，甑底有七个小孔。陶人制造的鬲，其容量是五觳，壁厚半寸，鬲口边缘的厚度是一寸。陶人制造的庾，其容量是二觳，壁厚半寸，庾口边缘的厚度是一寸。

瓬人为簋①，实一觳，崇尺，厚半寸，唇寸。豆②，实三而成觳③，崇尺。凡陶瓬之事，髺垦薜暴不入市④。器中膞⑤，豆中县。膞崇四尺，方四寸。

[注释]

①瓬（fǎng）人：工匠名。盖亦以制陶为业。簋（guǐ）：古代祭祀、宴飨时盛放黍稷的器皿。一般为圆腹，大口，圈足，有盖和两耳。或以铜制，或以木制，或以瓦制。瓬人所制者为瓦制品。②豆：古代祭祀、宴飨时盛放肉食的器皿。形如高足盘，大多有盖。一般为陶制品。③实三而成觳：三个豆的容量加到一起才等于一觳。一觳是一斗二升，则豆容四升。④髺（yuè）：通"刖"，谓断足缺腿。垦：谓有跌打损伤。薜：破裂。暴：鼓疙瘩，表面不平整。⑤膞（chuán）：据孙诒让说，大概是一个长方形的范式，当陶人、瓬人在转盘上抟埴器坯时，以膞来检验器坯有无邪曲。

[译文]

瓬人制造簋,其容量为一㪺,高度为一尺,壁厚半寸,簋口边缘的厚度为一寸。瓬人制造的豆,其容量为四升,高度为一尺。凡是陶人、瓬人制造的成品,如果是缺腿的、有损伤的、有裂缝的、表面凸凹不平的,不许进入市中交易。陶人、瓬人制造的各种器具,其高度、厚度要合乎膊的标准;豆柄的直立,要合乎垂直线的要求。膊高四尺,四寸见方。

梓人为笱虡①。天下之大兽五:脂者,膏者,臝者,羽者,鳞者。宗庙之事,脂者、膏者以为牲②,臝者、羽者、鳞者以为笱虡。外骨、内骨,却行、仄行、连行、纡行,以脰鸣者③,以注鸣者④,以旁鸣者⑤,以翼鸣者,以股鸣者,以胸鸣者,谓之小虫之属,以为雕琢⑥。

厚唇弇口,出目短耳,大胸燿后⑦,大体短脰,若是者谓之臝属,恒有力而不能走,其声大而宏。有力而不能走,则于任重宜;大声而宏,则于钟宜。若是者以为钟虡,是故击其所县,而由其虡鸣⑧。锐喙决吻,数目顾脰⑨,小体骞腹⑩,若是者谓之羽属,恒无力而轻,其声清阳而远闻⑪。无力而轻,则于任轻宜;其声清阳而远闻,则于磬宜。若是者以为磬虡⑫,故击其所县,而由其虡鸣。小首而长,抟身而鸿⑬,若是者谓之鳞属,以为笱。凡攫㪺、援噬之类⑭,必深其爪,出其目,作其鳞之而。深其爪,出其目,作其鳞之而,则于视必拨尔而怒。苟拨尔而怒,则于任重宜,且其匪色⑮,必似鸣矣。爪不深,目不出,鳞之而不作,则必颓而如委矣。苟颓而如委,则加任焉,则必如将废措,其匪色必似不鸣矣。

梓人为饮器。勺一升⑯,爵一升⑰,觚三升⑱。献以爵而酬以觚，一献而三酬⑲，则一豆矣⑳。食一豆肉，饮一豆酒，中人之食也。凡试梓，饮器乡衡而实不尽，梓师罪之㉑。

梓人为侯㉒。广与崇方㉓，参分其广，而鹄居一焉。上两个与其身三㉔，下两个半之。上纲与下纲出舌寻㉕，緆寸焉㉖。张皮侯而栖鹄㉗，则春以功。张五采之侯㉘，则远国属。张兽侯㉙，则王以息燕㉚。祭侯之礼㉛，以酒脯醢。其辞曰："惟若宁侯㉜，毋或若女不宁侯，不属于王所㉝，故抗而射女。强饮强食，诒女曾孙诸侯百福。"

[注释]

①梓（zǐ）人：工匠名。梓木是优良的木材，可以制造器物。筍虡（sǔn jù）：悬挂乐器的支架。②脂者、膏者以为牲：因为牛、羊、猪是美味。③脰（dòu）：脖颈。④注：通"咮"，鸟嘴。"以注鸣者"，即以咮鸣者。郑玄认为蟋蟀之类是用嘴来叫，孙诒让认为不确，据《说文》改为蝶螗，即蜥蜴。今从孙氏。⑤旁：通"膀"，谓胁部。⑥以为雕琢：郑玄注："刻画祭器，博庶物也。"⑦爝（shào）：细小之貌。⑧由：通"犹"，若，好像。⑨数（cù）：细小。⑩顅（qiān）：长颈貌。⑩骞（qiān）：低陷。⑪清阳：即清扬。阳，通"扬"。⑫磬虡，支撑悬挂磬的虡，磬虡的承重较钟虡轻。⑬抟（tuán）：圆也。鸿：佣也。佣，均等也。此谓鳞类动物的身体前后粗细一样。⑭攫䝯、援噬：攫䝯，即攫杀。"䝯"是"杀"的讹字。攫杀，逮住就杀。援噬，捉住就吃。形容凶猛嗜杀之兽。⑮匪：通"斐"，有文采的样子。⑯勺：用来舀酒。下文的爵与觯则用来饮酒。⑰爵：古代饮酒器。容一升。像雀形。流嘴甚长，颇似鸟喙。流嘴两侧各有一直柱。有三足。此爵为木制。传世之爵多为青铜器。⑱觚：郑玄说当作"觯"，是。下同。觯，古代饮酒器。容三升。圆腹，侈口，圈足，或有盖，形似樽而小。此觯为木制。传世之觯多为青铜器。⑲一献而三酬：用容一升的爵来献酒，用容三升的觯来酬酒。此刘敞说。一与三不是指献酬次数。⑳一豆：即四升。㉑梓师：梓人之长。㉒侯：射箭的靶子。㉓广与崇方：郑玄注："崇，高也。方，犹等也。高广等者，谓侯中也。"射程为九十弓的射侯，其侯中为一丈八尺见方。㉔个（gàn）：射侯的附属部件。

起帮助固定射侯的作用。以布为之。㉕纲：大绳，粗绳。用来将侯系到植（木柱）上。㉖緷（yún）：用来穿纲绳的纽襻。㉗皮侯：侯本是布做的，如果将侯中的两侧饰以虎豹等兽皮，侯中的鹄也饰以此等兽皮，就叫做皮侯。栖鹄：侯中的鹄本来也是布做的，现在缀上兽皮以代之，这就好像鸟儿落到了靶心一样，故曰栖鹄。㉘五采之侯：涂有五种色彩之侯。㉙兽侯：天子、诸侯与大夫、士均有兽侯，但制度不同。㉚息燕：宴饮。在宴饮中加入射箭的项目。息，盖宴饮之别名，燕，通"宴"。㉛祭侯之礼：这里所说的"侯"，名义上是射箭的侯，实际上则谐音为诸侯。㉜若：汝也，你们。㉝宁：郑玄注："宁，安也。谓先有功德，其鬼有神。"属：犹言朝会。

[译文]

　　梓人制作筍虡。普天之下的大的禽兽有五类：即脂类（如牛羊）、膏类（如猪）、裸类（如短毛的虎豹）、羽类（即鸟类）、鳞类（如龙蛇）。宗庙的祭祀，以脂类、膏类的禽兽作为牺牲；至于裸类、羽类和鳞类，则用来雕饰筍虡。外有甲壳的（如乌龟），内有甲壳的（如老鳖），倒退行走的（如蚰蜒），横着行走的（如螃蟹），鱼贯而行的（如鱼类），弯曲行走的（如蛇类），用脖颈鸣叫的（如青蛙），用嘴鸣叫的（如蛛蟞）、用胁部鸣叫的（如蝉），用翅膀振动鸣叫的（如发皇），用大腿摩擦鸣叫的（如螽斯），用胸部鸣叫的（如灵龟），这些叫做小的昆虫，用来作为祭器上的雕饰。

　　厚唇深嘴，眼睛外鼓，耳朵短小，胸部宽大，尾巴细小，身体庞大，脖颈短粗，像这种样子的禽兽就叫做裸类。裸类禽兽总是很有力气而不能疾走，其声音大而洪亮。既然总是很有力气而不能疾走，那么就适合用于负重；既然声音大而洪亮，那么就适宜与钟声搭配。如果用这样的裸类禽兽作为钟虡上的雕饰，那么当你撞击筍虡上悬挂的钟时，你就会感到所发出的钟声就好像是虡上刻画的裸类禽兽在轰鸣。尖锐的嘴，张开的唇，眼睛细小，脖颈修长，体态小巧，腹部低陷，像这种样子的禽兽就叫做羽类。羽类禽兽总是没有力气而动作轻捷，其声音清扬而听得很远。既然没有力气而动作轻捷,那么就适宜用来承担较轻的东西;既然其声音清扬而听得很远,那么就适宜与磬声搭配。如果用这样的羽类禽兽作为磬虡上的雕饰,那么当你敲击筍虡上悬挂的磬时,你就会感到所发出的磬声就好像是虡上刻画的羽类禽兽在鸣叫。头小而长,体圆而均,像这种样子的禽兽就叫做鳞类,用它们作为钟筍、磬筍上的雕饰。凡是在筍虡上雕刻凶狠嗜杀的猛兽,一定要深藏其爪,使其眼睛突出,让它的鳞片和胡须都挺立起来。深藏其爪,使其眼睛突出,让它的鳞片和胡须都挺立起来,那么让人看起来就一定是勃然大怒的样子。如果是勃然大怒的样子,那就适合用于负重;再加上彩色的描绘,真像是猛兽在鸣叫。如果在雕刻时没有深藏其爪,没有使其眼睛突出,没有让它的鳞片和胡须挺立起来,那么让人看起来就必然是委靡不振的样子。如果是委靡不振的样子,还要让它去负重,那就好像是要把它压趴似的,在这种情况下,即令有彩色的描绘,也一定不像是鸣叫的样子。

梓人制作饮酒的器具:勺容一升,爵容一升,觯容三升。主人向客人献酒时用爵,而主人向客人劝酒时用觯,用一升的爵来献酒而用三升的觯来劝酒,加起来就是一豆了。吃一豆肉,喝一斗酒,这是一般人的饭量。凡是检验梓人制作的饮酒器具是否合格,可以拿爵来试饮,如果爵上的两根小柱指向眉毛而爵中还有余沥,那就表明不合格,梓师就要处罚制作此器的梓人。

梓人制作箭靶。箭靶的宽度与高度相等,鹄的大小则是箭靶的三分之一。箭靶的上方有身,身的上方有个,个长为身长的两倍;箭靶的下方也有身,身的下方也有个,但下个的伸出部分只是上个伸出部分的一半。上边的纲绳与下边的纲绳超出舌的长度均为八尺,穿纲绳的纽襻长一寸。张设皮侯,并设置皮制的靶心,天子在春季举行大射,看群臣中谁射中得多。张设涂有五种色彩的布侯,天子在远方诸侯前来朝会时举行宾射而用之。张设兽侯,天子与群臣宴饮举行射礼时使用之。祭侯的礼仪，以酒脯醢三样东西作为祭品。祭辞是："你们这些安分守己的诸侯，不像有些不安分守己的诸侯，他们不到天子所在的地方朝会，所以把他们举起来当做箭靶来射。你们这些安分守己的诸侯，尽量地享用祭品吧，祝你们的后世子孙世为诸侯，诒福无穷。"

庐人为庐器①。戈柲六尺有六寸②，殳长寻有四尺③，车戟常④，酋矛常有四尺⑤，夷矛三寻。凡兵无过三其身⑥，过三其身，弗能用也；而无已，又以害人。故攻国之兵欲短，守国之兵欲长。攻国之人众，行地远，食饮饥，且涉山林之阻，是故兵欲短。守国之人寡，食饮饱，行地不远，且不涉山林之阻，是故兵欲长。凡兵，句兵欲无弹⑦，刺兵欲无蜎⑧。是故句兵椑⑨，刺兵抟⑩。击兵同强⑪，举围欲细⑫，细则校⑬。刺兵同强，举围欲重，重欲傅人⑭；傅人则密⑮，是故侵之。

凡为殳，五分其长，以其一为之被而围之⑯。参分其围⑰，去一以为晋围⑱。五分其晋围，去一以为首围⑲。凡为酋矛，参分其长，二在前、一在后而围之。五分其围⑳，去一以为晋围㉑。参分其晋围，去一以为刺围㉒。

凡试庐事，置而摇之㉓，以视其蜎也；灸诸墙，以视其桡之均也；横而摇之，以视其劲也。六建既备㉔，车不反覆，谓之国工。

[注释]

①庐人：工匠名。以制造兵器的柄为业。庐，通"籚"，兵器的柄。②戈柲六尺有六寸：这里所说的"戈柲"长度，是通指戈的刃长及其柄长。以下四种兵器的长度同此。③寻：长度单位。八尺曰寻。④常：长度单位。二寻曰常。⑤酋（qiú）矛：较短之矛。这是相对夷矛而言。⑥身：人的身长。一般人的身长是八尺，即一寻。兵器长度不能超过身长的三倍，所以最长的兵器夷

矛，也只有三寻长。⑦句（gōu）兵：戈戟之类用于横击的兵器。程瑶田说："戈戟所以谓之句兵者，其用横击，故《庐人职》又变言'击兵'也。"弹（tán）：转动，转圈。⑧刺兵：矛类用于直刺的兵器。蜎（yuān）：桡曲，弯曲。⑨椑（pí）：郑玄说：齐人把斧柄叫做椑，所以，"椑"就有了椭圆的意思。椭圆形的柄在手中不易转动。⑩抟：圆也。此谓正圆。⑪击兵：见注⑦。⑫举围：柄的手握部位的直径。因为围与直径的比例是固定的，围大则直径大，围小则直径小，所以，说围就等于说直径。⑬校（jiǎo）：疾速。⑭重欲傅人：郑众云："重欲傅人，谓矛柄之大者在人手中者。"郑玄注则谓："傅，近也。"然究竟怎样"重欲傅人"，不详。⑮密：郑玄注："密，审也，正也。"盖谓看得清楚，刺得准确。⑯被：谓柄的手握部位。⑰参分其围：按：手握部位的围长，经文并没有明确交代，程瑶田考证为九寸。孙诒让认为"程说甚精"。今从之。⑱晋（zūn）围：即鐏围。鐏，套在兵器柄的末端的铜箍。按：已知手握部位的围长为九寸，然则殳的晋围六寸。⑲首围：谓殳柄前端之围。按：已知晋围六寸，然则首围四寸八分。⑳五分其围：酋矛之围与殳围同长，也是九寸。九寸的五分之一是一寸八分。㉑晋围：据计算，酋矛的晋围是七寸二分。㉒刺围：谓矛柄上端插入矛刃尾部的围长。㉓置：通"植"，谓直立也。㉔六建：六，指五种兵器（即戈、戟、殳、酋矛、夷矛）和旌旗；建，谓插到车上。

[译文]

　　庐人制造兵器的柄。戈，连柄带刃的长度是六尺六寸；殳长一丈二尺；车上所执之戟，连柄带刃的长度是一丈六尺；酋矛，连柄带刃的长度是二丈；夷矛，连柄带刃的长度是二丈四尺。凡是兵器，其长度不能超过身体长度的三倍，如果超过身体长度的三倍，就不能使用；非但不能用来杀敌，反而还会伤害使用兵器的人。所以，在进攻他国时，使用的兵器要短一些；在守卫本国时，使用的兵器要长一些。进攻他国时所需人数众多，要走很远的路，吃的喝的都不充足，还要跋涉高山密林的险阻，所以使用的兵器要短一些。守卫本国时所需人数较少，吃的喝的都供应充足，要走的路也没多远，而且不需要跋涉高山密林的险阻，所以使用的兵器要长一些。凡是兵器，用于横击的兵器的柄，要求使用时在手中不要转动；用于直刺的兵器的柄，要求使用时不要弯曲。所以用于横击的兵器的柄都是椭圆的，用于直刺的兵器的柄都是正圆的。用于横击的兵器的柄，其两端与中间部分的坚劲程度要相同，手握持部位的直径要细，细的话使用起来就快；用于直刺的兵器的柄，其两端与中间部分的坚劲程度也要相同，但手握持部位的直径要粗，持粗柄刺向敌人，刺中的精确度要高。基于这种原理，横击兵器和直刺兵器才能杀伤敌人。

凡制造殳柄，先将其长度分为五等份，以其五分之一作为手握部位并使其成为正圆形。再将手握部位的柄围分为三等份，以其中的二等份作为鐏围。再将鐏围分为五等份，以其中的四等份作为首围。凡制造酋矛的柄，先将其长度分为三等份，二等份在前端，一等份在后端作为手握部位并使其成为正圆形。再将其手握部位的柄围分为五等份，以其中的四等份作为鐏围。再将鐏围分为三等份，以其中的二等份作为刺围。

凡是要检验庐人所造柄的质量，首先可以将柄直插在地上摇动它，看它是否桡曲；其次将柄撑在两墙之间，看它桡曲的程度是否平均；最后将柄平放起来摇动，看它的强度怎样。插在车上的五种兵器和旌旗都已齐备，车行时它们也不摇来晃去，技术达到这个水平的工匠就叫做国工。

匠人建国①，水地以县②。置槷以县③，视以景④。为规，识日出之景与日入之景⑤。昼参诸日中之景⑥，夜考之极星⑦，以正朝夕⑧。

匠人营国，方九里，旁三门⑨。国中九经九纬⑩，经涂九轨⑪。左祖右社⑫，面朝后市⑬。市朝一夫⑭。

夏后氏世室⑮，堂修二七⑯，广四修一⑰。五室，三四步，四三尺。九阶⑱。四旁两夹⑲，窗白盛⑳。门堂㉑，三之二㉒；室㉓，三之一。殷人重屋，堂修七寻，堂崇三尺，四阿㉔，重屋㉕。周人明堂㉖，度九尺之筵㉗，东西九筵，南北七筵，堂崇一筵，五室，凡室二筵㉘。室中度以几，堂上度以筵，宫中度以寻，野度以步，涂度以轨。庙门容大扃七个㉙，闱门容小扃参个㉚，路门不容乘车之五个㉛，应门二彻参个㉜。内有九室㉝，九嫔居之；外有九室，九卿朝焉㉞。九分其国以为九分，九卿治之。王宫门阿之制五雉㉟，宫隅之制七雉㊱，城隅之制九雉。经涂九轨，环涂七轨㊲，野涂五轨。门阿之制，以为都城之制。宫隅之制，以为诸侯之城制。环涂以为诸侯经涂，野涂以为都经涂。

匠人为沟洫㊳。耜广五寸㊴，二耜为耦。一耦之伐㊵，广尺、深尺，谓之畎；田首倍之㊶，广二尺、深二尺，谓之遂。九夫为井。井间广四尺、深四尺，谓之沟。方十里为成。成间广八尺、深八尺，谓之洫。方百里为同。同间广二寻、深二仞㊷，谓之浍。专达于川，各载其名。

凡天下之地势，两山之间必有川焉，大川之上必有涂焉。凡沟逆地阞㊸，谓之不行；水属不理孙㊹，谓之不行。梢沟三十里而广倍㊺。凡行奠水㊻，磬折以参伍㊼。欲为渊，则句于矩㊽。凡沟必因水势，防必因地势。善沟者水漱之，善防者水淫之㊾。凡为防，广与崇方，其杀参分去一㊿。大防外杀㉛。凡沟防，必一日先深之以为式，里为式然后可以傅众力。㊺

凡任㊻，索约大汲其版㊼，谓之无任。葺屋参分，瓦屋四分。囷窌仓城，逆墙六分。堂涂十有二分。窦，其崇三尺。墙厚三尺，崇三之。㊽

[注释]

①匠人：工匠名。孙诒让说："匠人盖木工而兼识版筑营造之法，故建

国、营国、沟洫诸事，皆掌之也。"国：都城。包括王国都城与诸侯都城。
②水地以县（xuán）：郑玄注："于四角立植（今之标杆也），而悬以水，望其高下。"此盖古人之水平仪也。③桀：通"臬"，测量日影的标杆。臬长八尺，立于所平之地中央。④景：古"影"字。下同。⑤识（zhì）：标志，画上记号。⑥日中之景：日中之影最短，可以测出正南正北。⑦极星：即北极星。⑧朝夕：谓东西。实际上也包括南北。⑨旁三门：一边三门，四边则十二门。⑩九经：九条横贯南北的大道。其中三条正当南北三门，其余六条则与环城大道相衔接。九纬：九条横贯东西的大道。其中三条正当东西三门，其余六条也与环城大道相衔接。⑪经涂九轨：郑玄注："经纬之涂（今作途），皆容方（并排也）九轨。轨谓辙广。乘车六尺六寸，旁加七寸，凡八尺，是为辙广。九轨积七十二尺，则此涂十二步也。"换言之，轨是计算道路宽度的单位。一轨等于八尺。这八尺的来历是，车宽六尺六寸，两边再各加上七寸。因为一步折合六尺，所以郑玄说，九轨等于七十二尺，又等于十二步。⑫左祖右社：即《小宗伯》之"右社稷，左宗庙"。⑬面朝后市：据孙诒让说，王宫占地九百步平方，前有五门，从南往北依次是：皋门、库门、雉门、应门、路门。每门之间的距离是一百步。皋门与库门之间有外朝，路门之外有治朝，路门之内有燕朝。此即所谓"面朝"，即王宫的前面是三朝。而整个王宫的后面，也就是北面，是三市（即大市、朝市、夕市。见《地官·司市》）的位置。三市一字摆开，占地南北百步、东西三百步，市与市之间用墙隔开。此即所谓"后市"。⑭一夫：面积单位。长宽各百步为一夫。⑮世室：据王国维说，此夏代的世室，与下文商代的重屋、周代的明堂，名称虽异，作用却是一样的，既可作为宗庙，也可作为路寝、燕寝。虽然三者的大小有异，但都是四堂五室的结构。⑯修：谓南北的长度。二七：据郑玄说，夏代用步作为度量长度的单位。二七就是十四步。一步合六尺。⑰广四修一：据郑玄计算，堂宽十七步半。⑱九阶：南面三个台阶，其他三面各有两个台阶。⑲四旁两夹：王国维说："每堂各有两夹，而四堂分居四旁，此所谓'四旁两夹'也。"⑳窗：郑玄注："每室四户八窗。"白盛（chéng）：指蜃灰。郑玄说："盛之言成也。以蜃灰垩墙，所以饰成宫室。"㉑门堂：门两侧之堂。也就是门塾之堂。㉒三之二：这是以正堂为基数来说的。例如，正堂长十四步，此门堂则长约九步二尺。

㉓室：门两侧之室。也就是门堂后面的室。古代宫室之制，前堂后室。㉔四阿（ē）：四栋，四根脊檩。犹言四个屋脊。既然有四个屋脊，就说明前有四堂，后有四室。这是王国维的巧思妙论。㉕重屋：王国维说："堂后四室相对于内，中央有太室，是为五室。太室之上，为圆屋以覆之，而出于四屋之上，是为重屋。"㉖明堂：见上文"世室"注。㉗筵：竹席，长九尺。此处用做长度单位。㉘凡室二筵：孙诒让说："此经于周制只举堂室，实则九阶、四旁两夹、窗白盛之制，当与夏世室同；四阿、重屋之制，当与殷重屋同。经不具详者，豕上文而省也。"㉙庙门：谓宗庙南向之大门。㉚闱门：庙中的小门。㉛路门：见上文"面朝后市"注。㉜应门：王宫的第四道大门。参上文"面朝后市"注。二彻：即二辙，也就是二轨。㉝九室：天子六寝：一个路寝在前，五个燕寝在后，统在路门之内。此九室为九嫔所居，则当在王后之宫，故又在天子燕寝之后。㉞九卿：郑玄注："六卿三孤为九卿。"六卿，即冢宰、大司徒、大宗伯、大司马、大司寇、大司空；三孤，即少师、少傅、少保。㉟门阿（ē）：门屋的屋脊。㊱宫隅：指宫墙四角的角楼。㊲环涂：环城大道。今日许多城市尚有之。㊳沟洫：此为田间水道的通称。其特指意义见下。㊴耜（sì）：古代与犁上的铧相似的东西，用以翻土。㊵伐：翻土。㊶田：谓一夫所配给的田地百亩，即百步见方。㊷仞：长度单位。八尺曰仞。㊸防（lè）：谓脉理。㊹属：诵"注"，注入，流入。理孙（xùn）：理和孙都是顺的意思。孙，通"逊"，顺也。㊺梢沟：孙诒让校当作"捎沟"，是。捎沟，谓未垦地之沟。㊻㝫（tíng）水：停滞的水。㝫，通"停"。㊼磬折以参（sān）伍：程瑶田说："记言行㝫水之曲折，当如磬折之倨句。三五者，言不一，其磬折无定数也。"㊽句（gōu）于矩：弯度小于九十度。㊾淫：通"廞"，淤积。郑众云："谓水淤泥土，留着助之为厚。"㊿"凡为防"三句：实际上堤防的横截面是一个等腰梯形。㉛外杀（shài）：据江永说，是减小堤外一面的厚度，而不减小堤内一面的厚度。㉜"必一日"二句：江永说："以一日之工，筑啬几何？又以一里之地计，几何日？几何人力？则可依附此而计用几何众力也。"㉝任：谓用版筑之法筑堤和墙。㉞大汲其版：据郑玄注，谓夹板捆得太紧，以至于夹板弯曲。㉟"墙厚三尺"二句：郑玄注："高厚以是为率，足以相胜。"盖谓墙高与墙厚的比例是三比一。

[译文]

匠人营造都城，必先以准绳测量出一块平地，然后垂直地竖立起标杆，用来观察日影。然后以圭臬为圆心画一个圆，记下来日出时的影长和日入时的影长。白天参考正午时的影长，夜里参考北极星的位置，用这样的办法来测定东西南北。

匠人营造王国的都城，面积为九里见方，每边有三个城门。王城之内有九条横贯南北的大道和九条横贯东西的大道，这些大道的宽度都是九轨。王宫路门外的左边是宗庙，右边是社稷，前面是三朝，后面是三市。每个市和每个朝的面积都是百步见方。

夏后氏的世室，计有四堂五室，堂的长度是十四步，宽度是长度的一又四分之一。五室，除中央太室外，其余四室都是长三步四尺，宽四步三尺。世室的四面共有九个台阶。四堂分居四旁，每堂两侧各有一夹。所有的窗子均用白灰粉刷。门侧之堂的长度、宽度，是正堂的三分之二；门侧之室的长度、宽度，是正堂的三分之一。殷人的重屋，堂的长度是七寻，堂基的高度是三尺，也有四堂四室，其中央的太室是屋上架屋。周人的明堂，以九尺长的筵作为度量单位，堂的东西宽度是九筵，南北长度是七筵，堂基的高度是一筵，也有五室，每室的长与宽都是二筵。度量室内的距离以几为单位，度量堂上的距离以筵为单位，度量宫中的距离以寻为单位，度量野地的距离以步为单位，度量道路的宽窄以轨为单位。庙门的宽度是可以容下七根大的鼎杠，闱门的宽度是可以容下三根小的鼎杠，路门的宽度是容下并排的五辆乘车，应门的宽度是可以容下并排的三辆乘车。路寝后边有九室，那是九嫔居住的地方；路门之外有九室，那是九卿上朝处理政事的地方。将国家的政务分作九份，由九卿来分别治理。王宫宫门屋脊距地面的高度是五雉，宫墙角楼的高度是七雉，王城城墙角楼的高度是九雉。王城内横贯南北与横贯东西的大道宽九轨，环城大道宽七轨，城外野地的大道宽五轨。

王宫宫门屋脊距地面的高度，用来作为天子子弟所封都城城墙角楼的高度；王宫宫墙角楼的高度，用来作为诸侯城墙角楼的高度。王城内的环城大道的宽度，用来作为诸侯都城内南北主干道的宽度；王城外野地大道的宽度，用来作为天子子弟所封都城的南北主干道的宽度。

匠人开通田间的水道。耜宽五寸，二耜并用谓之一耦。一耦所挖掘的水道，宽一尺、深一尺，叫做甽。一夫之田地头挖掘的水道是甽的二倍，宽二尺，深二尺，叫做遂。九夫之田为一井。井与井之间挖掘的宽四尺、深四尺的水道，叫做沟。十里见方为一成。成与成之间挖掘的宽八尺、深八尺的水道，叫做洫。百里见方为一同。同与同之间挖掘的宽一丈六尺、深一丈六尺的水道，叫做浍。浍中的水直接流入大川，每条水道的水来自何处都要有所记载。

普天之下的地势都是这样，只要是两山之间就必有一条大川，而大川旁边必有道路可走。凡是所挖之沟违背地之脉理，就会导致决口漫溢；凡是水流不顺，也会导致决口漫溢。没有开垦的土地上的水沟，每经三十里，其宽度就要增加一倍。凡是导引停滞的死水，其引沟要挖得多拐几道大角度的弯。如果要把流水蓄积为深渊，就要使水道的弯度小于九十度。凡是挖沟一定要顺着水势，筑堤一定要顺着地势。善于挖沟的人能够借助水势冲刷堤岸，善于筑堤的人能够借助流水带来的淤泥使堤防加厚。凡建造堤防，要使其底部的宽度与高度相等，而其上部的宽度要逐渐减少三分之一。大的堤防只在外侧减少其宽度。凡是挖掘水沟和建造堤防，一定要先搞清楚一人一天的工作量是多少并以之作为标准，然后测算出一里地需要多少个标准工作量，然后可以算出整个工程总共需要多少劳动力。

凡是用版筑筑墙，一定要用绳索勒紧夹板，如果勒得太紧，使夹板变形，就等于没用绳索。草屋屋顶的高度是屋长的三分之一，瓦屋屋顶的高度是屋长的四分之一。圆形粮仓的墙、存粮地窖的墙、方形粮仓的墙以及城墙，其上端女墙的高度都是墙高的六分之一。堂下阶前的路，其中间比两边要高出路宽的十二分之一。宫中下水道的高度是三尺。如果墙的厚度是三尺，墙的高度就是厚度的三倍。

车人之事①：半矩谓之宣②，一宣有半谓之欘③，一欘有半谓之柯④，一柯有半谓之磬折⑤。

车人为耒⑥，庛长尺有一寸⑦，中直者三尺有三寸，上句者二尺有二寸⑧。自其庛，缘其外，以至于首，以弦其内，六尺有六寸，与步相中也⑨。坚地欲直庛⑩，柔地欲句庛⑪。直庛则利推，句庛则利发。倨句磬折⑫，谓之中地。

车人为车⑬。柯长三尺⑭，博三寸，厚一寸有半。五分其长，以其一为之首。毂长半柯⑮，其围一柯有半。辐长一柯有半，其博三寸，厚三之一。渠三柯者三⑯。行泽者欲短毂，行山者欲长毂；短毂则利，长毂则安。行泽者反輮⑰，行山者仄輮⑱；反輮则易，仄輮则完。六分其轮崇⑲，以其一为之牙围。

柏车毂长一柯⑳，其围二柯，其辐一柯，其渠二柯者三。五分其轮崇，以其一为之牙围。

大车崇三柯，绠寸，牝服二柯有参分柯之二。羊车二柯有参分柯之一㉑。柏车二柯。

凡为辕，三其轮崇。参分其长，二在前，一在后，以凿其钩。彻广六尺。鬲长六尺㉒。

[注释]

①车人：工匠名。制造牛拉的车，也就是双辕的车。兼制耒。②矩：谓九十度之夹角。③欘（zhú）：谓六十七度半之夹角。④柯：谓一百零一又四分之一度之夹角。⑤磬折：谓一百五十一又八分之一之夹角。按：此磬折不仅

与《磬氏》的"一矩有半"的磬折不同，而且与《匠人》的"磬折以参伍"也不同。读时当分别观之。⑥耒：今天的犁把。⑦庇（cì）：耒下端弯曲部分，前端尖锐，用来插进耕中。庇者，刺也，刺入地中以翰翻土也。⑧上句（gōu）者：上端的弯曲部分。⑨步：长度单位。一步六尺。⑩直庇：谓庇是直的，即庇与耒的中直部分之间没有任何弯度，庇与耒的中直部分在一条直线上。⑪句庇：谓庇是弯的，即庇与耒的中直部分之间有一定的角度。⑫倨句磬折：谓庇与耒的中直部分形成一百五十一又八分之一的夹角。⑬车人为车：孙诒让说："此车人所为三车（按：谓大车、柏车、羊车。详下），皆牛车，与轮人、舆人、辀人所为驷马车不同。其制粗略，故轮、舆及辕以一工为之。"⑭柯：斧柄，长三尺。⑮毂长半柯：此以下说的是大车。郑玄说："大车，平地载任之车。"⑯渠：车辋。今云车圈。⑰反輮：輮，谓车圈。制作车圈时，将用作车圈的圆木一劈为二，使树心部分向外，使靠近树皮的部分向内，是谓反輮。⑱仄輮：即侧輮。制作车圈时，使用作车圈的木材，其树心、树表各有一半向外，一半向内。⑲轮崇：轮高，轮子的直径。大车轮高九尺。⑳柏车：行于山地之车。柏者，迫也。柏车轮高六尺，较大车低三尺，其车厢迫近地面，故名。㉑羊车：车人所造三车之一。羊者，祥也；祥者，善也。所以郑玄说羊车是善车。㉒鬲（gé）：通"槅"，架在牛脖子上的軛。

[译文]

车人制造的器具：夹角为四十五度者谓之宣，夹角为一宣又半者谓之欘，夹角为一欘又半者谓之柯，夹角为一柯又半者谓之磬折。

车人制造耒，其下端的庇长一尺一寸，中间直的部分长三尺三寸，上端弯曲的部分长二尺二寸。从耒庇开始，顺着耒的外边往上量，一直量到耒的最上端，其长度为六尺六寸；而从耒庇到耒的最上端的直线距离则恰和一步相等。坚硬的土地，适宜用直庇；柔软的土地，适宜用句庇。直庇便于插进土内，句庇便于将土翻起。如果庇与中间直的部分构成磬折那样的夹角，那就适用于任何土地。

车人制造牛拉的车。作为长度单位的斧柄，长三尺，宽三寸，厚一寸半,将斧柄的长度分为五等份,以其中的一等份作为斧刃的长度。大车车毂的长度是半柯,车毂的周长是一柯半。车辐的长度是一柯半,宽三寸,厚是宽的三分之一。车辋的周长是三个三柯。行走于泽地的车子需要车毂短一些,行走于山地的车子需要车毂长一些;车毂短一些车子就走得快,车毂长一些车子就走得安稳。行走于泽地的车子,其轮牙要反鞣;行走于山地的车子,其轮牙要侧鞣。反鞣的话,其轮牙就光滑不易粘泥;侧鞣的话,其轮牙就坚韧不易损坏。将轮子的高度分为六等份,以其中的一份作为牙围的长度。

柏车的车毂长一柯,其毂围长二柯,其辐条长一柯,其车辋的周长是三个二柯。将轮子的高度分为五等份,以其中的一份作为牙围的长度。

大车车轮的高度是三柯,轮牙向外偏出一寸,车厢的长度是二柯又三分之二柯。羊车车厢的长度是二柯又三分之一柯,柏车车厢的长度是二柯。

凡是制作车辕,其长度一律是轮高的三倍。将车辕的长度分为三等份,二等份在前,一等份在后,在二等份与一等份的分界处凿出半月形的槽以衔住车轴,辙广八尺,轸长六尺。

弓人为弓①。取六材必以其时②。六材既聚,巧者和之。干也者③,以为远也。角也者,以为疾也。筋也者,以为深也。④ 胶也者,以为和也。丝也者,以为固也。漆也者,以为受霜露也。

凡取干之道七:柘为上,檍次之⑤,檿桑次之⑥,橘次之,木瓜次之,荆次之,竹为下。凡相干,欲赤黑而阳声⑦。赤黑则乡心,阳声则远根。凡析干,射远者用埶⑧,射深者用直。居干之道⑨,菑栗不迆⑩,则弓不发⑪。

凡相角，秋閷者厚，春閷者薄；稚牛之角直而泽，老牛之角紾而昔[12]。疢疾[13]，险中；瘠牛之角无泽。角欲青白而丰末。夫角之本，蹙于脑而休于气，是故柔；柔故欲其势也。白也者，势之征也。夫角之中，恒当弓之畏[14]；畏也者必桡，桡故欲其坚也。青也者，坚之征也。夫角之末，远于脑而不休于气，是故脆；脆故欲其柔也。丰末也者，柔之征也。角长二尺有五寸，三色不失理[15]，谓之牛戴牛[16]。

凡相胶，欲朱色而昔。昔也者，深瑕而泽[17]，紾而抟廉[18]。鹿胶青白，马胶赤白，牛胶火赤，鼠胶黑，鱼胶饵，犀胶黄。凡昵之类不能方[19]。

凡相筋，欲小简而长，大结而泽。小简而长，大结而泽，则其为兽必剽；以为弓，则岂异于其兽？筋欲敝之敝[20]。

漆欲测[21]，丝欲沈[22]。

得此六材之全，然后可以为良。

凡为弓，冬析干而春液角[23]，夏治筋，秋合三材，寒奠体[24]，冰析灂[25]。冬析干则易，春液角则合，夏治筋则不烦，秋合三材则合，寒奠体则张不流，冰析灂则审环，春被弦则一年之事[26]。

析干必伦，析角无邪，斫目必荼[27]。斫目不荼，则及其大修也[28]，筋代之受病。夫目也者必强，强者在内而摩其筋，夫筋之所由憺[29]，恒由此作。故角三液而干再液[30]。厚其帤则木坚[31]，薄其帤则需，是故厚其液而节其帤。约之不皆约，疏数必侔。斫挚必中[32]，胶之必均。斫挚不中，胶之不均，则及其大修也，角代之受病。夫怀胶于内而摩其角，夫角之所由挫，恒由此作。

凡居角，长者以次需[33]。恒角而短[34]，是谓逆桡[35]。引之则纵，释之则不校[36]。恒角而达，辟如终绁，非弓之利也。[37]今夫茭解中有变焉[38]，故校；于挺臂中有柎焉[39]，故剽。恒角而达，引

如终绁，非弓之利也。⁴⁰

　　挢干欲熟于火而无赢，挢角欲熟于火而无燂⁴¹，引筋欲尽而无伤其力，煮胶欲熟而水火相得，然则居旱亦不动，居湿亦不动。苟有贱工，必因角干之湿以为之柔，善者在外，动者在内；虽善于外，必动于内，虽善，亦弗可以为良矣。

　　凡为弓：方其峻而高其柎⁴²，长其畏而薄其敝⁴³；宛之无已⁴⁴，应。下柎之弓，末应将兴⁴⁵。为柎而发⁴⁶，必动于䪐⁴⁷；弓而羽䪐⁴⁸，末应将发。

　　弓有六材焉，维干强之，张如流水。维体防之，引之中参⁴⁹。维角掌之⁵⁰，欲宛而无负弦⁵¹。引之如环，释之无失体，如环。

　　材美，工巧，为之时，谓之参均⁵²。角不胜干，干不胜筋，谓之参均。量其力有三均⁵³，均者三，谓之九和。九和之弓，角与干权⁵⁴，筋三侔⁵⁵，胶三锊，丝三邸，漆三斛。上工以有馀，下工以不足。

　　为天子之弓，合九而成规；为诸侯之弓，合七而成规；大夫之弓，合五而成规；士之弓，合三而成规。

　　弓长六尺有六寸，谓之上制，上士服之。弓长六尺有三寸，谓之中制，中士服之；弓长六尺，谓之下制，下士服之。

　　凡为弓，各因其君之躬志虑血气。丰肉而短，宽缓以荼。若是者为之危弓，危弓为之安矢。骨直以立，忿势以奔。若是者为之安弓，安弓为之危矢。⁵⁶其人安，其弓安，其矢安，则莫能以速中，且不深。其人危，其弓危，其矢危，则莫能以愿中。

　　往体多，来体寡，谓之夹臾之属⁵⁷，利射侯与弋。往体寡，来体多，谓之王弓之属，利射革与质。往体、来体若一，谓之唐弓之属，利射深。

大和无潚[58]，其次筋角皆有潚而深[59]，其次有潚而疏，其次角无潚。合潚若背手文。角环潚，牛筋蕡潚[60]，麋筋斥蠖潚[61]。

和弓击摩[62]。覆之而角至[63]，谓之句弓。覆之而干至，谓之侯弓。覆之而筋至，谓之深弓。

[注释]

①弓人：工匠名。以制弓为业。②六材：即干、角、筋、胶、丝、漆。③干：即弓身木。又叫弓体。弓体的两端叫做箫，中间的两个向内弯的部分叫做隈。正中间的手握部分叫做弣，也叫做柎。详下。④"角也者"四句：角附着在干的里侧，筋附着在干的外侧，都是用来帮助弓干发力的，所以一个说"疾"，一个说"深"。⑤檍（yì）：木名。又叫万年木。⑥檿（yǎn）桑：木名。又叫山桑。木坚劲，可以制弓与车辕。⑦阳：通"扬"。⑧射远者用势：假设有的木料本身就是弯曲的，那就让它向相反方向弯曲，利用它的反弹力量把箭射远。⑨居：犹言处置。或曰加工。⑩蒍栗（zì liè）：锯开，用锯剖析。蒍，剖析。栗，通"裂"，裂开。⑪发：通"拔"，扭曲变形。下同。⑫紾（zhěn）：扭曲，纠结。昔：干燥。⑬疢（chèn）：疾病。⑭畏：通"隈"，指弓干中间的两个向内弯曲部分。弓的末端叫做箫，中央手握部分叫做弣，箫弣之间叫做隈。隈有左右二隈。⑮三色：谓根部发白，中段发青，末梢丰大。其中末梢丰大与颜色无关，这里也说是色，盖从文之便。⑯牛戴牛：谓一只角的价值和一头牛相等。⑰瑕：裂痕，罅隙。⑱廉：谓裂痕形成的棱角。⑲昵（zhí）：通"腻"，黏。方：比。⑳筋欲敝之敝：郑众云："嚼之当熟。"贾公彦说："凡椎打筋谓之嚼，盖汉人常语。"㉑测：犹清也。㉒沈（chén）：郑玄注："如在水中时色。"㉓液（yì）：通"绎"，谓反复加工，整治。㉔奠（dìng）体：固定弓干的往体与来体。往体，谓弓体向外弯；来体，谓弓体向里弯。㉕潚（jiǎo）：此谓漆皮上的裂纹。㉖一年之事：第一年冬天开始剖析弓干，第二年的春天整治角，夏天治筋，秋天合三材，冬天奠体与析潚，到了第三年春天绷上弦。㉗目：节目。即树木枝干交接处的疙疙瘩瘩部分。㉘修：谓长久。㉙幨（chān）：发皱，翘起。㉚三液：与下面的"再液"都是多次、反复整治的意思，其目的是要让干的匀致与角相称。㉛帤（rú）：弓干内侧正中的衬木，起调节弓干强弱之用。㉜中：与下面的"均"都是厚薄均匀的意

思。㉝需：当作"耎"。耎，同"软"，此处指代弓隈。㉞恒：通"亘"，竟也，尽也。㉟逆桡：反方向弯曲。㊱校（jiǎo）：通"绞"，疾速。下同。㊲"恒角而达"三句：这是另外一个极端。上文"恒角而短"是弓隈上的角不够用，而要箫角来帮忙。此处是弓隈上的角太长了，以至于侵占了箫角的位置，这当然也是一种毛病。㊳茭解中：谓弓隈之角与弓箫之角衔接之处。㊴挺臂：弓把，即弓干中央的手握部分。㊵"恒角而达"三句：上文已见，此处重申，盖强调之。㊶燖（xún）：烤烂。㊷峻：谓箫。峻之所以隆起而有棱角，是为了把弦绷紧。㊸敝：即柎，弓把。㊹宛：通"挽"，引拉。㊺末：谓箫。因为箫在弓的末端，故云。㊻发：通"拨"，扭曲变形。下同。㊼䪐（shāi）：谓弓隈与弓柎（即弓把）相接之缝。㊽羽：郑玄说："羽，读为扈。扈，缓也。"㊾参：通"三"。此谓三尺。㊿掌（chēng）：支撑。㊿负弦：谓角与弦斜背。㊿参（sān）均：近乎今天所说的"三项达标"。下同。㊿量其力有三均：按照全书用字体例，"有三"当作"又参"。郑玄说："量其力又参均者，谓若干胜一石，加角而胜二石，被筋而胜三石，引之中三尺。假令弓力胜三石，引之中三尺，弛其弦，以绳缓擐（拴也，系也）之，每加物一石，则张一尺。"㊿权：平等。㊿侔：与下文的邸、蚪都是计量单位。㊿"丰肉而短"八句：郑玄注："言损赢济不足。"盖取刚柔相济之义。危、奔，都是疾速之义。荼，通"舒"，舒缓。㊿夹臾：即夹庾。谓夹弓、庾弓。㊿大和：谓九和之弓。㊿深：郑玄注："深，谓潴在中央，两边无也。"㊿蒉：麻籽。㊿斥蠖：也作尺蠖。尺蠖，蛾的幼虫。㊿和：谓调试。击：谓拂拭。㊿覆：观察。至：善，达到要求。

[译文]

弓人造弓。在获取造弓的六种材料时，一定要按照时令。六种材料齐备以后，由能工巧匠将它们装配在一起。弓干，是用来射得远的；角，是用来射得快的；筋，是用来射得深的；胶，是用来把干、角、筋粘到一起的；丝，是用来把干、角、筋缠得结结实实；漆，是用来抵御霜露侵蚀的。

可以用来作为弓干的木料共有七种，七种之中，柘木为最上等，其次是檍木，其次是山桑木，其次是橘木，其次是木瓜木，其次是荆条，最差的是竹子。凡是挑选用作弓干的木材时，要首选颜色赤黑并且敲击时其声清扬的。颜色赤黑，表明它靠近树心；其声清扬，表明它远离树根。凡剖析用作弓干的木料，如果想要射得远些，那就利用木料的自然弯曲形势；如果想要射得深些，那就利用直的木料。在加工用作弓干的木料时要切记，在锯开木料时不要斜锯，以免破坏纹理，这样制成的弓才不会扭曲变形。

凡是挑选牛角时，秋天宰杀的牛其角厚，春天宰杀的牛其角薄。童牛的角纹理直且有光泽，老牛的角纹理纠结而且干枯。病牛的角里边薄而不平，瘦牛的角没有光泽。牛角的颜色，最好是根部发白，中段发青，而末梢丰大。牛角的根部，由于离脑部近并且受到脑气的温润，所以柔软。因为柔软，所以就希望它有自然弯曲之势。而根部发白，正是这种自然弯曲之势的象征。牛角的中段，总是附着在弓干的隈上。而隈上的角，在弓干张弛时一定要随之弯曲，所以就希望角坚韧些。而中段发青，正是坚韧的象征。牛角的末端，由于离脑部远并且得不到脑气的温润，所以较脆。因为较脆，所以就希望它柔软些。而末端丰大，正是柔软的象征。如果角的长度达到二尺五寸，再加上根部发白、中段发青、末梢丰大这三点都符合要求，那就叫做一只角的价钱与一条牛的价钱相等。

凡是挑选胶时，要首选颜色大红而且干燥的。干燥的胶，裂痕很深且有光泽，纹理错乱而聚集棱角。用鹿角熬制的胶呈碧色，用马皮熬制的胶呈红色，用牛角熬制的胶呈火红色，用鼠皮熬制的胶呈黑色，用鱼鳔熬制的胶呈白中透黄之色，用犀角熬制的胶呈黄色。一般的黏合剂之类的黏性不能与这些胶相比。

凡是挑选筋时，如果是小筋，就要首选那些成条而长的；如果是大筋，就要首选那些圆润且有光泽的。如果小筋是长条状的，大筋是圆润且有光泽的，那么，产生这些筋的野兽一定是行动剽疾的，现在用这些野兽的筋来造弓，其剽疾的程度难道还会和野兽有什么两样吗？筋要捶打得熟之又熟。

漆以纯净透明者为好，丝以保持水涷时的颜色为佳。

能够做到使这六种原料尽善尽美，然后才可以造出良弓。

凡是造弓，宜于在冬天剖析弓干，在春天整治牛角，在夏天治筋，到了秋天，则用胶、漆、丝把干、角、筋这三种材料结合起来。初冬微寒时节，借助檠的帮助以固定弓体；隆冬结冰时节，将弓反复张弛，使涂在弓隈上的漆皮产生裂纹，以观察漆的厚薄。冬天剖析弓干则表面光滑而密致，春天整治牛角则浸润，夏天治筋则不乱，秋天用胶、漆、丝把干、角、筋这三种材料结合起来就容易牢固。初冬微寒时节借助檠的帮助以固定弓体，到了张弓时弓体就不会走样；隆冬结冰时节，将弓反复张弛以观察漆的厚薄，就可以审视其环形纹理。来年春天再把弦绷上，到此为止，用了一年多的时间才算把弓制成。

剖析弓干时一定要顺着木的纹理，解析牛角时也一定要顺着角的纹理，砍削弓干上的节目时一定要慢悠悠地来。如果砍削节目时不是慢悠悠地来，等到弓干用得时间长了，筋就会因此而受到损伤。这是因为，节目这种东西一定是坚硬的，坚硬的东西在里边就会在不断摩擦当中损伤附在外边的筋，筋之所以皱起来，往往是由于这个原因而引起的。所以角要经过多次的整治，干也要经过多次的整治。帮太厚了就会导致弓干坚硬，帮太薄了又会导致弓干软弱。所以要反复地整治弓干并且使帮厚薄适中。弓帮部分要用生丝一圈一圈地挨着缠紧，弓帮外的部分就不需要这样地缠紧，只要等距离地缠上若干圈就行了。弓干一定要砍削得非常精致厚薄均匀，涂胶也一定要涂得厚薄均匀。如果弓干砍削得不够精致，厚薄不均匀，涂胶也涂得不均匀，等到弓用的时间长了，角就会因此而受到损伤。这是因为，厚薄不平的弓干和胶层在里面，会在不断摩擦当中损伤附在外边的角，角之所以断折，往往是由于这个原因而引起的。

凡处置角，长的角要用在弓隈处。如果整个角都用上还短于弓隈，那就会造成反向弯曲，这样的话，开弓就缓慢，箭射出去的速度也不快。如果整个角都用上而长于弓隈，甚或直达于箫，那就好像是把弓干捆绑到弓檠上，这可不会给弓带来什么好处。而今因为弓隈所用之角与弓箫所用之角的长短皆恰如其分，能使弓臂与弓箫各用各的力，所以箭射出去的速度快；因为在挺臂内侧嵌有骨片，所以箭射除去的速度快。如果整个角都用上而长于弓隈，甚或直达于箫，那绝不会给弓带来什么好处。

矫揉弓干要掌握好火候而切忌过火，矫揉牛角也要掌握好火候而切忌烤烂，筋要绷紧而切忌过紧以至于把筋拉断，胶要熬得浓度、火候都恰到好处，这样制成的弓，放在干旱的地方不变形，放在潮湿的地方也不变形。如果有那种偷工减料的弓人，一定会趁着牛角、弓干尚未干透的时候就在火上矫揉。这样以来，外表看起来蛮好，而里边却隐藏着变形的因素；虽然外表看起来不错，但迟早要从内部开始变形，虽然外表不错，也算不上是良弓。

凡制弓，弓箫要隆起而有棱角，弓柎的里面要突出，弓隈部位用的角要长，弓柎部位用的角要薄；这样制成的弓，即令是无休止地一直引拉，也不会疲软。如果是弓柎里面不突出的弓，弓箫一应弦吃力就会引起柎的扭曲。因为柎的扭曲，必然牵动弓隈与弓柎相接之缝；弓隈与弓柎相接处一动，则接缝宽缓，而力不相贯，箫应弦时，弓体上的角与干就会随之扭曲。

弓有六种材料，其中的弓干，要使它有力，做到张弓得心应手。平时用弓檠来防止弓体变形，使用时去掉弓檠将弓引满则合乎三尺的标准。用角来支撑弓隈，以期引弓时不使角与弦邪背。把弓引满时弓弦成为环状，松手以后弓体不变形，仍为环状。

材料优良，做工精巧，制作按照时令，这叫做三均。角不妨碍干的功能,干不妨碍筋的功能,这也叫做三均。测量弓的力度,也有三均。三个三均加在一起,叫做九和。制作一张九和之弓所用材料的数量是:干用多少,角就用多少,筋用三侔,胶用三锊,丝用三邸,漆用三斛。使用这些材料来制弓,对于上等工匠来说会有剩余,对于下等工匠来说会有不足。

制作天子的弓,九张弓可以围成一个圆;制作诸侯的弓,七张弓可以围成一个圆;制作大夫的弓,五张弓可以围成一个圆;制作士的弓,三张弓可以围成一个圆。

弓长六尺六寸者,叫做大号的弓,由身材高大的勇士使用。弓长六尺三寸者,叫做中号的弓,由身材中等的勇士使用。弓长六尺者,叫做小号的弓,由身材较矮的勇士使用。

凡制弓,还要根据使用者的体形与秉性而有所不同。体形矮胖,秉性迟缓,这样的人,要为他们制作剽疾的弓。剽疾的弓则要有柔缓的箭与之相配。瘦骨嶙峋,秉性急躁,这样的人,要为他们制作柔缓的弓。柔缓的弓则要有剽疾的箭与之相配。如果使用者秉性迟缓,再加上他用的弓柔缓,他用的箭柔缓,那就谈不上能够疾速地射中目标,而且退一步讲,就是射中也不会射深。如果使用者秉性急躁,再加上他用的弓剽疾,他用的箭剽疾,那就谈不上能够稳当地射中目标。

弓体两端向外翘的弯度大,弓体中间部分向里弯的弯度小,这样的弓属于夹弓、臾弓之类,适合用来射靶和用系有绳子的箭来射飞鸟。弓体两端向外翘的弯度小,弓体中间部分向里弯的弯度大,这样的弓属于王弓之类,适合用来射革甲和砧板。弓体两端向外翘的弯度与弓体中间部分向里弯的弯度一样,这样的弓属于唐弓之类,适合用来射深。

九和之弓的漆皮没有裂纹;其次,筋角的漆皮都有裂纹,但裂纹在中央,两侧没有;其次,筋角的漆皮都有裂纹,但比较稀疏;

其次，只有弓隈里侧没有裂纹，其他地方都有。把弓表弓里的漆皮裂纹合起来就好像人把手背的纹理相合，角上的裂纹呈环状，牛筋上的裂纹像是麻籽，麋筋上的裂纹像是尺蠖。

弓在使用之前，一定要先调试一下，拂去上边的灰尘，通体抚摸一遍，看看有没有裂痕。经过试射观察，在角、干、筋三种材料中，如果只有角达到要求，这样的弓叫做不堪使用的弓。经过试射观察，在角、干、筋三种材料中，如果不仅角达到要求，而且干也达到要求，这样的弓叫做射侯之弓。经过试射观察，在角、干、筋三种材料中，如果不仅角、干达到要求，而且筋也达到要求，这样的弓叫做射深之弓。

主要参考书目

（东汉）郑玄《周礼注》四十二卷（《四部备要》本）
（唐）贾公彦《周礼疏》四十二卷（中华书局影印阮刻《十三经注疏》本）
（清）孙诒让《周礼正义》八十六卷（中华书局1987年版王文锦等点校本）
（南朝陈）陆德明《经典释文》三十卷（上海古籍出版社1984年影印宋刻本）
（宋）聂崇义《三礼图集注》二十卷（《四部丛刊》三编本）
（宋）王安石《周礼新义》十六卷（《丛书集成》本）
（宋）易祓《周官总义》三十卷（《四库全书》本）
（宋）王与之《周礼订义》八十卷（《四库全书》本）
（元）陈友仁《周礼集说》十卷（《四库全书》本）
（明）王应电《周礼传》十卷（《四库全书》本）
（明）郝敬《周礼完解》十二卷（《续修四库全书》本）
（清）方苞《周官集注》十二卷（《四库全书》本）
（清）方苞《周官析疑》三十六卷（《续修四库全书》本）
（清）方苞《考工记析疑》四卷（《续修四库全书》本）
（清）江永《周礼疑义举要》七卷（《丛书集成》本）
（清）惠士奇《礼说》十四卷（《清经解》本）
（清）姜兆锡《周礼辑义》十二卷（《续修四库全书》本）
（清）刘青芝《周礼质疑》五卷（《续修四库全书》本）
（清）惠栋《周礼古义》一卷（《续修四库全书》本）
（清）官献瑶《石溪读周官》六卷（《续修四库全书》本）

（清）庄存与《周官记》五卷（《续修四库全书》本）

（清）庄存与《周官说》二卷（同上）

（清）庄存与《周官说补》三卷（同上）

（清）李调元《周礼摘笺》五卷（《续修四库全书》本）

（清）段玉裁《周礼汉读考》六卷（《续修四库全书》本）

（清）段玉裁《说文解字注》（上海古籍出版社1988年版）

（清）王引之《经义述闻》三十二卷（台北世界书局1975年再版）

（清）陈大庚《周礼序官考》一卷（《续修四库全书》本）

（清）庄有可《周官指掌》五卷（《续修四库全书》本）

（清）王聘珍《周礼学》二卷（《续修四库全书》本）

（清）程际盛《周礼故书考》一卷（《续修四库全书》本）

（清）徐养原《周官故书考》四卷（《续修四库全书》本）

（清）吕飞鹏《周礼补注》六卷（《续修四库全书》本）

（清）丁晏《周礼释注》二卷（《续修四库全书》本）

（清）曾钊《周礼注疏小笺》五卷（《续修四库全书》本）

（清）戴震《考工记图》二卷（《续修四库全书》本）

（清）程瑶田《考工创物小记》八卷、《磬折古义》一卷（《程瑶田全集》本，黄山书社2008年）

（清）王宗涑《考工记考辨》八卷（《续修四库全书》本）

（清）吕调阳《考工记考》一卷《图》一卷（《续修四库全书》本）

（清）钱坫《车制考》一卷（《续修四库全书》本）

（清）阮元《考工记车制图解》二卷（《续修四库全书》本）

（清）郑珍《轮舆私笺》二卷《图》一卷、《凫氏为钟图说》一卷（《续修四库全书》本）

（清）俞樾《群经平议》（《清经解续编》本）

（清）胡培翚《仪礼正义》四十卷（《四部备要》本）

（清）孙希旦《礼记集解》六十一卷（中华书局《十三经清人注疏》本）

王国维《观堂集林》（中华书局1959年版）

陈戍国点校《周礼·仪礼·礼记》（岳麓书社1989年版）

林尹《周礼今注今译》（天津古籍出版社1988年再版）

钱玄等《周礼今注今译》（岳麓书社1994年版）

图书在版编目(CIP)数据

周礼/吕友仁,李正辉注译.—郑州:中州古籍出版社,
2010.1(2011.5 重印)
(国学经典)
ISBN 978-7-5348-3294-9

Ⅰ.①周… Ⅱ.①吕… ②李… Ⅲ.①礼仪－中国－
周代②官制－中国－周代③周礼－注释④周礼－译文
Ⅳ.①K224.06

中国版本图书馆 CIP 数据核字(2010)第 009263 号

出版社:中州古籍出版社
 (地址:郑州市经五路66号　邮政编码:450002)
发行单位:新华书店
承印单位:郑州市智丰印刷厂
开本:640mm×960mm　1/16　印张:27
字数:330 千字　　　　　　　印数:5 001－9 000 册
版次:2010 年 1 月第 1 版　印次:2011 年 5 月第 2 次印刷

定价:36.00 元

本书如有印装质量问题,由承印厂负责调换。